| 창세기와 고대 국가의 탄생 |

지명 속에 숨겨진 창세기

창세기와 고대 국가의 탄생

지명 속에 숨겨진 창세기

임번삼 지음

크리스챤서적

| 추천사 |

저자는 본인과 수십 년간 창조과학 활동을 함께 해왔습니다. 그는 미생물학자로서 우리 산업계에 큰 기여를 한 것으로 알려져 있습니다. 그는 비록 신학자는 아니지만, 어느 전문가도 부끄러워할 만큼 성경과 신학 지식에 해박하며 성경을 50회 이상 통독한, 철저한 성경 중심의 복음주의자입니다.

본서의 취급 대상인 창세기 1-11장의 원(原)역사는 인간의 이성으로는 수용하기가 쉽지 않아, 신학자들도 신화나 전설로 취급하는 경향이 있습니다. 더구나 바벨탑 사건 이후 고대 국가의 탄생에 이르는 과정은 학계에서는 취급조차 하지 않는 '잃어버린 역사'라 할 수 있습니다. 그래서 신학자나 목회자들도 이 문제에 대해서는 다루기를 망설이거나, 유신진화론과 적당히 타협해 넘어가려는 뜨거운 감자처럼 취급합니다. 그런데 저자는 방대한 자료들을 근거로, 긍정적이고 과학적인 시각으로 창세기가 현대 과학이나 역사적 사실과 모순되지 않는다고 적극 변호합니다.

저자는 창조사적(創造史的) 시각으로 그 '잃어버린 역사'의 퍼즐을 복원하려고 본서를 저술한 것으로 압니다. 매우 어려운 작업이었겠지만, 본서를 통해 세계의 많은 지명과 나라 이름들이 창세기에서 유래한 사실을 알게 되면서 많은 공감과 더불어 창세기의 역사성을 재확인하게 됩니다. 그리고 나 자신과 우리 민족의 뿌리를 찾게 되어 기쁘게 생각합니다. 어느 나라를 막론하고 고대사에는 아직 정설이 없는 상태이므로, 내용에 따라서는 독자들 사이에서도 다소 이견이 있으리라 예상되지만, 본서의 출간을 계기로 이 분야에 대한 활발한 논쟁이 일어나, 창세기의 역사성이 재확인되는 계기가 되기를 바랍니다.

기독교 신앙은 하나님의 특별 계시인 성경에 토대를 두는데, 성경에 대한 확신이 없다면 과연 바른 신앙을 가질 수 있을까 반문해 봅니다. 우리는 흔히 성경의 난해한 부분이나 기적에 대해서는 "일단 믿으면 이해하게 된다"고 하지만, 이 책은 성경을 이성적으로도 믿을 수 있도록 도와줍니다. 따라서 신학교의 교양 교재로도 손색없으리라 생각하며, 신학자·목회자·신학생들에게 필독을 권합니다. 일반 지성인들이 읽으면, 기독교를 잘 이해할 수 있을 뿐 아니라, 영혼의 구원에도 일조를 하리라 확신합니다. 그가 준비하고 있는 제3, 제4의 저서들도 속간되어 그의 놀라운 재능이 빛을 볼 수 있기를 또한 기대합니다.

2015년 10월

유종호

(조직신학, CCC원로목사, 순 성서신학원 원장, 전 성결대학교 외래교수)

| 머리말 |

창세기 제11장은 바벨탑 사건에 대해 소개한다. 지금으로부터 4,200-4,300여 년 전에 일단의 무리가 탑을 높이 쌓으려 했던 것은 신에게 도전하기 위해서였다. 신은 그들의 언어를 알아듣지 못하게 했으며, 이에 따라 같은 말을 하는 사람들끼리 세계 각지로 흩어져, 곳곳에 고대 국가를 세웠다. 그들은 가는 곳마다 조상들의 이름을 남겼다. 그런데 오늘의 수많은 지명과 국명에는 창세기에 나오는 족장들의 이름이 많이 남아 있다. 이는 창세기가 역사적 기록임을 보여주는 정황 증거라 할 수 있다.

그러면 우리 민족은 과연 어떻게 형성되었고, 어떤 경로로 극동지역에 고대 국가를 세운 것일까? 특히 한족(漢族)과 왜인(倭人)들과는 어떤 역사를 공유하면서, 아시아의 동쪽 끝자락까지 함께 걸어온 것일까? 이에 대해 중화사관과 식민사관의 영향을 받은 강단사학에서는 우리 고대사를 밝히기보다는 지우거나 왜곡하고 있으며, 재야 사학자들도 자기 입맛에 맞도록 고대사를 국수주의적 시각으로 윤색하려는 경향이 강해 보인다.

이 책은 바벨탑 사건으로 탄생한 각 어족(語族)이 어떤 경로로 고대 국가들을 세우게 되었는지, 창세기와 고대 사료들을 연계해 살펴보려고 한다. 이렇게 함으로써 바벨탑 사건에서 고대 국가의 탄생에 이르는 '잃어버린 역사'의 일단을 실험적으로 복원하고자 한다. 평소에 인류의 고대사에 대해 관심이 많아 필을 들었지만, 이처럼 방대한 작업을 하는 데 있어서 필자의 부족한 식견에 따른 오류와 자의적인 해석이 역사의 진실을 가리지나 않았을까 염려되기도 한다. 독자 여러분의 허심탄회한 지적과 비판을 기대한다.

이 책이 나오기까지 본서의 출판을 기꺼이 허락하신 크리스챤서적(주)의 임만호 사장님을 비롯한 사원 여러분에게 충심으로 감사를 드린다. 아울러 이 책이 출간되기까지 값진 자료를 제공하며 조언을 아끼지 않으신 유종호 목사님, 정계헌 교수님, 이하백 교수님과 내조를 아끼지 않은 아내 백여옥 권사에게도 깊이 감사의 마음을 전한다.

2015년 10월

용인에서, 양헌(亮軒)

임번삼

| 차례 |

제 1 장

지명 속의 창세기 족장들(1)

야벳의 후손

오늘의 민족과 국가는 대홍수에서 생존한 노아(Noah)의 세 아들에서 유래한 것이다. 노아는 대홍수 이전(500–505세)에 세 아들(셈 · 함 · 야벳)을 낳았으나, 대홍수(600세) 이후에는 자녀를 더 낳지 않은 듯하다.[1] 그런데 그들의 후손들은 홍수 후 100여 년이 지나자, 시날 땅에서 높은 탑을 쌓아 다시 하나님에게 반항하였다. 43년 이상 계속된 것으로 알려진 이 공사를 주도한 사람은 세계 최초의 영웅이면서 사냥꾼이었던 니므롯(Nimrod)으로 추정된다.

탑이 하늘 높이 솟아오르자, 하나님은 그들의 언어를 혼잡하게 만들어 공사를 그치게 하였다. 이에 따라 서로 다른 말을 하게 된 각 어족(語族)들이 오늘의 각 민족의 조상이 되었다. 우리 민족은 우랄–알타이어족에 속하였다. 언어의 혼란으로 공사 현장이 소란스러워지자, 알 수 없는 공포심이 확산되었고, 이에 따라 각 어족들은 산지사방으로 흩어지게 되었다. 그리고 세월이 지나면서 일정한 지역에 고대 국가를 세우고, 자기 선조나 지도자의 이름으로 나라 이름을 부르게 되었다. 그런데 이러한 지명과 국명들을 후일 오리엔트를 제패했던 그리스인들이 그리스 방식으로 모두 고쳐 불렀다고 고대 사학자 요세푸스(F. Josephus, 37?–100?)는 말한다.[2]

이 책은 노아의 후손들이 어떻게 여러 민족을 이루게 되었고, 어떠한 경로로 고대 국가를 세우게 되었는지, 창세기 제10–11장을 근거로 야벳족 · 함족 · 셈족의 순서로 '잃어버린 역사'를 복원해 보려고 한다. 그 방안으로 창세기의 내용을 일반 사료에 나타난 유사 내용과 연계해 문헌적으로 비교해 보고자 한다. 이번 장에서는 먼저 백인의 조상으로 알려진 야벳족이 세운 도시와 나라들에 대해 살펴본다.

1. 야벳의 자손

노아의 세 아들: 노아의 장남에 대해서는 셈이라는 주장(Authorized version, Masoretic Text)과 야벳(NIV)이라는 주장이 대립한다(창 5:32, 11:10). 한글성경(창 10:21)에는 셈이 야벳의 형으로 나오지만, 헨리 모리스는 야벳이 장자이고(창 5:32, 7:11), 셈은 노아가 503세에 낳은 막내이며(창 5:32), 함이 그 중간이라고 해석한다.(3) 칠십인역 성경, 맛소라 성경, 새번역 성경(NIV, New International Version, 1984)도 야벳을 셈의 형(old, most oldest)으로 번역하였다. 그러나 신학자들의 전반적인 견해는 야벳 · 셈 · 함의 순서로 해석한다.(4)

야벳의 아들들: 창세기 제10장에 따르면, 야벳(Japheth, 확장)은 일곱 명의 아들을 낳았다(표 1). 그들은 시날 평야로부터 바닷가를 따라 서쪽(소아시아 · 지중해안)과 북쪽(카스피해 · 흑해)으로 갈라져 이동하였다. 이는 자연에 도전하려는 야벳족의 진취적인 기상을 잘 보여준다. 그들은 흰 피부를 가졌기에 체질적으로 일조량이 적은 북쪽을 선호한 것으로 보인다.

> 노아의 아들 셈과 함과 야벳의 족보는 이러하니라. 홍수 후에 그들이 아들들을 낳았으니 야벳의 아들은 고멜과 마곡과 마대와 야완과 두발과 메섹과 디라스요…… 이들로부터 여러 나라 백성으로 나뉘어서, 각기 언어와 종족과 나라대로 바닷가의 땅에 머물렀더라(창 10:1–2, 5).

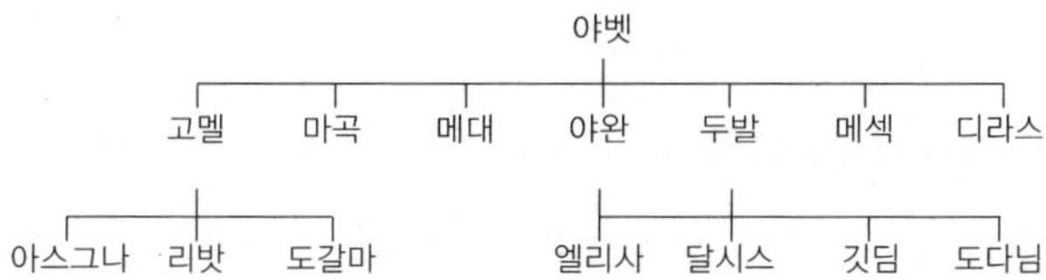

▲ 〈표 1〉 야벳의 자녀들 (창 10:2–5)

미국의 창조과학자 오스굿(Osgood, 1988)은 바벨탑을 축조할 당시에 야벳의 일곱 아들이 364그룹에 4,375명으로 증가한 것으로 추정하였다.(5) 야완(Javan)과 고멜(Gomer) 등의 후예는 지중해 연안을 따라 북상해 오늘의 서(西)유럽을 이루었다. 반면 두발(Tubal)·메섹(Meshk)·디라스(Tiras) 등의 후예는 터키 북부와 검은 바다(흑해)의 북쪽으로 올라가 동(東)유럽을 세웠다.

2. 서유럽의 건설

> 고멜의 아들은 아스그나스와 리밧과 도갈마요, 야완의 아들은 엘리사와 달시스와 깃딤과 도다님이라(창 10:3-4).

야벳의 장남 고멜(Gomer)은 3명, 4남 야완(Javan)은 4명의 아들을 낳았다. 창세기가 야벳의 일곱 아들 중, 두 사람의 후손을 먼저 기록한 것은 이들이 당시에 큰 영향력을 발휘했기 때문인 것으로 추측된다. 많은 고문서들은 고멜의 후손들이 터키 북부(Galatia, Cappadocia)를 거쳐서 스페인 서북부, 프랑스 남부, 독일, 웨일스 등지로 이주했음을 보여준다. 반면 야완의 후손은 지중해 연안과 트라키아 지역에 거주하였다. 이처럼 고멜과 야완의 후손이 서유럽의 형성을 주도하였다.

2.1 고멜의 후손들

갈라디아·골·크리미아의 기원 : 에스겔서(38:6)는 도갈마를 포함한 고멜의 자손들이 극한 북쪽 땅에 살았다고 하였다. 고멜의 이름은 지금도 소아시아와 서유럽의 여러 지명 속에 남아 있다. 고멜은 아카드어로 기메르로 알려져 있다. 요세푸스(93)는 이들을 갈라데인(Galatae)이라 불렀고, 당시 소아시아의 갈라디아(Galatia)나 갑바도기아 및 골(프랑스 남부)의 사람들을 고메르인(Gomerites)이라 불렀다고 하였다. 프랑스는 한때 골(Gaul)이라 불리었고, 현재도 남부 지역은 골(Gaul)이라 부른다. 스페인의 서북부는 지금도 갈리시아(Galicia)라 부른다. 소아시에 거하던 골족이 기원전 3세기에 이동하면서 이러한 지명들이 생긴 것으로 보인다.

그리스의 서사시인 호메로스(Homeros, BC 800?-BC 750), 사학자 헤로도토스(Herodotos, BC 484?-BC 425?) 및 로마의 사가 플루타르크(Plutarch, 46-120?)는 고멜의 후손을 킴메리아(Cimmeria)라 불렀다. 그 밖에 기미라이(Gimiray, 아시리아 자료), 킴메리오이(Kimmerloi, 그리스 자료) 및 켐메르(Cimmirians) 등으로도 불리웠다. 지금도 그들의 일족이 살았던 흑해 북쪽 연안의 크리미아(Crimea) 반도는 그 이름을 그대로 간직하고 있다.

게르만과 캄브리아의 기원: 고멜 후손의 일부는 북쪽으로 더 올라가 게르마니(Germany, 독일)와 도버 해협 건너편에 캄브리아(Cambria, 웨일스)라는 지명을 남겼다.(6) 영국 웨일스의 사학자 데이비스(Davis)는 대홍수 이후 300년경(BC 2000?)부터 고멜 자손의 일부가 웨일스로 이주했으며, 당시 웨일스어를 고머랙(Gomeraeg)이라 불렀다고 하였다. 모스크바와 키예프 사이에는 지금도 고멜이라는 도시가 있으며, 그들의 일부는 아르메니아(Armenia)에도 거주한 것으로 보인다.

아스그나스와 독일의 기원: 아스그나스(Ashkenaz)의 후손은 주로 독일과 아르메니아에 거주했고, 독일인 조상의 일파가 되었다(렘 51:27). 아스그나스는 히브리인이 독일인을 일컫던 옛 명칭인데(렘 51:27), 지금은 반대로 독일에 사는 유대인을 아슈케나지(Ashkenazi)라 부른다. 아시리아 문헌에서는 아스쿠자(Askuza: 스키타이 일족)와 동일시했는데, 이들은 러시아 남부에서 킴메르족을 몰아내었다.[7] 아라랏(Ararat), 민니(Minni) 등과 동맹해 바빌론 제국을 공격했던 아스그나스(렘 51:27)와 같은 종족으로, 한때 스키디아왕국(Scythia Kingdom)을 세웠다. 이 명칭은 지금도 스칸디나비아(Scandinavia)와 색슨(Saxon)의 지명 속에 많이 남아 있다.

리밧족(Riphath, 디밧, 대상 1:6): 요세푸스는 흑해 연안의 파플라곤족(Paphlagonians)과 동일시하였다.[7] 이들의 후손이 카파디아족(Capathian)을 세웠다고 하였다. 지금도 아나톨리아 고원에는 갑바도기아(Cappadocia)라는 지명이 남아 있다.

도갈마와 터키·투르케스탄·아르메니아의 기원: 도갈마(토가르마, Togarmah, 겔 27:14, 38:6)는 아르메니아인의 선조(Sakansene)로,[7],[8] 아시리아의 테가라마(Tegarama)와 같은 족속으로 추정된다. 유대의 탈굼(Targums)에 의하면, 게르마니(Germany)라는 이름은 원래 도갈마(Togarmah)에서 유래했으며, 터키(Turkey, Truk)나 투르케스탄(Turkestan)도 도갈마와 관련이 있다고 한다. 그들은 한때 터키의 동부 지역을 지배하였다. 브리태니커 사전은 아르메니아인이 도갈마와 아스그나스의 후손이라고 했는데, 이러한 견해에 헨리 모리스도 동의한다.[8] 에스겔서(27:14)에는 아라랏산맥의 북편에 거주한 민족으로 나오며, 두로와 말·군마·노새를 무역했다고 하였다.

2.2 야완(야온)의 후손들

이오니아(그리스)·아카이아의 기원: 그리스인들은 자기 조상을 이아페토스(Iapetos)라 하였고, 야온(Jaon)이나 헬라스(Helas)라 자칭하였다. 고대 인도에 거주했던 아리아족도 자기 조상을 이아페티(Iapeti)라 불렀다고 한다.[8] 인도 신화에서 이아페티의 아버지인 프리자파티(노아 추정)는 창조신이자 태양신으로 나온다. 이러한 태양신의 숭배는 대홍수 이후에 나타난 일반적인 현상이었다.[9] 고대 히브리인은 그리스를 야완(Javan)이라 불렀다. 야완에서 이오니아(Ionia)라는 이름이 나왔다. 선지자 이사야(BC 740)는 야완을 장차 하나님의 영광을 보게 될 해양민족으로(사 66:19), 에스겔(BC 593)은 노예와 놋그릇 상인(겔 27:13)이며 두로의 교역국으로(겔 27:19), 요엘은 이스라엘을 노예로 판 민족으로(욜 3:6) 각각 묘사하였다.

야완의 네 아들(엘리사 · 달시스 · 깃딤 · 도다님)은 모두 그리스와 관련된 사람들로, 터키 해안에서 지중해의 여러 섬에 흩어져 살았다. 브리태니커 사전에 의하면, 엘레시안(Elesian)과 헬라스(Hellas)는 엘리사에서, 실리시아(Cilicia)와 다소(Tarsus)는 달시스에서, 키프로스(Cyprus)는 깃딤(Kittim)에서, 도다네(Dodanaeus)는 도다님에서 각각 유래했다고 설명한다.

그리스-로마 신화에 의하면, 파르니소스(Parnisos)의 첫 아들 헬렌(Helen)이 헬라(Hella, 그리스)의 시조가 되었다고 한다. 그리스인들은 스스로를 헬레네스(Helenes, 헬렌의 후손)라 자칭한다. 헬렌의 세 아들 중 장남 아이올로스(Aiolos)는 아이올리스인의 조상이 되었고, 크수토스(Xutos)는 이오니아인, 아카이오스(Acaios)는 아카이아인의 조상이 되었다.[10]

엘리스의 기원: 엘리사(엘리솨, Elishah)는 아카드 · 히타이트 · 우가릿의 비문들에 의하면 알라쉬야(키프로스의 남부)를 지칭하며, 그리스의 해양족 엘리스(Elis)의 조상으로 추정된다. 이들은 카르타고에서 펠로폰네소스 사이의 지중해 여러 섬에 흩어져 살았다. 에스겔서(27:7)에는 엘리사의 섬들이 두로와 교역했다고 하였다.

카르타고의 기원: 달시스(Tarshish)는 지중해 서편(요 1:3, 4:2)의 스페인 타르테소스(Tartessos)와 카르타고(Carthage)인의 조상으로 추정된다.(11) 일부 학자는 달시스를 튀니지(Tunisia), 사르디니아, 로데스 및 아나톨리아의 서부 거주민이라 했고, 베르거(1982)는 카르타고인으로 비정하였다. 이들은 한때 페니키아 제국의 지배를 받았다. 이스라엘의 솔로몬 왕에게 금, 은, 상아, 원숭이 등의 많은 귀중품을 공급하였다(왕상 10:22).

키프로스·마케도니아의 기원: 깃딤(Kittim)은 히브리어 키티온(Kition, 지금의 Larnaca)에서 유래했으며, 키프로스(사이프러스, 구브로, Cyprus)를 지칭한다(사 23:1, 12, 렘 2:10, 겔 27:5). 마깃딤(Ma Kittim, 깃딤의 땅)에서 마케도니아(Macedonia)라는 이름이 파생하였다.(11) 이로 유추하건대 마케도니아인은 주로 키프로스에서 이주한 사람들로 보인다.

도리아·로데아·타타르의 기원: 도다님(로다님, 대상 1:7)은 지중해 로도(Rhodes) 섬의 로데스(Rhodes, Rhodo)와 두로 북쪽의 다누나(Danuna)의 거류민을 지칭한다.(12) 그리스 신탁의 본거지인 도다노이(Dodanoi)의 거민이라는 주장도 있다.(13) 고대 그리스인들은 도다님을 '주피터 도다네스'(Jupiter Dodanes)라 하여 주피터(제우스)로 신격화했는데, 이 신전은 도다네에 있었다. 이밖에도 그들의 후손이 도리아인, 로데아인, 타타르인이 된 것으로 알려져 있다.

3. 동유럽의 건설

3.1 마곡과 스키타이의 기원

마곡·로스: 야벳의 차남 마곡(Magog, Gog, 창 10:2, 겔 38:2, 39:6, 계 20:8)

은 이스라엘의 북쪽에 거주하였다. 고대 그리스인들은 이들을 스구디아인(스키타이, Scythians)이라 불렀다. 요세푸스(93)는 히브리인들이 스구디아인을 마곡인(Magogites)이라 불렀다 했고, 탈굼(아람어 성경)은 게르마니아(Germania)와 동일시하였다. 그런가 하면 브리태니커 사전은 루마니아와 우크라이나의 옛 지명이 스키타이라고 소개한다. 리디아 또는 가가이아족으로도 추정한다.

이들은 처음에는 터키와 흑해 남부에 주로 거주했는데, 당시 그곳은 이베리아(Iberia)라 불리었다. 이처럼 이베리아는 원래 아르메니아의 북쪽(그루지아)을 지칭하였다.[14] 이 지명이 지금의 이베리아 반도(포르투갈 · 스페인)와 어떤 관계가 있는지 규명해야 할 과제로 남아 있다. 추측하건대 그들의 일부가 해로로 지금의 이베리아로 이주한 것이 아닌가 생각된다.

에스겔 선지자(BC 593)는 이들이 이스라엘의 북쪽에 살았고(겔 38: 15, 39:2, 6), 역사의 종말 시기에 이스라엘을 침공할 것으로 예언하였다(겔 38:2, 계 20:8–10). 그리고 마곡을 두발 · 메섹 · 로스(히 Rish, 우두머리) 등과 함께 기술하였다(겔 38:2).

> 로스와 메섹과 두발 왕 곡아, 내가 너를 대적하여……그들과 함께 함께 한 방패와 투구를 갖춘 바사와 구스와 붓과 고멜과 그 모든 떼와 북쪽 끝의 도갈마 족속과 그 모든 떼, 곧 많은 백성의 무리를 너와 함께 끌어내리라(겔 38: 3b–6).

곡: 곡은 한때 제사용 동복을 가지고 다니던 기마족인 스키타이였다. 에스겔서(38:17)에는 종말의 때에 이스라엘을 침공할 것으로 예언되어 있다. 중국 문헌에서 곡(帝嚳)은 황제와 전욱의 뒤를 이은 인물로 나온다. 그는 복희의 역법(史記)과 셈족의 농경법 및 삼신신앙을 도입했으며(焦氏易林),

악기를 만들어 신을 찬양하였다(〈呂氏春秋〉).

3.2 마대와 이란의 기원

마대(Madai)는 메디아(Media) 왕국의 조상으로 알려져 있다(대상 1:5, 왕하 17:6, 사 21:2). 그의 후손들이 바빌론을 무너뜨리고 메대-파사 제국을 건설했으며, 엘람인과 함께 페르시아(이란)를 세웠다. 페르시아라는 명칭은 그리스인들이 아케메네스 왕조의 발상지인 이란 남서부 해안 사람들을 파르스(Fars)라 부른 데서 기인한다. 1935년 팔레비 왕조의 레자 샤(Reza Shah)가 나라 이름을 이란(Iran)으로 바꾸어 오늘에 이른다. 구약성경은 마대(히 Madai), 그리스인들은 메대(그 Medes)라 불렀다(단 5:30). 유대인을 포로에서 석방한 고레스 왕도 마대인이었다(대하 36:22-23, 단 1:21, 6:28). 이들은 기원전 1,300-1,500년경 이란고원에서 인더스 지역으로 이동한 아리아족의 일파가 되었다.[13]

3.3 두발(Thubal)과 트빌리시(Tbilisi)의 기원

두발은 흑해 동남쪽에 거주한 티발레노이(Tibalenoi)족으로, 아카드 점토판 문서에 나오는 타발(Tabal)과 동일시된다. 요세푸스는 당시에 그들을 도벨인(Thubelites)이라 불렀고, 거주지는 로만 이베리아(Roman Iberia)로 불렸다고 하였다. 처음에는 이베레스(Iberes)라 불리었다 한다. 아시리아의 디글랏빌레셋 1세(BC 1100)는 다발리(Dabali, Tibareni)라 불린 두발의 후손이었다. 그들은 그 후 코카서스산맥을 가로질러서 북동쪽으로 이동하였다. 그곳의 강 토볼(Tobol)과 토볼스크(Tobolsk, Tubalsk)는 두발에서 기인한 지명들이다.[13] 기원전 8세기에 무스키와 타발족은 동맹을 맺고 아시리아와 싸웠으며, 페르시아제국 시대에 아나톨리아의 관할구역으로 편입되었다.

헤로도토스는 그들을 각각 모스코이(Moscoi)와 티바레노이(Tibarenoi)라 불렀다.(15)

흑해 연안의 조지아공화국(Georgia, 그루지아, 1918년 독립)은 통일왕국을 세운 조지아(Gorgia, BC 11C 말)의 이름을 딴 것이며, 수도 트빌리시(Tbilisi)는 두발에서 유래하였다. 조지아라는 지명은 기원전 4세기에 처음 등장하며, 스탈린도 조지아 출신이었다. 에스겔서(39:1)와 이사야서(66:19)는 두발을 곡·메섹과 함께 하나님의 적대세력으로 언급했고, 두로(Tyre)에 놋그릇과 노예를 공급한 상인이라 하였다(겔 27:13). 그리고 곡(Gog)에게 종속될 것으로 예언하였다(겔 38:2-3, 39:1).

3.4 모스크바와 러시아의 기원

메섹(Meshek, Mosoch): 아나톨리아족의 일원으로, 아르메니아 북쪽에 거주한 모쉬족(Moschi)의 조상으로 추정된다.(14) 이들은 체격이 우람했으며, 아카드의 점토판 문서에는 무쉬키(Muśhiki), 아수르 문헌에는 무스키(Mushki)로 나오며, 고대 그리스에서는 모스코이(Moskoi)라 불렀다. 그들은 야금술과 군사 기술이 뛰어나 전쟁을 즐겼다고 한다. 그 후손의 일부는 터키 서부의 갑바도기아(Cappadocia)에 도시국가를 세웠는데, 그 수도 이름이 마자카(Mazaca)였다.

러시아의 기원 : 고대 점토판 문서에는 아수르(Asshur)의 디글랏 빌레셀(Tiglath Pileser Ⅰ, BC 1115-1076)이 무스키 왕들과 전투한 기록이 나온다. 무스키 왕 미타(Mita)는 아수르에 패해 조공을 바쳤고, 아라랏산맥 북쪽의 카프카스(Kavkaz, Caucasus)로 쫓겨갔다. 그 후 바빌론과 페르시아 제국에 다시 밀리어 우랄산맥으로 넘어갔다. 이처럼 메섹이 마자카와 무스키 및 무

스코비(Muskovi)를 거쳐 지금의 모스크바(Moscow)로 바뀌었다. 지금도 모스크바 주변의 메스체라노렌드 지역은 메섹이라 불린다. 이들은 마곡·두발·로스의 후손들과 함께 러시아족을 이루었고, 로스에서 러시아(Russia)라는 나라 이름이 나왔다.(13)

3.5 디라스(Thiras)와 트라키아(Thracia, Thrake)의 기원

고대 그리스인들은 발칸반도 동부에 사는 디라스의 후손을 트라키아인(Thracians)이라 불렀다. 요세푸스도 당시 사람들이 디라스의 후손을 티아르키아인이라 불렀다고 하였다. 이집트 비문에 나오는 이집트를 공격한 해양족 투루사(Turusa, BC 13C)도 이들로 보인다.(16) 헤로도토스가 말한 타르제니아족이나 에트루리아족과 동일시되기도 한다.(13) 이들은 마케도니아(남)·다뉴브(북)·흑해(동)를 연결하는 넓은 지역에 거주했고, 후일 유고슬라비아 연방을 세웠다. 세계대백과사전은 이들에 대해 "야만적인 인도-유럽계 인종으로, 전쟁과 약탈을 좋아하는 민족이다"고 하였다. 그들은 조상 디라스를 번개의 신 토르(Thor, Thuras)로 신격화하였다.

4. 지중해 연안 국가의 기원

이탈리아의 중세기 사학자 빌라니(G. Villani, 1300)는 바벨탑 건설과 고대 유럽의 주요 도시들의 탄생 과정에 대해 다음과 같이 흥미로운 해설을 하였다.(17)

(1) 노아 후손이 이룬 민족은 총 72족속(셈족 27, 함족 30, 야벳족 15)으로, 니므롯이 이들을 모두 통치하였다. 인류가 처음 사용한 공통어는 히브리어였다(§ 2).

(2) 바벨탑의 건축은 대홍수 후 700년(아담 창조 후 2354년)부터 107년간 계속되었다. 바벨탑의 둘레는 128km이며, 높이가 1,212m, 폭은 300m였다(§ 2).

(3) 아수르의 후손인 벨루스(Belus)의 아들 니누스(Ninus)가 니느웨를 세웠다(§ 2).

(4) 니누스의 간악한 부인 세미라미스(Semiramis)가 니누스의 뒤를 이었다. 그녀가 다스린 때는 아브라함과 같은 시대였다(§ 2).

(5) 유럽에 처음 거주한 족속은 야벳의 후손으로, 노아가 홍수 후에 낳은 야누스(Janus)가 이탈리아로 들어왔다(§ 5).

(6) 야벳의 5대손 아틀라스(Atlas)는 부인(Electra)과 함께 이탈리아의 투스카니(Tuscany) 지역에 도착해 피에솔레(Fiesole, Fia Sola)에 살면서, 이탈루스(Italus) · 다르다누스(Dardanus) · 시카누스(Sicanus)를 낳았다. 로마가 등장하기까지 피에솔레가 이탈리아의 중심지였다(§ 8).

(7) 이탈루스에서 이탈리아가, 시카누스에서 시실리(Sicily)가 유래하였다. 시카누스는 시실리에 사라고사(Saragosa)라는 도시를 세웠다(§ 8).

(8) 아틀라스(Atlas)가 죽자 이탈루스와 다르다누스가 마르스(Mars, 軍神)에게 희생 제사를 드렸다. 그 우상은 이탈루스가 피에솔레에 남아 이탈리아를 다스리고, 다르다누스는 다른 지역을 정복하라는 신탁을 내렸다(§ 9).

(9) 다르다누스가 아시아의 프리기아(Phrygia: 야벳의 후손 이름)로 가서 다르다니아(Dardania, Troy)를 세웠고, 로마 왕들의 선조가 되었다. 이는 인류 창조로부터 3,200년이 지난 시기였다(§ 10).(필자 주: 여기서 달마티아-Dalmatia, 크로아티아-의 지명이 유래한 것으로 보인다.)

(10) 다르다누스가 죽자 그의 아들 트리타무스(Tritamus)가 트로주스(Trojus)와 토라주스(Torajus)를 낳았고, 트로주스가 왕이 되었다. 그가 크레타 왕 사턴(Saturn)의 아들인 그리스 왕 탄탈루스(Tantalus)와의 싸움에서 전사하자 백성들이 도시 이름을 그의 이름을 따라 트로이(Troy)로, 도시의 출

입문들은 모두 다르다누스라 불렀다(§ 11).

(11) 트로이는 라오메돈(Laomedon) 왕 때 파괴되었으나(§ 12) 프리암(Priam) 왕이 복구하였다(§ 13). 그러나 그리스에 의해 다시 파괴되었다(§ 14). 프리암의 아들 헬레누스(Helenus)와 헥토르(Hector)의 후손들이 트로이를 떠났다(§ 16).

(12) 프리암 2세와 안테노(Anteno)가 트로이를 배반했다는 누명을 쓰고 에니아스(Aeneas)에 의해 베니스(Venice)로 쫓겨갔고, 안테노는 다시 이탈리아의 파두아(Padua)로 건너갔다(§ 17). 프리암 3세가 게르만과 프랑스의 왕이 되었다(§ 18).

(13) 에니아스(Aeneas)도 트로이를 떠나 헬레누스와 헥토르의 후손이 세운 마케도니아를 거쳐 카르타고로 건너갔다(§ 21). 그는 후일 시실리에서 죽었고, 그의 아들이 로마를 세웠다(§ 22).

(14) 사툰(Saturn) 왕은 노아의 후손 야누스(Janus)가 다스리던 로마를 문명화시켰고, 야누스는 사툰에게 영토의 일부를 떼어 주었다. 사툰은 수트리(Sutri, Saturna)를 세웠으며, 사툰의 아들 라티누스(Latinus)가 로마를 다스렸고, 그의 뒤를 피쿠스(Picus), 파우누스(Faunus), 그의 장남인 라비누스(Lavinus)와 차남인 라티누스(Latinus)가 차례로 왕위를 세습하였다. 라티누스는 뒤늦게 로마에 도착한 에니아스에게는 자기 딸(Lavinia)을 주어 혈연관계를 맺었다. 이에 투르누스(Turnus)가 반발해 격렬히 싸웠으나, 결국 에니아스가 승리하였다(§ 23).

(15) 에니아스의 후손이 라틴, 알바(Alba) 및 로마의 왕이 되었다(§ 25). 그 후 로물루스(Romulus)와 레무스(Remus)가 로마를 건설하였고(§ 26), 그 뒤를 7왕이 다스렸다(§ 27). 이후 로마는 줄리어스 시저가 등장할 때까지 원로들이 정치를 이끌었다(§ 29).

5. 아리아족 · 라틴족 · 켈트족 · 바이킹족 · 게르만족

아리아계 켈트족: 오늘의 북서부 유럽 6국(아일랜드 · 스코틀랜드 · 웨일스 · 콘월 · 맨 섬 · 브르타뉴 반도)을 세운 켈트족(Celtics)은 원래는 주로 북프랑스와 브리타니아(Britania)에 거주하던 민족이었다. 전차와 철기문화(La Ten)를 가졌던 전투적인 그들은 인도-아리아족의 일파였다. 4000년 전에 독일 지역으로 진출했고, 2800년 전에 갈리아(프랑스)와 브리타니아(영국)로 이동하였다. 브리타니아의 브리츠(Brits)는 켈트어에서 유래한 말이다. 로마인은 켈트족을 갈리아인이라 불렀다.

라틴계 로마와 앵글로 색슨족: 기원전 2세기에는 라틴계(지중해 인종) 로마제국이 갈리아와 브리타니아를 정복하였다. 영국 지방에서는 500년경 로마의 권력을 이어받은 아리아계 앵글로-색슨족이 켈트족을 다스렸으나, 남웨일스에 거주한 켈트계 실루리아족의 아서왕은 색슨족에 맞서 싸웠다. 800년경부터는 스칸디나비아에서 건너온 바이킹(Viking, Varangians, Norsemen, 800~1050)이, 11세기부터는 다시 앵글로-색슨족이 웨일스와 스코틀랜드 왕국(1018~1707)을 비롯한 켈트족 국가를 병탄하였다. 스코틀랜드의 전통 의상인 킬트(kilt, 치마)와 타탄(tartan, 상의)을 입고 백파이프를 부는 악사들은 전형적인 켈트인의 옛 모습을 잘 보여준다.

바이킹족: 스칸디나비아에 본거지를 두었던 바이킹족은 각각 영국에 노르만 왕국(1066)을, 프랑스에는 노르망디 공국(911~1259)을 세웠다. 같은 시기에 프랑스에는 골족(갈리아), 스위스에는 헬베티아족, 이탈리아와 이베리아 반도에는 라틴족, 독일(고트족) · 북유럽(노르만족)과 벨기에에는 게르만족이 각각 거주하였다. 프랑스의 브르타뉴 지역에 거주하던 켈트족은 16세기경 프랑스에 동화되었다.

게르만족과 훈족: 게르만족은 금발 백안의 장신으로, 고멜(Gomer)의 후손으로 추정된다. 타키투스의 〈게르마니아〉(98)에 의하면, 로마에 복속된 그들은 스스로를 게르마니(Germani)로 자칭하였다. 그 후 북게르만족(노르웨이 · 스웨덴 · 덴마크 등), 서게르만족(앵글족 · 색슨족(작센족) · 튜튼족 · 프랑크족), 동게르만족(고트족 · 바바리아족 · 바타비아족 · 반달족 · 부르군트족 · 롬바르드족) 등으로 분파하였다. 그 밖에도 암브로네스족, 프리센족, 유트족, 수비에족, 알라마니족 등이 있다.

이들은 훈족(Hun)의 침입을 받아 대이동(4-5C)을 시작하였다(그림 1). 트란실바니아(루마니아)에서 강력한 게르만족과 동코트족을 굴복시키고 훈족의 전성기를 이룬 아틸라(Attila, 406?-453)는 흑해에서 라인강에 이르는 대제국을 건설하였다. 그는 우리와 같은 동이족으로 추정된다. 그러나 그의 갑작스러운 죽음으로 대제국은 사라졌고, 주민들은 다른 민족에 동화되었다. 한편 게르만족으로서 로마의 용병대장이었던 오도아케르(Odoacer, 476)는 서로마를 정복하였다.

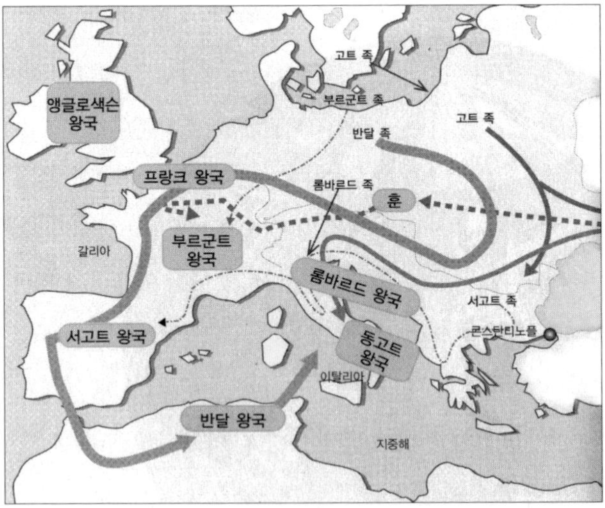

▲ 〈그림 1〉 370-500년경의 게르만 민족의 대이동

6. 중세 유럽의 탄생

유럽 최초의 메로빙거 왕조(5-8C): 중세 유럽의 아이콘은 붉은 벽돌집, 게르만족, 프랑크 왕국, 기독교, 그리스-로마 신화, 봉건제도로 요약할 수 있다. 게르만족은 원래 삼위일체설을 부인하는 아리우스주의(Arianism)를 추종하였다. 그러나 프랑크 왕국의 기틀을 세운 세일리족의 지도자 크로스비(Crosby)가 부르군트왕국(Burgund, 443-534) 공주(클로틸데)의 영향으로 삼위일체 신조를 수용하였다. 그 덕분에 그는 로마교회의 지지를 얻게 되었고, 자기 할아버지(메로비치)의 이름을 딴 유럽 최초의 메로빙거(Merovinger) 왕조를 열게 되었다. 게르만족은 전통적으로 아들들에게 영토를 나누는 '분할 상속제' 때문에 분쟁이 많아 실권은 항상 왕실의 살림과 나라 경영의 책임을 진 재상이 가지고 있었다.

피핀 가문과 카롤링거 왕조(751): 유럽 문화의 기틀을 놓은 사람은 프랑크 왕국의 한 분국(아우스트라시아)의 재상이던 대(大)피핀(Pippin der Altere, ?-639)의 사위인 중(中) 피핀(Pippin der Mittlere, 635?-714)이었다. 그는 프랑크 왕국의 실권을 장악한 카롤링거(Carolinger) 가문의 시조였다. 그리고 그의 서자 카를 마르텔(Karel Martel)은 투르-푸아티에 전투(Tours-Poitiers, 732)에서 압둘 라만이 이끈 이슬람군을 물리치면서 유럽의 영웅으로 부상하였다. 그 결과 피핀 가문의 권력은 더욱 강화되었다.

마르텔의 아들인 소(小)피핀(Pippin der Jungere, 短軀王, 714-768)은 쿠데타로 메로빙거 왕조의 힐데리히 3세를 폐위시키고 카롤링거 왕조(751-987)를 세웠다. 그리고 피핀 3세의 이름으로 프랑크 왕국을 지배하였다. 그리고 그의 아들 샤를마뉴 대제(Charlemagne, Karl Magnus, 742-814)에 이르러 카롤링거의 르네상스를 이루었다. 샤를마뉴는 뛰어난 지도력으로 서로마 영토(서유럽)를 모두 회복했고, 정복지 주민들에게는 기독교를 믿도록 강요하였다. 그리고 롬바르드족의 위협에서 로마 교황을 보호한 대가로 교황 레오 3세는 베드로성당에서 그에게 '서로마 황제'의 관을 씌워주었다.

프랑크 왕국의 분할: 샤를마뉴(찰스 대제)가 죽으면서 왕국은 혼란에 휩싸였으나, 베르됭조약(843)으로 왕위를 이은 루트비히 1세(경건 왕)는 자기의 세 아들에게 영토를 균등하게 분할해 주었다. 대머리 왕 샤를에게는 라틴계의 서프랑크(프랑스)를, 루트비히에게는 게르만계의 동프랑크(독일 · 오스트리아 · 체코 · 크로아티아)를, 쿠데타를 일으켰다가 실패한 로타르에게는 네덜란드에서 이탈리아에 이르는 남북 지역(中프랑크, 부르군트)을 할당하였다.

그 후 황제의 계승자인 로타르도 죽으면서(855) 자신의 영역을 자기의 세 아들에게 나누어주었다. 루트비히(루이) 1세에게는 이탈리아, 차남 로타르 2세에게는 베네룩스와 라인란트, 삼남 카를(샤를)에게는 프로방스와 브르고뉴 지역을 주었다. 한편 동프랑크의 루트비히(재위 843–876)도 장남 카를 로만에게는 바이에른, 차남(小 루트비히)에게는 프랑코니아와 튀링겐, 삼남(뚱보왕 카를)에게는 슈바벤과 라에티아 지역을 나누어주었다.

카페 왕조: 잉글랜드를 포함한 유럽 북부는 스칸디나비아의 바이킹족들이 쳐들어와 침탈을 일삼았고, 남부에서는 이슬람군이 이베리아반도와 남부 프랑스 및 콘스탄티노플의 여러 방향에서 침공해 왔다. 이 시기에 갈리아 지방의 호족인 파리 백작(伯爵) 외드(Le comte Eudes, 886)가 노르망디의 바이킹족으로부터 파리를 수호하고 서프랑크 왕으로 즉위하였다. 그의 동생 로베르는 바이킹족 지도자 롤로와 만나 기독교의 수용과 샤를 3세에게 충성한다는 조건으로 노르망디 지역을 다스리도록 합의하였다. 이후 서프랑크에 대한 바이킹의 공격은 사라졌다. 그 후 루이 5세가 죽으

면서(987) 외드(Hugh le Grand, 로베르 1세의 아들)의 아들 위그카페가 왕위에 올라 프랑크 왕국에서 독립한 카페왕조(Cape'tien dynasty, 987–1,328)를 열었다.

7. 독일·프랑스·이탈리아의 기원

동프랑크의 하인리히 1세의 아들인 오토 1세(Otto the Great, 912–973)는 봉건제도와 로마가톨릭의 힘을 빌려 지배력을 확대하였다. 그는 로마 교황 요한 12세를 괴롭히던 귀족들을 토벌한 공로로 교황청에 의해 아헨에서 신성로마제국(936–1806)의 황제(931) 겸 로마 황제로 대관되어(962), 독일 중심의 황제시대를 열었다. 그는 월권을 하던 로마 교황 요한 23세를 폐위시켰다(963). 이 시기에 다양한 문화가 꽃을 피웠으므로 '오토 르네상스'(Ottonian Renaissance)라 부른다.

이후 독일(작센) 왕가에게는 황제의 칭호가 주어졌다. 이처럼 작센 왕가(Koenigreich Sachsen, 1806–1918)는 프랑크 왕가와 더불어 유럽 왕가의 양축을 이루었다. 그러나 클뤼니 수도원이 주도한 교회개혁운동의 일환으로 제기된 주교 서임권 문제를 둘러싸고 동프랑크 황제 하인리히 4세가 교황 그레고리 7세에게 '카노사의 굴욕'(Humiliation at Canossa, 1077)을 당하면서 황제의 권위는 추락하였다. 이 제국은 844년간 지속하다가 에스파냐 국왕의 선출문제로 야기된 '프로이센-프랑스 전쟁'(보불전쟁, 1870–1871)을 계기로 독일(1871)과 프랑스(1871)로 나뉘었다. 그리고 같은 시기에 남유럽에서는 에마누엘레 2세(사르디니아 공국)를 국왕으로 하는 이탈리아 왕국이 탄생하였다(1861–1946).

8. 동서 교회 분리와 동유럽의 형성

한편 콘스탄티노플에 수도를 둔 동로마(비잔틴 제국)는 기독교와 그리스의 유산을 수용했으나, 7세기 이후 이슬람군에 의해 많은 지역이 정복을 당하였다. 이에 따라 비잔틴 정교회는 북상하게 되었다. 러시아의 '모스크바 대공'으로 불린 이반 3세(Ivan Ⅲ, 1440-1505)는 기독교로 개종하고, '제3의 로마'의 계승을 선언하였다. 이에 따라 정교회·슬라브족·석조 건물로 상징되는 동유럽 문화의 특색이 나타나게 되었다.

한편 기독교회의 수위권을 행사하던 비잔틴 교회(정교회)는 로마 주교에게 성상(聖像, icon)을 그리거나 만들지 말도록 명령했으나, 로마 교황청은 이를 무시한 사건이 발생하였다. 이에 비잔틴 교회는 로마 주교를 파면했으나, 로마 교황청도 별도의 종교회의를 열어 비잔틴 주교를 역(逆)파문하였다. 이에 따라 동서 교회는 마침내 갈라서게 되었다(1038).

9. 헝가리의 기원

9세기 말부터 유럽 동부(헝가리·오스트리라·체코)에 우랄-알타이어를 사용하는 마자르족(Magyar)이 쳐들어왔다. 헝가리(Hungary)라는 이름은 '훈족의 땅에서 온 자들' 또는 투르크어로 '10부족'(모노-구르, 옹-구르)이라는 뜻이다. 이들은 원래 볼가강 중류에 살았는데, 5세기에 흉노에게 밀리어 9세기경에 헝가리로 들어왔다. 당시 터키계의 마자르 10부족 군장들은 카르파티아 분지에 모여 아르파드(G. Arpa'd, ?-907)를 마자르족의 대공으로 추대하고(세게드의 피의 맹약), 헝가리를 세웠다.

헝가리는 이탈리아(899), 오스트리아(901), 모라비아(902), 독일과 프랑스를 차례로 공격하였다. 동프랑크(바이에른군)의 레오폴트가 마자르군과 격전(907)을 벌렸으나 패퇴하면서 동프랑크 왕조는 몰락하였다. 이에 4개 게르만족이 프랑켄 부족의 대공(大公)을 왕(콘라드 1세)으로 삼아 프랑크 왕국이 아닌 새 왕국을 세웠다. 그의 뒤를 작센 부족의 대공인 하인리히 1세가 이었다.

10. 슬라브족의 분리

슬라브는 동유럽의 여러 민족을 통칭하는 말이다. 이들의 조상은 카르파티아산맥(Carpathian Mts., 고도 1,000m) 주변에 거주하다가 기원전 1,000년부터 서유럽과 발칸 지역으로 이주하였다. 동·서 슬라브족은 비잔틴 문화권으로 들어갔고, 키릴문자(Cyrillic characters)*1를 사용하였다. 그러나 남·서 슬라브족은 신성로마제국의 영향을 받았고, 라틴문자를 사용하였다.

동슬라브족은 중세를 거치면서 키예프 공국을 세웠고, 후일 러시아로 발전하였다. 서슬라브족은 서유럽, 남슬라브족은 이슬람의 지배를 받았다. 18-19세기에 민족운동이 일어나면서 지금과 같은 동유럽의 여러 국가로 독립하였다.

| 참고사항 |

*1 키릴문자(Cyrillic characters): 그리스 정교회가 러시아에 파송한 선교사 키릴 형제(메토디오스·키릴로스)가 슬라브족 선교의 목적으로 개발한 것으로 알려져 있다. 그리스어 계통의 글라골 문자(Glagoltic characters)를 더 간결하게 만든 것이다. 초기 키릴문자는 대소문자의 구분이 없었다. 러시아의 표트르 1세는 키릴문자의 알파벳을 로마글자로 교체시켜, 현대 키릴문자로 발전하도록 하였다. 활자체와 필기체가 있다. 불가리아어, 마케도니아어, 세르비아어 등은 필기체의 글꼴이 약간씩 다르다. 키릴문자는 러시아의 공식문자이며, 동유럽의 여러 국가에서도 사용한다.

| 참고자료 |

(1) Henry M. Morris: The Genesis Record, Baker Books House, p. 233, Grand Rapid, MI, 39th ed, 2006

(2) 요세푸스 저, 김지찬 역: 유대 고대사 I, 22쇄, p. 62, 생명의말씀사, 서울, 2010

(3) Henry M. Morris: The Genesis Record, pp. 257-259, Baker Publishng Group, Grand Rapids, MI, 1976

(4) 고든 웬함 저, 박영호 역: 창세기 1-15, pp. 420-421, 솔로몬, 서울, 2006

(5) A.J.M. Osgood: A better model for the stone age, EN Technical Journal, Vol. 3, pp.74-75, 94-95, 1988

(6) Henry M. Morris: op.cit., p. 247

(7) 고든 웬함 저, 박영호 역: op.cit, p. 406

(8) Henry M. Morries: op.cit., p. 247

(9) 데이비드 롤 저, 김석희 역: 문명의 창세기, 재판, pp. 515-516, 해냄, 서울, 2007

(10) 김성대 편저: 그리스-로마 신화, 11쇄, pp.76-78, 삼양미디어, 서울, 2011

(11) Henry M. Morris: op.cit., p. 248

(12) 고든 웬함 저, 박영호 역: op.cit, p. 407

(13) 고든 웬함 저, 박영호 역: op.cit., p. 408

(14) 제자원: 옥스퍼드원어성경대전: pp. 580-581, 제자원, 서울, 2006

(15) 고든 웬함 저, 박영호 역: op.cit, pp. 405-406

(16) 아가페성경사전: p. 358, 아가페출판사, 서울, 2007

(17) John Villani: Book 1, § 2-20, 1300

제 2 장

지명 속의 창세기 족장들(2)

함의 후손

대홍수의 충격이 채 가시기도 전에 노아의 부인이 죽은 듯하다. 게다가 홍수 후에 일부 자손들(함 · 가나안)이 다시 하나님에게 대항하며 포악해지자, 노아는 상심한 나머지 텐트를 치고 홀로 지낸 듯하다. 그래서 어느 날 스트레스를 해소하려고 포도주에 만취한 채 벌거벗고 깊은 잠에 빠진 듯하다. 그런데 함(Ham)이 이를 보고 시시덕거리며 형들(야벳 · 셈)에게 알렸고, 그들은 뒷걸음으로 텐트에 들어가 아버지의 치부를 덮어드렸다.

잠에서 깨어난 노아는 이러한 사실을 알고서, 가장이면서 제사장의 자격으로 세 아들을 불렀다. 그리고 셈과 야벳을 축복한 반면, 함과 그의 손자 가나안에게는 혹독한 저주를 내렸다.

> 이에 이르되 가나안은 저주를 받아 그의 형제의 종들의 종이 되기를 원하노라 하고, 또 이르되 셈의 하나님을 찬송하리로다. 가나안은 셈의 종이 되고, 하나님이 야벳을 창대하게 하사 셈의 장막에 거하게 하시고, 가나안은 그의 종이 되게 하시기를 원하노라 하였더라(창 9:25–27).

노아는 왜 잘못을 범한 함뿐 아니라 함의 아들이면서 자기 손자인 가나안에게도 이토록 혹독한 저주를 내린 것일까? 그리고 그러한 예언이 역사상 어떻게 실현되었을까? 여기에 역사의 큰 비밀이 숨어 있을 것으로 보인다.

1. 함 자손과 거주지

> 함의 아들은 구스와 미스라임과 붓과 가나안이요, 구스의 아들은 스바와 하윌라와 삽다와 라아마와 삽드가요, 라아마의 아들은 스바와 드단이며(창 10:6–7).

함(Ham)의 후예: 전술했듯이 함은 노아의 둘째(창 5:32)이거나 막내로 보인다(창 9:4, RSV, KJV). 그는 네 아들을 낳았다(표 1). 미국의 창조과학자 오스굿(1988)은 바벨탑 사건이 일어났을 때 함의 네 아들로부터 26개 국가 단위에 6,500명의 인구가 출생한 것으로 추정하였다.(1) 그들의 피부는 검었지만, 미스라임(이집트) · 붓(리비아 · 모로코) · 가나안(팔레스타인 · 히타이트 · 아모리)은 갈색이었다. 그들은 조상인 함을 태양신(라 · 아툼 · 테숩 우투 · 샤마시)으로 신격화했으며, 오리엔트 문명(메소포타미아+이집트)과 인더스 문명의 건설을 주도하였다. 이는 그들이 대홍수 이전에 도시 문명을 일으켰던 가인의 후예임을 상기시킨다.

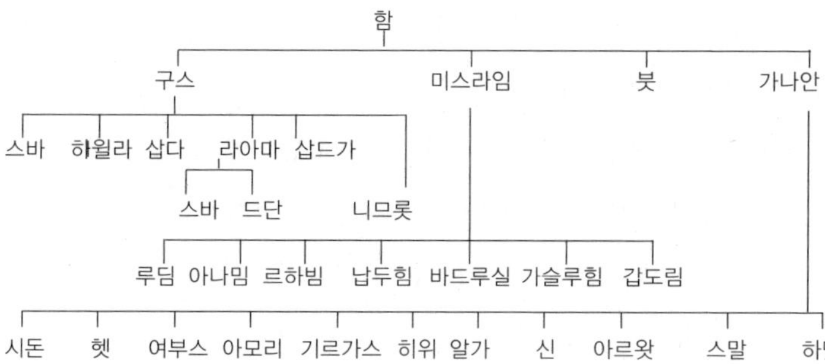

▲ 〈표 1〉 함의 가계도 (창 10:6–7)

거주지: 〈시편〉은 아프리카를 '함의 땅'(105:23, 27, 106:22)으로, 이집트를 '함의 장막'(78:51, 105:23) 또는 '함의 땅'(105:23, 27, 106:22)이라 하였다. 당시 아프리카는 비옥한 대지와 좋은 기후를 가지고 있었다. 특히 사하라 지역은 습윤사막(濕潤砂漠)으로 나무가 무성하고 꽃들이 만발했으며, 갖가지 과일이 주렁주렁 열리던 곳이었다.(2)

팔레스티나도 함의 땅이었는데(대상 4:40), 이는 아프리카에 거주하던 가나안족이 지중해를 거쳐 그곳으로 이주했음을 암시한다. 요세푸스는 함의 자손이 시리아(Syria)·아마누스(Amanus)·리바누스(Libanus) 산맥에서 시작해, 해변을 따라 바다에 이르는 모든 땅에 거주했다고 하였다. 현재 그들의 많은 나라 이름이 사라졌으나 에티오피아는 구스로, 미스라임은 이집트의 미스트르(Mistre)로, 붓은 리비아의 붓(Phut)으로, 가나안은 그대로 남아 있다고 하였다.(3)

2. 메소포타미아 문명

〈수메르왕명록〉(SKL: Sumer King List, BC 2100)*1에 의하면, 대홍수 이전의 인류 역사는 24만 1천2백 년이며, 일곱 왕이 다섯 왕조를 세워 다스렸다고 한다. 한 왕이 평균 3만4천여 년을 다스렸다는 것이다. 이는 매우 과장된 수치이기는 하지만, 그들이 홍수 이전에 장수한 것은 틀림없는 사실로 보인다. 〈수메르왕명록〉은 왕권이 최초로 엔키가 다스리던 에리두(Eridu)로 내려왔다고 하였다. 따라서 엔키는 가인이나 에녹 또는 이랏이나 가인으로 추정된다. 그 뒤에 우바이드(Al Ubaid, BC 6500?–BC 3000?)·할라프(Halaf, BC 6100?–BC 5100?)·하수나(Hassuna, BC 6000?–BC 5000?)·사마라(Samara, BC 5500?–BC 4800?) 등으로 이어졌으나, 모두 대홍수로 수장되었다.

대홍수 후 메소포타미아에는 우루크(Uruk, BC 3500?–BC 3000?)·젬데트나스르(Jemdet-Nasr, BC 3100–BC 2900?)·기시(Kish, BC 2900?–2650?) 등이 세워졌다(그림 1).(4) 메소포타미아(Mesopotamia)란 '두 강 사이의 땅' 을 말한다. 그들은 도시 이름을 대부분 홍수 이전의 이름으로 불렀다 한다. 이처럼 메소포타미아 문명은 할라프와 우바이드기(Al Ubaid period, BC 3500–3100?)에 초석이 놓였고, 우루크기(BC 4000–3100?)에 꽃을 피웠으며, 젬데

▲ 〈그림 1〉 대홍수 후에 세워진 메소포타미아의 고대 도시들

트 나스르기(BC 3100-2900?)까지 전성기가 이어졌다. 수메르 점토판 문서들에 의하면 대홍수에서 생존한 아스트라하시스(아틀란시스?)가 우바이드 문명(Al Ubaid)을 일으켰다고 한다. 그는 노아로 추정된다.

강단사학에서는 메소포타미아의 역사(총 2500년)를 수메르 왕조(BC 3500?-2350?), 아카드 제국(BC 2350-2193?), 우르 제3 왕조(BC 2119?-2004?), 제1 바벨로니아 왕조(BC 1830-1530?)와 아시리아 제국(구 BC 2900-1000, 신 BC 1000-612), 신바빌로니아 제국(갈데아 제국, BC 612-539), 메디아 왕국(BC 670-550)과 아케메네스 왕조(BC 559-330) 등으로 구분한다.

3. 대홍수 후 메소포타미아의 도시국가들의 명멸

아라타(Aratta) **왕국**: 〈엔메르카르와 아라타의 주인〉(BC 21C)에 의하면, 아라타는 홍수 이후에 최초로 아르메니아 지역에 세워진 왕국이었다. 이 왕국을 세운 엘람인들은 한동안 산 속에서 경건한 신앙생활을 한 듯하다.

그러나 함족의 일부가 여신상(인안나)을 만들어 하나님(父神)에게 대항한 것으로 보인다. 그리고 빙하기가 찾아오면서 많은 사람이 메소포타미아와 지중해 및 동쪽으로 이주한 것으로 보인다. 이 왕국은 엔수기라나(Ensughirana) 왕 때에 우루크의 엔메르카르에게 정복되었다.(5) 당시에 노아와 셈을 비롯한 셈계 족장들 대부분은 욕단을 따라 스발산 동편에 거주한 것으로 추측된다.

기시 왕국(Kish, BC 2900?–2650?): 기시는 바그다드 남쪽 80km에 있는 탈 알 우아이미르(Tal al Uhaymir)이다. 젬데트 나스르(BC 3200?–2900?) 말기에 비셈계의 검은 머리를 가진 수메르인이 건설했으나 대홍수(BC 2900?–2800?)로 파괴되었다고 한다. 홍수 후에 같은 이름으로 다시 세워진 기시는 제1대 가우르(Gaur)부터 제22대 엔메바라게시(Enmebaragesi, BC 2600?)까지 이어졌다. 제13대 에타나(Etana) 부자의 시대에는 에리두(Eridu)를 제치고 수메르의 최강국이 되었다. 엔메바라게시는 엘람을 정복했고, 니푸르에 신전을 세웠다.

니므롯이 세운 나라들: 아래의 창세기 기록은 니므롯이 세웠거나 통치한 주요 도시국가들의 명칭이다. 이 기록으로 유추하건대 그는 메소포타미아 문명을 일으킨 지도자로 추정된다.

> 그의 나라는 시날 땅의 바벨과 에렉과 악갓과 갈레에서 시작되었으며, 그가 그 땅에서 아수르로 나아가 니느웨와 르호보딜과 갈라와 및 니느웨와 갈라 사이의 레센을 건설하였으니 이는 큰 성읍이라(창 10:10–12).

수메르(Sumer): 창세기 제11장의 시날(쉬나르, Shinar)은 수메르(注視者의 땅)로 고증된 곳이다. 독일의 고고학자 오페르트(Julius Oppert, 1869)는 아카드인이 자기 조상을 슈메르인(Shumerian)이라 불렀다고 소개해, 수메르(Sumer)라는 이름이 알려지게 되었다. 슈메르의 어원에 대해서는 셈(Sem, Shem) 유래설과 카시트족의 삼하루(Samharu) 유래설이 있다.(6) 우리 재야 사학계에서는 소머리(牛頭)가 수메르로 변형되었다고 주장하기도 한다. 학계에서는 수메르 원주민이 아라랏산맥의 우라르투(Urartu)와 자그로스산맥 북쪽의 엘람(Elam)에서 내려온 '검은 머리의 사람들' 이라고 말한다. 수메르인은 6을 중심으로 12진법과 60진법을 창안했으며, 지구라트에서 관측한 별의 운행을 근거로 태음력(太陰曆)을 개발하였다. 12진법은 그 후 중국으로 건너가 10간12지(10干12支)를 만들었다.

에렉(Ereck, 수 Unu, Unug): 우루크(바 Uruk, BC 3100?–BC 2900?)를 지칭하는데, 수메르인들은 우누(Unu)나 우눅(Unug)이라 불렀다. 지금의 와르카(Warka)로 추정되며, 길가메시의 고향이었다.(6) 가인의 아들 에녹(Enoch)이 우바이드와 함께 이곳을 건설했으나 대홍수로 수장되었다. 대홍수 후에 노아의 후손들이 우루크와 에리두를 옛 이름으로 재건했다고 한다.(7) 산악에서 내려온 수메르인과 셈족 농민이 공존하면서 도시화가 촉진되었다. 성벽 길이는 9.6km였고, 5만 명이 거주했다고 한다.

제1대 왕 메스키아그카세르(BC 2800?)는 태양신 우투(Utu)를 섬겼는데, 이는 함(Ham)을 신격화한 것으로 보인다. 그는 마간(Magan, 오만)에 곡물·양털·기름을 주고 구리를 구입했으며, 자그로스와 엘부르즈산에서 주석을 채광해 무기와 농기구를 만들었다. 이들이 만든 갈대배는 20톤의 금속을 실을 수 있었다. 당시 수메르 왕들은 해마다 니푸르(Nippur)를 방문해 제사를 드려야 왕권의 정통성을 인정받았다.

우루크는 엔릴을 섬기는 니푸르를 보호하던 기시(Kish)와 경쟁하였다.

제2대 왕 엔메르카르(니므롯 추정)는 아라타에서 섬기던 인안나 여신을 위한 에안나(Eanna) 신전을 에렉의 도심에 세웠다. 인안나의 어머니는 생명의 여신인 닌후루사그로, 이브를 신격화한 것으로 보인다.(8) 제3대 왕은 루굴반다(BC 2750)였고, 제4대 왕 두무지는 기시의 엔메바라게시를 생포하였다. 그 후 100년이 지나자 안(Ahn) 신전의 신관(릴루)의 아들인 제5대 길가메시(BC 2700)가 무력으로 왕권을 찬탈한 후 수메르 지역을 통일하였다. 우루크는 기시 · 우르(Ur, Mugheir, Mugayar, 아브라함 고향) · 니푸르(Nippur) · 바빌론 (Babylon, 하무라비 고향) · 아카드(Akkad, Sippar, 사르곤 1세 고향) · 라가시(Lagash, 함계 수메르 첫 수도) · 슈루팍(Shrupak, 노아의 고향) · 갈라(Calah) 등과 자웅을 겨루었다.

악갓(Accad): 바빌론 북쪽의 아카드(Akkad, Agade)로, 아카드 제국이나 수메르 제국(BC 2350)과 동일시된다. 아카드 왕국은 기원전 2400년경 사르곤 대제(Sargon Ⅰ, 재위 BC 2350-2294)에 의해 아카드 제국(2350 BC-2193 BC)으로 통합되었다. 그는 우루크를 정복했고, 엔릴(Enlil)을 숭배하였다. 수메르 학자 시친(1999)은 그가 니므롯이라고 하였다.(9)

제4대 나람신(Naram Sin)은 '기시의 왕, 사계(四界)의 왕, 수메르-아카드 왕'이며, '정의의 왕'(Sharru Kin)을 자칭하면서 우루크에 대한 승리를 선언하였다. 이후 메소포타미아 남부를 수메르, 북부를 아카드로 부르게 되었는데, 이 시기에 아카드와 수메르의 문화가 혼합된 바빌론 문화가 형성되었다. 이 왕조에는 자그로스산맥에서 내려온 구티족(Gutians, BC 2200)과 호리족 연합군에게 멸망하였다. 수메르인은 아카드 제국의 통치 시기에 우르 제3왕조(BC 2119-BC 2004)를 세워 재기했으나 엘람에 의해 107년 만에 완전히 멸망하였다. 그 후 이신(Isin) · 라르사(Larsa) · 마리(Mari) · 바빌론(Babylon) 등이 패권을 다투었다.

갈레·바벨·니느웨: 갈레(Caleh)는 수메르와 동의어로 사용된다. 다니엘서(1:2)에 의하면 바빌로니아(Babylonia)와 같은 곳으로 보인다.(10) 바벨(Babel)은 수메르 문명의 수도(Babylon)였다. 니므롯은 축탑 공사 제8년째에 일부 병력을 이끌고 메소포타미아 중북부의 20여 개 도시국가들을 점령하였다. 그리고 바빌론의 북쪽 아시리아(Assyria, Asshur)에 니느웨(Nineveh)를 세웠다(창 10:11-12).

어거스틴은 함족인 벨루스(Belus)의 아들 니누스(Ninus)가 이 제국을 확장시켰기 때문에 니느웨라는 이름이 붙여졌다고 했고,(11) 헨리 모리스는 니누스가 곧 니므롯이라 하였다.(10) 이 경우 그의 아버지 벨루스는 구스가 된다. 이곳은 아수르어로 니누아(Ninua)라 불리었으며, 르호보딜과 레센을 위성도시로 가지고 있었고, 후일 아수르 제국의 수도가 되었다. 이 왕국의 아슈르바니팔 왕립도서관에서는 25,000매의 점토판 문서가 발굴되었다.

르호보딜·갈라·레센: 르호보딜(Rehoboth-Ir)은 아수르 고문서에는 니느웨 성 안의 일정한 구역으로 나온다.(12) 갈라(Calah)는 아시리아어로 칼후(Kalhu), 아카드어로는 칼루(Calu)라 불렀고, 지금은 니므롯(Nimrod)이라 부른다.(13) 1987년 이곳에서 니므롯의 석두상(石頭像)이 4,000여 년의 베일을 벗고 발굴되어 학계를 놀라게 하였다. 많은 사람이 설화 속의 인물로 여겼던 그의 조각상이 역사적 인물로 발굴되었기 때문이다. 아수르나시르팔 2세(BC 833)는 이곳을 수도로 삼았으나 메대의 공격(BC 614-612)으로 파괴되었다.

레센(Resen)은 아카드어로 레쉬에니(resieni, 물의 근원)이며, 사학자 와이즈만은 니느웨 남서쪽 8마일의 하만 알리(Haman Ali)로 추정하였다. 니므롯이 세운 이 도시들은 후일 셈족에게 모두 정복되었다.

함무라비와 바빌론 제국: 청동기 중기에는 아시리아 제국(BC 20C-BC 15C)과 바빌론 제국(BC 1900-BC 1530)이 차례로 등장하였다. 아시리아인은 본래 셈족이 아닌 수바르인(수바르투)이었으나 점차 셈화(化)되었다. 아시리아를 통일한 사람은 아무르 출신의 샴시아다드 1세(Shamshi-Adad I, 재위 BC 1813-1781)였다. 그러나 왕자들의 싸움으로 속국인 마리 왕국이 분열되었고, 뒤이어 아모리계 함무라비(Hammurabi, 재위 BC 1810-1750?)에게 모두 정복되었다. 모세 오경에는 아모리가 함계 가나안족으로 나온다. 그는 라르사, 엘람 왕국, 마리 왕국 등을 정복하고 엘람에서 시리아에 이르는 바빌론 제국을 재건하였다(BC 1763). 이때부터 아카드어가 오리엔트의 공용어가 되었다. 이 시기에 인도-유럽어족을 중심으로 민족들이 대이동을 개시했고, 메소포타미아는 산악에서 유목하던 히타이트(Hittite)와 카시트(Kassite) 및 후루리족의 침입이 잦았으며, 결국 히타이트의 침입으로 바빌론 제1왕조가 망하였다(BC 1530).

아시리아 제국(BC 1,000-BC 700)·**신 바빌로니아 제국**(BC 700-BC 600): 중기 아시리아기(BC 1600-BC 1200)에는 히타이트가 철제 무기로 메소포타미아 북부와 이집트 접경을 정복하였다(BC 1460-BC 1180). 아시리아의 디글랏빌레셀 1세(Tiglath-Pileser I, BC 1115-1076)는 지중해에서 소아시아까지 영토를 넓혔으나, 그가 죽으면서 북쪽 우라르투 왕국과 남쪽 아람족의 침공으로 200년간 암흑기를 맞았다. 그러나 아슈르나시르팔 2세(Asshur-nasirpal II, 재위 BC 884-858)는 철제 무기로 잔혹하게 주변국을 정복했고, 아들 셀만에셀 3세(Shalmaneser III, 재위 BC 858-824)를 거쳐 디글랏빌레셀 3세(Tigrath Pileser III, 재위 BC 745-727) 때에 전성기를 다시 구가하였다(왕하 15:19). 살만에셀 5세(재위 BC 727-722)는 사마리아(호세아 왕)를 3년간 포위하였다(왕하 17:3-4). 이 틈을 이용해 그의 동생 사르곤 2세(재위 BC 722-BC 705)가 등극해 사마리아 성(이스라엘)을 함락시켰고(왕하 17:4-6, 18:11), 주민 2

만7천 명을 메소포타미아로 이주시켜 혼혈정책을 추진하였다(왕하 17:16).

그 뒤를 이은 아들 산헤립(Sennacherib, 재위 BC 704-681)은 유다(히스기야 왕) 성읍 46개를 빼앗고 조공을 강요하였다(왕하 18:13-16). 이어서 이집트를 공격했으나 아들에게 암살당하였다(왕하 19:37). 아슈르바니팔(Ashurbanipal, 재위 BC 668-BC 628)은 이집트(디르하가 치하)를 다시 정복했으나 가혹한 통치와 중과세는 백성들의 반발을 촉발하였다. 그 결과 갈대아의 나보폴라사르(Nabopolassar, 재위 BC 625-BC 605)와 메디아 동맹군의 협공으로 니느웨가 함락(BC 612)되었고, 신(新) 바빌로니아 제국이 들어섰다. 이 제국의 느브갓네사르 2세(재위 BC 605-BC 562)는 시리아 · 팔레스타인까지 영토를 확장했으나 아케메네스 왕조(BC 559-400 BC)에 패했고(BC 538), 아케메네스는 다시 그리스 제국(BC 342-BC 330)에 패하였다.

4. 에티오피아 · 누비아 · 수단의 기원

함의 장남인 구스(Chus, Cush)의 후손도 아프리카로 이주하였다. 70인역 성경 등에 의하면, 구스(Cush)란 나일강 상류의 에티오피아 원주민과 이집트 남쪽의 흑인을 지칭하며(렘 13:23), 에티오피아인들도 구스인(Chusites)이라 자칭하였다. 요세푸스는 그들이 이름만 남기고 역사의 무대에서 사라진 이유는 모세가 인솔한 이집트군에 의한 에티오피아 전쟁으로 도시들이 모두 파괴되었기 때문이라 하였다.(14)

사료들에 의하면, 구스는 막내동생 가나안에 대한 할아버지(노아)의 저주에 반발해 자기 아들 이름부터 니므롯(Nimrod, 반역자)으로 명명해 하나님에 대한 반항의식을 고취하였다. 그리고 어릴 때부터 혹독하게 훈련해, 그로 하여금 노아의 저주를 무산시키려 했다고 한다.

한 점토판 문서(Tell el Amarna)는 에티오피아를 카시(Kashi)라 불렀다. 카시는 기시(Kish) 왕국을 세운 메스키아그카세르(Meskiagkaser, 대장장이 구스)를 지칭하는데, 니므롯을 낳았다(창 10:6–8). 장성한 니므롯은 구스의 뜻대로 시날(수메르)에서 신에게 대항하기 위해 거대한 탑을 쌓도록 군중을 선동했으며, 탑의 꼭대기에 사람의 이름을 내고 서로의 흩어짐을 막으려 하였다(창 11:1–4).

〈수메르서사시〉는 엔메르카르(Enmerkar: 사냥꾼 니므롯)가 우루크를 지배하려고 산악 지대에서 내려왔다고 하였다. 그가 정변을 일으키자 그의 아버지인 우루크 왕(메스키아그카세르, 구스)은 황급히 동생들(미즈라임·붓·가나안)을 데리고 갈대배로 딜문(바레인)과 마간(오만) 및 소코트라 섬을 거쳐 아프리카의 푼트(Phunt)로 이주한 것으로 보인다. 이곳에서 수메르의 갈대배 전단은 원주민들의 파피루스 전단과 싸워 쉽게 승리했을 것으로 보인다.(15),(16) 홍해(洪海, 그 Eritria sea)는 시나이 반도 양쪽에 V자형을 하고 있는데, 딜문에 살던 아담(붉은 사람)의 후손이 이주해 그렇게 불린 것으로 보인다. 딜문은 포엔(Poen)이라고도 하며, 이집트인은 포에네(Phoene), 그리스인은 포이니케(그 Phoinike)라 불렀고, 후일 강력한 페니키아 제국을 세웠다.(17)

데이비드 롤은 메스키아그카세르를 구스(Cush)로, 엔메르카르는 니므롯으로 추정한 바 있다.(18) 구스 일행은 아프리카의 서남쪽으로 내려가 쿠시(수단·에티오피아)와 와와트(누비아)를 세웠고, 미스라임은 나일 상류에 상(上) 이집트를, 붓은 이집트를 지나 지중해 연안에 리비아를 세웠다. 이사야서에 의하면, 구스가 나일강 상류에는 누비아(Nubia)를 세웠는데(사 18:1), 누비아라는 나라 이름은 놉(Nob, 노예)에서 유래한 말이다. 누비아는 전성기에는 습윤 지역이었던 사하라사막도 지배하였다.

구스의 장남인 스바(세바, Seba)의 후손의 거주지로는 예멘설과 에티오피아설이 있다(창 10:7, 대상 1:9, 사 43:3). 구약성경에는 스바 여왕이 솔로몬을 찾아온 기록이 나오며(왕상 10:1-13), 스바가 이스라엘에게 종속되는 날이 하나님의 영광이 회복되는 날이라 하였다(시 72:10). 요세푸스는 스바와 동일시되는 사바(Saba)가 아라비아 서남쪽에서 홍해를 건너 아프리카(수단)로 이주한(사 45:14) 메로에족(Meroe)의 조상이라 하였다. 이사야 시대(BC 740-BC 701)에는 수단 사람을 사바인(Sabean)이라 불렀다(사 45:14).

4. 이집트의 기원

4.1 미스라임의 이집트 건국

이집트(Egypt)라는 말은 〈오딧세이〉(BC 8C)에 나오는 아이굽토스(그 Aiguptos)에서 유래했는데, 하(下) 이집트의 수도 멤피스(Memphis, '프타의 영혼의 집')를 음역한 말이다.(19) 성경은 이집트를 '함의 땅'이라 불렀는데, 이는 함이 미스라임(Mizraim, 에워싸다)을 데리고 나일계곡을 개척했음을 암시한다.(20) 이집트인은 스스로를 메스트리아인(Mestrean)이라 불렀고, 유대인들은 미스트르(Mistre)라 불렀다. 성경은 하(下) 이집트를 상(上) 이집트(바드로스)와 구분해(렘 44:15, 겔 29:14) 미스라임이라 불렀으나, 미스라임은 일반적으로 이집트 전체의 호칭이었다(창 50:11, 호 9:6, 사 19:13). 미스라임의 후손은 주로 중북부 아프리카에 거주하였다. 그들은 나일강 주변을 '붉은 땅'(사막)과 구분되는 '검은 땅'이라 불렀다.

미스라임은 구스를 따라 푼트에 상륙한 매(hawk)의 지도자였다. 매는 호루스(멀리 보는 분)의 상징으로, 미즈라임을 지칭한 것으로 보인다. 호루스는 오시리스(함?)의 아들이었다. 엔키(Enki)의 아들인 저승사자 아사르

(Asar)를 신봉한 그는 '아사르에서 나온 자'(in-Asar)였다. 원래 아사르를 섬긴 도시는 아수르(Asshur)인데, 아시리아인들은 이집트를 무스리(m-Usri)라 불렀고, 이집트인들은 지금도 스스로를 엘-마스리(오시리스의 자손)라 부른다. 이처럼 나일 지역을 점령한 메소포타미아 지도자들에게 붙여진 명칭이 아람어로 마스르(Masr), 히브리어로 미즈르(Mizr, Mistre), 아카드어로 무스리(Musri)였다. 호루스의 그림에 나오는 '날개 달린 햇무리'는 그 후 조로아스터교의 산신(山神)인 아후루마즈다(Ahurumazda)의 상징이 되었다.(17)

이집트인은 푼트를 '타-네제르'(신의 땅)라 불렀고, 푼트로 상륙했던 그들의 조상 함을 태양신 프타(Phtah)로 숭배했으며, 구스를 호루스(Horus)로 숭배한 것으로 보인다.(21) 이집트의 건국신화에 의하면,(22) 타우르(Ta Ur, 동쪽의 낯선 땅)에서 건너온 프타(Phtah, '우주의 건설자')가 대홍수로 물에 잠긴 나일에 제방을 쌓아 백성들이 잘 살도록 치수공사를 하였다 한다. 그는 신성한 도시 안(An, 구약성경의 On, 그 Heliopolis)을 건설했고, 아들 라(Ra, 태양신, 매)에게 왕권을 물려주었다. 라(Ra)는 왕권을 오시리스(Osiris)와 세스(Seth)에게 양도했는데, 세스가 오시리스를 살해하였다. 오시리스의 부인인 이시스(Isis)는 신들의 도움으로 남편을 다시 살렸고, 왕권은 아들 호루스(Horus)에게로 이어졌다 한다. 호루스의 실체에 대해서는 구스설과 미스라임설이 대립하는데, 전자가 더 설득력이 있어 보인다.

4.2 미스라임 후손이 세운 도시국가들

> 미스라임은 루딤과 아나밈과 르하빔과 납두힘과 바드루심과 가슬루힘과 갑도림을 낳았더라(가슬루힘에게서 블레셋이 나왔더라)(창 10: 13–14).

루딤(Ludim)은 리디아인, 아나밈(Anamin)은 구레네 사람인 마리우타이,

르하빔(Lehabim)은 루빔(리비아인)으로 불리었고, 납두힘(Naphtuhim)은 펜타스키나이(Petaskinai)에 동화된 것으로 보인다. 바드루심(Pathrusim)은 상 이집트(Pathros)에 거주했고(렘 44:1, 겔 29:14, 30:14), 가슬루힘(Casluhim)과 갑도림(Caphtorim, Caphtor, 크레타 섬)이 후일 블레셋(Phistine)을 이루었다(암 9:7, 렘 47:4). 가슬루힘은 이집트의 사이렌(Cyrene)이나 카시오스(Casios), 소아시아의 스킬라케(Scylace) 또는 해양족인 티예케르(Tjekker)라는 설이 있다. 갑도림(갑돌)의 일부는 가나안의 남서부에 거주하였다(신 2:23). 이처럼 팔레스틴(블레셋)의 뿌리는 이집트였다. 이집트의 건설(BC 2188)은 바빌론(BC 2234)보다는 46년 이후이지만, 그리스(BC 2089)보다는 100여 년이나 앞선다.

4.3 통일왕조를 세운 메네스

기원전 3200년경(수정연대 2100?)에 철제무기를 갖춘 2만의 군사를 거느린 상 이집트의 메네스(Menes, Mena, Narmes, Min, Aha)가 헤넴메트족(상 이집트, 코브라)과 레히트족(하 이집트, 독수리)의 30개 도시국가(nomos, nomes)를 합병하고, 멤피스에 수도를 둔 통일왕조(BC 2100?)를 세웠다.(23) 이 시기에 나일 문명이 꽃을 피웠다.(24) 최초의 파라오(Pharao, 큰 집)를 자칭한 메네스(Menes, BC 2100년?)는 미스라임으로 추정된다.(24-1) 이집트의 사제 마네토(Manetho, BC 3C)는 〈이집트지(誌)〉에서 메네스는 62년간 이집트를 다스렸으며, 하마(물소?)에게 밟혀 죽었다고 하였다.(25)

메네스가 세운 멤피스 신전의 주신은 대장장이며 석공인 프타와 그의 부인 세크메트(사크메트) 및 황소 얼굴의 아피스(Apis)이다. 프타(Ptah, Ptaha)의 아들인 네페르툼(Nefertum)은 태양신 네페르 아툼(Nefer Atum)을 지칭한다.

그런데 신화에 나오는 이들의 실체는 과연 누구일까? 이집트 신화는 프타가 고깔모자를 쓴 갈대아의 우르 출신이라고 말한다. 필자의 생각으로는 모세 오경에서 이 지역을 '함의 땅'이라 불렀고, 이집트 전설에서 '멀리 바라보는 자'라고 기술한 내용, 그리고 노아가 함의 후손을 저주한 점, 구스를 포함한 함의 가문이 대대로 대장장이인 사실을 고려할 때 프타는 함(Ham)으로, 최초의 태양신 호루스(Horus)는 구스(Cush, Meskiagkasher)로 추정한다.(21) 그리스식 호칭인 호루스의 원래 이름은 하르(Har: 멀리 있는 분) 또는 후루(Huru: 아랍어로 '매')였다. 매(鷹)는 하늘 높이 힘차게 솟아오르는 날짐승으로, 사자(死者)의 영혼이 하늘로 솟아오르라는 염원이 담긴 것으로 보인다.

4.4 나일 문명

나일 문명은 수메르 문명보다 70여 년 후인 기원전 2300년경부터 기원전 332년까지 이어졌다. 나일강변을 따라 발전했으므로 헤로도토스는 나일 문명을 '나일강의 선물'이라 하였다. 이 문명의 아이콘은 피라미드와 스핑크스 및 성각문자(聖刻文字, Hierogliph)라 할 수 있다.

이집트의 위정자들은 매년 반복되는 나일강의 범람기(3개월)에 농민들을 동원해 피라미드와 스핑크스를 만들었다. 황량한 모래벌판에 이러한 석조문명을 일으킨 사람은 제3왕조의 제2대 파라오인 조세르(Djoser, BC 2668?-2649?)의 재상 임호테프(Imhotep)였다.(26) 그는 수메르에서 건너온 이리파트(Irypat, 파트가문)이며 호루스의 신봉자로서, 황량한 사막에 조세르의 계단식 피라미드(기저 109×125m, 높이 62m)를 세웠다(사진 1). 이러한 피라미드의 건축술은 제4왕조의 쿠푸(Khufu)·카프레(Khaf-Re)·멘카우레(Men-kau-Re)를 위해 지은 기제(Gizeh)의 세 피라미드에서 절정을 이루었다.

▲ 〈사진 1〉 조세르의 피라미드

기원전 2100년경에는 헤라클레오폴리스와 테베가 경쟁했으나, 테베가 승리하면서 중왕국 시대(BC 2050-1720?)를 열었고, 제12왕조(BC 1990-1780?) 때 전성기를 이루었다. 이 시기에 누비아(Nubia)를 정복했고, 시리아에도 영향력을 행사하였다. 기원전 1700년에는 셈계 유목민인 힉소스(Hyksos)를 비롯해 히타이트·후루리(미탄니)·아시리아·카시트(카시) 등의 침입을 받았다. 기원전 1580년에는 카모세(Ka-Mose)와 아모세(Ah-Mose)가 힉소스를 축출하고 제18왕조인 신왕조(新王朝, BC 1570-1090?)를 세웠다. 그 후 통일왕조는 페르시아(BC 525-BC 332)와 그리스제국(BC 332-BC 304)의 지배를 받다가 프톨레마이오스 왕조(BC 305-BC 30)를 끝으로 막을 내렸다.(27)

4.5 모세 오경과 이집트연대기(28)

창세기나 출애굽기가 역사적인 기록이라면 왜 〈이집트 연대기〉에 구약의 인물이나 사건들이 나오지 않는 것일까? 그래서 사가들은 구약성경의 기록을 신화로 여기곤 하였다. 그러나 최근에 이집트의 30개 왕국의 통치 기간들이 부분적으로 겹친 사실이 밝혀지면서 이 문제는 해결의 실마리를 찾게 되었다. 호주의 이집트 선교사 다운(David Down)은 '이집트 표준연대기'의 연대 설정이 500-1000년이나 과도하게 길게 확장된 사실을 밝혔다. 이에 따라 그가 만든 '이집트 수정연대기'와 모세 오경의 이집트 관련 내용이 연대적으로 정확이 들어맞는다는 사실이 확인되었다.(29)

'이집트 수정연대기'에 의하면, 대홍수(BC 4400년경)와 바벨탑 사건(BC 2200-2300년경) 이후, 미스라임의 후손이 이집트에 거주하였다. 그리고 아브라함(BC 2100년경)은 이집트 고왕국에 갈대아의 천문학과 수학을 전했고, 요셉과 모세는 중왕국 시대에 살았다. 요셉을 총리로 임명한 바로는 제12왕조의 세소스트리스 1세(Sesostris I)이며, 요셉을 모르는 포악한 파라오는 세소스트리스 3세(Sesostris III)로 추정된다. 그리고 모세를 키운 여왕 소벡네페루는 아들이 없었으므로 그녀의 죽음과 더불어 제12왕조가 막을 내린 것으로 보인다.

출애굽 때 모세를 괴롭힌 바로는 카섹엠르·네페르호테프(Khasekemre·Neferhotep)로 추정된다. 출애굽 사건으로 중왕국이 망했으며, 이 틈에 셈계 유목민인 힉소스가 이집트를 정복하였다(BC 1750-BC 1528). 제1 및 제2 중간기는 서로 겹치는데, 이스라엘의 여호수아와 사사시대에 해당한다. 신왕국은 이스라엘의 왕정시대와 일치한 것으로 나타난다. 제3 중간기는 독자적으로 존재하지 않았으며, 그 시대의 왕들은 신왕국과 후기 페르시아 왕들의 이름과 일치하였다. 마지막의 프톨레마이오스 왕조는 클레오파트라 여왕을 끝으로 로마에 의해 멸망하였다(그림 2).

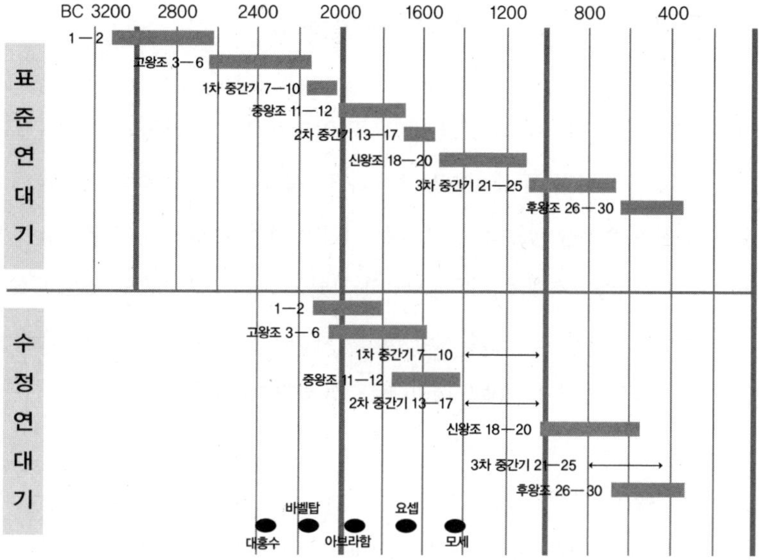

▲ 〈그림 2〉 이집트 표준연대기(상)와 데이비드 다운이 밝힌 수정 연대기(하)

5. 붓과 리비아의 기원

구약성경은 함의 셋째아들 붓을 구스·룻·루딤(리디아)과 함께 언급하였다(겔 30:5, 38:5, 렘 46:9). 붓(Put, Phut, '외국 궁수')은 장형인 구스를 따라 푼트에 상륙했던 우루크 왕족으로, 푼트(Phunt)라는 지명은 그의 이름에서 유래하였다. 고대 페르시아어로는 푸타야(Phutaya)라 불렀다.[30] 붓의 후손이 세운 이 나라는 후일, 미스라임 후손의 하나인 리비오스(Lybyos)의 이름을 따라 리비아(Lybia)로 개칭하였다(겔 30:5, 38:5). 다니엘서(11:43)에도 붓이 리비아로 나온다. 이들은 말과 병거를 이끈 자들로(렘 46:9), 두로의 용병으로도 활약하였다(겔 27:10). 요세푸스는 붓이 리비아(Lybia, Lubim)를 창건한 사람이라 하였다. 그들은 이집트(렘 46:2, 겔 30:4)와 곡(겔 38:2)의 용병으로도 활약하였다.

6. 가나안(팔레스틴, 블레셋)이 세운 나라들

> 가나안은 장자 시돈과 헷을 낳고, 또 여부스 족속과 아모리족속과 기르가스 족속과 히위 족속과 알가 족속과 신 족속과 아르왓 족속과 스말 족속과 하맛 족속을 낳았더니, 이 후로 가나안 자손의 족속이 흩어져 나아갔더라. 가나안의 경계는 시돈에서부터 그랄을 지나 가사까지와 소돔과 고모라와 아드마와 스보임을 지나 라사까지였더라. 이들은 함의 자손이라. 각기 족속과 언어와 지방과 나라대로였더라(창 10:15-20).

가나안: 함의 넷째아들 가나안(히 Canaan, 낮은 곳)은 많은(11명) 아들을 낳았다. 그는 노아에게 저주를 받았으며(창 10:22-24), 그의 자손들(7족)은 성경에서는 항상 이스라엘의 적대 세력으로 나온다. 그들은 상인이며(겔 27:3) 장사꾼이었다(사 23:8, 호 12:7, 습 1:11). 이집트의 아멘호테프 2세(재위 BC 1449-1433)의 비문에 후리족의 전차를 모는 귀족계급인 마리얀누(maryannu)와 상인 카이인(kyn'n.w.)에 대한 기록이 나오는데, 상인은 가나안족을 지칭한 것으로 보인다. 〈마리문서〉(Mari Document, BC 18C)에는 '도둑질하는 가나안'에 대한 기술이 있다. 이들은 이집트 제12왕조(BC 2000?)의 지배를 받다가 힉소스가 이집트를 지배했을 때(BC 17-18C?) 번성하였다.

구약성경(헬라어 70인역)은 가나안을 알로폴로스(Alopolos, 이방인)로 번역하였다. 그들은 크레타에서 들어온 족속으로, 남쪽의 이집트 시내에서 지중해를 따라 북쪽의 하맛에 이르는 해변에 거주하였다(렘 47:4 신 2:23, 암 9:7). 후대에 로마인이 가나안을 팔레스틴(Palestine)이라 고쳐 불렀다. 이들은 모세와 여호수아가 이끈 이스라엘에 정복되면서 역사의 기록에서 사라졌다.(31),(32)

페니키아 제국(BC 1250-BC 800, 레바논): 가나안의 장자인 시돈(Sidon)의 후손은 페니키아 제국(BC 1200-BC 900)을 세워 지중해의 제해권을 가졌고, 북아프리카의 카르타고를 식민지로 두었다. 가나안족, 후르리족 및 아리아족의 혼혈로 보이는 그들은 바레인에서 마간(오만)을 거쳐 일부는 아프리카의 푼트에 상륙했고, 나머지는 홍해를 거슬러올라가 수에즈 해협을 육로로 횡단해 지중해로 넘어갔다. 그리고 다시 갈대배를 타고 북상해 두로(그 Turos, 아 Tyre)와 시돈(그 Zidon, 히 Chadon)에 고대 도시국가를 세웠다. 아라두스(그 Aradus, 아 Arbad), 트리폴리(그 Tripoli, 아 Tarablus), 비블로스(그 Byblos, 아 Gebal, Juveil), 베리투스(그 Berytus, 아 Beirut), 우가리트(Ugarit) 등은 그곳에 형성된 도시들이다(BC 1250경). 트리폴리는 페니키아 3국동맹(두로-시돈-아라두스, BC 300)의 머리 역할을 하였다. 레바논의 중고등학교 교과서들은 지금도 자기 조상이 바레인에서 왔다고 가르친다.

기원전 12세기경, 그들은 사이프러스·사르디니아·이베리아 반도를 식민지화했고, 지중해의 해상 통제권을 장악하였다. 솔로몬 성전(BC 958-951, 왕상 7:13-14)의 건축을 도운 두로 왕 히람(Hiram 1, BC 969-BC 936) 때 가장 번성했으므로 두로인·시돈인·페니키아인 등으로 불린다. 기원전 9세기부터는 아시리아, 기원전 538년부터는 페르시아의 지배를 받았고, 기원전 350년에 그리스의 속주가 되었다가 기원전 64년에 로마 제국의 시리아의 속주가 되었다.

페니키아라는 이름은 그리스인이 포이니키스(Phonicis, 자색의 사람들)라 부른 데서 기인한다. 항구 페닉스(Phoenix)는 뿔고동의 껍데기에서 추출한 자주색 색소(티리언 퍼플)의 의미를 가지고 있는데, 자주 옷은 당시에 부의 상징이었다. 페니키아의 비블로스(그 Biblos)에서 창안된 알파벳(BC 15C)은 그리스어를 비롯한 여러 문자의 모체가 되었다. 이들이 섬긴 바알(Baal)은 그리스로 건너가 제우스(Zeus)로 바뀌었다. 따라서 그리스 신화의 고향은 가나안이며, 지금까지 거행하는 올림픽 성화의 채화식은 바알에게 바치던 불의 제전임을 상기할 필요가 있다.

히타이트 제국: 가나안의 차남인 헷(Heth, Khitte=Cathay, 히타이트)의 후손들은 가나안에 거주하였다(창 15:19-21, 민 34:2-12). 그 시기에 아브라함은 우르를 출발해 마리 왕국(BC 2900-2300)을 거쳐 하란으로 이주하였다. 그러나 그들이 세운 사해 남쪽의 도시국가인 소돔·고모라·아드마·스보임은 유황불로 멸망하였다(창 19;24, 28). 그 후 헷족은 가나안에서 소아시아로 이동해 히타이트 제국(BC 18C-BC 8C)을 세웠다. 후르리인(Hururian)에게 기마술을 습득한 그들은 6개의 바퀴살을 가진 전차를 개발해 미탄니(Mitanni)를 정복했고, 아시리아와 이집트를 침공하였다.

'히타이트 왕명록'에 따르면 팜바(Pamba)가 소아시아 최초의 하티(Hatti) 왕국을 세웠고, 라바르나 1세(Labarna Ⅰ, 재위 BC 1680-1650)가 히타이트 고왕국을 세웠다. 그의 아들 하투실리(Hasili, 라바르나 2세, 재위 BC 1650-1620)는 수도를 쿠샤라에서 하투샤스(Hathusas)로 옮겼다. 이 제국은 기원전 1180년 이후 여러 도시국가로 분열하였는데, 이 시기를 신(新)히타이트제국이라 부른다. 이들의 침입으로 아모리계 고(古)바빌론 제국이 멸망하였다. 그 중간 시기에는 아리아족의 지배를 받던 후르리계 미탄니 왕국(Mitanni, Hanigalbat, BC 1500-1300)이 세력을 떨쳤다.

인도-아리아계 후르리족을 자처한 미탄니의 전사들은 산스크리트어(梵語)로 마리야(태양)라 불리었고, 미트라(Mitra, 이란어로 Mithra)와 인드라(Indra) 등을 섬겼다. 미트라는 전쟁의 신으로, 사자 얼굴에 뱀이 몸을 비틀고 있는 모습으로 나타난다. 인드라는 아리아족을 통해 인도로 유입되어 최고신으로 등극하였다. 그러나 히타이트(BC 14C)와 아시리아에 정복되었고(BC 13C), 결국 지중해에서 건너온 해양족에게 멸망하였다.

20세기 초에 독일의 빙클러(H. Winkler)가 그곳의 신전과 성채를 발굴했으며, 2만 매의 점토판 문서가 출토되었다. 한편 헨리 모리스는 이들의 일부가 몽골까지 이동한 것으로 추정하였다. 설형문자로 쓰인 비문에는 히타이트를 키태(Kittae)로 표기했는데, 이 명칭은 홍콩의 한 항공사(Cathay Pacific Airline)의 이름 속에 흔적으로 남아 있다.(33)

여부스(Jebus): 이들은 이스라엘 족속이 이주하기 이전에 예루살렘에 거주했던 거주민이었다(민 13:29). 여부스는 예루살렘의 옛 명칭인데(삿 19:10-11), 다윗이 이곳를 정복하고서 '다윗성' 이라 불렀다(삼하 5:6-9). 이들은 후리족의 일원으로 보인다.(34) 그들의 왕 아도니세덱은 여호수아를 대적하던 아모리족의 연합운동을 주도하였다(수 10:1-5). '아마르나 문서'(Amarna Letter)는 여부스와 아모리를 묶어서 아무루(Amurru)라 불렀다.(35)

아모리(**에모리, Amory, 높음, 산 사람**): 성경은 수리아와 팔레스틴을 아모리인의 땅이라 하였다(창 48:22, 수 24:15). 아모리인은 팔레스틴의 원주민이었고(창 15:16, 수 24:15, 삿 6:10, 왕상 21:26) 험준한 산악에 거주한(민 13:29, 신 1:7) 강력한 가나안족이었다(창 15:16). 따라서 가나안의 지도적 위치에 있었다. 예루살렘 원주민(여부스족)도 아모리인의 피가 섞인 자들이었다(창 10:16, 겔 16:3). 바산 왕 시혼과 옥(민 21:21-35, 신 2:24, 수 2:10), 기브온을 공격한 다섯 왕(수 10:1-27) 및 아이성의 주민들도 아모리인이었다(수 7:7). 그들은 기원전 2300년경 팔미라 사막에서 메소포타미아로 들어와 우르 제3왕조를 붕괴시켰고, 함무라비(BC 1792-1750) 때 전성기를 맞이했으나, 같은 가나안계인 히타이트에게 멸망하였다(BC 1590).

기르가스(Girgasites) · **히위**(Hivites) · **알가**(Arkites): 이들의 후손에 대한 기록은 없지만 예루살렘과 시돈 사이에 거주한 것으로 보인다. 일부 학자는 히위족을 호리족(Horite)으로 해석한다. 알가의 후손은 시리아 주변의 텔 알가(Tel Alka)에 거주했는데, 로마인들은 이곳을 카에사라 리바니(Caesarea Libani)라 불렀다. 이들은 자녀를 우상에게 제물로 바치고 짐승과 교잡하는 등, 죄악이 하늘까지 사무쳤기 때문에 신의 진노로 모세에 의해 멸망하였다(창 18:20-21 신 9:4-5).

신족(Sin): 신(Sin)은 우르(Ur)의 한 비문에 '법과 정의의 신'으로 나오며, 아시리아의 월신(Sin)과 관련된 것으로 보인다. 모세 오경에는 신(Zin) 광야와 시나이 산(Mt. Sinai)이 나오며, 중국의 고대어들(Sino · Sinim · Sinae)도 이들과 관련이 있는 것으로 보인다.(35) 이사야서(49:12)는 아스완족(Aswan)에 대해 기술했는데, 사해문서와 맛소라 사본은 이를 시님(Sinim)으로 번역하였다. 헨리 모리스는 가나안의 두 아들인 헷(Hittits=Khittae=Cathay)과 신의 후손이 중국인(Sinites=Sinim=Sino=China)과 아메리카 원주민의 일부를 이룬 것으로 추측하였다.(35)

기타: 아르왓족(Arvadites)은 페니키아의 항구도시인 아르왓(Arvad)에 거주했는데, 비블로스 북쪽 80km 지점에 있는 루아드 섬(Ruad island)으로 보인다(겔 27:8, 11). 스말족(Zemarites)은 아르마나 문서에 나오는 수무르(Sumur)로, 지금은 숨라(Sumra)라 부른다. 하맛족(Hamathites)은 시리아의 하맛(Hammath)에 거주하였다(민 34:8, 수 13:5).

7. 함족이 주도한 인더스 문명

고대 인도의 초기 600년간은 제국이 없었고 문서의 기록도 없었다. 후대에 작성된 서사시들을 종합하면, 메소포타미아에서 일단의 유목민들이 카이버 패스(Khyber Pass)를 넘어 비옥한 인더스강 하구의 멜루하(Meluha)에 정착한 것으로 보인다. 여기에 마간(오만)에서 갈대배로 인도양을 건너온 우루크 왕족의 일부가 합류한 것으로 보인다.(36) 이들이 모헨조다로(Mohenjo Daro, 死者의 언덕)와 하라파(Harapa)의 100여 도시국가(1000 km^2)를 중심으로 인더스 문명(BC 3000?–1500)을 이룩한 것으로 보인다. 이 문명을 주도한 종족은 드라비다족, 타밀족 및 문다족이었다.

최근 모헨조다로에서 발굴한 거대한 석탑은 이들이 바벨탑을 쌓았던 니므롯의 후예임을 잘 보여준다. 그리고 하라파(Harapa) 왕궁에서 발견된 여신상의 주인공은 수메르인이 이르니니(Ir.Ni.Ni., 강하고 향기로운 여인)라 부른 신(Sin)의 딸 이쉬타르가 분명하다.(37) 이 문명은 기원전 1500년경 인더스강의 범람과 아리아족의 침입으로 원주민이 남하하면서 쇠퇴하였다. 아리아인은 힌두쿠시 북쪽에서 유랑하던 민족으로, 스스로 아리아(고귀, 순수)라 칭하였다. 한 찬가에는 아리아인이 '열등한 검은 색 사람들'과 싸워 이겼다고 하였다. 이후 인도인은 함·야벳·셈의 피가 뒤섞인 혼혈족이 되었다. 아리아의 다른 일파는 메소포타미아에 미탄니(Mitani)를 세웠다.

| 참고자료 |

*1. 〈수메르왕명록〉: 원래의 점토판은 수메르를 다스린 왕의 이름을 기록한 것으로, 기원전 2000년경에 만들어진 것으로 보인다. 현존하는 것은 기원전 650년경에 제작된 것으로, 니네베의 아수르바니팔 왕궁 서고에서 출토되었다. 총 2,000행이며, 런던대영박물관에 보관되어 있다.

| 참고문헌 |

(1) A. J. M. Osgood: A better model for the stone age, EN Technical Journal, Vol. 3, pp. 74-75, 94-95, 1988

(2) 이재만, 최우성: 빙하시대이야기, pp. 52-53, 두란노서원, 서울, 2011

(3) 요세푸스 저, 김지찬 역: 유대고대사 I , pp. 64-65, 22쇄, 생명의말씀사, 서울, 2010

(4) 수잔 와이즈 바우어 저, 이광일 역: 세상의 모든 역사, pp. 24-27, 이론과 실천, 서울, 2007

(5) Samuel N. Kramer: The Babel of Tounges, A Sumerian Version, J. of Am. Oriental Soc,, 1968

(6) 고든 웬함 저, 박영호 역: op.cit, pp. 412-415

(7) 데이비드 롤 저, 김석희 역: 문명의 창세기, 재판, p. 629, 해냄, 서울, 2007

(8) 데이비드 롤 저, 김석희 역: op.cit, p. 632

(9) 제카리아 시친 저, 이근영 역: op.cit., p 158

(10) Henry M. Morris: Genesis Record, 38th, p. 253, Baker Book

House, Grand Rapid, MI, 2006

(11) 어거스틴 저, 조호연, 김종흡 공역: 하나님의 도성, pp. 228-229, 750, 크리스천다이제스트, 2010

(12) 아가페성경사전, p. 407, 아가페성경사전편찬위원회, 아가페출판사, 서울, 2007

(13) 아가페성경사전, ibid, pp. 34-35

(14) 요세푸스 저, 김지찬 역: op.cit, pp. 64-65

(15) 수잔 바우어 저, 이광일 역: op.cit, p. 87

(16) 안성찬 역(루츠 붕크 원저): 역사와 배, 해냄출판사, p. 10, 2006

(17) 데이비드 롤 저, 김석희 역: op.cit, p. 633-635

(18) 데이비드 롤 저, 김석희 역: op.cit, pp. 336-338

(19) 아가페성경사전: op.cit, p. 1109

(20) Henry M. Morris: op.cit, p. 250

(21) 데이비드 롤 저, 김석희 역: op.cit., p. 515

(22) Fall of the Sothic theory: Egyptian chronology http://creationontheweb.com/content/view/1682

(23) Egyptian history and the biblical record: a perfect match? http://creationontheweb.com/content/view/4857

(24) Gerald Leinwand : Prologue: In Search of History, The Pageant of World History, pp.11-12, Allyn &Bacon, 1986

(24-1) Halley's Bible Handbook, p. 92

(25) Menes (king of Egypt) - Britannica Online Encyclopedia, 11-20-2014

(26) 데이비드 롤 저, 김석희 역: op.cit. pp. 533-535

(27) 문희석: 구약성서 배경사, 서울, 1991

(28) 아가페성경사전: op.cit. pp. 1109-1117

(29) Tas Walker et al: A talk with field archeologist David Down, Creation 27(3), pp. 30–35, June, 2000

(30) 아가페성경사전: op.cit, ibid, pp. 672–673

(31) W. F. Albright: Yahweh and the Gods of Canaan(reprint), 1978

(32) K. M. Kenyon: Amorites and Canaanites, New York, 1966

(33) Henry M. Morris: op.cit, pp. 255–256

(34) 고든 웬함 저, 박영호 역: op.cit, pp. 417–418

(35) Henry M. Morris: op.cit, pp. 254–255

(36) 데이비드 롤 저, 김석희 역: op.cit. pp. 437–440

(37) 제카리아 시친 저, 이근영 역: op.cit. p. 209

제 3 장

지명 속의 창세기 족장들(3)

셈의 후손

황인종의 조상으로 추정되는 셈(Shem)은 엘람·앗수르·아르박삿·룻·아람 등의 5명의 아들을 낳았다(표 1). 그는 대홍수 후 6대손 때까지, 502년을 더 살았다(창조 후 1560–2160, BC 2249–1649?). 한편 미국의 신학자 오스굿은 셈의 다섯 아들이 9그룹에 6,250명으로 증가한 것으로 추정하였다.[1] 이는 바벨탑 축조 당시 총인구(남자만 17,125명, 총 34,250명)의 36%에 해당한다.

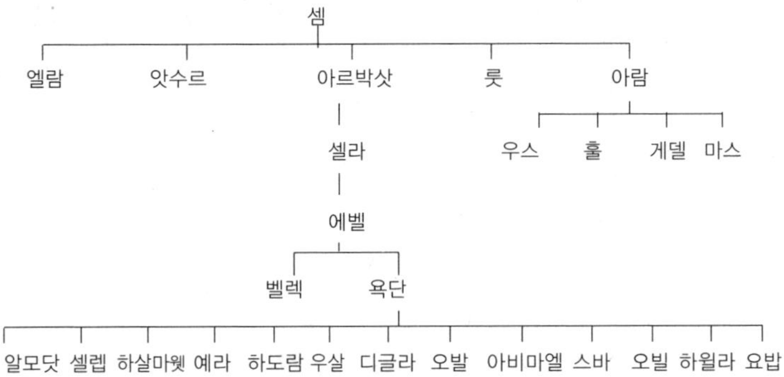

▲ 〈표 1〉 셈의 계보 (창 10:21–24)

1. 셈의 후손

셈은 에벨 온 자손의 조상이요 야벳의 형이라 그에게도 자녀가 출생하였으니 셈의 아들은 엘람과 앗수르와 아르박삿과 룻과 아람이요 아람의 아들은 우스와 훌과 게델과 마스며, 아르박삿은 셀라를 낳고 셀라는 에벨을 낳았으며(창 10:21–24).

에벨(Eber): 위의 성경 구절은 '셈은 에벨 자손의 조상' 이라고 기술함으로써 에벨이 셈 가문의 적통임을 강조한다. 셈은 노아가 죽을 때까지 그와 동행한 것으로 보인다.[2] 에벨(강을 건너온 자)은 히브리인(Hebrew)의 조상으로, 그의 후손에서 그리스도가 탄생하였다. 다른 고대 비문에 나오는 하비루(Habiru)는 이스라엘인이 아닌 에벨의 다른 후손으로 보인다.[1]

셈족의 동진(東進): 대홍수 후에 셈족은 시날에서 여러 갈래로 동진(東進)한 듯하다. 첫 갈래는 스텝 루트(steppe route)로, 아라랏산맥에서 북상해 우랄산맥 아래에 거주하다가 다시 동쪽으로 나아가 알타이산맥과 바이칼 호반 사이에 정착한 것으로 보인다. 둘째 부류는 아라랏산맥에서 남하해, 자그로스산맥을 왼편에 두고 남동진(南東進)하다가 힌두쿠시와 카라코람산맥 및 파미르고원을 넘어 천산북로(天山北路)로 간 듯하다. 셋째 갈래는 아라랏산맥에서 힌두쿠시와 파미르고원을 거쳐 천산남로(쿤룬산맥 북쪽)로 이동한 것으로 보인다. 그 밖에도 동남아로(東南亞路)와 해로(海路)가 있었을 것이다.

천(遷): 셈족이 이렇게 이동한 내용이 '옮길 천(遷)'에 남아 있다. 천(遷)자는 䙴(옮길 천)과 辶(갈 착)의 합성어이며, 천(䙴)자는 다시 西+大+巳(이미 이)로 구성되어 있다. 이는 '서쪽에서 일찍이 큰 혼란이 일어나 큰 무리가 동쪽으로 이동했음'을 암시한다. 〈설문해자〉는 "遷은 나아감(오름)이다. 고문의 遷자는 사람들이 서쪽에서 왔음을 뜻한다"(遷:登也.古文遷手西, 천:등야.고문종수서)고 해설하였다. 중국의 서쪽은 바벨탑 사건이 있었던 수메르이다.

2. 셈족의 도시국가들

엘람(Elam, Elamu): 셈의 장자로, 그의 이름이 곧 페르시아의 옛 이름이 되었다. 신약시대에도 페르시아는 엘람으로 불리었다. 가나안을 침공한 그돌라오멜(Chedorlaomer)도 엘람 왕이었다. 후일 이들은 마대족과 아리아족을 형성해 페르시아 제국을 세웠다. 그 나라는 수도 이름(Susa)을 따라 수시아나(Susiana)로 불리기도 하였다. 원시 엘람(BC 3200–BC 2700?), 구엘람(BC 2700–BC 1600), 중기 엘람(BC 1500–BC 1100), 신엘람(BC 1100–BC 539) 등으로 구분한다.

아수르(Asshur): 셈의 차남인데, 그리스어로는 아시리아(Assyria)라 부른다. 그의 후손은 아시리아 제국(BC 25C–BC 605)과 바빌론 제국을 거쳐 오늘의 이라크를 세웠다. 고대, 중기 및 신아시리아 제국으로 구분한다. 신아시리아 제국 때(BC 934–BC 605?)에는 왕들이 출정할 때마다 아수르의 동상 앞에 나아가 중요한 외교 내용을 보고했다고 한다.

아르박삿(Arphaxad, BC 2349?): 셈의 셋째아들로, 홍수 2년 후에 출생해 갈대아인(Chaldeans)의 조상이 되었다. 아시리아의 아라파키티스(Arrapachitis)는 그의 이름에서 유래한 것이다.(2) 아르박삿(Arpachad)의 끝의 세 글자(ksd)를 카스딤(kasdim: 갈대아인)으로 해석할 수 있다는 주장도 있다.(3) '후리점토판문서'(Hurrian clay tablets)에 의하면 아립허라(Aribhera)가 갈대아(Chaldea, 아카드어로 Kaldu)를 세웠으며, 에벨과 아브라함이 그곳(Ur)에서 탄생했다고 하였다. 아립허라는 창세기의 아르박삿으로 추정된다. 갈대아 왕조(BC 626–BC 539)에서는 갈대아가 바빌로니아와 동의어였다.(4) 일설에는 우리 고대 국가의 건설에 나오는 하백(河伯)과 같은 인물로 추정하기도 한다. 아르박삿은 35세에 셀라를 낳았다(창 10:24, 대상 1:18, 24).

가이난: 누가복음(3:35–36)에는 그 아르박삿과 셀라 사이에 가이난(게난, Cainan)이라는 이름이 들어 있다. 이에 대해 위경인 〈요벨서〉는 가이난이 점성술을 배웠다고 하였다. 그래서 창세기에서는 그를 장자권자의 명단

에서 제거한 것으로 보인다. 이에 대해 한 기사는 이렇게 설명하였다.(5)

(1) 성경은 하나님의 감동으로 쓰였으므로 원문에 오기가 있을 수 없고, 70인역 등의 필사본에서 잘못 삽입되었을 가능성이 있다.

(2) 누가복음의 필사자들이 실수로 창세기와 역대기 상서에 가이난을 삽입해 넣었다. 이러한 사실은 요세푸스에 의해서도 뒷받침된다. 요세푸스는 70인역을 사용해 예수의 가계도를 편집하면서도 가이난을 삭제하였다. 벌게이트 성경(5C)을 쓴 제롬도 70인역이 부정확해 히브리어 텍스트를 참고했다고 하였다. 초기 교부인 아프리카누스(J. Africanus, 180-250)도 같은 이유로 가이난을 누락시켰다.(6)

룻: 요세푸스에 의하면, 룻(Laud, Lud)의 후손은 터키 서부의 리디아인(Lydians)이라 불린 룻족(Laudites, Luddu), 즉 아나톨리아인의 조상으로 추정된다. 〈희년의 책〉에 의하면 그들은 아수르산맥에 거주했는데, 그 맞은편에는 야벳의 아들인 야완과 두발이 거주했다고 한다. 페르시아의 이슬람 사학자 타바리(M. J. al-Tabari, 915)는 룻이 야벳의 딸 샤크바(Shakbah)와의 사이에서 파리스(Faris)와 주르잔(Jurjan)를 낳아, 페르시아인·아멜렉·가나안·이집트인·시리아인·바레인의 조상이 되었다고 하였다.

아람·우스: 그리스인들은 아람(Aram, 高地帶)을 시리아(Syria)라 불렀는데, 이 명칭은 가나안(低地帶)과 대비된다. 시리아인은 지금도 스스로 아람이라 부른다. 그의 네 아들(우스·훌·게델·마스)이 시리아에서 아람 민족을 이루었다. 그들이 사용한 아람어는 그리스 제국의 형성 이전까지 국제 공용어였다(왕하 18:26). 아람 관련 지명은 에블라 점토판(BC 2300)의 아라무(Aramu), 〈나람신연대기〉(BC 2250)의 아라메(Arame), 마리 문서(BC 1900)와 우가릿 문서(BC 1300)에서도 발견된다. 한편 아람과 밀접한 관계가 있는 우스(Uz, Utz)의 후손은 다마스커스(Damscus)와 트라코니티스(Trachonitis)를 건설하였다. 우스는 욥의 고향이었다(욥 1:1, 렘 25:20). 우스는 아람의 아버지 그므엘의 형이라고 창세기(22: 21)는 말한다.

훌·게델·마스·셀라: 훌(Hul, Ul)은 아르메니아(Armenia), 게델(Gether)은 박트리아 제국(Bacctria), 마스(Mesa)는 메사네아(Mesanea)를 각각 건설하였다. 마스가 거주한 곳은 메소포타미아 북쪽의 마시우스(Masius) 또는 레바논의 마슈산맥(Masu)이라는 설이 있다. 셀라(Shelah, 확장)는 에벨을 낳아 셈족의 적통을 이어갔다.

3. 에벨(창조 후 1725, BC 2276)의 후예

에벨은 두 아들을 낳고 하나의 이름을 벨렉이라 하였으니 그때에 세상이 나뉘었음이요 벨렉의 아우의 이름은 욕단이며 욕단은 알모닷과 셀렙과 하살마웻과 예라와 하도람과 우살과 디글라와 오발과 아비마엘과 스바와 오빌과 하윌라와 요밥을 낳았으니 이들은 다 욕단의 아들이며, 그들이 거주하는 곳은 메사에서부터 스발로 가는 길의 동쪽 산이었더라(창 10:25-30).

에벨(Eber)과 에블라 왕국: 에벨(Eber, Heber, 건너가는 자)에서 히브리(Hebrew)라는 말이 나왔다. 그는 두 아들을 낳았다. 장남인 벨렉의 후손에서 아브라함과 예수가 탄생하게 된다. 아브라함은 노아의 제10대손으로, 홍수 후 292년에 태어났다.(7) 에벨은 자손들을 이끌고 바벨탑을 쌓던 시날 땅을 떠나, 유프라테스강을 건너 알레포 남쪽에 에블라 왕국(Eblaite Kingdom, BC 2400?-1600?)을 세운 것으로 보인다(그림 1).

마티에(Paolo Mathiae, 로마대, 1964, 1975)가 마르딕(Tel Mardikh, Ebla)에서

발굴한 2만 개의 점토판 문서들에 의하면 에벨은 이 왕국의 초대 왕(엘바)이었다. 이 문서에는 여신(Ashtar)과 구약성경에 나오는 족장들과 왕의 이름들(미카엘 · 에서 · 이스마엘 · 이사야 · 다윗 · 사울)과, 그리고 소돔과 고모라의 이름도 나온다고 한다.(8) 이들은 왕을 말렉(malek. 성경의 멜렉), 장로는 아빠(abba, abbu)라 불렀다. 이곳의 옛 이름 우루살리마(Urusalima)는 예루살렘(Jerusalem)과 유사해 관심을 끈다. 금석학자 페티나토(Pettinato, 로마대)와 프리드맨(Freedman, 미시건대)은 '무에서의 천지창조'와 대홍수의 기록도 엿보인다고 했고,(9) 프리드맨은 이 왕국의 넷째 왕인 에브리움(Ebrium)을 에벨로 해석하였다.

▲ 〈그림 1〉 에벨이 세운 것으로 알려진 에블라 왕국(Tell Mardikh)의 위치

이 왕국(26만 명)은 마리(유프라테스강변) 및 기시(바그다드 인근)와 외교관계를 맺었고, 전성기(BC 2600–2240)에는 메소포타미아 및 이집트와 겨루었다고 한다. 그들은 히브리어와 페니키아어를 사용했고, 농업과 목축업을 하였다. 제1왕국(BC 2250)은 아카드의 나람신(Naram-Sin)에게, 제2왕국은 아모리족에게, 제3왕국은 히타이트의 무실리(King Musili, BC 1600)에게 각각 패망하였다.

벨렉(Peleg, BC 2247?): 에벨의 장남으로, 그가 태어날 때 바벨탑 사건이 일어났다. 벨렉이라는 이름은 팔라그(나누다, 히 palag)에서 유래하였다. 니므롯과 같은 시기에 살았으므로 이름을 '나뉨' 으로 붙인 듯하다.[10] 요세푸스는 벨렉이 여러 국가들이 분산될 때 태어났기 때문에 붙여진 이름이라 하였다.[11] 그의 후손은 한동안 펠라스기언(Pelasgians)이라 불리었다.[10] 어셔에 따르면, 대홍수 후 200-500년경(BC 2142-BC 1842)에 셈족의 일부가 만주와 시베리아를 거쳐 미주 대륙으로 건너간 것으로 보인다. 같은 시기에 말레이의 사울(Saul)육교를 거쳐 인도네시아와 호주로도 셈족과 함족의 일부가 건너간 것으로 보인다(그림 2).

벨렉의 후손은 르우·스룩·나홀·데라·아브람·나홀·하란 등으로 이어졌다(창 11:17-26). 아브람은 아브라함으로 개명되며, 본처 사라(Sarai→Sara)에게서 이삭(히브리족), 하갈에게서 이스마엘(아랍족), 그두라(Kedurah)에게서 동방의 후손들을 낳았다. 그리고 이삭은 야곱을, 야곱은 요셉을 포함한 12 아들을 낳아 이스라엘 12지파를 형성해 오늘의 이스라엘을 세웠다.

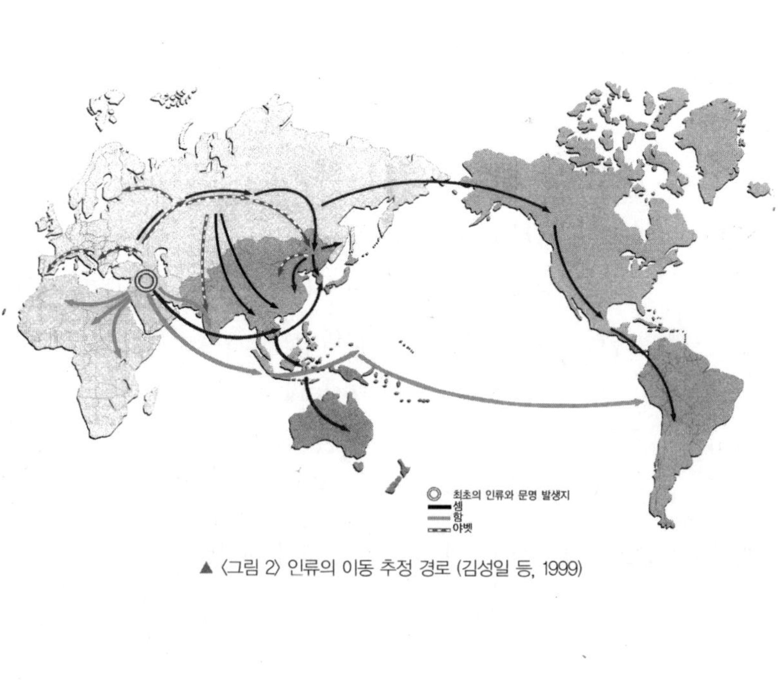

▲ 〈그림 2〉 인류의 이동 추정 경로 (김성일 등, 1999)

욕단: 벨렉의 후손이 제1 히브리인이라면, 욕단(Joktan, 작다)의 후손은 제2 히브리인이라 할 수 있을 것이다. 창세기가 벨렉이 아닌 욕단의 아들 13명을 모두 기록한 것은 이 기록의 저자로 추정되는 셈이 당시에 욕단 가문과 함께 지냈음을 암시한다.(12) 그들은 스발(히 Sphar)산맥 동편에 살았다.

스발산맥: 스발의 위치에 대해 전통 견해(KJV)는 아라비아의 남부로 추정한다. 실제로 오발과 스바는 아라비아 반도에 있으며, 아라비아인은 욕단을 칵탄(Kachtan, Quahtan, Yoqtan)이라 부르고, 자신들은 그 후손이라 주장한다. 그러나 요세푸스는 이들이 코펜(Cophen)에서 인도양에 이르는 넓은 지역에 흩어져 살았다고 하였다.(13) 인더스강 동북쪽에는 파미르고원이 있으며, 파미르고원을 넘으면 천산 · 곤륜 · 알타이산맥이 나타난다. 그래서 신학자 유석근(2003)은 욕단이 곧 단군왕검이며,(14) 그들이 거주한 곳을 천산산맥 인근으로 비정하였다.(15) 그곳에서 큰 집(벨렉)의 후손이 바벨탑 공사에 참여하려고 수밀이와 우루를 따라나서자, 욕단은 그들과 이별하고 해 뜨는 동방으로 이동하는 과정에서 아리랑*1이 생겨난 것으로 추리하였다. 그는 욕단의 무리에 노아도 합류했을 것으로 추측하였다. 그리고 스발이 시비리(新平野, 새 벌, 밝은 들)로 바뀌었고, 영국인들이 시베리아(Siberia)로 개칭했다고 하였다.(16)

기타: 알모닷(Almodad)의 위치는 불분명하며, 셀렙(Selem)은 실프(Silf, Salf)라 불리는 예멘의 족장들과 동일시된다.(17) 하살마웻은 예멘 동편의 하드라마우트로 보인다. 예라(달)는 만신전에서 최고의 신이었으며, 하도람은 시바(Sheba)의 비문에 부족명으로 기록되어 있다. 우살(Uzal)은 아잘(Azal)로, 예멘의 수도 사나(Sana)의 옛 지명이었다(겔 27:19). 디글라는 남아라비아의 오아시스 지역이며, 오발은 사나 인근의 우발(Ubal)과 동일시된

다. 아비마엘의 위치는 불명하다(대상 1:22). 하윌라와 오빌은 금의 원산지로(왕상 9:28) 남아라비아로 추측되지만, 인도나 아프리카라는 설도 있다. 요밥(광야?)은 카스토에 의하면, 유하이빕(Yuhaybib)으로 추정된다. 이처럼 욕단 후손은 아라비아, 유럽, 인도를 포함한 아시아 등지로 이동한 것으로 보인다.

4. 페르시아와 아수르(Asshur)

엘람(Elam, 오르다, 높다)은 페르시아(이란)의 옛 이름으로, 고레스 왕과 신약시대에도 페르시아인을 엘람인(Elamites)이라 불렀다. 페르시아라는 명칭은 아케메네스의 수도가 있었던 이란 남부의 파루스(Parus)에서 유래하였다. 아브라함 시대에 가나안을 침공한 그돌라오멜(Chedorlaomer)은 수사(Susa, Shushan)에 수도를 둔 엘람의 왕이었다(창 14:4-5, 9). 한편 엘람이 신농(神農)이라는 설도 있다. 그들은 자그로스 산악에 거주했고, 활을 잘 쏜 것으로 보인다(사 22:6, 렘 49:35). 수메르어로 자그(Zag)는 '제련된 귀중한 것'을 뜻하는데, 당시 그곳 구리광산에서 청동기를 제련한 것으로 보인다. 후일 마대 자손(야벳족)과 함께 아리아족(이란족)을 형성해 페르시아 제국(BC 550-BC 330)을 세웠다.

아수르(Asshur)는 아시리아(Assyria)에 대한 히브리식 명칭이다. 그의 후손은 이라크 민족을 이루었으며, 후일 니므롯이 이곳을 침공해 니느웨(Nineve)를 비롯한 여러 도시국가를 세웠다. 고대 아시리아는 아카드 제국(BC 2334?-2154?)의 속국으로 있다가 샤마시 아다드 1세(재위 BC 1813-1781)가 아시리아제국을 재건했으나, 아모리족의 함무라비(재위 BC 1792-1750)에게, 기원전 1400년에는 다시 후리족의 미탄니(BC 1400)에게 차례로 정복되었다. 아슈르 우발리트(재위 BC 1365-1330)는 히타이트와 협력해 미탄니를 다시 넘어뜨렸고, 아슈르나시르팔 2세(재위 BC 883-859)가 시리아와 페니키아를 정복하였다. 그리고 티글라트 빌레세르 3세(재위 BC 774-727)는 신아시리아 제국(BC 934-609)을 건설하였다. 니느웨는 이 제국의 수도가 되었다.

5. 아라비아인의 기원

하윌라: 홍해와 페르시아만 사이에 있는 아라비아 반도(300만 km²)에는 함의 여러 후손이 거주하였다. 하윌라(Havilah)는 에덴에서 발원한 비손강(Pison)이 흐르며, 베델리엄과 호마노가 풍부한 곳이었다. 이 강을 와디엘다와시르(Wadi el-Dhawasir)로 가정한다면, 하윌라는 예멘 북부 해안(하길라)으로 추정된다.(18) 아라비아 남부의 울란(Haulan)이라는 설과 동북쪽의 아바리태(Avalitae)라는 설도 있다.

삽다(Sabtah): 에티오피아의 한 지파로, 남쪽 하드라마우트(Hadramaut)의 사보타(Sabota)나 페르시아 연안의 사프타(Saphta)에 거주한 것으로 보인다. 요세푸스는 아스타보라스(Astaboras, 현재의 Abare)로 고증하였다.

라아마·삽드가: 라아마(Raamah)는 북예멘 네그람(Negram) 지역 라그마(Ragmah)의 원주민이었고, 황금·보석·향료가 풍부하였다(겔 27:22). 이들의 후손 중에서 아브라함의 후처 그두라(Keturah)가 나왔다.(19) 삽드가(Sabteca)는 페르시아만 동편 수바톡(Subatok)의 원주민으로(창 10:7, 대상 1:9) 메디나 인근 셈브라하테(Sembrachate)에 거주한 것으로 추정된다.(20)

스바·드단: 라아마의 아들 스바(Sheba)는 아라비아 서남부 사비아족(Sabeans)의 조상이 되었다(왕상 10:1). 이곳은 금과 유향의 수출항이었고(시

72:10, 15), 기원전 1000년에 스바 왕국을 세웠으며 수도는 마리브(Marib)였다. 라아마의 차남 드단(Dedan)의 후손은 아라비아 남부와 페르시아만에서 대상(隊商)을 하며(겔 38:13) 두로와 무역하였다(겔 27:20). 구약성경에 나오는 드단족은 두 종족이 혼합된 것으로 보이며(창 10:7, 대상 1:9), 후일 에돔의 지배를 받았다(렘 25:23, 겔 25:13). 이들의 거주지는 데마 서남쪽 오아시스인 알룰라(el-Ura, Al-Alula) 지역으로 추정된다.

6. 환국(桓國)의 기원

환국: 우랄·알타이어족인 우리 조상의 주력은 북부 서장(西藏, 티베트)-위그루에서 스텝 루트를 따라 시베리아로 이동한 듯하다. 이에 반해 왜인(倭人)은 남부 서장에서 천산남로와 해양로를 따라 남중국으로 이동한 듯하다. 유석근(2005)은 욕단의 후손들이 거주한 '스발산맥으로 가는 길의 동편'을 바이칼호 부근으로 비정한 바 있다. 스발(히 Sphar)이 '새 벌'을 의미하는 '밝은 벌(박달, 배달) 시바리'이기 때문이다. 이것이 후일 서라벌, 셔벌, 서울로 바뀐 것이라 하였다.

〈환단고기〉는 천산산맥에서 바이칼호에 이르는 넓은 지역에 가장 오래된 환국이 있었는데(吾桓國最古), 12제후국으로 구성되었다고 하였다. 그 중 천산산맥 주변에 거주하던 함족(수밀이·우루)과 셈족 및 야벳족의 일부가 서남쪽으로 내려와 수메르(시날)에서 메소포타미아 문명을 이루었고, 일부는 다시 이집트로 나아가 나일 문명을, 다른 일부는 인더스 문명을 이룬 것으로 보인다.

그 후 함족과 야벳족의 일부는 다시 파미르고원(Pamir Mts.)을 넘어 힌두쿠시(Hindu Kush Mts. 타리치미르산 7700m)와 그 동쪽의 카라코람(Karakoram

Pass, '검은 바위') 사이로 이동해, 하와크 고개(3,543m)와 카이버(Khyber Pass, 1,070m)에서 함족은 수메르로, 야벳족은 인더스로 나뉘어 내려간 듯하다. 힌두쿠시란 힌두(인도, 아리아족)와 구스(Kush, 함족)의 합성어로, 이러한 역사적 이별을 암시한다.

| 참고사항 |

*1. **아리랑(亞里郎):** 아리랑은 언제 어디서 들어도 아련한 향수를 불러일으키는 신비한 노래이다. 애국가 이상으로 사랑을 받는 민족의 한이 서린 한민족 영혼의 DNA로, 세계적으로 가장 선호되는 곡이기도 하다. 유네스코는 2002년부터 세계의 구전과 무형유산의 보존을 위해 아리랑 상(Arirang Prize)을 제정했으며, 세계인류무형문화재로 지정하였다(2012. 12). 아리랑은 모두 10자씩 네 마디로 구성되어 있다.

"아리랑 아리랑 아라리요(10자), 아리랑 고개로 넘어간다.(10자),
나를 버리고 가시는 님은(10자), 십리도 못가서 발병난다." (10자)

아리(亞里)는 '천국, 큰' 이며, 몽골어로는 '성스럽다, 깨끗하다' 는 뜻이다. '랑' (郎)은 님(낭군)이라는 뜻이다. 에벤키족(시베리아)의 말로 '아리랑' 은 '맞이하다' 이며, '쓰리랑' 은 '영혼을 다시 깨우다' 는 뜻이다. 따라서 아리랑은 '크고 거룩하신 님' 즉, 상제(上帝, 하나님)를 의미한다. '아리랑 고개를 넘어간다' 는 말은 하나님나라를 향해 험준한 고개들(천산산맥 · 곤륜산맥 · 알타이산맥 등)을 넘어간다는 뜻으로 풀이할 수 있다. 우리 민족은 슬플 때나 기쁠 때나 이러한 '하나님 노래' 를 부르며 위안을 삼은 듯하다.

김성일(1990)은 대홍수 이후 아라랏산에 살던 벨렉 가문이 바벨탑 공사에 합류하려고 떠나면서 욕단 가문과 이별하는 과정에서 아리랑이 생겼다고 하였다. 당시에 3,000명의 욕단의 후손이 흰 옷을 입고 아라랏산맥을 넘어가면서 이 노래를 불렀다는 것이다. '아라랏 아라랏 아라리요. 아라랏 고개를 넘어간다. 나를 버리고 가시는 님(벨렉 가문)

은 십리도 못 가서 발병이 난다.' 이와는 달리, 유석근(2006)은 욕단 가문이 바벨탑 공사에 참여하려는 벨렉 가문과 이별하면서, 해가 뜨는 동쪽(새 벌)을 향해 떠나며 부른 이별가라 하였다. 그는 '아리랑' 은 '알이랑' 으로, '알' 은 '엘' (하나님)로, '이랑' 은 '함께' 로 풀이하였다. 따라서 아리랑(알이랑)은 '하나님과 함께' 라는 것이다. 하나님과 함께 우리는 여러 고개(천산산맥, 곤륜산맥, 알타이산맥)를 넘어 해가 뜨는 동쪽으로 신시를 개척하러 간다는 내용으로 풀이하였다.

| 참고자료 |

(1) A. J. M. Osgood: A better model for the stone age(Part 2), EN Technical Journal, Vol. 3, pp. 74-75, 94-95, 1988

(2) Henry M. Morris: The Genesis Record, pp. 257-259, Baker Publishng Group, Grand Rapids, MI, 1976

(3) 고든 웬함 저, 박영호 역: 창세기 1-15, pp. 420-421, 솔로몬, 서울, 2006

(4) 아가페성경사전 편찬위원회: 아가페성경사전, pp. 32-33, 아가페출판사, 2007

(5) http://www.answersingenesis.org/articles/am/v1/n2/chronology- conundrums

(6) Pierce, L., Cainan in Luke 3:36: insight from Josephus, CEN Technical Journal 13(2):76, 1999

(7) 요세푸스 저, 김지찬 역: 유대고대사 Ⅰ, 22쇄, p. 67, 생명의말씀사, 서울, 2010

(8) Clifford Wilson: EBLA: Its Impact on Bible Records, Acts & Facts, 6(4), ICR, 1977

(9) Clifford Wilson: Ebla Tablets: Secret of a fogotten city, Master Books, pp. 47-87, San Diego, CA, 1979

(10) H. M. Morris: op.cit, p. 260

(11) 요세푸스저, 김지찬 역: op.cit, p. 67

(12) Henry M. Morries: op.cit, p.262

(13) 요세푸스 저, 김지찬 역: op.cit, pp. 66-67

(14) 유석근: 또 하나의 선민 알이랑민족, pp. 152-153, 예루살렘, 서울, 2003

(15) 유석근: ibid., pp. 49-50

(16) 유석근: ibid., pp. 127-131

(17) 고든 웬함 저, 박영호 역: op.cit., p. 42

(18) 아가페성경사전: op.cit. p. 1698

(19) Henry M. Morris: op.cit, p. 251

(20) 고든 웬함 저, 박영호 역: op.cit., pp. 410-411

제 4 장

중국 고대 국가의 기원

한·중·일의 고대사에는 정설이 없는 상태에서 서로 다른 국수주의적인 주장들이 난무하고 있다. 그 결과 목소리가 큰 중국과 일본의 입맛대로 동아시아의 고대사가 농락되고 있는 것이 오늘의 현실이다. 그에 따라 한민족의 북방 고대사가 중국의 변방사로, 가야와 비류백제의 고대사가 일본의 것으로 편입될 위기에 놓여 있다. 이처럼 치열한 역사전쟁에서 이기려면 우리는 먼저 우리의 시원역사부터 바로 알아야 한다. 고대사에 대한 바른 인식 없이는 현실을 바르게 이해할 수 없으며, 현실을 바르게 이해하지 않고서 바른 미래를 설계할 수는 없다. 따라서 고대사의 규명은 진실의 복원은 물론, 민족의 존립 차원에서도 필수적 과제라 생각한다.

이 장에서는 우리와 가장 관계가 깊은 중국의 고대사를 살펴본 후, 창세기와 연계한 필자의 주관적 견해를 덧붙이고자 한다. 이에 대한 비판과 고증은 사가들의 몫이 되리라 생각한다.

1. 중국의 고대사 왜곡

중국은 끊임없이 고대사를 조작해 왔다. 자국의 시원역사를 계속 끌어올리고, 주변국의 고대사를 중국의 변방사로 편입시키려 한다. 이에 따라 1980년대부터 중국의 고대사의 출발시점을 하(夏, 3,600년전?)에서 삼황오제 시대(4,700년전?)로 끌어올렸고, 지금은 서북공정·서남공정·동북공정에 이어 탐원공정마저 마무리한 상태라 한다. 이에 따라 고조선과 고구려 및 발해를 중국의 변방사로 편입시켰고, 우리 조상들이 중국에 남긴 유적과 유물들을 훼파하거나 중국식으로 개조하고 있다.

중국의 고대사는 '중국 정사 25사'*1에 상세히 기술되어 있다. 중국의 역대 정부는 사마천의 〈사기〉를 비롯해 중국 북부(위·제·주·수)의 역사를 모은 북사(北史)와 남부(송·제·양·진)의 역사를 모은 남사(南史), 탁극탁(托克托, 1314-1355)의 송사(宋史)와 요사(遼史), 여기에 탈탈(脫脫)의 금사(金史)와 〈원사〉(原史)까지 '25사'에 편입시킴으로써 북방 동이족(여진·거란·흉노·몽골 등)의 고대사마저 중국의 역사로 이미 흡수한 상태이다. 진정으로 용서받지 못할 범죄는 역사를 도적질하는 일이 아닐까 생각된다.

2. 한족(漢族)의 기원

삼황오제: 고대 중국을 건설한 사람은 전설적인 삼황오제(三皇五帝)로 알려져 있다. 삼황은 복희(伏羲, 天皇)·신농(神農, 地皇)·여와(女媧, 人皇)이며, 오제(五帝)란 황제(黃帝 軒轅), 제곡(帝嚳 高辛), 전욱(顓頊 高陽), 요(帝 堯放勳: 陶唐), 순(帝舜·重華: 有虞)을 지칭한다. 그런데 최근에는 삼황의 반열에서 여와를 황제로 대체하였다.

동이족과 하와족: 중국의 중원(中原)은 동이족이 오랫동안 지배했으나, 쿤룬산(崑崙山, 華山)에 거하던 화하족(華夏族)이 들어오면서 두 종족 사이에 싸움이 끊이지 않았다. 결과적으로 화하족이 동이족에게 승리하면서 동이족은 동북방으로 밀리게 된 것으로 보인다. 그리고 진시황(BC 221-BC 206)이 만리장성을 쌓으면서 흉노를 포함한 동이는 남이와 북이로, 북이는 다시 서이와 동이로 갈리게 되었다. 그리고 춘추전국 시대에 동이어(알타이 祖語)가 한어(漢語)로 바뀜으로써 남이가 한족으로 흡수되는 전기를 맞이한 것으로 보인다. 여기서 화하족은 화족(華族)을 중심으로 일컫는 말이며, 화하족은 동이계 하족(夏族)이 중심인 혼합 민족을 일컫는 말이다. 앞으로 두 용어를 혼용한다.

한족(漢族): 한족의 기원에 대해서는 몇 가지 설이 있다.

(1) 서방(西方) 기원설

한족은 서방에서 왔으며, 중국 문화는 서방 문화의 이식이라는 주장이다. 서방에서 들어온 황제가 탁록 전투에서 동이족의 치우에게 승리하면서(BC 2600?) 한족(漢族)이 탄생했다는 것이다. 그런가 하면 주(周) 무왕의 조상인 후직이 서역에서 황하 남부로 이주해 동이계 은의 봉후로 있다가(BC 1322) 은을 정복했다는 주장도 있다.⑴ 그 증거로 중국어가 신장어와 비슷하다는 점을 든다. 중국어는 신장어와 어순이 같지만(SVO) 알타이어와는 전혀 다르다(SOV).

한편 김성일(1999)은 한민족의 이동경로를 탐사하고서, 중국인은 서방에서 이주한 야벳(백인종)의 후손이라 주장하였다.⑵ 그 근거로 채도문화를 이룬 지역마다 도자기에 반드시 물고기와 물결 문양이 그려져 있다는 것이다. 채도(彩陶)는 터키에서 카자흐스탄 · 알타이 · 몽골을 잇는 스텝 루트와, 타슈겐트에서 타클라마칸사막과 쿤룬산 북편을 지나 시안(西安)에 이르는 천산북로 루트에서 동시에 발견된다. 이는 지중해 연안에 살던 야벳족의 일부가 셈계를 따라 중앙아시아를 거쳐 동진(東進)한 증거라는 것이다. 성경은 야벳의 후손이 바닷가에 머물렀다고 하였다(창 10:2-5). 그 밖에도 중국인은 서양인(야벳계)처럼 의자와 침대생활을 한다는 것이다.

(2) 동이족 기원설

〈산해경〉*2과 〈제왕운기〉는 복희와 같은 시대에 살았던 소호 금천씨(少昊 金天氏)가 동이족이라 하였다. 공자도 동이였다. 〈산해경〉은 "동해 밖에 큰 골짜기가 있나니 소호의 나라니라"고 하였다. 그런데 소호의 어깨에는 항상 검은 새(玄鳥)가 앉아 있다. 〈사기〉 '은 본기' 는 "검은 새가 알을 떨어뜨리니 간적이 이를 삼키고 설(楔)을 낳았다"고 하였다. 설의 제14대손이 은을 세운 탕왕(湯王)으로, 본명은 천을(天乙, 하늘 새)이다. 동이계 소호족이 다스린 지역에는 반드시 새의 신화가 있고, 부락의 이름과 관직도 새 이름으로 지었다.(3) 이 검은 새(玄鳥)는 천사를 뜻한다고 〈회남자〉는 말한다.

> "하늘이 현조(天使 玄鳥)로 하여금 마을 밖에 나리게 하고……"〈淮南子〉'墜形訓'

현조는 그 후 까마귀·흑조·삼족오 등으로 이름을 바꾸면서 시베리아·한국·중국·일본·북아메리카 등지로 확산되었다. 동이족이 오래 거주한 산둥성·랴오둥·랴오닝에는 새 신화가 압도적이다.

이에 반해 화하족이 거주한 서부와 중원 및 남부에서는 용의 신화가 지배적이다. 이처럼 용은 주로 화하족이 주도한 양사오 문화권에서 나타난다. 용이나 뱀은 성경에서는 사탄의 상징인데, 바빌론 신화에서는 마르둑의 상징이었다. 바빌론의 이쉬타르 성문 벽에는 목이 긴 여우모양의 용들이 조각되어 있다. 메소포타미아 라가시의 통치자였던 구데아(Gudea, 재위 BC 2141-2122)가 수호신(Ningishijida)에게 바친 병(瓶)에 부각된 그림에도 뿔이 달린 두 뱀이 서로 꼬이며 나무 위를 오르고 있다. 이러한 바빌론의 용 신앙이 인도와 동남아 및 중국으로 상륙했고 진시황 때부터는 황제의 상징이 되었다. 진시황은 자신을 조룡(祖龍)이라 칭하였다.

(3) 삼묘(三苗族) 기원설

고대 중국에서는 동이문화와 묘족문화가 두 축을 이루었다.(4) 묘족문화의 기본 요소는 우화등선(羽化登仙)과 해탈(解脫) 및 타오테이(怪獸面)였다. 묘족은 삼묘(三苗; 桓·韓·漢)로 구성되어 있었다. 배달족 환(桓)은 고산족으로 산악 지대에 거주했고, 해(삼족오)와 달(두꺼비)을 토템으로 삼았다. 한(韓)은 기마족으로 유목생활을 하였다. 태양족(西夷·伯夷)이면서 하백족(河伯族)인 한(漢)은 주로 물가에 살았다. 이처럼 중국인과 우리 민족은 모두 같은 동이계 묘족의 후손이라는 것이다. 민병학(충북대, 2007)은 우리나라의 삼국(三國)이 모두 중국에서 건국되었다고 하였다.(5)

(4) 혼합설

린하이샹(林惠祥, 臺灣大)은 오늘의 한족은 화하(華夏)·동이(東夷)·묘(苗)·형오(荊吳)·백월(百越) 등을 포함한 16개 종족으로 구성되어 있으며, 고대 중국 민족의 주류는 세 족속이라 하였다. 첫째는 산시성(陝西省)의 화하족(華夏族)으로, 후일 화족(華族, 漢族)의 이름으로 중국을 지배하였고, 앙소(양사오) 문명과 황하(황허)문명을 남겼다. 둘째는 중국 남부의 묘족(苗族)으로, 삼성퇴(산싱두이, 三星堆) 문명을 남겼다. 셋째는 중원과 동북부의 동이족(東夷族)으로, 홍산(훙산, 紅山)과 용산(룽산, 龍山) 문명을 남겼다는 것이다. 따라서 순수한 한족(漢族)은 존재하지 않는다고 하였다.

3. 사서가 말하는 고대 중국의 기원

오제(五帝)시대: 중국역사는 양사오(BC 5000–BC 3000?), 룽산(BC 3000–BC 2200?), 청동기(BC 2200–BC 500), 철기시대(BC 500–)로 구분한다. 이중에서 삼황오제 시대가 어느 시기에 해당하는지는 분명하지 않다. 중국 최초의 기전체(紀傳體) 사서인 〈사기〉는 전설적인 삼황시대를 제외하고, 오제본기부터 시작해 고왕조(하·상·주)·서주(BC 1046–BC 771)·동주(BC 770–BC 221)·진(BC 221–205)·한(BC 206–AD 8)의 시대까지 기술하였다.

〈사기〉는 "천하의 제후가 모두 황제 헌원에게 항복했으나, 치우가 가장 강포하여 천하에서 능히 그를 정벌하지 못했다"고 하였다. 치우는 배달국의 제14대 천왕으로 109년(BC 2706-2598?) 나라를 다스린 데 반해, 헌원은 유웅국의 왕으로서 100년간(BC 2698-2599?) 다스렸다. 더구나 헌원(公孫氏, 姬氏)은 원래 배달국의 운사(雲師)였다.

〈사기〉 '오제본기'에 따르면 황제는 잠룡의 딸로서 누조(嫘祖)라 불린 여와(女娃, 皇娥)를 아내로 맞았다. 그들 사이에서 청양(靑陽)과 창의(昌意)가 태어났다. 청양은 수리 전문가인 대우(大禹)를 낳았고, 창의는 전욱(顓頊)을 낳았다. 전욱은 물을 다스리던 동이계 공공(共工)을 부주산(不周山)에서 물리치고 천하의 주인이 되었다고 한다. 〈사기〉 권 13에는 "황제가 동이 백민에서 출생했다"고 했으며, 그가 현효를, 현효가 제곡 곡신을, 곡신이 요를 낳았다고 하였다. 요의 뒤를 이은 순도, 〈서경〉과 맹자가 지적했듯이, 동이족이었다. 〈서경〉이 말하는 동방임금이란 항상 단군왕검을 지칭한다.

> "순이 동쪽으로 순행해 제사를 지내고 동방의 임금을 뵈었다."〈서경〉

> "순은 제풍에서 태어나 부하에서 살다가 명조에서 죽었으니, 동이사람이다."〈맹자〉

〈사기〉에 의하면, 제곡의 손자 요(堯)는 성이 도당(陶唐)이고 이름이 방훈(放勳)으로, 사위 순(舜)이 섭정하도록 하였다. 요가 죽자 제후들의 주청으로 순이 요의 아들 단주(丹朱)를 대신해 왕위에 올랐다. 순은 전욱의 제6대손인데, 그의 아버지 고수(瞽瞍)는 장님이었다. 그의 성은 우(虞)요, 이름은 중화(重華)였다. 〈서전〉(書傳) '요전'(堯傳)은 순의 성이 하우(夏禹)라 하였다. 순은 치수에 공을 세운 우(禹)에게 왕위를 넘겨주었다.

화하족(華夏族)이 처음 세운 나라가 하(夏, BC 2070-1766)이며, 이때 갑골문을 개발하였다.(6) 하나라 때에, 동석(銅石) 병용의 이리두(二里頭) 문명이 꽃을 피웠다. 그러나 걸(桀王)이 폭정을 일삼자 탕(湯, BC 1650?)이 그를 멸하고 상(商, BC 1753-1400)을 세웠다. 이 시기에 청동기의 이리강(二里岡) 문명이 꽃을 피웠다. 상은 전반기에 6회나 천도했는데, 마지막 수도가 은(殷, BC 1400)이었다. 한편 김성일(2004)은 헌원을 환인으로,(7) 요(陶唐)를 드단(Dedan), 순(夏禹)을 하윌라(Havilah), 순의 아버지 고수를 구스(Cush), 복희를 노아(Noah), 신농을 셈(Sem)으로 해석하였다.(7)

하·상·은·주: 〈후한서〉 권85 '동이전' 과 〈북사〉 '백제전' 등은 하(夏, BC 2197-BC 1766)와 은(殷, BC 1765-BC 1122)은 모두 동이족이고, 주(周, BC 1122-BC 249)는 한족(漢族)이 세운 나라라 하였다. 화하족(華夏族)의 공격으로 단군족은 요서에서 요동으로 이동했으며, 화하족은 황하 중류에서 황허문명(黃河文明, 당뇨 지역, BC 2500?)과 양사오문명(仰韶, 채도, BC 2000?)을, 동이족은 홍산문명(요하문명, BC 3000?)과 룽산문명(龍山文明, 흑도, BC 2000?)을 일으켰다. 사학자 윤내현은 황허문명과 랑허(菱荷)문명이 만나는 롼허(灤河)가 고조선과 화하족의 경계라 하였다.

한편 김성호 등(2008)은 하(夏)나라 이전을 서씨시대(徐氏, 余氏), 이후를 여씨시대(餘氏時代)로 구분하였다. 그리고 당시 동이는 터키·몽골·퉁구스 어족 등으로 분파하기 이전이므로 알타이 조어(祖語)를 사용했고, 각 민족은 고유의 성수(聖數)와 색깔을 가졌다고 하였다.(8) 이(夷)의 성수는 4, 한(漢)은 5(黃), 진(秦)은 6(黑), 민(閩)은 7, 만(蠻)은 8, 동이(東夷)는 9(白)였다. 후난성(湖南省)에 거주하던 서씨(舒, 徐, 余)인 사족(畲族, 麗水市, 저장성)은 푸젠성(福建省)과 광둥성(廣東省)의 선주민이 되었다. 따라서 쉬저우(徐州, 江蘇省)의 서씨(徐氏)와 태산(泰山, 山東省)에서 하를 세운 여씨(餘氏)는 같은 씨족이라 하였다. 〈후한서〉에 의하면, 백제의 세 왕족(解·餘·牟氏)의 하나인 여씨(餘氏)도 여기서 유래하였다.

하를 이은 상(商)은 1-18대(양갑왕)까지 이어졌고, 소호의 쿠데타로 등극한 19대(盤庚王, BC 1401-1374)부터 은(殷)이라 불리었다. 〈사기〉에 따르면, 상(BC 1765)의 시조 설(契, 湯王)과 주의 시조 후직(后稷)은 모두 외지인이었다. 설은 상인으로 드라비다족의 후예로 추정되며,(9) 강원(姫氏)의 후손인 후직은 〈산해경〉 권11 '해내서경'에 따르면 서역 사람인데, 린후이상(林惠祥)은 바빌론인으로 추정하였다.(10)

김성호에 의하면, 은(殷)은 목야전투(BC 1122, 湖南省)에서 주 무왕에게 패한 후 탁록(베이징 북부)에 북여(北餘, 扶餘)를 세웠다고 한다. 그 일파 중에서 동부여를 거쳐 신라로 이주한 것이 진한 김씨(辰韓 金氏)로, 김(金=余+一)씨는 서씨(余, 徐)의 한 분파라 하였다.(11) 〈사기〉 권27 '천관서'도 "진·초·오·월은 이적이다"(秦楚吳越夷狄也)고 하여, 이들이 모두 동이이며, 진시황도 동이족이라 하였다. 〈좌전〉에 의하면, 진인(秦人)의 시조는 흑색(聖數 6)을 숭상한 소호 김천씨였다. 〈삼국지〉 '진한전'(辰韓傳)은 진한(辰韓)을 진한(秦韓)으로 표기하였다. 즉 진(晋)·진(秦)·진(辰)이 모두 같은 족속이라는 것이다. 〈삼국사기〉 '김유신전'도 소호 김천씨가 신라인의 조상이라 하였다.

4. 〈환단고기〉와 〈부도지〉가 말하는 고대 중국의 기원

반고 가한과 묘족: 〈환단고기〉 '삼성기(하)'는 환웅이 동방을 개척하던 시기에 중앙아시아 북쪽에 거주하던 반고 가한이 환인의 허락을 받아 십간십이지(十干十二支)*3의 신장을 거느리고, 삼묘족의 본거지인 삼위산(三危山, 敦煌縣, 甘肅省)*4의 라린(拉林) 동굴로 내려와 임금이 되었다고 하였다.(12)

그가 바로 한족의 뿌리인 화족(華族)의 시조로, 제견(諸畎: 畎夷·犬夷·犬戎)이라 불리었고 한다.

한편 동이와 화족의 뿌리인 삼묘(三苗)는 환족(桓族, 태양족-달족), 동이족(달족, 복희-여와족), 염제-신농족(漢族, 태양족: 西夷·伯夷) 등으로 구성되었다는 주장도 있다. 그러나 임승국은 반고의 중국인 시조설을 부인한다. 일각에서는 고구려·신라·백제를 동이, 중국을 서이로 해석하기도 한다.

> "때(환국 말기)에 반고라 하는 자가 있어 괴상한 술법을 즐기며 길을 나누어 살기를 청하매, 이를 허락하였다. 마침내 재물과 보물을 꾸리고 십간십이지의 신장(神將)을 이끌고 공공(共工)·유소(有巢)·유묘(有苗)·유수(有燧)와 함께 삼위산의 납림동굴(拉林洞窟)에 이르러 군주가 되니, 이를 제견(諸畎)이라 하고, 그를 반고가한(盤固可汗)이라 하였다." 〈환단고기〉 '삼성기전(하)'

한편 〈중국 민족사〉는 반고와 함께 내려온 유묘가 구려족이며, 그 군주는 치우라고 하였다.

> "4천 년 전에…… 지금의 호북·호남·강서 등지는 이미 묘족이 점령하고 있었고, 중국에 한족이 들어온 후에 차츰 이들과 접촉하게 되었으며, 이 민족의 나라 이름은 구려(九黎)이며 군주는 치우이다." 〈중국 민족사〉

소전·공손·헌원: 소전과 소호(少昊, 少皓)는 방계로, 모두 웅족(熊族)이었다. 〈태백일사〉 제4 '삼한관경 본기'에 의하면, 환웅 치하에서 비서갑을 다스리던 소전(少典)이 제8대 안부련 환웅의 명으로 강수(姜水, 岐山縣, 狹西省)에서 군병을 감독하며 유웅국(有熊國, BC 3252 ?)을 세웠다. 그의 아들 신농(神農, 姜氏)은 배달국의 우가(牛加)였는데, 열산(列山, 礪山, 西安)으로 이주해 염제국을 세웠으며(BC 3218?), 복희의 진국(陳國)을 합병하고 '염제 신농국'(곡부)이라 칭했다고 한다.

소전의 다른 후손인 공손(公孫)은 짐승을 잘 사육하지 못해 헌구(軒丘, 有熊, 新鄭縣, 河南省)에서 귀양살이를 했다고 한다. 그의 후손에서 헌원(軒轅, 성 公孫, 호 有熊, BC 2692–2593)이 출생하였다. 〈환단고기〉에 따르면 헌원은 배달국 제8대 안부련 환웅 때 이복형인 신농과 함께 동이족에서 분파한 사람이었다.

탁록전투(涿鹿戰鬪): 배달국의 제14대 환웅 자오지(蚩尤)는 염제 신농국의 제8대 왕 유망(楡罔)이 헌원의 공격으로 전사하자(BC 2697 ?), 그의 아들 유괴(楡魁)를 신농국의 후신인 단웅국(檀雄國)의 왕으로 삼았다. 이에 반발해 헌원이 군사를 일으켜 탁록에서 치우에게 도전해 10년간 73회의 전투를 치렀다(BC 2697–2687) 한다. 그러나 자부선인(紫府仙人)의 가르침(三皇內門經: '천지인을 대리하는 천왕을 따르라')에 따라 치우의 제후가 되었다고 한다. 〈태백일사〉 '마한세가(상)' 도 공공·헌원·창힐·대요의 무리가 배달국의 자부(紫府)에게 배웠다고 하였다.

당시 천하는 배달국(靑邱國, 산동성)의 치우(桓雄, 天王)를 중심으로 오가(五加, 五方)가 나스렸다. 중앙의 헌원(軒轅, 黃帝, 유웅국), 동쪽의 창힐(蒼詰, 靑帝), 서쪽의 소호(少皓, 白帝, 少昊國), 남쪽의 축융(祝融, 赤帝), 북쪽의 대요(大撓, 黑帝)가 그것이다.

헌원의 후손: 소호 금천씨(또는 己氏)는 황제의 뒤를 이어 유웅국(황제국)의 왕위에 올랐으나, 후일(BC 2697) 헌원의 친손자인 고양 전욱(高陽 顓頊)에게 왕위를 물려주고 본국(백제국)으로 돌아갔다(BC 2514?). 전욱의 뒤를 이어 제곡 고신(帝嚳 高辛)이 유웅국의 왕이 되었는데(BC 2436?), 이 사람이 곧

이복형제들인 지(帝摯)와 요(帝堯, 방훈)의 아버지이다. 지가 아버지의 뒤를 이어 유웅국의 왕이 되었다(BC 2366?). 그러나 9년 후에 요가 왕위를 찬탈했으며(BC 2357?), 단군왕검이 비왕으로 있었던 단웅국을 자주 침략하였다.

고대 중국 왕과 단군왕검: 한편 〈부도지〉(符都誌)는 고대 중국의 제왕들과 단군왕검 사이에 있었던 일을 이렇게 소개한다.(13)

> "천산산맥 남쪽에 살던 도요(陶堯)는 마고성(麻姑城)을 떠난 자들의 후손으로, 신시의 제전에 참석하던 자였다. 그러나 오행의 법을 잘못 만들어 소부(巢夫)와 허유(許由)에게 꾸지람을 들었다. 이에 무리를 모아 황궁씨 후손인 묘족을 유인씨의 고향(符都)에서 몰아내고, 당도(唐都)를 세워 마고가 세운 부도에 대항하였다. 이에 단군임금이 유호-유순 부자를 보내 도요를 깨우치게 하였다. 그러나 유순은 도요의 꾐에 빠져 그의 두 딸을 아내로 삼고, 요의 뒤를 이어 왕위를 계승하였다. 그리고 묘족을 정벌하였다. 이에 유호가 둘째아들 유상(有象)을 시켜 그들을 정벌하였다. 당요는 옥사하였고, 유순은 창오(蒼梧, 廣西省)로 도주하였다.
>
> 이후 도요의 아들 우(禹)가 유순을 죽이고 하왕(夏王)을 자칭하였다. 그는 부도를 완전히 배척하였다. 이에 유호가 묘족과 연합해 세력을 넓힌 후, 오미(五味)의 죄*5와 오행설*6 및 역제(曆制)*7의 부당함을 들어 우임금을 꾸짖었다. 우임금은 유소의 충고를 듣지 않고 그를 공격하다가 모산(茅山)에서 전사했고, 아들 계(啓)가 뒤를 이었다. 유소는 이들의 완악함을 알고 옛 마고의 땅인 서남쪽의 종족을 가르치려고 중원을 떠났다. 이렇게 하여 천부(天符)의 도(道)는 황궁·유인·환인·환웅·임검(왕검)·부루·읍루(가륵)로 이어졌다." 〈부도지〉(符都誌)

이상의 내용을 정리하면 다음과 같다.

＊ 마고성(파미르고원)에 사이가 좋지 않은 웅족과 호족이 같이 살았는데, 모두 이족(夷族)이었다. 호족의 선조인 지소씨(백소씨 일파)가 천산산맥 남쪽으로 이주해 선주민이 되었다(BC 7197?). 후에 웅족(이주민)도 1000여 년간에 걸쳐서 천산남북로로 이동했으며, 이에 따라 파미르에서 시베리아에 이르는 지역에 구족(九族)이 형성되었다. 그런데 호족이 그들을 괴롭혔다.

＊ 구족은 황족(시베리아), 현족(인도로 간 흑소씨 일파, 흑룡강 유역), 적족(청궁씨 후손, 양자강 남쪽), 남족(청궁씨 후손, 섬 지역), 백족(호족, 수메르로 간 백소씨 일파인 지소씨 후손, 서쪽 사막 지대) 및 양족·우족·방족·견족을 말한다. 후일 고조선과 고대 중국에서는 이들을 황이·현이·적이·백이·남이·백이·양이·우이·방이·견이라 불렀다.

＊ 호족과 웅족의 분쟁이 심해지자 환웅족이 호족을 배제하고 협조를 잘하는 웅족과 함께 배달국을 세웠다(BC 3898?).

＊ 환웅시대에 배달국의 우가(牛加, 農官)인 고시씨(高矢氏, BC 3897?)가 소전과 소호를 낳았다. 소전(배달국 운사)은 유웅국(有熊國)을 세웠고, 소호는 소호국(白帝國)의 시조가 되었다. 고시의 계보는 고시-소전-염제 신농-공손-헌원-(창의)-전욱-제곡으로 이어졌다.

＊ 배달국의 제5대 환웅 태우의(太虞儀)의 12째아들이면서 우사인 복희(풍이, 황이?)는 하남성에 진국(陳國, 震國, BC 3512?)을 세웠다. 이들은 치우의 후손과 함께 남이(南夷)를 형성하였다.

＊ 배달국 제8대 환웅(안부련, BC 3240) 때 소전의 아들 우가 신농(황이, BC 3218-3078?)이 염제국(曲阜)을 세웠다(BC 3218?). 그는 복희의 진국을 정복하고 염제 신농국이라 칭하였다. 이 나라는 그 후 단웅국(檀熊國)으로 이름을 바꾸었다.

＊ 단웅국은 헌원의 잦은 침공을 받다가 제8대 유망(楡罔) 때에 망하였다

(BC 2697?).

이에 황제국인 배달국의 제14대 자오지(치우) 천왕이 그의 아들 유괴가 왕위를 계승하도록 하였다(BC 2333). 이에 공손씨의 후손으로서 호족(황이, 백이)의 왕(탁록 유웅국)인 헌원(운사, BC 2692-2592?)이 치우에게 반기를 들고 탁록에서 73회에 이르는 전투를 했으나, 치우에게 패하고 배달국의 제후국이 되었다.

* 소호 금천씨(웅족, 황이, 현효, 靑陽, 지, BC 2598-2514?)는 헌원의 뒤를 이어 유웅국의 제2대 왕이 되었으나, 헌원의 손자(2자 창의의 아들) 전욱(고양, BC 2513-2436?)에게 왕위를 물려주고 백제국으로 돌아갔다. 유웅국의 왕위는 전욱-제곡 고신(BC 2435-2365?, 황제의 장자 현효의 손자)-제지-제요(풍이, BC 2357-2258?)-순(전욱 6대손, BC 2255-2208?)으로 계승되었다.

* 요임금(도당, BC 2383-2284?)의 부계는 헌원의 웅족이고, 모계는 지소씨의 후손인 호족(백이)이었다. 그 나라의 수도는 도당(陶唐, 평양)이었다. 요임금의 나라는 황이·백이·남이의 일부가 모여 이루어졌다.

* 순임금(유우, BC 2284?)은 단군조선의 중신 유호씨의 장자로, 동이(황이+남이+양이+우이+방이+현이) 출신이었다. 당시 서이·견이·백이 등은 호족(虎族)으로 불리었다.

* 단웅국의 유괴가 5세일 때(신농 13세) 제13대 환웅(斯瓦羅)의 후손 단군왕검(BC 2370-2240)이 24년간(BC 2357-2333) 단웅국의 비왕으로 섭정하다가, 이를 기반으로 구이로 이루어진 고조선을 세웠다(BC 2333-2240?). 이처럼 단군조선은 배달국과 단웅국(염제 신농국)을 계승한 나라였다.

* 하를 세운 우(남이)의 부계는 웅족인 황이(헌원)이고, 모계는 남이였다. 이후 남이와 풍이는 같은 종족이 되었다. 은나라는 동이(황이+남이, 熊族), 주나라는 서이(서이+백이, 虎族)가 건국을 주도하였다. 헌원 때부터 주나라에 이르는 기간에 호족(백이)에게 황이·남이·적이·서이가 가세해 한족의 뿌리인 화하족(華夏族)을 이루었다.

4. 한족(漢族)의 탄생

하·상·은 3대는 모두 동이어(東夷語)를 사용했으나, 주(周) 무왕은 나라말을 주어(周語)로 바꾸었다. 이어서 제자백가(諸子百家)들에 의해 주어가 공용어로 자리를 잡았다. 주는 삼신상제와 더불어 종묘(조상신)와 사직(지방신)을 아울러 섬겼다. 이에 따라 유일신 상제에 대한 신앙이 쇠퇴하게 되었다. 그리고 은 문화의 뿌리는 동이의 홍산문화(BC 3500?)인데, 주나라가 이를 화하문화로 바꾸면서 주는 제하(諸夏)로 자처하며 화이(華夷)를 구분하였다. 그 결과 주인(周人, 華族)과 동이(夏·殷)가 섞인 화하족이 등장하게 되었다. 동이족인 공자는 〈논어〉 권3 '팔일편' 에서 "주(周)의 문화가 은·하의 문화보다 찬란하므로 주 문화를 따르겠다"고 했다 한다. 그의 영향으로 중국에서는 한족화가 더욱 급속히 추진되었다.

사마천이 〈사기〉를 작성하기 전에는 한족(漢族)이라는 단어가 없었다. 그는 하·상·은·주를 하나의 민족으로 기술하면서, "한나라는 5제와 3대를 계승했다"는 '한족선언(漢族宣言)' 을 하였다. 이에 따라 한(漢)나라 때부터 제하가 황제의 희씨(姫氏)에 성수(聖數) 5를 섬기는 한족(漢族)으로 변한 것이다.(14) 이것이 '사기공정' 의 핵심이다. 그러나 이러한 기술은 사실은 사마천이 한 것이 아니라 후대에 〈사기〉를 개작한 〈전한서〉의 저자 반고(班固)가 가필한 것으로 보인다.(15)

5. 진시황의 중국 통일

춘추전국 시대: 주가 뤄양(洛陽)으로 천도(BC 770)하기 이전을 서주(西周), 이후를 동주(東周)라 부르며, 동주는 다시 춘추(春秋)와 전국(戰國) 시대로 구분한다. 이 시기에 몽골계 돌궐과 흉노가 청동제 무기로 화하족을 자주 공

격했고, 흉노의 견융(犬戎, BC 7C)은 서주의 유왕을 살해하였다. 이에 뤄양(낙양)으로 천도한 동주(東周) 때부터 제후들이 자구책으로 군대를 양성해 서로 패권을 다투는 춘추전국 시대가 열리게 되었다. 춘추는 주의 제후인 삼국(한·위·조)이 독립한 시기(BC 403)까지인데, 춘추오패(春秋五覇: 진·초·제·오·월)를 포함한 15국이 할거하였다. 전국시대에는 진(秦)이 통일할 때(BC 221)까지 7국(秦·楚·燕·齊·韓·魏·趙)이 패권을 다투었다.

서언왕(徐偃王)은 신라인:(16) 김성호 등(2008)에 의하면 이 시기에 동이족은 중원에서 남쪽 푸젠성(福建省)으로 이동해 쉬저우(徐州, 江蘇省)에 서국(徐國)을 세웠는데, 이들이 다름 아닌 신라인(新羅人)이었다고 한다. 당시에 서국의 서언왕을 따른 나라가 36개국이었다. 〈춘추〉 '장공' 26년조(BC 668)에 따르면, 장공의 명으로 노·송·제 연합국이 서국을 치므로 서언왕은 월주(越州, 紹興市, 浙江省)로 남하하였다.

후일 같은 동이계인 오(吳, BC 585?-BC 473)의 합려(闔盧王)가 월왕 구천(越王 九践)과 싸우다 전사하였다. 그러나 월이 세운 예산국(월주)마저 멸망하자 서언왕의 후손들은 항저우(抗州) 해안과 보타도(普陀島) 등지로 흩어져 곳곳에 '신라'(新羅)라는 지명을 남겼고, 일부는 푸젠성 남부와 대만의 민난인이 되었다. 기원전 202년에는 한의 유방이 푸젠 지역을 민월국(閩越國)이라 하여 월나라 구천의 후손인 무제(無諸)를 왕으로 삼았으나, 한무제가 즉위 첫해(BC 110년)에 민월국을 정복하면서 동이의 나라가 사라지게 되었다.

중원 통일과 동이의 분열: 진시황(BC 259-210)은 최초로 중원을 통일하고 진(秦, BC 221-206)을 세웠다. 그는 흉노의 본산지 오르도스에 몽염(蒙恬)의 30만 대군을 보내 정벌했고, 만리장성을 쌓았다. 이에 따라 흉노와 동이가 남과 북으로 나뉘게 되었다. 그 후 남이는 화하족에 동화되었고, 북이는 다시 서이와 동이로 갈리었다. 진시황은 이사(李斯)를 시켜 문자와 도량형을 정비했고, 자국에 불리한 역사서들을 불태운 분서갱유(焚書坑儒) 사건을 일으켰다. 그 결과 한족에 의한 중국화가 더욱 촉진되었다. 그리고 주변국을 동이, 서융, 남만, 북적으로 비하하였다.

6. 한과 흉노

진의 뒤를 이어 유방(劉邦, 재위 BC 202-BC 195)은 초의 패왕 항우(項羽, 재위 BC 205-202)를 무찌르고 한(漢, BC 202-AD 220)을 세웠다. 만리장성에 의해 흉노도 남북으로 갈리어 남흉노는 한족에 동화되고, 북흉노는 다시 동·서로 갈리었다. 그리고 서흉노(훈족)가 유럽으로 이동하면서 게르만족의 대이동을 유발하였다.

묵특의 한(漢) 정벌: 흉노의 제1대 선우인 두만(頭曼, Tumen, ?-BC 209)의 아들 묵특(冒頓, 묵돌, 모돈, Bayatur, 재위 BC 209-174)은 아우에게 왕위를 계승시키려던 아버지를 죽이고 제2대 선우(單于)로 즉위하였다. 그리고 동호(동)·월지(서)·백양(남)·누번(북)을 정복하고 한(漢)과 대치하였다. 그는 40만 대군으로 32만의 한고조를 패퇴시킨 후, 한을 조공국으로 삼았다.

한의 흉노 정벌: 그러나 한무제(漢武帝 劉徹, BC 156-BC 87)는 곽거병(霍去病)과 위청(衛靑)을 보내 흉노의 본거지를 정벌하였다. 그리고 동중서(董仲舒, BC 170-120?)의 권유로 조상신을 섬기는 유교를 국교로 삼았다(BC 136). 이에 따라 유일신 상제에 대한 신앙이 더욱 쇠퇴하게 되었다. 한의 제11대 원제(재위 BC 48-BC 33)는 후궁 왕소군(王昭君)을 흉노 선우 호한야(呼韓邪, 호한사, 재위 48-56)에게 보냈으나, 다시 그의 항복을 받았다. 당시 흉노족은 알씨(閼氏, 연지)라 불렀다.

동흉노: 한편 서흉노의 묵돌에게 패한 흉산의 동흉노(東胡)는 오환(烏桓)과 선비(鮮卑)로 이름을 바꾸었고, 모용(慕容)이 이끈 선비족이 연(燕)을 세웠다. 5호16국 시대(304-439)에는 유연(304)의 흉노를 포함한 5호(匈奴·羯·鮮卑·氐·羌)가 등장했고, 이어서 16국이 화북에 할거하였다. 이들은 결국 선비족인 탁발부(拓跋部)가 북위의 이름으로 통합하였다. 그들은 투르크어를 사용하였다.

수와 당: 같은 시기에 강남에서는 송(宋)이 진(晉)으로 교체되면서 남북조 시대(420-589)로 들어섰다. 그러나 중원에서는 북주(北周)의 뒤를 이어 일어난 양견(楊堅)이 남북조를 재통일하고 수(隋, 589)를 세웠다. 그 뒤를 이은 당(唐)은 신라와 연합해 백제(660)와 고구려(668)를 차례로 정복하였다. 이처럼 선비와 한족(漢族)의 혼혈이 수와 당이며, 선비와 동이의 혼혈이 고구려를 비롯한 한족(韓族)의 일부를 이루었다.

한편 북쪽에서는 당에 패한(734) 동돌궐의 일파인 위그루가 신장과 몽골을 점령했고, 서돌궐은 이란족과 혼혈이 되었다. 같은 시기에 동아시아에서는 고구려의 후손인 대조영(재위 698-719)이 말갈과 연합해 진국(震國)을 세워 고구려의 옛 영토를 대부분 회복하였다.

7. 묘족(苗族)에게 전승된 창조 이야기

중국 남동부 고산 지대에 사는 묘족이 매년 제사를 드릴 때마다 낭송하는 기도문은 창세기의 내용을 많이 담고 있어서 관심을 끈다. 이 기도문은 주요 행사 때마다 족장들이 암송했는데, 한민족과 묘족의 분리와 그 여로(族路), 각 부족으로 분파된 내용 등에 대해 기술하고 있다. 묘족은 지금도 장례식이나 결혼식 자리에서 아담까지 거슬러올라가는 주요 족장의 이름을 낭송한다고 한다. 그들이 쉬지 않고 이렇게 해온 것이 이 전승들이 정확히 보존된 이유로 보인다. 그들을 대상으로 선교를 하던 호주 출신의 트록스(Ernest Traux)가 그 기도문을 입수한 것을 필자가 〈창조〉지에 소개했는데, 그 중에서 창세기 관련 부분을 발췌해 소개한다.(17) 여기에 나오는 족장들의 이름이 창세기의 족장들의 이름과 유사한 사실에 유의하기 바란다(괄호 속은 창세기의 기록).

■ **천지창조에 대한 내용**

하나님이 천지를 창조하시던 날
그 하나님이 빛의 문을 여셨도다.
그리고 하나님은 지구상에 흙과 돌로 산을 만드셨도다.
하늘에 하나님은 천체(天體)와 해와 달을 만드셨도다.
땅에는 하나님이 게와 소리개를 만드셨도다.
물속에는 가재와 물고기를 창조하셨도다.
들판에 하나님은 호랑이와 곰을 만드셨도다.
산들을 뒤덮어 줄 초목을 만드셨도다.
산과 산의 끝까지 나무로 가득 채우셨도다.
그리고 연둣빛의 등나무를 만드셨도다.
대나무 숲도 만드셨도다.

■ **사람의 창조에 대한 내용**

지상에 하나님은 티끌로 사람을 만드셨도다.
창조된 남자에게서 하나님은 여자를 만드셨도다.
그 후에 흙의 첫 조상 다아트(아담)는 돌저울을 만들었도다.
그는 지구의 눈금을 그 기초까지 측정하였도다.
그리고 천체의 크기를 계산하였도다.
그리고서 하나님의 도(道)를 깊이 묵상하였도다.

흙의 첫 조상 다아트(아담)는 첫 조상 셋(셋)을 낳았도다.

첫 조상 셋은 아들 루스(에노스)를 낳았도다.

루스는 게이로(게난)를 얻었고, 게이로는 라마(라멕)를 낳았도다.

첫 조상 라마는 남자 누아(노아)를 낳았도다.

누아의 처는 여족장(女族長) 가우 · 보루엔이었도다.

그들의 아들은 로 · 한(함), 로 · 시엔(셈) 그리고 야아후(야벳)였도다.

그리하여 땅은 민족과 가족들로 채워졌도다.

피조물들은 민족과 국민들에 의하여 공유(共有)되었도다.

■ **인류의 타락에 대한 내용**

이들 인간은 하나님의 뜻을 따라 행하지 않았으며

하나님의 사랑으로 되돌아가지 아니하였도다.

오히려 하나님께 대항하며 서로 다투었도다.

지도자들은 전능하신 주님을 향하여 반항하였도다.

그러자 지구는 제삼층(第三層)의 깊은 곳까지 뒤흔들렸도다.

공기를 하늘 끝까지 찢으셨도다.

하나님의 진노가 타올라 그 자신을 태우셨도다.

하나님이 오셔서 인류를 파멸시키지 않으면 안 될 정도로.

오셔서 사람으로 가득 찬 온 땅을 멸망시키셨도다.

■ **대홍수에 대한 내용**

그래서 흙모래 섞인 비가 40일간(40주야) 쏟아져 내렸도다.

그 후로도 안개와 이슬비가 55일간(150일) 계속 내렸도다.

물은 산들과 산맥을 넘쳐흘렀도다.

산채와 같은 홍수가 계곡과 웅덩이로 뛰어들어갔도다.

지구에는 피할 곳이 아무데도 없었도다.

세계에는 살아갈 만한 발붙일 곳도 없었도다.

사람마다 좌절하고 무기력하게 되고 멸망하게 되었도다.

절망하고 공포에 떨며 감소되고 종말을 고하였도다.

그러나 족장(族長) 누아(노아)는 올바른 사람이었도다.

여족장 가우 · 보루엔도 고결한 사람이었도다.

그들은 매우 폭이 넓은 방주(方舟)를 만들었도다.

매우 커다란 방주(방주)를 만들었도다.

가족 모두가 방주에 오르자 방주는 떠올랐도다.

가족 모두가 무사히 대홍수를 피하였도다.

그와 함께 승선한 동물들은 암컷과 수컷(암수 한쌍)이었도다.

날짐승들도 같이 들어갔는데, 그것들은 쌍쌍(雙雙)이었도다.

때가 이르자 하나님은 물에게 명령하셨도다.

그날이 이르자 홍수의 물은 저 멀리로 물러갔도다.

그래서 누아(노아)는 피신처에서 한 마리 비둘기(까마귀)를 날려 보냈고

돌아와 소식을 전해준 까마귀(비둘기)를 다시 날려 보냈도다.

큰 홍수 물은 호수로 물러가서 바다를 만들었도다.

진흙은 웅덩이와 움푹 패인 곳을 메웠도다.

다시 한번 사람이 살 만한 땅이 나타났도다.

이어서 땅에 주거를 만들 만한 장소가 나타났도다.

그때에 물소가 이끌려 나와서 하나님께 제물로 바쳐졌도다(번제로 제사).

살진 소가 창조자(創造者)에게 제물이 되었도다.

그러자 하나님은 그들에게 복을 주셨도다.

그리고 하나님은 그들에게 크신 은총을 베푸셨도다(복을 주셨다).

■ **바벨탑 사건에 대한 내용**

그 후로 로 · 한(함)은 쿠사(구스)와 메사이(미스라임)를 낳았고

로・산(셈)은 에란(엘람)과 누가슈율(앗수르)을 낳았으며
그들의 자손은 민족과 여러 백성이 되었도다.
그들의 자손은 진영(陣營)을 넓혀 도시를 건설하였도다.
그들의 노래는 모두 같은 운율(韻律)이며, 같은 음악이었도다.
그들은 모두가 같은 말과 언어로 말하였도다(온 땅의 언어가 하나요 말이 하나였더라).
그런데 어랍쇼, 그들은 거대한 도시를 만들자고 하였도다.
자, 하늘까지 닿는 매우 높은 탑을 쌓자고 하였도다(성읍과 탑을 건설하여).
이는 잘못된 일이었으나, 그들은 강행하였도다.
그러자 하나님은 그들을 벌하사 언어와 억양을 바꾸게 하셨도다.
분노가 임하사 하나님은 말과 소리의 장단을 혼란하게 만드셨도다(온 땅의 언어를 혼잡게 하셨더라).
누가 말을 하더라도 옆사람은 그가 무슨 말을 하는지 알 수가 없었도다.
말(單語)을 가지고 얘기하여도 사람들은 그 사람의 뜻을 알아들을 수 없었도다.
그래서 그들이 건설하던 도시는 마무리되지 못하였도다.
그들이 힘들여서 만든 탑은 이처럼 미완성인 채 남아 있을 수밖에 없었도다.
그러자 그들은 절망하였고, 온 세계로 흩어져 나갔으며(여호와께서 그들을 온 지면에 흩으셨더라),
그들은 서로 이리저리 헤어져 지구를 빙 돌게 되었노라.
그들은 여섯 지역에 이르렀고, 여섯 나라 말을 하게 되었노라.

■ 묘족의 계보에 대하여

족장(族長) 야후우(야벳)는 여러 국가의 중심지에 살았노라.
그의 아들은 족장 고오멘(고멜)이라 불리었노라.
그가 처로 삼은 여인은 여족장 고오용이라고 불리었노라.

손자와 손자의 처는 두 사람 모두 이름을 튜우탄이라 하였노라.

후손들은 차례대로 다음과 같았노라.

족장 가운단 · 메우 = 완(야완).

여족장 카운단 · 메우 = 쥬우

족장 간겐 · 네왕(처는 없었다)

족장 세아게엑과 여족장 마우 · 구에

자녀들은 모두 11인으로서, 이들은 각 가족의 우두머리였도다.

이중 5인의 분가(分家)는 묘족(苗族)이 되었으며,

6인의 분가는 한민족(漢民族)에 동화(同和)되었도다.

| 요약 |

(1) 중국의 사서들이 말하는 한족(漢族)의 실체는 모호하다. 화하족이 주축이 되고, 동이계 환족과 묘족이 혼혈되어 오늘의 한족이 탄생한 것으로 보인다.

(2) 고대 중국의 중원은 오랫동안 동이족의 터전이었다. 대만대학의 서량지(徐亮之)와 임혜상(林惠祥) 및 일본의 도리이(鳥居龍藏) 등에 의하면 춘추시대까지도 중국 중남부는 동이족(신라)이 다스렸다.

(3) 중국 고대문명의 원류인 홍산문명을 일으킨 것은 한족이 아닌 동이족이었다.

(4) 중국인의 조상들(복희·황제·염제·요·순 등)은 대부분 동이족이었다. 〈초사〉(楚史)는 황제(黃帝) 헌원이 동이족이라 했고, 〈맹자〉는 순임금이 동이족이라 하였다. 〈사기〉(13卷)는 요(堯)가 황제의 5대손이고, 순(舜)은 8대손이라 하였다. 그리고 황제, 전욱, 곡, 요, 순의 성이 모두 같다고 하였다. 중국 사가들은 삼황오제의 구성을 자국의 필요에 따라 자주 바꾸었다.

(5) 매년 중국의 고대 왕들이 상제에게 드리던 봉선제(封禪祭)는 태산을 중심으로 한 동이족의 풍습이었다. 환족의 제천의식에서 파생한 봉선제는 주나라 때부터 하늘과 땅에게 드리는 사직제사(社稷祭祀)로 변질되었다. 그리고 한무제가 유교를 국교로 도입하면서 유일신 상제에 대한 신앙이 쇠퇴하게 되었다.

(6) 중국 사가들은 중화사상을 추구하면서 주변 민족을 오랑캐로 비하하였다. 그리고 자국에게 유리하도록 쉽없이 고대사를 왜곡했으며, 지금도 그러한 작업은 계속되고 있다.

| 참고사항 |

*1. **중국 정사 25사**: 중국 정부가 공인한 중국의 역사서로, 총 25권이 있다: 사마천(전한)의 사기, 반고(후한)의 전한서, 범엽(유송)의 후한서, 진수(서진)의 삼국지, 방현령(당)의 진서(晉書), 심약(양)의 송서, 소자현(양)의 남제서, 요사렴(당)의 양서(梁書)·진서(陳書), 위수(북제)의 위서(魏書), 이백약(당)의 북제서, 영호덕분(당)의 주서(周書), 위징(당)의 수서(隨書), 이연수(당)의 남사(南史)·북사(北史), 유후(후진)의 구당서(舊唐書), 구양수(송)의 신당서(新唐書), 설거정(송)의 구오대사(舊五代史), 구양수(송)의 신오대사(新五代史), 토크토(원)의 송사·요사·금사, 송렴(명)의 원사, 장정옥(청)의 명사, 커샤오민(중화민국)의 신원사(新原史), 자오얼쑨(중화민국)의 청사고(淸史考) 등이다.

*2. **〈산해경〉**: 저자는 하(夏)의 우왕(禹王)이나 백익(伯益)이라고 하나, 실제는 선진(先秦, BC 4C)의 곽박(郭璞)이 저술한 것으로 추정되는 중국에서 가장 오래 된 지리서이다. 상상의 생물과 산물이 많아 전설 속의 지리서라 불리며, 사마천은 '감히 말할 수 없는 기서' 라 하여 믿을 수 없다고 하였다. 산경(山經)과 해경(海經)으로 구성되었다. 〈산해경〉에는 황제·치우·소호·전욱·고신·예·요·순, 그리고 조선·청구·천독 등의 지명이 등장한다. 모두 23편이지만 전한(前漢) 말기에 유흠(劉歆)이 교정한 18편만 남아 있다. 그 가운데 〈남산경(南山經)〉 이하의 〈오장산경(五藏山經)〉(5편)이 가장 오래 되었고, 〈해외사경(海外四經)〉(4편)과 〈해내사경(海內四經)〉(4편)에는 한대(漢代)의 지명을 포함한다. 〈대황사경(大荒四經)〉 (4편)과 〈해내경(海內經)〉(1편)은 후대에 편집되었다. 〈해외경〉(海外經)에서는 먼 나라의 주민과 신화 ·전설을 실었다.

*3. **10간12지**: 60갑자의 기본을 이루는 계절의 계산법으로, 은나라 때부

터 통용되었다. 십간(天干)은 10일(旬)로서 갑을병정무기경신임계(甲乙丙丁戊己庚辛壬癸)를 말한다. 12지는 지기(地氣)에 속하는 것으로, 자축인묘진사오미신유술해(子丑寅卯辰巳午未申酉戌亥)로, 일년 12달에서 유래한 것으로 보인다. 그 후 십간십이지는 음양오행설과 연계되어 인간의 운명이나 길흉화복을 점치는 미신으로 변질되었다. 십간과 십이지를 결합하면 60간지(干支)를 이루게 된다. 이를 60갑자(6甲)라 한다. 수메르족도 60진법을 사용하였다.

*4. **삼위산**: 〈산해경〉에 의하면 중국의 시조 반고가 환국에서 이주한 곳이다. 돈황(감숙성)에 있고, 삼묘의 근거지였다.

*5. **오미(五味)의 죄**: 마고성에서 금단의 포도를 따먹고서 다섯 가지 맛을 알게 된 죄를 말한다. 이는 선악과 사건을 암시한 것으로 보인다.

*6. **오행설**: 사물의 근본을 금·목·수·화·토의 다섯 가지로 구분해, 자연의 운행 원리를 설명하는 이론이다.

*7. **역제(曆制)**: 우주의 근본 원리를 정리해 책력으로 만든 제도이다.

| 참고자료 |

(1) 최동: 朝鮮上古氏族史, p. 303, 동국문화사, 서울, 1966

(2) 김성일: 한민족기원대탐사, 셈족의 루트를 찾아서, pp. 255-256, 창조사학회, 1999

(3) 김성일: ibid, pp. 262-263

(4) 최동: op.cit,, pp. 304-306

(5) 민병학: 백제는 한반도에 없었다, 大經, 대전, 2007

(6) 이정훈: 홍산문명 vs 황하문명 4000년의 전쟁, 신동아 2000. 9. 1 (통권 588호), pp. 673-722

(7) 김성일: 성경으로 여는 세계사, 12쇄, pp. 36-37, (주)신앙계, 서울, 2008

(8) 김성호, 김상한: 한중일 국가기원과 그 역사, pp. 16-21, 맑은소리, 서울, 2008

(9) 김성호 김상한: ibid, pp.23-25

(10) 林惠祥: 中國민족사, 상권, pp. 45-66, 商務印書館

(11) 김성호, 김상한: op.cit, pp. 26-27

(12) 임승국 역주: 한단고기, p. 31

(13) 박제상 저, 김은수 역: 부도지, pp. 53-59, 한문화, 서울, 2002

(14) James Legge: The Notions of the Chinese Concerning God and Spirits, pp. 50-51, Hong Kong Register Office, 1982

(15) 김성호, 김상한: op. cit, pp. 32-37

(16) 김성호, 김상한, op. cit, pp. 38-71

(17) Edgar Traux 저, 임번삼 역: 묘족(苗族)에게 전승되어온 창조(創造) 이야기, 창조. 한국창조과학회, 서울, 1992

제 5 장

환국 · 배달국 · 단군조선의 기원

우리의 고서들은 이웃나라들의 잦은 침략으로 대부분 약탈되거나 소실되었고, 지금은 〈삼국사기〉(1145), 〈삼국유사〉(1281), 〈환단고기〉(1911) 등이 남아 있을 뿐이다. 그런데 야사인 〈삼국유사〉는 고조선의 건국 과정을 신화로 만들었고, 삼신 하느님을 환인(Indra, 제석천)으로 각색하였다. 정사인 〈삼국사기〉는 우리 고대사를 누락시켰을 뿐 아니라, 우리의 삼국에 대해서는 중국에 대한 사대주의 시각으로 기술하였다. 그래서 민족사학자 신채호(1948)는 〈삼국사기〉는 악서(惡書)이며, 신라의 삼국통일은 외세를 끌어들인 '김유신의 음모' 라고 혹평하기도 하였다.

> "부식이 이에 그 사대주의에 근거해 삼국사기를 지은 것이다. 고로 동북양 부여를 빼내어 조선 문화의 소자출(所自出)을 진토에 묻고, 발해를 버려 삼국 이래로 결정된 문명을 초개에 던지며, 이문과 한역에 어두워서…… 사대사상의 고취자인 김부식의 삼국사기와 그 부용(附庸)인 삼국유사가 전할 수밖에 없게 되었다."
>
> 〈조선상고사〉(신채호, 1948)

한편 〈환단고기〉는 위작 여부에 대한 논란이 계속되고 있다. 그러나 위작이라고 하기에는 우리 민족뿐 아니라 중국과 일본의 시원 역사에 대해 매우 구체적으로 알려주는 아주 귀중한 사료로 보인다.

따라서 〈환단고기〉를 비롯한 한·중·일 삼국의 사료들을 참고로 하여 우리의 잃어버린 대륙 역사와 일본을 담로(식민지)로 다스렸던 해양 역사를 복원할 필요가 있다. 그리고 창세기와의 연관성에 대해서도 모색할 필요가 있으리라 생각된다. 한·중·일의 고대사는 아직 정설이 없는 상태이므로 이 장부터는 관련 사료들을 요약 소개한 후 필자의 의견을 가미하는 방식으로 기술하려고 한다. 그 첫 시도로 이 단원에서는 우리의 최초 국가인 환국과 배달국 및 단군조선(고조선)의 실체에 대해 알아본다.

1. 식민사관

우리 고대사를 바르게 알려면 일제의 식민사관을 먼저 이해해야 한다. 식민사관이 우리 고대사를 왜곡했고, 그 영향을 받은 사학자들이 지금도 강단사학을 이끌고 있기 때문이다. 이러한 식민사관은 중국의 이해와 부합하므로, 우리는 현재 중국과 일본 양측의 협공을 받는 어려운 형국에 처해 있다.

메이지유신과 식민사관: 식민사관을 이해하려면 먼저 일본의 개화 상황부터 살펴야 한다. 일본 막부는 미국 페리(Mathew C. Perry) 제독의 압력으로 미일 화친조약(1854)을 맺었고, 기독교 신앙도 허용하였다. 그런데 이 조약이 천황의 허락을 받지 않고 체결되었기 때문에 정한론(征韓論)과 대동아공영론(大東亞共榮論)을 주장한 요시다 쇼인(吉田松陰, 1830–1859)의 쇼카손주쿠(松下村塾)가 배출한 국수주의적인 인물들(西鄕隆盛 · 伊藤博文 등)이 메이지유신(明治維新, 1868)을 일으켜 막부를 무너뜨렸다.

정한론(征韓論)을 내세운 유신개혁파들에게는 만인평등을 주장하는 기독교 교리가 천황을 신격화하려는 그들의 계획에 큰 장애물이 아닐 수 없었다. 그래서 국립 도쿄대학에 진화론 강좌를 개설해(1877) 약육강식 사상으로 엘리트들을 세뇌시켰다. '약육강식이 자연의 선택'이라는 진화 논리를 강대국의 약소국 침략에 대한 정당성 논리로 이용하려 한 것이다. 그 결과 일제는 청일전쟁(1894)과 러일전쟁(1904)에서 승리했고, 한국을 합병하기에 이르렀다(1910).

제국주의의 핵심인 정한론은 도쿄대학 출신의 국학파(國學派)를 중심으로 추진되었다. 조선총독부 산하 조선사편수회의 조선사편수관으로서 만선사관(滿鮮史觀)을 주도했던 이나바 이와키치(稻葉岩吉, 1876-1940)와 시라토리(白鳥庫吉, 1865-1942) 및 이마니시 류(今西龍, 1875-1932), 쓰다 소우키치(津田左右吉)와 그의 스승인 구로이타 카쓰미(黑板勝美, 1874-1946), 조선사편수회 수사관(修史官)이었던 수에마쓰 야스카즈(末松保知, 1904-1992), 칠지도 명문을 해독한 스가 마사모토(菅政友, 1824-1897), 그리고 아유가이 보노신(鮎貝房之進) 등이 대표적인 인물이었다. 이들은 임나일본부설(任那日本府說, 南鮮經論)을 근거로 일본이 고토를 회복해야 한다는 제국주의 이론을 전개하였다.

식민사관의 국내 유입: 이들에게서 배운 국내 주류 사학자의 상당수가 식민사관을 답습했다는 비판을 받고 있다. 재야사학자들이 거론하는 식민사학의 제1세대로는 이병도(李丙燾, 1896-1989)·신석호(申奭鎬, 1904-1981)·이선근·김상기, 제2세대는 김철준·이기백·김원룡·변태섭 등을 든다.

특히 조선사편수회에서 구로이타와 이마니시의 조수역을 했던 이병도는 스승인 쓰다 소우키치(津田左右吉, 1873-1961)와 요시다 도고(吉田東伍, 1864-1918)의 영향을 크게 받았다. 그는 민간학술단체인 진단학회(1934)를 만들어 민족사관을 지향하려 했으나, 결과적으로 식민사관을 답습 내지 확산시켰다는 비판을 받는다. 박성수(한국학중앙연구원)에 따르면(한겨레, 2015. 10. 20) 그는 이마니시와 함께 식민사관의 바이블이라 할 수 있는 〈조선사〉(35권, 일어판, 1922-1938)의 편찬을 주도하였다. 그 결과 고조선을 신화로 만들었고, 삼국의 건국 시기를 5-6세기로 늦추었으며, 한사군의 한반도 설치설을 주장해 반도사관을 고착화하였다.⑴,⑵,⑶ 그러나 중국의 많은 사료들은 우리의 삼국이 중국대륙에서 세워졌으며, 우리 조상들이 만주대륙을 오랫동안 지배했음을 증언한다. 그리고 한사군도 요동 지역에 있었다고 말한다. 그래서 최재석(2011)은 강단사학자들에게 다음과 같은 질문을 던진다.

"백수십 년 전부터 일본 고대사학자 거의 전부가 달라붙어 고대 한국을 일본의 식민지였다고 주장하고 있는데, 여기에 대해(우리 강단사학자들이) 시종 입을 다물고 침묵을 지키고 있는 이유를 설명해 달라. 고대사학자라면 여기에 대해 한마디 정도의 논평은 있어야 하는 것 아닌가?"

〈역경의 행운〉(최재석, 2011)

2. 한민족의 이동 경로

최동(崔棟, 1966) 등에 의하면 우리 조상은 우랄산맥과 천산산맥 아래에 살던 고(古)아시아인이었다. 그곳에서 스텝로(steppe route)와 천산북로를 거쳐 중앙아시아로 이동해 환국(桓國)을 세웠으며, 여기에서 12제후국과 훈족(흉노) 및 몽골 등의 중앙아시아 제 민족이 분파된 것으로 보인다. 언어학적으로 우리는 우랄-알타이어족, 그 중에서도 훈(흉노)·터키(돌궐)·몽골·퉁구스 등과 함께 알타이어족에 속한다. 한민족의 기원에 대해서는 여러 학설이 분분하다.

2.1 아카드·페르시아계 설

최동은 〈조선상고민족사〉(1966)에서 한민족의 원류가 메소포타미아의 고대 문명을 일으킨 셈계 아카드(Akkad)의 일파라 하였다.(4) 메소포타미아에 거주하다가 사르곤 1세(재위 BC 2350-BC 2294)의 침입으로 우랄산맥과 알타이산맥 사이에 있는 두란 평지로 이주했던 고대 아시아인(Duranease)이라는 것이다. 그 중에서 알타이어족(新시베리아족)이 다시 동방으로 이동해 흑룡강과 송하강 유역에 거주하게 되었다는 것이다. 이들에게 밀린 구(舊) 시베리아족(에스키모 등)은 베링해를 건너 아메리카로 이주했는데, 이들이 북미 인디언과 중남미 인디오의 조상이라는 것이다.

김정학(金廷鶴)은 최초의 한반도 정착인은 바이칼호 북쪽(Cis-Baikal 삼림지대)에 살았던 몽골계 구석기인으로, 수렵·어업을 하던 고(古)아시아족(paleoasias)이거나 고(古)시베리아족(paleosiberians)이라고 주장한다. 이들은 중국의 채문토기(彩文土器)와는 다른 빗살무늬토기(幾何文土器, 櫛文土器)를 만들어 사용하였다. 그 후 우랄-알타이계의 청동기 문화를 지닌 신(新) 시베리아족이 고(古) 아시아족을 정복했다는 것이다. 고아시아족이 한반도로 이주한 것은 구석기시대이지만, 신석기 초(BC 4000?-BC 3500?)의 기후 변동으로 신시베리아족이 랴오닝(遼寧)으로 남하해 청동기 문화를 발전시켜, 한반도로 전파했다는 것이다. 사학계에서도 인정하듯이, 랴오닝-한반도-만주 지역은 중국과는 확연히 구분되는 청동기 문화권으로, 비파형 청동검을 매개로 고조선이라는 연맹국가를 형성했다는 것이다.

한편 정형진(2006)은 한민족의 주류인 환웅계 공공족(共工族, 동이족)이 수시아나(페르시아)에서 알타이산맥 남단의 부주산과 돈황의 삼위산을 거쳐 중국의 중원으로 들어왔다고 주장한다(그림 1).[5] 그들이 공공족이라 불린 것은 치수를 담당했기 때문이라 하였다.

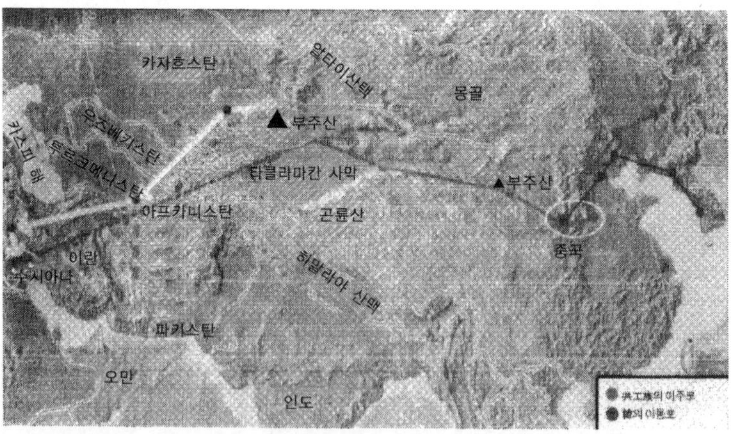

▲ 〈그림 1〉 한민족의 주류(共工族·韓族)의 이동 추정 경로 (정형진, 2006)

그리고 양사오에서 채도문화를 일으켰으나 요임금 말기에 황제에게 밀리어 요서와 베이징 부근(幽陵)으로 이주해, 홍산문화를 일으킨 웅족과 혼혈이 되었다고 말한다. 웅족은 수시아나에서 시베리아의 스텝로(steppe route)를 거쳐 바이칼호 주변에서 요서로 이동한 것으로 추정된다고 하였다. 여기에서 단군시대를 열었고, 후일 한반도로 들어왔다는 것이다. 신채호도 조선족이 파미르고원에서 온 것으로 추정하였다.(6)

2.2 예맥설(濊貊說)

청동기 문화는 요동에서는 예맥족, 요서에서는 동호족(東胡族)이 일으킨 것이다. 지금은 예맥이 요서 지역에서 비파형 동검을 포함한 하가점 상층 문화를 일으켰다는 '요동·요서(遼東遼西) 예맥족설'이 지지를 받는다. 이 시기에 중국 동북 지역에서는 숙신·예맥·동호·산융·조선·발족(發族)이 거주했는데, 예맥(濊貊)이 고조선의 중심 세력이었다. 부여의 선주민은 요동에서 농경생활을 하던 예족(하천족)인 반면, 서쪽에서 들어와 예족과 함께 고구려를 세운 사람들은 말을 타던 맥족(산악족)이었다. 맥족이 만주로 이동한 것은 흉노 모돈(冒頓)의 동호(東胡) 정복에 따른 영향으로 보인다. 중국 문헌에서는 춘추시대 이전의 동이(東夷)를 진한(秦漢) 이후부터 예맥이라 불렀다.

맥은 대수맥(大水貊)과 소수맥(小水貊)이 있었다. 당나라 〈사통〉(史通) 권13 '단한'(斷限)은 "맥족은 원래 북맥(北貊)인데, 하나라 걸왕의 아들 순유(淳維)에서 나왔다"고 하였다. 〈문선〉 '우렵부'는 "북방은 맥이다…… 그 의미는 구맥(九貊), 즉 구이(九夷)이다"고 했고, 〈한서〉 '고제본기'는 "맥은 동북방에 있다. 삼한의 무리도 모두 맥족이다"고 하였다. 신채호는 〈조선상고사〉에서 고대 아시아의 동부 종족은 조선족·우랄어족(흉노)·중국어족(漢族·苗族·猺族)으로 구성되었으며, 조선족이 선비·여진·몽골·퉁구스로, 흉

노가 돌궐 · 헝가리 · 터키 · 핀란드로 분파되었다고 하였다.(6)

2.3 동이설

중국인이 동쪽에 거주하는 사람을 동이(東夷)라 부른 것은 배달국의 제14대 천왕 자오지(蚩尤)가 큰 활을 사용하면서부터였다. 〈설문해자〉는 "夷는 평평함이다. 큰 활을 사용하며, 동방 사람이다"(夷:平也. 从大从弓.東方之人也)고 하였다. 그러나 정형진은 동이가 큰 활(夷-大+弓)을 잘 쏜다는 뜻이 아니라 큰 구렁이를 뜻하는 것으로 해석하고, 뱀을 토템으로 삼은 족속이라 풀이하였다. 그들은 부주산(天山)에서 삼위산을 거쳐 중국 중원의 또 다른 부주산에서 황제의 후손인 전욱과 싸웠으나 패해, 베이징 북부(유릉)로 밀려난 공공족(BC 2600-BC 2400?)이라 하였다. 그곳의 밀운현에는 공공성(共工城)이 있었으나 수몰되어 사라졌다고 한다. 그들은 요서로 이동해 맥족과 혼혈되면서 후기 홍산문화(우하량)를 이루었다는 것이다.

한편 〈사기〉와 〈서경〉은 "(요 · 순이) 공공을 유주로 보내고, 환두를 숭산으로 내치고, 삼묘를 삼위로 내몰아 가두고, 곤은 우산에 가두어 욕보여 네 사람을 벌하니 천하가 다 복종하였다"고 하였다. 그때 공공족은 유릉으로 떠났지만 일부는 그곳에 남아 한국(韓國)을 세웠다는 것이다. 중국의 〈고사변〉(古史辨)*1은 "은은 한족(韓族)과 동족이다"고 했고, 〈후한서〉는 고조선에 의해 하가 은에게 망했다고 하였다.

> "현조는 은나라 사람과 동이의 조상이다…… 동이는 은나라 사람과 동족이며, 그 신화 역시 뿌리가 같다…… 걸왕이 포악함을 일삼자 여러 동이들이 쳐들어왔다."〈古史辨〉

"걸왕이 어지럽자, 견이(犬夷)가 빈(濱)과 기(岐) 사이에 들어와 점거하였다." 〈후한서〉

〈상서〉(尙書, 書經)는 해대(海垈, 山東省)와 강회(江淮)에 거주한 동이족을 우이(嵎夷)·채이(寀夷)·회이(淮夷)·도이(島夷)라 불렀다. 린하이상(林惠祥, 대만대)은 이렇게 말한다.

"동이는 삼대(三代)로부터 춘추시대에 이르러 화하계(華夏系)와 접촉이 빈번하면서 동화(同化)되는 계기가 되었다. 고서에 이르기를 순임금은 동이 사람이라 하였다. 제환공(齊桓公)을 도와 이적(夷狄)을 물리친 관중(管仲)도 래이(萊夷), 즉 동이 사람이다. 지금에 이르러 고증한 바로는 은나라와 상나라는 동이계 나라들이었다. 그 후 진(秦)이 중원을 통일한 후 동이 나라들이 흩어져서 민호(民戶)가 되었다…… 유복림(繆鳳林)이 말하기를 염제와 황제시대에 남쪽에 여(黎)와 묘(苗)가 살았는데…… 정욱왕 이전에는 구려(九黎)라 칭했고, 정욱왕 이후에는 3묘(三苗)라 칭했다."

〈중국민족사〉 제1장 '각계족 약설'

그는 이어 중국 사가 정현(鄭玄)과 위소(韋昭)도 이렇게 말한 것으로 인용하였다.

"삼묘는 구려의 후손들이다. 상고시대에 강한(江漢)의 지역이 다 구려의 영토였다. 려·묘(黎苗)의 세력이 제하(諸夏)와 더불어 가장 강성했다. 치우는 구려의 천자였다…… 삼묘의 성은 강씨(姜氏)였다."

〈중국민족사〉 제5장 '구려삼묘' (九黎三苗)

〈회남자〉를 비롯한 중국 고전들은 동이를 구이(九夷·九族·九粲)라 불렀으며, 〈논어정의〉(論語正義)는 "(동이의) 아홉 종족은 현도, 낙랑, 고려, 만식(滿飾), 부유(鳧臾), 소가(素家), 동도(東屠), 왜인, 천비(天鄙)이다"고 하였다. 〈삼국지〉 '동이전'은 "동이는 부여·고구려·동옥저·파루·예·한·변한·변진·왜(9부족)로 구성되어 있다"고 하였다. 〈해동안홍기〉(海東安弘記)는 "구한(九韓)은 첫째 일본, 둘째 중화, 셋째 오월, 넷째 탁라, 다섯째 응유(鷹遊), 여섯째 말갈, 일곱째 단국(丹國), 여덟째 여진, 아홉째 예맥이다"고 하였다. 한나라는 동방구이(東方九夷)를 퉁구스계(말갈·여진·읍루)·몽골계(동호·거란·선비)·동이계(부여·고구려·삼한·왜)로 구분하였다. 진(秦)의 백성은 대부분 서이(西夷)였다.

이처럼 한국과 일본은 물론, 한족의 대부분이 원래는 이족이었다. 그러나 주나라 때 화하족이 중국의 중심 세력이 되고, 진·한(秦漢)을 거치면서 동이는 산동과 만주 및 한반도로 이동하였다. 〈삼국사기〉는 그 일파가 소호 김천씨의 후손인 신라인이라고 하였다.

> "신라 사람들은 자기들이 소호 금천씨의 후예라 이르는 까닭에 성을 김씨라고 하였다. 김유신의 비석에도 또한 말하기를 헌원의 후예이고 소호의 자손이라 했으며, 남가야의 시조 수로도 신라와 동성이다."
>
> 〈삼국사기〉 '열전'

김성호(2000)는 한민족을 구성하는 초기 씨족은 박씨·한씨·석씨·김씨이며, 한민족의 근간은 소호 금천씨라 하였다.(7)

> "신라시대에 있어서 최초의 박씨족은 가라족이고, 한씨족은 묘족, 석씨족은 오족왜인, 그리고 김씨족은 동이족으로, 한민족을 구성하는 4대 씨족이 모두 망라되었다. 그리고 총 56대 992년의 신라사에서 마지막 김씨족

이 절반이 넘는 37대 565년간을 지배함에 따라 신라는 온조백제가 그러했듯이 김씨를 중심으로 통합된 전형적인 동이족의 국가를 이루었고, 신라가 삼국을 통일함에 따라 오늘날 한민족은 동이어를 사용하는 나라가 되었다."

〈후한서〉 '동이전'에 의하면 진시황이 중국을 통일할 때 초·연·제에서 수만의 동이가 전쟁을 피해 조선반도로 피신했다고 하였다. 그리고 마한(고조선계·아이누)을 비롯해 오족왜인계의 진번·변한·비류백제(진씨), 스키타이계의 진한(김씨신라·해씨고구려·해씨백제), 가라계(김해가락국·구마소)의 모씨왕조(모씨신라·모씨백제·야마타이)를 이루었으며, 비류백제와 구마소가 연합해 야마토를 세웠다고 하였다.(8)

또 다른 설에 의하면, 탁록전투에서 황제에게 패한(BC 2600?) 치우의 구이(九夷) 세력이 제1무리는 북경과 산동으로, 제2무리는 조선반도로, 제3무리는 남만주·대릉하·요동반도로 분산했다고 하였다. 이에 따라 알타이어족이 퉁구스계(만주족), 흉노계(투르크·몽골) 및 동이계(조선족·일본족)로 다시 나뉘었다고 한다.

〈대백일사〉 '삼한관경기'는 노자(老子, 李耳)는 풍이(風夷)인 한건(韓乾)의 아들로, 서평관과 내몽골을 지나 아유타(阿踰佗)에서 백성을 교화했다고 하였다. 풍이는 치우의 후손이다. 중국 정부는 산동의 동이문화를 인정하면서도 산동이 소호의 본고장이라는 사실에 대해서는 침묵한다. 야벳계 화하족과 달리 셈계 동이족은 의자를 사용하지 않는다. 그리고 고대중국의 왕들은 동이족의 태산(泰山, 山東省)에서 상제께 제사를 드려야 공식적인 책봉을 받았다고 한다.(9)

2.4 오씨 후예설

북부여의 해모수, 동부여의 해부루, 고구려의 주몽, 백제 의자왕과 풍(夫餘 豊) 및 교기(翹岐) 등은 해(解)·고(高)·부여(夫餘)·여(余)씨였다. 그런데 이들의 원 조상은 모두 오씨(吳氏)라고 중국 학계는 주장한다. 오족(吳族)은 주나라 왕성인 희씨(姬氏)에서 파생했는데, 오왕 수몽(壽夢)의 아들 오계찰(吳季札)의 후손들이다. 오가 월에게 망하자 그 일부가 양자강 이남에서 송화강 유역으로 북상해 송양왕이 비류국을, 해모수가 북여(北餘, 夫餘, BC 408)를 세웠다는 것이다. 그 후 해모수의 5대손인 해성(解星)의 아들 고운(高雲, 고주몽)이 고구려를, 주몽의 아들 온조가 온조백제를, 해부루의 서손인 우이(優怡)의 아들 비류가 구다라 백제와 왜를 세웠다는 것이다.

2.5 혼합설

이홍규(서울대 의대)는 DNA실험 결과를 토대로 한국인의 유전자형이 주로 시베리아 계통(75%)이며, 25%는 동남아 계통이라 하였다. 이와는 별도로 김욱(인류유전학, 단국대)은 "한국인의 유전자를 분석한 결과, 우리 조상의 주류는 중국 중북부의 황하와 양자강 일대에서 농경문화를 꽃피웠던 민족이었으며, 일부만이 북방의 유목 기마민족에서 유래하였다"고 하였다.(10) 그런가 하면 사학자 김성호(2006)는 우리 민족은 활을 잘 쏘는 동이족, 청동검과 축성술에 능한 한씨족(韓氏族), 항해술과 관개농법을 주관한 오족왜인(吳族倭人), 기마에 능한 스키타이(흉노족)의 혼혈이라 주장하였다.

3. 환씨=삼묘설 및 계왕=동이 시조설

사학자 김성호 등(2008)은 정인보의 말을 인용해, 환씨(桓氏)의 선주민은 북부 서장족인 삼묘(三苗)라 하였다. 그리고 동이의 시조는 우왕이 아닌 계왕이라고 주장하였다.(11) 그의 주장을 요약한다.

① 환인이 처음 등장하는 삼위산(三危山)은 돈황현(감숙성)의 삼위산이다. 환웅이 신시를 개척한 태백산은 삼위산 부근의 진일산맥의 태백산(岐山縣, 山西省, 3,763m)이다.

② 삼위산에 거주한 환씨(桓氏)의 선주민은 북부 서장족인 삼묘(三苗)이다. 〈사기색은〉은 환숙은 한씨(韓氏)의 조상으로 환인·환웅과 같은 환씨이며, 원래 한씨가 아니라고 하였다. 주 성왕(BC 1103)이 환씨의 족장 단군을 한후(韓候)로 삼았고, 그 후손이 한씨(예맥족)이다.

③ 〈후한서〉 권8 '서강전'(西羌傳)에 나오는 "서강은 본래 삼묘에서 비롯하였다"는 구절에 따르면, 북부 서장족(三苗)은 남부 서장족과 뿌리가 같다.

④ 곰-범 설화는 환족 족장 단군이 곰을 숭상한 왕검족을 정복했음을 의미한다. 범을 숭배한 예족(濊族)이 동굴에서 도망한 것은 그들이 쑥을 싫어했기 때문이다.

⑤ 삼황오제를 계승한 동이의 시조는 우왕(禹王)이 아닌 계왕(啓王, BC 2197-2189)이다. 〈사기〉 권2 '하본기 말'은 "우왕은 사씨(姒氏)이며, 하(夏)의 여씨(餘氏)가 아니다"고 했고, 〈산해경〉 권16 '대황서경'은 "푸른 뱀을 귀에 걸고 용을 탄 하후(夏候) 개(開 또는 啓)가 구초가(九招家, 九夷)를 모아 나라를 세웠다"고 하였다. 이는 동이족의 조건(청색, 성수 9, 용 토템)을 갖춘 것이다. 따라서 우리나라의 건국은 단군이 아닌 계왕이 즉위한 기원전 2197년이다. 하 이전의 서씨(徐氏)가 하나라 때에 여씨(餘氏)로 바뀐 것이다. 여(余)

는 여(餘)의 전신이며, 여(余)의 전신은 서씨(徐氏)이다. 〈설문해자〉도 여(余)를 서(徐, 舒)라고 해설하였다. 우리나라 이천 서씨 족보에도 시조 여수기(余守己)가 아홉 아들을 데리고 천하를 다스린 것으로 기술한다. 중국의 고대 왕력을 기록한 〈제왕세기〉에도 "황제 계는 일명 건 또는 여"라 하였다.

⑥ 하(夏) 이전에 활동한 계왕은 서씨(徐氏)이며, 그 조상은 알타이어족인 여수기(余守己)이다. 한 중국학자(衛聚賢)는 "갑골문에는 김(金)자가 없으며, 서(徐)자가 김(金)자이다"고 하였다. 〈설문해자〉는 "쇠(金·鐵)는 세(歲)이며…… 여기에 삼수변을 붙여(나라 이름을) 예(濊)라 했다"고 하였다. 그리고 〈한서〉 권1 '무제기'는 "예는 곧 동이족이다"고 하였다. 서씨족은 그 후 사족 또는 여족(畬=余+田, 장시성·저장성·푸젠성·광둥성), 서족(徐=彳+余, 호이수이 하류·장쑤성 쉬저우), 여족(餘=食+余, 대문하 유역·산둥성 타이산) 등으로 나뉘었다. 이처럼 예족은 동이족으로, 중국의 지리서에 많은 지명(濊河·濊邑·濊水 등)을 남겼다.

⑦ 터키족·몽골족·퉁구스어족은 서로 분화하기 이전에는 모두 알타이 조어(祖語)를 사용하던 같은 동이족이었다.

⑧ 차오양(朝陽)은 숙신(肅愼)의 땅인데, 기자가 망명하자 주 무왕이 그에게 '조선'이라는 국호를 하사하였다. 그러나 숙신(읍루·연해주)은 몽골반점이 없는 백인계이다. 그들의 주류는 랴오닝(僚寧省)으로 이주했지만 일부는 홋카이도의 아이누족(蝦夷, 에비스)이 되었다. 고조선은 아이누가 세운 박국(亳國)이며, 왕검은 그들의 왕호(온감이)였다. 따라서 우리 조상이 세운 한씨 조선(성수 3)과는 다르다.

⑨ 남부 서장족의 후손인 위만조선(성수 8)은 동이와 무관하다. 일본의 〈신찬성씨록〉 첫머리에 나오는 진인(眞人, 마히토)은 진번의 진후(眞候)와 구

다라(百濟)에서 비롯하였다. 따라서 고대일본은 한씨조선인과 위만조선의 유민이 세운 공동 망명 정권이다. 위만의 뿌리는 남부서장의 진씨(眞氏)로, 왕호는 선인(仙人), 성수는 8로, 한국계 동이와는 무관하다.

⑩ 한씨조선은 북부서장의 환씨족으로, 이들의 시조신화는 환인의 손자가 한씨 조상(韓候)임을 보여주는 천손신화로, 왕호는 단군, 성수는 삼묘·삼위산·천부인으로 표방된 3이었다. 참고로 각국의 성씨를 비교하면 다음과 같다(표 1).

▼ 〈표 1〉 한씨조선·위만조선·왜의 씨족 비교(김성호 등, 2008)

	족성(族姓)	성수(聖數)	건국신화(시조)	원뿌리(종족)
한씨조선	한씨(韓氏)	3	천손신화	북부 서장족
위만조선	진씨(眞氏)	8	팔선인화(八仙人話)	남부 서장족
왜(야마토)	마히토(眞人)	8	천손신화	혼혈

⑪ 고조선의 도읍지 아사달의 '아사'(서장어 아상, 일본어 아사, あさ)는 아침(朝)을, '달'(일본어 てる)은 '비추다'는 뜻이므로 아사달은 차오양(朝陽)을 지칭한다. 한무제가 차오양의 위만조선을 제1차 침공(BC 114)한 후에 한사군(漢四郡)을 설치하자 위만은 평양으로 천도했으며, 제2차 침공(BC 109)으로 위만조선이 망하였다. 그러나 〈사기〉는 2차 침공만 기술함으로써 한사군이 처음부터 한반도에 있었던 것처럼 오도하였다.

⑫ 단군신화는 단군이 한후로 봉해진 것을 모티브로 한 한씨족의 천손신화이다. 김부식이 이러한 〈고기〉를 읽고서도 단군과 삼조선을 제거한 것은 그들이 동이족이 아니었기 때문이다.

4. 〈환단고기〉가 말하는 한민족의 기원

4.1 〈환단고기〉는 어떤 책인가?

저자: 우리 고대사를 상술한 이 책은 단학회(檀學會)의 제2대 회장인 계연수(雲樵 桂延壽, 1864–1920)가 묘향산에서 삼성기(상·하), 단군세기, 북부여기, 태백일사를 한데 모은 것이다(1911). 그는 이기(李沂, 1848–1909)의 지도로 이를 완성하였다. 이기는 〈단군세기〉의 저자 이암(李嵒 1363)과 〈태백일사〉를 쓴 이맥(李陌, 조선 중종시대)의 직계 후손이다. 1920년 이유립(李裕岦)은 계연수로부터 〈환단고기〉의 원본을 전수받았으나 유실했고, 기억을 되살려 복원한 것이 한문본 〈환단고기〉(환단학회, 1979)이다(표 2). 1982년에는 고대사학자 가지마(鹿島 昇)가 해제(解題)한 〈桓檀古記〉(新國民社, 東京)가 일어로 출간된 바 있다. 현재 임승국 역주의 〈한단고기〉(1986)와 안경전 역주의 〈환단고기〉(2012)가 널리 읽힌다.

▼ 〈표 2〉 〈환단고기〉의 구성

사서명	삼성기(상)	삼성기(하)	단군세기	북부여기	태백일사
원 편찬자	신라 안함로 (579–640)	고려말 원동중 (?–?)	고려 이암 (1297–1364)	고려 범장 (?–1395)	조선조 이맥 (1455–1528)
원본 소장자	계연수	백관묵	백관묵·이형식	이형식	이기
주요 내용	*환국(3301년) *배달국(1565)	–	고조선 (47대, 2000년)	북부여 (6대, 181년)	*환국·배달국·삼한·고구려·대진국·고려 역사 *천부경·삼일신고
환단고기	*계연수(1911)가 이기의 지도를 받아 5책을 한 권의 〈환단고기〉로 편집(30부) *이유립(1979)이 한문본으로 출간(100부) *역주본: 김은수(가나출판, 1985)·임승국(정신세계사, 1986)·안경전(상생출판, 2012) 등 *가지마 노보루(1982)가 일본어로 번역하고 해제한 〈환단고기〉 출간 *현재 남북한의 강단사학에서는 정서로 인정하지 않음(위서).				

구성: 환·단(환국–단군조선)의 건설에서 고려 말에 이르는 우리 민족의 시원역사와 종교적 이상을 담고 있다. 이에 따르면 우리의 국통(國統)은 환국에서 신시 배달국·단군조선(고조선)·북부여·고구려·대진(발해)·고려로 이어졌다. 우리 민족은 유일신 삼신상제(三神上帝)를 숭배했으나, 사직신앙과 유·불·선이 유입되면서 범신론과 다신 신앙으로 변하였다.

〈삼성기〉: 환국의 환인(1–7세, 3301년)과 신시 배달국의 환웅(1–18세, 1565년)에 대해 소개한다. 〈삼성기〉(상)는 신라 고승 안함로(安含老, 579–640)의 저술인데, 운초 집안에서 간직해 온 소장본이었다 한다. 〈삼성기〉(하)는 원동중(元董仲, ?–?)이 저술한 것으로, 일제치하에서 독립운동을 하던 백삼규(白三圭)의 아들 백관묵(白寬默)이 전수한 것을 정리한 것이다. 〈삼성기〉(상)는 "우리 환족이 세운 나라가 가장 오래되었다"(吾桓建國最古)고 하였고, 〈삼성기〉(하)는 "옛적에 환국이 있었다"(昔有桓國)고 하였다.

〈단군세기〉: 고려 충렬왕 때 문정공을 지낸 이암(李嵒, 杏村, 1297–1364)의 저술로, 서문과 본문으로 구성되며, 47대 단군의 통치역사(BC 2333–BC 238)를 다루었다. 이에 따르면 단군조선은 단군왕검이 중국대륙에 세운 나라였다. 〈삼성기〉와 〈단군세기〉는 백진사(白進士, 寬默)에게서, 〈북부여기〉는 삭주의 이진사(李進士, 亨栻)에게서 자료를 얻었다고 한다.(12)

〈북부여기〉: 고려 말 복애거사(伏崖居士) 범장(范樟, 1335)의 저술로 북부여의 6대 천왕의 역사(BC 239–BC 58)와 동부여에 대해 기술하였다. 북부여기(상·하)와 가섭원부여기로 구성되어 있고, 고구려는 북부여를 계승한 사실을 강조하였다. 원본은 범장이 삭주 사람 이형식의 소장본을 전수받아 저술했다고 한다. 범장은 이명(李茣)과 함께 천보산 태소암(전남)에 머물면서 소전거사로부터 많은 사료를 구했다고 한다.

〈태백일사〉(太白逸史, 8권): 일십당(一十堂) 이맥(李陌, 1455-1528)의 저술로, 삼신오제로부터 고구려·대진(발해)·고려의 역사를 포함한 한민족의 통사(9,000년?)를 기록하였다. 그는 조선조 연산군 때 괴산으로 귀양을 갔을 때 촌로들에게 들은 내용과 해학 이기의 소장본을 참고해, 중종 때 찬수관으로 있을 때(1520) 이를 정리했다고 한다. 삼신오제본기(제1), 환국본기(제2), 신시본기(제3), 삼한관경본기(제4), 천부경(우주론 및 인간론)과 삼일신고(환웅의 교화집)를 포함한 소도경전 본기(제5), 고구려국 본기(제6), 대진국 본기(제7), 고려국 본기(제8), 태백일사발(太白逸史跋) 등으로 구성되어 있다.

4.2 삼신상제 및 환인·환웅·단군의 칭호

삼신상제: 〈환단고기〉의 중심을 이루는 천신(天神)은 조물주인 삼신상제(三神上帝)를 지칭한다. 안경전은 〈환단고기〉의 삼신상제(上帝)·천제(天帝)·천신(天神)·천주(天主), 도교의 옥황상제(玉皇上帝), 도가의 호천상제(昊天上帝) 등이 모두 우리 조상들이 섬기던 하나님이라 하였다.(13) 그러면서도 삼신의 실체를 천·지·인의 합일체로 비인격화한 것은 〈환단고기〉의 참뜻을 오해한 것으로 보인다.(14) 삼신상제는 우주를 창조한 인격신인 반면, 그의 뜻을 받들어 나라를 세운 환인·환웅·단군은 인간으로 구분해야 마땅할 것이다. 그렇지 않으면 신화와 역사가 혼합되어 환인·환웅·단군왕검의 역사성마저 의심을 받게 할 우려가 크다. 그리고 삼신상제의 가르침(神敎)을 강증산(甑山, 姜一淳, 1871-1909)의 가르침(甑山道)과 연계시켜서는 안 될 것이다. 신교(神敎)는 말 그대로 삼신상제의 가르침으로 해석해야 할 것이다.

최동은 환인과 환웅의 명칭에 대해 다음과 같이 해석하였다.(15)

"환인은 승 일연이 동이족의 삼위일체 하나님을 불교식으로 개칭하였다.

환인은 원래 인도신화에서 '하늘의 우두머리 신' 인드라를 의역한 것이다. 발음적으로는 한국 전래의 유일신 하느님을 한님→ 한임→ 한인→ 환인으로 개칭한 듯하다. 환인은 중앙아시아 지역의 천지창조의 신이다. 환웅(桓雄)은 〈삼국유사〉에서는 신웅(神雄), 〈제왕운기〉에서는 단웅(檀雄)이라 불렀다. 따라서 환(桓)의 의미는 단(檀) 및 신(神)과 같다. 그리고 웅(雄)자는 곰 웅(熊)자와 발음이 같으므로 웅(雄)과 웅(熊)은 같은 뜻을 바꾼 다른 글자(同意變字)이다. 따라서 환웅(桓雄)은 환웅(桓熊)으로 음역할 수 있다. 환웅(桓雄)은 '천신의 신령'이라는 뜻이다.

곰(熊)은 검(儉)과 유사음이며, 검(儉)은 신성하다는 뜻이다. 따라서 곰녀(熊女)는 '신성한 여인'을 뜻한다…… 동굴에서 환웅의 명대로 쑥과 마늘을 21일간 먹고 여자가 된 웅녀는 하나님을 믿은 조선족을 상징하며, 난폭한 호랑이는 조선족과 공존하면서도 하나님의 명령을 따르지 않던 여진족·몽골족·에스키모족을 가리킨 듯하다. 이러한 웅녀를 통해 단군왕검이 출생하였다. 단(檀)은 밝, 박달, 배달 등과 같은 의미이다. 군(君)은 임금이라는 뜻이다. 왕검(王儉)은 국왕의 뜻이다. 여기에서 왕(王)자는 임(壬)자가 변형된 것으로 보인다. 따라서 왕검은 임검이 변형된 것이다. 신라에서도 국왕을 님검(尼師今)이라 하였다. 임(壬)자는 주인이나 군왕의 뜻이며, 검(儉)은 신성하다는 의미이다. 따라서 단군임검은 '신성한 단군 임금님'을 뜻한다."

한편 안경전은 환인-환웅-단군이 직계 혈연관계가 아닌 각 왕조(환인국-배달국-단군조선)를 뜻한다고 하였다. 그리고 단군신화의 호랑이와 곰은 호족과 웅족을 뜻하며, 웅족이 환족(桓族)과 연합해 단군조선을 세운 것으로 해석하였다. 따라서 한국의 역사는 환국-배달국(신시)-단군조선-북부여(열국 시대)-고구려(4국 시대: 고구려·백제·신라·가야)-남북국(신라·대진)-고려-조선-대한민국의 순서로 재정리해야 한다는 것이다. 그런데 강단사학자들이 단군조선–기자조선–위만조선–한사군–연맹왕국–삼국시대–통일신라–고려의 순으로 잘못 설정했다고 비판하였다.(16) 이는 우리 고대사를 새롭게 규명하기 위한 사려 깊은 지적으로 보인다.

4.3 환국(桓因國, 桓仁國, 波奈留國, BC 7179?–BC 3897?)

개국: 강단사학에서는 환국을 인정하지 않지만, 재야 사학계는 〈환단고기〉와 〈삼국유사〉 및 중국 고서들을 인용해 환국이 인류 최초의 고대국가라 주장한다.(17),(18) 〈삼국유사〉 정덕임신본(最古板本)의 '석유환국(昔有桓國)'이 다른 판본들에는 '석유환인(昔有桓因)'으로 개작되어 있다. 신채호는 〈조선상고사〉에서 승 일연이 〈삼국유사〉에 인용한 고기(古記)의 '석유환국'을 '석유환인'의 불교식으로 각색했으며, 이를 빌미로 일제(今西 龍)가 환국의 실체를 신화로 만들었다고 비판하였다.

재야사학의 선구자 문정창(文定昌, 1899–1980)은 〈고조선사 연구〉(1969) 등에서 이마니시 류(今西 龍)가 〈삼국유사〉를 번역하는 과정에서 '환국'을 '환인'으로 조작했다고 했는데, 이는 재야 사학계의 일관된 주장이기도 하다.(19) 도쿄제국대학이 발행한 〈삼국유사〉(1904)에도 '석유환국'으로 기술되어 있다. 그러나 이마니시가 조선총독부 산하 조선사편수관으로 재직하면서(1925–1932) 교토제국대학 영인본(1926)을 만들 때 '석유환인'으로 조작해 한·일 양국에 배포하였다. 그 결과 국내 영인본 대부분은 '석유환인'으로 기술하게 되었다고 하였다.

인류의 조상: 〈환단고기〉 '삼성기(하)'는 "인류의 조상을 나반(那般)이라 한다. (그가) 처음 아만(阿曼)과 만난 곳은 아이사타(阿耳斯佗)인데, 꿈에 천신의 가르침을 받아 스스로 혼례를 이루었으니 구환의 무리는 모두 그의 후손이다"고 하였다.(20) 〈환단고기〉 '삼성기(상)'와 〈태백일사〉 '삼신오제 본

기' 는 삼신 하나님이 환인을 동남동녀 800인과 함께 흑수(黑水)의 백산(白山)으로 보냈으며, 그가 다스린 환국(桓國, 남북 5만 리, 동서 2만 리, 波奈留山, 天山)이 세계에서 가장 오래 된 나라라 하였다. 이 나라는 제1대 안파견(安巴堅)으로부터 7대까지 3,301년간 지속하였다. 신이 거주했다는 사백력(斯白力, 斯佗麗阿)은 시베리아(Siberia)와 발음이 유사하다.(21),(22),(23)

> "우리 환족이 세운 나라가 가장 오래 되었다. 한 분의 신이 사백력의 하늘에 계시는데, 홀로 우주의 조화를 부리는 신이시다…… 어느 날 동남동녀 800명을 흑수의 백산에 내려보내시니, 이에 환인이 만백성의 우두머리가 되시어 천계에 계시면서…… 이 나라를 환국이라 하고, 그를 천제 환인이라 불렀다. 또한 안파견이라고 불렀다. 환인은 7대를 전했는데, 그 연대는 알 수가 없다." 〈환단고기〉 '삼성기(상)'

> "옛날에 환인이라는 분이 하늘에서 내려와 천신에게 제사하는 일을 주관하였다…… 상하 차등이 없고, 남녀가 평등하고…… 한 사람도 원한을 품거나 도리에 어긋나는 일을 하는 자가 없었다…… 스스로 환(桓)이라 불렀고, 무리를 다스리는 자를 인(仁)이라 불렀다" 〈환단고기〉 '환국본기'

이처럼 우리 조상은 천손신앙을 가지고 있었다. 환국은 나반과 아만의 후손인 안파견(환인)을 위시한 아홉 형제(九皇)가 다스렸다. 환국은 '광명의 나라' 를 뜻하며, 안파견은 '만인의 아버지' 라는 의미로 창세기의 노아를 지칭한 것으로 보인다. 요(東丹國)를 세운 야율아보기(耶律阿保機, 재위 916-926)의 이름(아보기)도 '아버지' 라는 뜻이다. 〈환단고기〉를 일본어로 번역한 가지마 노보루(鹿島 昇)는 나반은 아담, 아만은 하와, 아이사타는 노아 방주가 정박한 아라랏산으로 해석하였다. 그 후 나반→ 나바이→ 아바이→ 아바→ 아빠로, 아만→ 아마이→ 어마이→ 엄마로 변형된 것으로 추측된다. 지금도 북한에는 하나반(한아범)과 아만(오마니) 등의 사투리가 남아 있다. 그리고 환인이 7대이므로, 일본신화에서도 신대(神代)를 7대로 설정한 것으로 보인다.

종족 및 통치: 환인은 광명이세(光明理世)의 신교(神敎)에 따라 나라를 다스렸다. 환국은 천산을 중심으로 환인의 아홉 형제(九桓族)가 64지역(民族), 12제후국을 다스렸다. 구환은 피부색이 다른 다섯 종족으로 구성되었다. 황색인은 피부가 누렇고 광대뼈가 나왔으며 코가 높지 않고 눈동자는 흑색이었다. 백색인은 백색 피부에 광대뼈가 나오고 코가 높으며, 머리칼은 잿빛이었다. 적색인은 피부가 구릿빛이고 코가 낮고 코끝이 넓으며 곱슬머리였다. 남색인은 갈색 피부를 가진 풍족(風族)으로, 용모는 황색인과 유사하였다.(24) 이는 12제후국의 구성원들이 모든 인종들을 포함하고 있었음을 보여준다. 환인은 또한 오훈(五訓)과 오사(五事)로 나라를 다스렸다. 우가(牛加)는 곡식(主穀), 마가(馬加)는 왕명(主命), 구가(狗加)는 형벌(主刑), 저가(豬加)는 질병(主病), 양가(羊加, 鷄加)는 선악(主善惡)을 주관하였다.

국호 및 12제후국: 신채호는 〈조선상고사〉에서 이렇게 해설하였다.

> "왕성(王姓)을 해(解)라 함은 태양에서 뜻을 취한 것이고, 왕호(王號)를 불구내(不矩內, 불구래)라 함은 태양빛에서 뜻을 취한 것이며, 천국(天國)을 환국(桓國)이라 함은 광명에서 뜻을 취한 것이니, 대개 조선족이 최초에 서방 파미르고원이나 몽골 등지에서 광명의 본원지인 동방으로 찾아나와 불함산(不咸山, 白頭山)을 해와 달이 뜨는 드나드는 곳, 곧 광명신이 머물러 있는 곳으로 알아 그 부근 토지를 '조선'이라 일컬으니, 조선도 광명이라는 뜻이다. 조선은 후에 이두로 조선(朝鮮)이라 썼다."

환국의 중심은 천산산맥과 파미르고원의 동쪽으로 추정된다. 〈태백일사〉는 〈삼성밀기〉(三聖密記, 三聖紀全(上))를 인용해 이렇게 말한다.

> "파내류산(波柰留山) 아래에 환인씨의 나라가 있었다. 천해(天海) 동쪽 땅을 또한 파내류국이라 부르는데, 그 땅의 넓이가 남북으로 5만 리요 동서로 2만 리이다. 이 땅을 모두 합하여 말하면 환국이요, 나누어 말하면 비리국·양운국·구막한국·구다천국·일군국·우루국(비나국)·객현한국·구모액국·매구여국(직구다국)·사납아국·선비이국(시위국 또는 통고사국)·수밀이국이니, 합하면 12나라이다. 천해는 오늘의 북해(北海)이다."
>
> 〈태백일사〉 제2 '환국본기'

알타이-천산-곤륜산맥 사이에 있었던 우루국(虞婁國, 필나국, 비나국)과 수밀이국(須密爾國)이 파미르고원을 넘어 메소포타미아문명과 나일문명 및 인더스문명을 일으킨 것으로 추측된다. 여기서 수밀이는 수메르(Sumer), 우루는 우룩(Uruk, Erek)을 지칭한 것으로 보인다.(25),(26) 오논강(五難河) 아래의 매구여국(賣勾餘國, 稷臼多國)은 독로국(句茶川國)에 패해 금산(金山, 알타이산)으로 밀려났고(흉노족?), 바이칼호 북동쪽에는 월지국(月漬國)과 양운국(養雲國), 대흥안령 북쪽에는 일군국(一羣國)·개마국(蓋馬國, 熊心國), 흑룡강 북쪽에는 비리국(卑離國)·구막한국(寇莫汗國)이 있었다.

2-5만 호로 구성된 일지국, 양운국(養雲國), 일군국(一羣國), 개마국, 비리국 및 구막한국(寇莫汗國)의 일파는 그 후 베링해를 건너 미주대륙으로 이주해, 중남미에서 잉카문명과 아즈텍문명을 이룬 것으로 보인다.(27) 환국 중앙의 쑥과 마늘의 산지에 있었던 구다천국(勾茶川國, 瀆盧國)과 사납아국(斯納阿國), 매구여국(賣勾餘國, 賣勾多國), 객현한국(客賢汗國), 구모액국(勾牟額國), 선비국(鮮稗國, 豕韋國, 通古斯國), 구다한국 및 일군국의 일부는 삼위산과 내몽

골(몽골족) 및 요서로 남하해 홍산문명(요하문명, BC 2400?)을 일으켰고, 일부(반고, 헌원)는 중원으로 진출해 황허문명(BC 2000?)을 일으킨 듯하다.

12제후국 실존 근거: 12제후국이 실제로 있었다는 근거는 다음과 같다.

① 12제후국의 일부(비리국·양운국·구막한국·일군국)는 〈진서〉(晋書) '4이열전'(四夷列傳)에도 나타난다. 그밖에도 〈중국사 고지도집〉(상해출판사)과 〈당서〉 '북적전'(北狄傳)〉에는 우루국이, 〈삼국사기〉에는 구다국(句茶國)과 매구곡(賣溝谷)이 나온다.

② 랴오닝성(遼寧省)의 건평-능원(建平-凌源, 朝陽市)과 동산취촌(東山嘴村, 객좌현, 1979)에서 발굴한 제사용 청동기와 우하량촌(牛河梁村, 1983)에서 발굴한 홍산문화의 유적과 유물(돌무덤·신전·제단·홍옥)은 중국 것과 다른 동이족의 것으로 확인되었다.

③ 천진일보(2000. 7. 3)에 의하면, 최근 러시아 고고학팀이 환국의 첫 도읍지인 서부 티베트에서 세계 최고(最高)의 피라미드를 포함한 피라미드군(100개 이상)을 발견했는데, 모두 고구려의 적석총 형태라고 한다.

④ 미주대륙에서 발굴된 인디언 유적들은 환국의 것과 유사하며, 그들의 언어 구조와 많은 용어가 서로 유사하다. 아메리카 원주민인 아파치(Apache)의 언어는 알래스카어와 뿌리가 같으며, 아파치가 안파견이나 아버지에서 유래했다는 설도 있다. 그들도 어린 아이는 몽골반점을 가진다.

⑤ 손성태(배재대, 스페인어)에 의하면 고대 멕시코의 아즈텍 남자는 상투를 틀었고 여자는 비녀를 꽂았으며, 모두 흰옷을 입었다. 자기 조상이 아스단(Asdan, 하얀 장소)에서 왔다고 하는데, 이는 고조선의 수도 아사달(밝은 땅)을 떠올리게 한다. 아즈텍어와 페루의 잉카어는 문장의 구조나 조사가 한국어와 유사하다.(28)

⑥ 미국항원유전자연구센터(UCLA)에 의하면, 한국인 고유의 항원(抗原)

유전자(HLA: A2 · B62 · C3)를 아메리카 인디언도 가진 것으로 밝혀졌다.

4.4 배달국(倍達國, BC 3897?–BC 2333?)

개국: 〈태백일사〉 제3 '신시본기'와 〈환단고기〉 '삼성기전(하)'에 따르면, 환국의 마지막 환인(7대 지위리)은 인구 증가와 식량부족을 타개하려고 환웅(桓雄, BC 3897?)에게 국통의 증표인 삼부인(三符印), 우사(雨師, 행정관) · 운사(雲師, 사법관) · 풍백(風伯, 입법관)과 삼천의 무리를 주어 동방을 개척하게 하였다.

환웅은 신단수 아래에 신시(神市, holy city)를 개설하고 나라 이름을 배달(밝달, 白達, 밝은 동방 땅, 檀國, 총 1565년?)이라 하였다. 이렇게 하여 환단시대(환국–배달국)가 열렸고, 그 백성을 배달겨레라 불렀다. 배달의 어원에 대해 최남선(1918)은 백산(白山), 안호상(1964)은 한밝산이라 했고, 임승국은 밝은 땅(밝달)이 박달(朴達), 백달(白達), 배달의 어원이라 하였다. 그리고 환웅의 별칭인 거발환(居發桓, 천지인 통칭)은 이두문자로, '대환웅 천왕'이라는 뜻으로 풀이하였다.(29) 따라서 임승국은 단군왕검이 아닌 환웅을 한민족의 국조(國祖)로 삼아야 한다고 주장하였다.(30)

> "(환인이) 환웅에게 천부인 세 개를 주시고 세상에 보내어 다스리게 하셨다. 환웅이 무리 삼천 명을 거느리고 처음으로 태백산 신단수 아래에 내려오니, 이곳을 신시라 한다. 또한 풍백 · 우사 · 운사를 거느리고 농사 · 왕명 · 형벌 · 질병 · 선악을 주관하게 하고, 인간의 360가지 일을 주관해 신교의 진리로 정치와 교화를 베풀어 인간을 널리 이롭게 하니, 이분이 바로 환웅천왕이다. 이때 웅족과 호족(一熊一虎)이 이웃해 살았는데, 신단수에 와서 기도하며 환웅에게 하늘의 계율을 지키는 신시 백성이 되기를 원한다고 간청하였다. 환웅께서 신령한 주문으로 체질을 개선시켜 신명을 통하게 하였다. 또 삼신이 내려주신 물건으로 신령한 삶을 얻게 하니 바로

쑥과 마늘 스무 개였다…… (삼칠일 동안) 웅족은 굶주림과 추위와 고통을 견디며 하늘의 계율을 준수하고 환웅과의 약속을 지켜 건강한 여자의 모습을 얻었으나, 호족은 거짓과 태만으로 하늘의 계율을 어겨 끝내 천업을 함께 이루지 못하였다." 〈태백일사〉 제3 '신시본기'

〈삼국유사〉 제1 '기이'는 환웅이 웅녀와 결혼해 단군왕검을 낳았다고 기술함으로써 배달국과 단군조선의 실체를 신화로 만들었다. 그러나 천관우·윤내현·문정창 등은 곰과 호랑이는 그것을 토템으로 삼은 두 집단이라고 하였다.

"곰과 호랑이는 곰과 호랑이를 수호신으로 받들던 곰 토템족과 호랑이 토템족을 말하며, 환웅이 곰녀와 결혼했다고 하는 것은 하나님을 수호신으로 받들던 환웅족과 곰을 수호신으로 받들던 곰족이 결합했음을 의미한다."(윤내현)

김성일(2008)은 곰족은 아라랏산맥에서부터 쑥과 마늘을 먹으며 시베리아를 건너 만주까지 온 사람들이며, 호랑이족은 유랑의 고통을 견디지 못하고 타림분지와 인도 쪽으로 빠져나간 구스와 야벳족 일파라 하였다. 기원전 2000년경 구스족은 천산산맥과 힌두쿠시산맥 사이를 지나 타림분지로, 야벳족(Arian)은 힌두쿠시를 넘어 인더스 유역으로 들어섰다는 것이다. 그래서 힌두쿠시산맥은 힌두(Hindus, Indus)와 구스(Kush)가 작별한 곳이라고 주장한다.(31)

약사: 〈태백일사〉 제3 '신시본기'에 따르면 환웅은 청구(靑丘)의 땅을 고르게 분배했고(井田法), 신지(神誌, 史官) 혁덕(赫德)에게 녹도문(鹿圖文)을 만들어, 천부경과 삼일신고를 기록하도록 하였다. 함경도 육진과 경남 낭하리의 암벽문자는 녹도문으로 추정된다.(32) 정인보는 낭하리 암각문을 "사

냥하러 이곳에 물을 건너와 기를 꽂다"로 해석한 바 있다.(33), (33-1)

〈태백일사〉 제4 '삼한관경 본기'는 환웅이 비서갑(斐西岬)의 불함산(不咸山, 完達山)에서 제사를 지낼 때 풍백이 천부경을 거울에 새겨 진상했고, 우사가 북을 치며 춤추었으며, 운사가 100명의 칼을 든 무사로 제단을 호위했다고 하였다. 환웅은 웅족의 여왕(초대 王儉)이 비서갑을 세습하게 했고, 홍익인간(弘益人間)의 이념을 실현하려고 삼백오사(三伯五事)*2를 도입하였다.

환웅은 호가(虎加)·우가(牛加)·마가(馬加)·응가(鷹加)·노가(鷺加)의 짐승 이름을 관직명에 사용하였다. 백성이 육축을 많이 길렀기 때문인데, 이 제도는 단군조선과 북부여로 이어졌다. 환웅은 우사(王錦)에게는 집짓기와 육축을 가르치게 했고, 운사(陸若飛)에게는 혼인법을, 풍백(釋提羅)에게는 질병을 다스리게 하였다. 치우에게는 무기를 만들고 군사의 조련을 했으며, 고시(高矢)에게는 농사와 목축 및 불과 연장을 만드는 법을 알려주도록 하였다. 농촌에서 식사 전에 음식을 산이나 들에 뿌리며 '고시례'(高矢禮)라 외치는 풍습은 고시에게 감사를 표시하는 풍습이 되었다.(34)

제5대 천황 태우의의 막내왕자 태호 복희(太昊, 伏犧·伏羲, BC 3,528?–BC 3,413?)는 동양철학과 문명의 기초를 놓았다. 그는 제6대 환웅 다의발로 추정되며, 〈사기〉에 동이족으로 나온다. 홍수에서 생존했으며, 그의 이름은 홍수 후에 하나님께 엎드려 희생제사를 드렸음을 암시한다. 여와(女媧)와 더불어 인두사신(人頭蛇身)의 모습으로 그려지는데(그림 2), 그림 속의 컴퍼

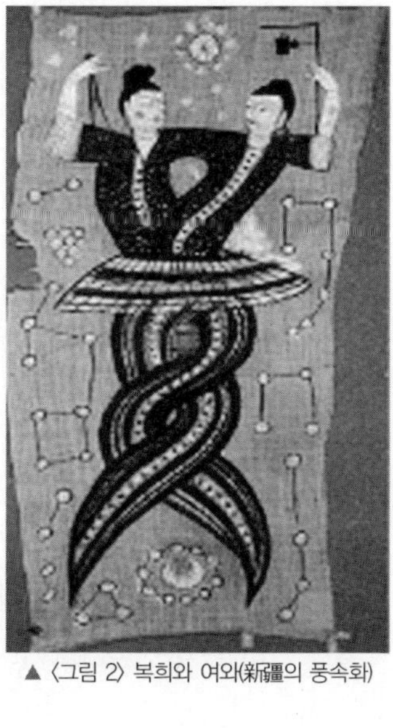

▲ 〈그림 2〉 복희와 여와(新疆의 풍속화)

스와 자는 그들이 방주를 만들 때 사용한 설계도구일 가능성이 크다. 그는 용서(龍書)를 만들고, 음양오행의 원리를 담은 하도(河圖)를 창안하였다. 그리고 시공의 변화를 설명한 팔괘(八卦)와 해시계(圭表)를 만들고, 24절후를 설정하였다. 그는 우사에게 자기 직책을 물려준 후 서쪽으로 나아가 수인(燧人氏)·유소(有巢)와 함께 나라를 세웠다. 그 후손은 풍산에 살면서 풍씨(風氏)로 성을 삼았다.

제8대 안부련 환웅 때(BC 3200?) 태어난 신농(神農)은 소전(少典)의 아들로, 우두인신(牛頭人身)의 모습으로 나타난다. 강수(姜水, 섬서성)에서 태어나 성을 강씨(姜氏)로 삼았고, 이름은 열산(또는 여산)이라 불렀다. 소전은 소호(少皞)와 함께 고시(高矢)의 방계 자손이었다. 그는 최초로 농기구와 의약품을 만들었으며 〈신농본초경〉(神農本草經)을 남겼다. 남방(주작 상징, 붉은 해)에서 불을 발견해 염제(炎帝)로 불린다. 재위 43년에 헌원과 탁록(하북성)에서 싸워 패했으나 외가인 치우가 헌원을 무찔러 헌원은 황제에 오르지 못했고, 황제의 아들 소호(少顥) 금천씨가 신농의 뒤를 이어 황제에 올랐다고 한다. 그러나 그는 후에 황제와 다시 연합해 치우를 물리치고 화하족(華夏族)의 주류를 형성하였다. 그가 세운 신농국(列山, 西安)은 제8대 유망(愉罔)까지 530년간 이어졌다. 주의 시조인 후직의 어머니 강원(姜嫄)과 제나라를 세운 강태공(姜太公)이 그의 후손이다. 제10대 갈고 환웅은 염제 신농국과의 경계선을 확정하였다.

전쟁의 신으로 추앙받는 제14대 자오지(치우, BC 2700?)는 동이·삼묘·만주족·일본족의 공통조상으로 알려져 있다. 그는 소도(蘇塗)를 세워 삼신상제에게 제사했고, 구환족(구려족)이 하나님을 섬기도록 하였다. 안으로는 화백제도(和白制度)를 만들어 백성의 뜻이 정치에 반영되도록 했으며, 밖으로는 철제무기와 화공으로 염제 신농(神農)을 정벌했고, 중원의 황제 유망(염제 후손)의 도읍지(空桑)를 공략해 구혼(九渾)에서 승리하였다. 이때 유망과 그를 돕던 소호(少昊)는 탁록을 거쳐 서쪽으로 도주했다고 한다. 당시 상황은 탁록 북쪽에는 대요(大橈), 서쪽에는 헌원, 동쪽에는 창힐이 대립하였다.[35] 공상의 함락 소식을 들은 헌원(軒丘, 軒轅, BC 2692?-BC 2592?)이 군사를 일으켜 자오지에게 도전했으나 10년간 70번의 탁록전투(산서성 대동부, BC 2707?)에서 패했고, 자오지에게 조공했다고 한다. 자오지는 기주(冀州)·연주(兗州)·회수(淮水)·태산(泰山)·산동·북경·낙양을 차지하였다. 서경보는 치우국이 서장(티베트)에서 800년간 존속했다고 주장한 바 있다.

〈태백일사〉 '마한세가(상)' 및 갈홍의 〈포박자〉에 의하면 곰족에서 분파한 소전(少典)의 아들이 신농(神農)이고, 소전에서 다시 갈려나간 헌원은 창힐, 대요와 함께 자부선생의 〈삼황내문〉(三皇內文)을 함께 배운 동이족이었다. 한편 중국의 〈사기〉 '오제본기' 제1편은 헌원이 탁록에서 치우(자오지)를 토벌했다고 하였다. 이는 치우의 장군 치우비(蚩尤飛)가 전사한 내용을 기술한 것으로 보인다.

〈규원사화〉 '태사기'에 의하면, 승전 후 헌원이 지남차(指南車)를 만들어 싸움을 거니 자오지는 하늘을 우러러 탄식하면서 살상을 피하려고 수도를 청구(靑丘, 대릉하)로 옮기고, 동이·구려·묘족의 왕으로 등극했다고 한다. 청구국은 고대 조선의 서방 진초국인 산동성 대릉하 연안과 변한 지역(대흥안령-遼水)을 포함하며, 시우국(司幽國, 東大國)이라 불리었다. 당시 청구를 다스리던 왕씨는 흑치(黑齒)였다. 중국어로 흑(黑)은 해(Hai, Hei)로, 치(齒)는 씨(sshi)로 발음하므로 결국 해씨로 음사(音寫)가 된다. 헌원은 자오지가 청구로 이동하자 유망을 대신해 중원의 황제(黃帝)에 올랐다. 그 후 자오지는 헌원의 손자 고양(顓頊 高陽)의 반란을 진압하였다. 이 시기에 북만주에 거주하던 삼묘(三苗)는 후난성(湖南省)과 구이저우성(貴州省)으로 이주하였다. 그들은 요임금의 아우 단주(丹朱)의 복위를 꾀하다가 남중국으로 쫓겨간 것으로 보인다.

탁록전투 이후 중국 사가들은 화하(華夏)와 동이를 구분하기 시작하였다. 특히 주나라는 존화양이(尊華攘夷) 사상을 고취하려고 다른 족속들을 구이팔만(九夷八蠻)*3으로 비하하였다. 〈후한서〉 '동이열전'(東夷列傳)에 의하면 구이(九夷)는 동이에 대한 총칭으로, 고시·신지·자오지의 후손들이 가장 번성해 구이(구환족)의 주축을 이루었다.

이 시기에 중국인의 선조인 반고(班固)가 서쪽에서 일단의 무리를 이끌고 삼위산(三危山)으로 이동했고, 고시 후손(신농족)은 동남쪽으로, 신지 후손은 동북쪽으로, 자오지 후손(복희-여와족)은 서남쪽으로 각각 이주하였다. 고시의 방계 혈통은 소전·신농·헌원·고신·고양·요·순·하와 주의 왕씨 성이며, 자오지의 방계 혈통은 태우의 한웅·복희·자오지·강태공 등으로 이어졌다.

중국 정부는 1970년대까지는 헌원을, 1980년대부터는 헌원과 염제(炎帝 神農)를 개국 조상으로 모셨다. 그러나 중국에 치우의 유적이 너무 많으므로 1990년대부터 염·황·치를 섬기는 삼조당(三朝堂, 탁록)을 세워, 한족(漢族)이 다민족으로 구성된 중화족(中華族)임을 강조한다.

홍산문명: 동아시아로 이주한 셈의 후예들은 홍산, 양사오, 룽산, 황허 등의 다양한 문명을 개척하였다. 특히 홍산문명(紅山文明, BC 3500?-BC 3000?)은 전형적인 동이 문명으로, 양사오·룽산문명보다 1,000여 년을 앞선다. 우란하다(烏蘭哈達, 내몽골)로 불리는 홍산(紅山)은 철광석이 많은 붉은 바위산이다. 일본의 고고학자 도리이(鳥居龍藏, 1906)가 이곳 신전 터와 적석총에서 동이문화인 여신상, 곡옥(曲玉, 勾玉), 빗살무늬 토기(三足甕器),

채도(彩陶), 전방후원형 제단과 분묘를 발굴하였다. 학계에서는 1955년부터 이 문물을 홍산문화라 불렀다.

박문원(한국홍산문화학술원)은 "홍산문화는 환웅이 환국 수도를 홍산으로 천도하고 일으킨 배달국의 문명이다"고 하였다.(36) 이정훈은 홍산에서 꽃피운 홍산문화와 청동기의 하가점하층 문화(夏家店下層文化, BC 2200?)가 동이문화의 원류라 하였다.(37) 홍산문화의 영향을 받은 언어가 몽골어, 돌궐어, 만주어, 거란어, 한국어, 일본어 등의 동이계 알타이어이다. 따라서 알타이어를 홍산어로, 알타이어족을 홍산어족으로 고치자고, 이성규(단국대)는 주장한다. 기원전 1300년경 기온이 하강하자, 이들은 따뜻한 발해만 연안으로 내려와 링허문명(凌河文明, 夏家店上層文化)을 일으켰다. 1982년에는 뉴허량(牛河梁, 요녕성)에서도 위와 유사한 유물들이 다량으로 발굴되었다. 이에 따라 중국은 최근 황허문명의 원류가 요서문명이라고 기존 입장을 바꾸었다.

4.5 단군조선(고조선, BC 2333-BC 238?, BC 194?)

개국: 원래 이름은 조선이지만, 후대의 조선과 구분하기 위해 고조선(단군조선)이라 부른다. 〈환단고기〉 '단군세기'와 〈태백일사〉 제3 '신시본기'에 의하면, 제18세 거불단 환웅(桓雄, 檀雄, BC 2357)은 웅족 공주와 결혼해 단군임금(檀君王儉)을 낳았다. 웅씨(熊氏)의 왕은 사위인 단군왕검(14세)을 웅족이 다스리던 대읍국(大邑國)의 비왕(裨王, BC 2357-2333)으로 천거해 24년간 다스리게 하였다.

단군왕검은 웅족의 최강국인 단국(檀國)의 왕이 되어 구환(九桓)을 통일하였다. 그리고 아사달(阿斯達, 白악山, 弓忽山)에 신시(神市)를 세우고 조선(朝鮮, BC 2333)이라 칭했으며, 송화강(斐西岬) 하백(河伯)의 딸을 황후로 맞았다. 아사달은 하얼빈의 완달산(完達山)으로, 옛날에는 우수대(非斯岬)라 불렀다.[38] 단군조선은 총 47대 단군이 2628년간 이어갔다. 우리 국사 교과서는 2007년부터 단군조선을 실존한 나라로 기술한다.

> "제13세 사와라 환웅 초기에 웅족 여왕의 후예를 여(黎)라 했는데, 처음으로 단허(檀墟)에 봉해져 왕검이 되었다…… 460년 후 신인(神人) 왕검이 출현해 백성에게 크게 신망을 얻어 비왕이 되어 24년간 섭정하였다. 웅씨왕이 전사하자 왕검이 그 자리를 계승해 구환을 통일했으니, 이분이 단군왕검이다…… 삼한으로 영토를 나누어 다스릴 때 진한(辰韓)은 천왕이 직접 통치하였다. 도읍을 아사달에 세우고 나라를 열어 조선이라 하시니, 이분이 곧 1세 단군이다. 아사달은 삼신께 제사를 드리는 곳으로, 후세 사람들이 왕검성이라 불렀다." 〈태백일사〉 제4 '삼한관경 본기'

〈삼국유사〉(1260) '제1 기이(紀異)'는 〈위서〉(魏書)를 인용해, "지금부터 2천년 전에 단군왕검이 아사달에 도읍을 정하고 나라를 세워 조선이라 하니, 중국의 요임금과 같은 시대이다"고 하였다. 그러나 중국의 〈죽서기년〉(竹書紀年) '주 성왕조'(BC 1103)는 주의 제2대 성왕이 환씨 족장 단군을 한후(韓侯)로 봉했고, 예와 맥을 다스리게 했다고 하였다. 이때부터 환씨가 한씨로 불렸다고 하였다.

국호(肅愼說): 단군왕검은 아사달에 도읍하고 국호를 조선(朝鮮)이라 하였다. 〈제왕운기〉(1297)와 〈고려사〉(1395) 및 중국 사서(사기 · 한서 · 삼국지 · 산해경 · 관자)의 내용을 종합하면, 고조선(前조선)을 기자조선(後조선)이 승계했으며, 두 왕조를 합해 태고조선 또는 삼조선(진조선 · 번조선 · 막조선)이라 부르기도 한다. 정도전은 〈조선경국전〉(朝鮮徑國典, 1394)에서 기자조선을 계승한다는 의미로 나라 이름을 '조선'이라 지었고, "조선이라 일컫는 이가 셋

있으니, 단군·기자·위만이 바로 그들이다"고 하였다. 이승휴도 〈제왕운기〉에서 단군조선을 삼조선(단군·기자·위만)으로 인식하였다. 그러나 신채호는 기자조선과 위만조선을 부인하고, 고조선이 진조선·막조선·번조선으로 구성되었다고 하였다.

> "여태까지 각 역사책에 삼조선의 분립이 빠졌을 뿐 아니라 삼조선이라는 명사까지도 단군·기자·위만의 세 왕조라고 억지 해석을 하였다. 삼조선은 신·불·말 삼한을 말한 것이니 신한은 대왕(大王)이요, 불한과 말한은 부왕(副王)이다. 삼한이 삼경(三京)에 나뉘어 있어 조선을 통치하였다…… 삼한은 이두문으로 진(眞)·막(莫)·번(番) 삼조선이라 기록된 것이다…… 〈사기〉 '조선열전'에 진막조선(眞莫朝鮮)이라 한 것은 신·말 두 조선을 함께 말한 것이고, 주(註)에 번(番)은 달리 막(莫)으로도 쓴다고 했는데, 번을 막자로 대신하면 진막조선이 된다. 진막조선은 신·말 두 조선을 말함이니, 진·막·번조선 그대로 써서 신·말·불 삼조선을 다 말하지 않고 막자를 빼어버려 진번조선이라 하거나, 번자를 빼어버리고 진막조선이라 기록한 것은 무슨 까닭일까? 이는 중국인이 외국의 인명과 지명의 명사를 쓸 때 늘 문예의 평순(平順)을 위해 축자(縮字)를 쓰는 버릇으로 그렇게 한 것이다. 〈목천자전〉(穆天子傳)의 한(韓)은 신한을 가리킴이요, 〈관자〉(管子)의 발조선(發朝鮮)과 〈대대례〉(大戴禮)의 빌식신(發息愼)은 불조선을 가리킨 것이요, 오직 말조선은 중국과 멀리 떨어져 있으므로 〈사서〉 이외에는 다른 책에 보이는 것이 없다."
>
> 〈조선상고사〉 제1장 '삼조선 총론'(신채호)

한편 최동은 기자(奇字)의 어원이 주몽신화에 나오는 금와(金蛙)와 같다고 하였다. 기자는 태양자(太陽子, 金解阿只)의 약자이며, 조선왕에 대한 존칭으로 왕검의 별칭이라는 것이다. 즉 신성한(金) 와자(蛙子, 阿只)를 합해 금와(金蛙)인 기자(奇字)로 바꾼 것으로 풀이하였다. 그리고 기자(胥餘)는 기(箕) 땅에 봉해져 자(子)라는 작위를 받아서 기자(奇字)로 불렸다고 하였다. 천관우·윤내현 등은 기자의 동래설을 수용했으나, 기자를 고조선의 변방세력으로 해석하였다. 강단사학에서는 고대 조선을 고조선과 기자조선으로 나눈다. 조선의 명칭과 관련한 주요 주장을 종합하면 다음과 같다.

(1) 말갈-숙신설

〈후한서〉는 말갈을 물길이라 했고, 〈지장도〉(指掌圖)는 읍루와 물길을 합해 숙진(肅眞)이라 불렀다. 〈사기〉 '조선열전' 은 "조선에는 습수(濕水)·열수(洌水)·선수(汕水)의 세 강이 있고, 이 강들이 합해 열수(洌水)가 되는데 낙랑과 조선이라는 이름은 이 강들의 이름에서 따온 것 같다"고 하였다. 〈만주원류고〉(1777)는 '조선과 숙신은 같은 나라' 라고 하였다. 중국의 왕건균(1985)은 "숙신은 여진의 원조로, 양한(兩漢) 때에는 읍루(挹婁), 남북조 때에는 물길(勿吉)로 불렸다"고 하였다.[39] 조선은 숙신(肅愼·지우신), 직신(稷愼), 주신(珠申), 여진(女眞, 뉴신)이라 하였다.

〈조선상고사〉(1931 신채호)와 〈조선사 연구〉(정인보, 1947)는 조선의 어원은 이 발음이 유사한 만주어로서 소속 관경(觀境)을 가리키는 주신(珠申)에서 왔다고 하였다. 안재홍은 하느님이 우리에게 살도록 '주신' 땅이라 했고, 임승국은 주신을 '온누리' 로 해석하면서 고조선의 옛 명칭이라 하였다. 〈산해경〉에 나오는 대흥안령 동쪽의 시웃왕국(司幽王國)인 동대진국(東大辰國, 시우진국)의 '시우진' 이 후일 숙신과 여진 등으로 전음되었다는 주장도 있다.

그러나 숙신설에 대한 반론도 많다. 〈신증 동국여지승람〉(이행 등, 1530)은 "동쪽 끝에 있어 해 뜨는 지역이므로 조선이라 불렀다"고 했고, 〈동사강목〉(안정복, 1778)은 "선비의 동쪽에 있으므로 조선이라 불렀다"고 하였다. 노나라의 〈좌전〉 '소왕 9년조'(BC 533)는 "숙신족인 박국(亳國)은 우리 북쪽의 땅이다…… 박은 '털 박' 이므로 숙신족은 털이 많은 아이누와 비슷한 사람들로 추정된다"고 하였다. 박족은 연해주와 홋카이도로 건너갔다. 한국인과 일본인은 90% 이상이 몽골반점을 가지고 있지만 숙신과 아이누(에비스족)는 거의 없다.

한편 신용하는 고조선의 국가 형성을 주도한 한족(韓族)이 맥(貊)의 왕비와 혼인하고, 예(濊)를 제후국으로 세 부족이 결합해 동아시아 최초 국가인 고조선을 세웠다고 하였다.[40]

(2) 기자조선설

은의 멸망과 더불어 왕족인 기자(奇字)가 삼천 명을 거느리고 환허의 고죽국(孤竹國)을 거쳐 산동으로 이주하였다.[41] 〈사기〉에 의하면 고죽국(孤竹國, BC 1766)은 창려(昌黎, 천진-산해관)에 근거지를 둔 동이계(貊族) 나라로, 은의 첫 제후국이었다. 왕족은 바씨(墨氏)인데, '바'는 맥(貊, 모)에서 유래한 것으로 보인다. 〈흠정성경통지〉(欽定盛京通志) 권10 '봉천부조'는 "영주(朝陽)는 상·주 때에는 숙신의 땅으로, 그곳으로 망명한 기자(BC 1122)를 주 무왕이 조선왕으로 봉했다"고 하였다. 〈삼국유사〉 제2 '기이편 고조선조'는 "주 무왕이 왕위에 오른 기묘년에 기자를 조선에 봉하니, 단군은 이에 장당경으로 옮아갔다"고 하여 단군조선과 기자조선을 함께 고조선으로 인식했고, 위만조선과 더불어 두 조선 체제로 이해하였다

(3) 한씨조선설

한씨조선은 중국 사료에만 전하며, 국내에서는 이병도가 처음 거론하였다.[42] 중국의 〈독사방여기요〉는 차오양(朝陽)의 낙랑성이 한씨조선이라 했고, 〈위략〉은 "주가 쇠하자 연후(北京)가 스스로 왕이라 자처하며 조선(朝陽)을 치려 하자 조선도 왕을 자칭하고서 주를 섬기는 연을 치려하다가 조선의 대부(大夫) 례(禮)의 중재로 연과 화해하였다…… 연장(燕將) 진개(燕將 秦

開)가 조선의 서쪽을 쳐서 이천 리를 빼앗고 만번한현(滿藩汗縣)을 경계로 삼으니, 조선은 드디어 약해졌다"고 하였다. 이때 한씨조선은 랴오닝 지역을 빼앗겼고, 차오양에서 졸본천(혼강, 桓仁)의 환인(桓因)으로 이주했다는 것이다. 김성호 등은 장당경으로 쫓긴 숙신족이 영주로 되돌아와 조선인 행세를 했으나, 한후(韓候)가 다시 그곳을 점거해 한씨조선을 자처하면서 옛 조선을 고조선이라 불렀을 것으로 추측하였다. 그리고 환인과 환도성의 명칭은 한씨족의 뿌리인 환(桓)에서 유래했다고 하였다.(43)

〈사기〉 권130에 의하면, 진시황이 연의 태자 단(旦)을 요동까지 추격했으므로 한씨조선은 집안의 환도성으로 천도했다(BC 222)고 하였다. 그 후 진시황이 만리장성을 건설하자(BC 214), 단군조선의 부왕(否王)은 표면적으로 진에 복종했으며, 그 뒤를 이은 준왕 때에는 항우와 유방이 싸우면서 수많은 진의 유민이 고조선으로 들어왔다. 항우에게 승전한 유방(BC 206)은 고조선과 패수를 경계로 삼았다. 〈잠부론(潛夫論)〉 권35 '기씨 성조'는 "한후(韓氏朝鮮)는 연 가까이 있었고, 한서로 갔다가 위만에게 정벌되어 바다로 갔다"고 하였다.

(4) 위만조선설(BC 194-BC 108)

위만에 대해 최남선이나 중국 사서들은 연인(燕人), 이병도 등은 조선인, 김성호 등은 남부 서장인(오족왜인)이라 하였다. 진번(碣石山, 河北省)에 거주하던 위만은 환도성의 준왕을 물리치고 위만조선을 세웠다(BC 195). 그런데 사학자 최남선은 위만이 나라를 도적질했다고 하였다. 중국의 〈삼국지〉는 그 건국 과정을 이렇게 설명한다.

"한나라 때 노관(盧綰)을 연왕으로 삼으니 조선과 연은 패수를 경계로 삼았다. 노관이 배신하고 흉노로 도망하자 연나라 사람 위만도 망명해 오랑캐

복장을 하고 동쪽 패수를 건너 준(準)에게 항복하였다. (위만은) 서쪽 변방에 거주하도록 해주면 중국의 망명자를 거두어 조선의 번병(藩屛)이 되겠다고 준을 설득하였다. 준은 그를 믿고 사랑하여 박사에 임명하고 규(圭)를 하사하며, 백리의 땅을 봉해 서쪽 변경을 지키게 하였다. 위만이 망명자들을 유인해 그 무리가 점점 많아지자 사람을 준왕에게 파견하여 속여 말했다. '한나라 군대가 열 군데로 쳐들어오니 왕궁에 들어가 숙위(宿衛)하시기 바랍니다.' 위만이 돌아서서 준왕을 공격하였다. 준왕이 위만과 싸웠으나 상대가 되지 못하였다. (준왕은) 근신과 궁인을 거느리고 바다를 건너 한(韓)의 지역에 거주하면서 스스로 한왕(韓王)이라 칭하였다."

〈삼국지〉 '위지 동이전 한조'

〈후한서〉는 한-위만조선의 전쟁에 대해 다음과 같이 소개한다.

"위만조선은 진번과 임둔을 복속시켜 영토가 사방 수천 리에 달하였다. 그러나 남려가 28만을 거느리고 요동으로 이주했고, 조선상 역계경도 2천 호를 이끌고 진국으로 망명하자 한무제는 섭하(涉何)를 보내 조선의 비왕을 살해하고 섭하를 요동 동부도위로 임명하였다. 우거는 패수를 건너가 섭하를 죽였다. 이에 한무제는 죄수들로 구성된 수륙 양군 57,000명으로 위만조선을 침공(BC 114)하였으나 패하였다. 위만조선은 즙안에서 평양으로 천도하였다. 무제는 제남태수 공손수 등을 보내 다시 공격했으나 패하였다." 〈후한서〉 '동이열전 한조'

기원전 109년, 한의 누선장군 양복(楊僕)이 7천의 군사를 이끌고 황해를 건너 왕검성을 공략했으나 우거에게 패했고, 좌장군 순체(荀彘)의 5만 군사도 패수에서 패하였다. 양복과 순체가 조선에 대한 공격 문제로 대립하자 무제는 제남태수 공손수(公孫遂)에게 지휘권을 주었다. 그는 양복이 조선과 내통한다는 순체의 말을 듣고 양복을 체포하였다. 이에 분노한 무제는 공손수를 처형하였다. 조선군은 무제의 재침을 잘 방어하였다.

전쟁이 계속되자 조선에서는 조선상(朝鮮相, 路人) 니계상(尼谿相, 參), 장군 왕겹(王唊) 및 한음(韓陰)이 한나라와 강화하자고 주장하였다. 니계상 참은 결국 우거왕을 살해하였다. 니계상은 한나라에 항복하려 했으나 성기(成己)의 반대로 실패하였다. 그러나 한의 순체는 우거의 아들 장항(長降)과 노인(路人)의 아들 최(最)를 회유해 성기를 살해하고, 위만조선을 멸망시켰다(BC 108). 이처럼 위만조선이나 고조선의 수도는 요동의 서쪽에 있었다. 한반도에서는 한사군의 유물이 발굴되지 않으며, 오직 후한(後漢) 이후의 유물만 나올 뿐이다.(44)

위만조선은 한무제의 제1차 침공(BC 114)으로 집안에서 평양(대동강변)으로 천도했고, 2차 침공(BC 109)으로 멸망했으나, 〈사기〉 '조선열전'은 한의 제2차 침공만 기술함으로써 평양이 처음부터 한반도에 있었던 것처럼 오도하였다. 더 나아가 〈구당서〉 권63 '배구전(裵矩傳)'은 한사군이 한반도에 있었던 것처럼 기술함으로써 기자가 마치 한반도로 망명한 것처럼 조작하였다. 그러나 고조선의 국통은 이처럼 한씨조선과 한반도의 마한을 거쳐 백제로 이어진 것이다.(45) 〈사기〉 '조선열전'에 따르면, 한무제는 위만을 정복한 후 단군조선의 대신들에게 발해만을 다스리게 했지만 유민들은 북부여·만주·한반도 등지로 분산되었다.

> "조선의 유민들은 70여 국으로 나뉘어 있으며, 영토가 모두 사방 100리나 된다." 〈통전〉

> "서한이 조선의 옛 땅에 최초 4군을 두었다가 뒤에는 두 곳의 오부에 두

었다. 법령이 점차 번거로워지자 78국으로 나뉘었는데, 각각 1만 호였다."

〈후한서〉

영역: 이덕일 등에 의하면, 고조선의 영토는 북쪽은 흑룡강에서 하바로프스크를 지나 사할린 부근까지, 동쪽은 사할린 부근에서 블라디보스토크를 지나 한반도까지, 남쪽은 한반도와 제주도, 요동반도와 산해관 부근의 진황도 및 남중국까지, 서쪽은 갈석산(碣石山)에서 롼허(灤河)와 오늘의 내몽골 자치구와 호륜호(呼倫湖)를 지나 아르군강(Argun River)에 이르렀다.(46) 〈태백일사〉 제3 '신시본기', 〈세종실록 지리지〉 '평안도 평양부'에 의하면 단군조선은 삼한(三韓, 남삼한) · 시라(尸羅, 길림의 신라) · 고리(高離, 고구려) · 고례(高禮, 고구려) · 예(濊) · 맥(貊) · 남옥저(요동) · 북옥저(서간도) · 동부여(하얼빈, 통화현) · 북부여(長春) · 조선 등을 다스렸다.

한편 중국 사료(사기 · 삼국지 · 회남자 등)는 고조선의 강역으로 한반도를 비롯해 만주 · 하북성 · 하남성 · 산동성 · 강소성 · 안휘성 · 절강성 · 산서성 등을 포함시켰다. 〈한서 지리지〉는 전한 초(BC 200)에 "중국의 중심지는 산시성(陝西省) · 후난성(湖南省) · 산시성(山西省)이었고, 남부에는 삼묘(三苗)가 있다"고 했고, 〈후한서〉 '동이열전 예조'는 "예와 옥저, 고구려는 원래 모두 옛 조선의 땅이다"고 하였다. 〈삼국지〉 '위서 동이전 한조'는 조선의 서쪽 국경이 연나라 때처럼 요동이었음을 암시하며, 따라서 연과 전쟁이 많았다.

중국과 고조선의 경계는 전국시대(BC 500-BC 221)에서 서한시대(22-220)까지 700년은 롼허(灤河)와 갈석산이었다. 이는 고조선이 오늘의 흑룡강성 · 길림성 · 요령성 · 내몽골 자치주를 다스렸음을 의미한다. 중국의 동이학자 이경제는 동이족이 하북 · 산동 · 산서 지방에 거주했다고 했고, 러시아의 사학자 유엠 부친은 고조선의 서남은 난하, 서북은 시라무렌강(내몽골)이라 하였다. 이러한 단군조선의 영역은 단군조선 고유의 비파형 동검, 청동과(靑銅戈), 다뉴세문경(多紐細文鏡) 및 고인돌의 분포로도 확인된다.

통치: 〈태백일사〉 제4 '삼한관경본기'에 따르면, 단군왕검은 심신 신앙에 따라 우하량(牛河梁)을 중심으로 전국(5加 64族)을 진한(眞韓, 송화강 아사달, 소밀랑), 번한(番韓, 발해만 안덕향), 마한(馬韓, 평양 백아강)의 삼한(三韓)으로 나누어 통치하였다. 이를 삼한관경제(三韓管境制)라 부른다. 진한(辰韓, 眞韓)은 대단군(大檀君)이 직접 다스렸고, 총괄 왕을 진왕(辰王)이라 했으며, 나라 전체를 진국(辰國)이라 불렀다. 마한(馬韓)과 변한(弁韓)은 부단군(副檀君)인 좌현왕(여원홍)과 우현왕(서우여)이 다스리도록 하였다.

진국은 진한, 진조선(眞朝鮮), 시우국(東大國, 辰韓國), 기자조선 등으로 불렸고, 오른쪽의 요동과 대릉하(大凌河) 연안을 뻗한(번한, 番汗 · 弁韓 · 番朝鮮 · 發朝鮮 · 貊國 · 樂浪番國), 그 좌측을 막한(마한, 莫汗 · 前馬韓 · 莫朝鮮 · 조선반도 총칭)이라 하였다. 후일 전자를 번조선, 후자를 막조선이라고도 하여, 진조선과 삼조선 시대를 열었다. 사마천의 〈사기〉 '조선열전'에는 연나라가 진조선과 번조선을 침략했는데, 서광(徐廣)의 주석에서는 막조선에 대해 기술하고 있으므로, 기자조선은 삼조선이나 삼한 시대로 조정해야 한다고 하였다. 이 시대를 지배한 왕족 해(解)씨가 후일 왕(王)씨로 와전된 것으로 보인다.(47)

〈규원사화〉에 따르면, 단군왕검은 태자 부루(夫婁)를 호가(虎加→ 龍加)로 삼아 여러 가(加)들을 총괄하게 하고 신지(神誌)를 마가(馬加)로 삼아 생명을, 고시(高矢)를 우가(牛加)로 삼아 곡식을, 치우를 웅가(熊加)로 삼아 군사를, 둘째아들 부소(夫蘇)를 응가(鷹加)로 삼아 형벌을, 셋째아들 부우(夫虞)를 노가(鷺加)로 삼아 질병을, 주인(朱因)을 학가(鶴加)로 삼아 선악을, 여수기(餘守己)를 구가(狗加)로 삼아 모든 고을을 다스리게 하였다. 이들을 '단군팔가'라

칭한다.

단군왕검은 치우 후손에게는 남서쪽의 남국(藍國, 宇庵廬忽)을, 신지 후손에게는 북동의 속진국(轗傂國, 肅愼忽)을, 고시 후손에게는 동남의 청구국(靑丘國, 樂浪忽)을, 주인의 후손에게는 개마국(蓋馬國)을, 여수기의 후손에게는 예(濊)를 주었다. 왕자 부소(夫蘇)·부우(夫虞)·부여(夫餘)에게는 각각 서쪽의 고리국(九黎, 원 고구려)·진번(수도 唐壯京)·부여(原夫餘, 아사달, 장춘)를 주었다.

제후국: 〈태백일사〉에 의하면 고조선은 70개국을 거느린 천자국으로서 요·순·하·은(상)·주에게서 조공을 받았다고 한다. 단군왕검은 초대 번한 왕에 치우 후손 치두남(蚩頭男)을 임명해 우순(虞舜)을 감독하게 하였다. 〈태백일사〉, 〈삼국지〉, 〈후한서〉의 기술은 고조선이 제후국(진국·번국·예)을 거느린 황제국임을 보여준다.(48)

> "단군왕검 때는 당요(唐堯)와 같은 때인데, 요의 덕이 갈수록 쇠하여 영토 분쟁이 끊이지 않았다. 이에 천왕이 우순(虞舜)에게 명하여 영토를 나누어 다스리게 하고 군사를 보내 주둔시켰다. 우순과 함께 당요를 정벌할 것을 약속하시니, 요임금이 힘에 굴복하고 순에게 의탁하여 목숨을 보존하고자 나라를 넘겨주었다." 〈태백일사〉 '삼한관경 본기'

> "일찍이 우거왕이 격파되기 전에 조선상(朝鮮相) 역계경(歷谿卿)이 우거왕에게 간했으나 받아들여지지 않자 동쪽의 진국(辰國)으로 갔다. 그때 백성으로서 그를 따라 그곳에 산 사람이 2천여 호인데, 그들도 조선에 조공을 하는 번국(藩國)과는 서로 왕래하지 않았다."
>
> 〈삼국지〉 '위지 동이전 한조'

"원삭 원년(BC 128) 예군(濊君) 남려(南閭) 등이 우거왕을 배반하고 28만 명을 이끌고 요동에 귀속하자, 한무제는 그 지역에 창해군(滄海郡)을 만들었으나 수년 후에 폐지했다." 〈후한서〉 '동이열전 예조'

단군조선의 제후였던 순은 진한(辰韓)에 4회나 입궐해 단군왕검을 배알하였다. 〈서경〉도 "순임금이 동쪽으로 순행해 멀리 산을 바라보며 제사를 지내고, 동방의 천자를 알현하였다"고 하였다.

약사: 〈태백일사〉 '마한세가(상)' 에는 단군왕검이 웅백다(熊佰多)를 달지국(達支國, 白牙岡)에 도읍한 마한왕(副檀君)으로 임명한 후 천제를 드렸다고 하였다. 재위 51년(BC 2283)에는 운사(배달신)에게 삼랑성을 축조하고, 마리산에 제천단을 쌓게 하였다. 단군왕검은 평양에서 팔가(八加)와 제사를 드린 후 이렇게 훈시하였다.(49)

"하느님은 오직 한 분 유일한 신으로서 가장 높은 자리에 계시며, 천지를 창조하시고, 전 세계를 주관하시고, 수없이 많은 사물들을 만드시며, 우주를 크고 넓게 둘러싸시므로 그 안에 들어 있지 않은 것이 없고, 아주 밝고 밝아 작은 티끌 하나라도 새어나가 보이지 않는 것이 없도록 하셨다."
〈符都誌〉

단군왕검은 8대 강령*4을 국정의 지표로 삼았으며, 태자 부루를 순에게 보내 홍수 관리를 위한 도산회의(塗山會議)를 소집하도록 하였다. 〈태백일사〉 '번한세가(상)' 에 따르면, 태자는 이때 신지가 만든 전자로 쓴 천부(天府)와 왕인(王印)을 보여주며 단군왕검의 말씀을 어기지 말라고 시달했다고 한다. 단군왕검이 붕어하자(BC 2241) 백성들이 머리에 단기(檀旂, 댕기)를 만들어 조의를 표하였다.

제2세 단군 부루(夫婁)는 삼일신고비(三一神誥碑, BC 2221)와 소도(蘇塗, BC 2181)를 세웠다. 그리고 동방에서 온 세 외국인에게 옥저(沃沮)·졸본(卒本)·비류(沸流)를 주어 다스리게 하였다. 그는 남이(마한·진한·변한)가 거주하던 열수(洌水)를 평정한 데 이어 알유(猰貐)의 난을 평정했고(이후 맥족으로 불림), 북쪽 우수홀(牛首忽)에 임금성을 쌓았다. 그들은 매년 백두산에서 흰 소를 잡아 소머리(牛頭)를 마고성의 법제에 따라 쌓은 천부단(天符壇) 위에 올려놓고 상제께 제사(朝祭·朝鮮祭)를 드렸다. '백두산'은 여기에서 유래한 것으로 보인다. 이러한 제사의식은 부여·예·맥·삼한·삼국의 도천(禱天)·무천(舞天)·제천(祭天)·교천(郊天)·영고(迎鼓)·동맹(東盟)으로 이어졌다.(50) 한편 임승국은 '소머리'가 '쇠머리'를 거쳐 수메르로 발전했을 가능성을 제기하였다.(51)

제3세 가륵은 재위 제2년(BC 2181) 삼랑(三郞: 삼신수호 관직) 을보륵(乙普勒)에게 가림토(加臨土, 38자)를, 신지 고설(高契)에게 〈배달유기〉(倍達留記, BC 2180)를 만들게 하였다.

제10세 노을(BC 1939) 치세에는 환도문명(桓道文明)이 번성했고, 하나라 왕 근(廑)이 방물을 바쳤다. 제11세 도해(BC 1891)와 13세 단군 흘달 20년(BC 1763) 국선소도(國仙蘇塗)*5를 많이 설치하고 천지화(天指花)를 심었으며, 미혼 소녀들이 이 꽃을 머리에 꽂고 독서와 활쏘기를 익혔으므로 천지화랑(天指花郎)*6이라 불렀다. 이 제도가 삼한과 삼국시대에 소도(수두)와 화랑제도가 되었다.

제21세 소태 재위 5년(BC 1333)에 은나라 무정(武丁)이 전쟁을 일으키자, 개사원(蓋斯原)의 욕살 고등(高登)이 상장 서여(西余)와 함께 출전해 삭도(索度)까지 추격해 무찔렀다. 재위 49년(BC 1289)에는 고등이 서북지방(遼寧省 開原)을 차지하고 우현왕(右賢王)이 되기를 청하므로 부득이 윤허하고, 두막루

(豆莫婁, 북부여)라 불렀다. 고등이 죽은 후 그의 손자 색불루(索弗婁)가 우현왕을 계승하였다.

색불루는 군사를 앞세워 소태를 축출하고 제22세 단군으로 즉위했으며, 백악산(鹿山)의 아사달(부여신궁)에 도읍을 정하였다. 이에 단군의 후계자인 해성의 욕살 서우여(徐于餘)가 저항하자, 색불루는 그를 제30대 번한왕으로 임명해 무마하였다. 〈태백일사〉 '마한세가(하)' 에 의하면 색불루는 백두산의 천단에서 삼신일체 상제께 천제를 올렸고, 팔조금법(八條禁法)*7을 제정하였다. 고죽국의 왕자 백이(百二)와 숙제(叔齊)는 이러한 색불루에게 항거해 동해의 산 속으로 몸을 숨겼다.

색불루는 삼한(辰國)을 삼조선(진조선·번조선·막조선)으로 나누어 다스렸다. 진조선은 단군이 직접 다스렸고, 여원홍을 마한 왕으로 삼아 막조선(莫朝鮮)을, 서우여를 번한왕으로 삼아 번조선을 다스리게 하였다. 〈삼국지〉 '삼한전' 은 "진한은 옛 진국이다"고 하였다. 여기서 진국이란 상국(上國, 宗主國)을 지칭한다. 기묘년(BC 1122)에는 은나라가 망하자, 현인 기자(箕子, 子胥餘)가 태항산(太行山)으로 피신했다고 한다.

제23세 아홀 제2년(BC 1236), 제후국인 청구·구려·몽골이 합세해 은을 정벌하였다. 제27세 두밀 원년(BC 997)에는 수밀이국·양운국·구다천국이 사신을 보내왔고, 제28세 해모 제18년(BC 954)에는 바이칼호 주변국들이, 제29세 마휴 원년(BC 943)에는 주(周)가, 제30세 내휴 원년(BC 909)에는 흉노가, 제32세 추밀이 제3년(BC 847)에는 선비추장 문고(們古)가 각각 공물을 바쳤고, 무자년(BC 753)에는 주의 13대 평왕(宜臼)이 사신을 보내 새해 인사를 하였다.

제36대 매륵 재위 37년(BC 667)에는 협야후 배반명(陜野候 裵幣命)이 전선 500척을 거느리고 해도(海島, 三島) 왜인의 반란을 진압하였다. 그가 일본 건국신화에 나오는 협야존(陜野尊, 스사노오노미코토)으로, 제1대 천황(神武)으로 둔갑한 인물이기도 하다.

신채호는 〈조선상고사〉에서 기원전 7세기 말, 고조선이 고죽국에 의거해 불리지국과 연합해 연(燕)과 진(晋)을 쳤다고 하였다. 이에 제의 환공(桓公)이 재상 관중(管仲)과 장군 성보(城父)를 보내 조·위·허(許)·노 등 10여 개국을 거느리고 태항산(太行山)을 넘어 불리지국을 격파하고 고죽국에 승리해, 고조선이 불리지의 옛 땅을 잃었다고 하였다.

제43세 물리가 우화충(宇和冲)의 난에서 전사하면서(BC 426) 조선의 국력은 급격히 쇠락하였다. 그러나 상장 구물(丘勿)이 우화충을 죽이고 제44세 단군으로 즉위하면서 장당경으로 천도하고 국호를 대부여(大夫餘, BC 425)로 바꾸었다.

제45세 여루는 재위 32년(BC 365)에 연·제의 군대를 깨뜨리고 요서를 회복했으나, 제46세 보을 원년(BC 341)에는 소읍군장(邑借, 須臾) 기후(箕詡)가 번조선을 침공하고 70대 번조선 왕이 되었다. 이처럼 고조선이 쇠락하고 주나라도 약해지면서 중원은 춘추시대로 돌입하였다.

제47세 고열가는 마침내 오가(五加)에게 나라를 맡기고 물러남으로써(BC 238) 진한 중심의 고조선 시대가 막을 내렸다. 그는 기비(奇丕, BC 232?)를 번조선(番朝鮮)의 왕으로 임명하였다. 한편 〈삼국지〉는 단군조선이 쇠약해진 결정적인 사건은 연나라 장수 진개(秦開)의 공격 때문이라고 하였다.

"그 뒤에 (조선왕의) 자손이 점점 교만하고 포악해지자, 연은 장군 진개를 보내 조선의 서쪽 지역을 침공하고 2천여 리를 빼앗아 만번한(滿番汗) 지역을 경계로 삼았다. 마침내 조선의 세력은 약화되었다."

〈삼국지〉 '위지 동이전 한조'

신채호는 〈조선상고사〉에서 기원전 200년경, 신(진) 조선왕이 흉노 선우 모돈에게 중립지대인 빈 땅을 달라고 했다가, 흉노의 공격으로 선비산(興安嶺)으로 쫓기면서 단군조선의 국력이 쇠락했다고 하였다. 그 결과 기준이 다스리던 불(번)조선을 결국 위만에게 빼앗겼다고 하였다. 한편 말조선(마한)은 평양에서 월지국을 거쳐 백제 금마군(익산)에 건마국을 세워 마한이라 불렀고, 왕호는 '마한국 진왕'이라 칭하였다. 그러나 후일 그곳으로 들어온 기준에게 정복되었다. 빈 땅이 된 평양에서는 최씨가 낙랑국을 세우고 25개국을 다스렸다.

〈위략〉에 의하면, 한반도로 들어온 준의 후손은 성을 한씨(韓)라 칭하였다. 기준은 마한을 정복한 후 기씨 성을 버리고 마한의 한왕(韓王)의 한씨로 성을 고친 것이다. 〈삼국지〉는 "준이…… 달아나 바다로 들어가서 한 땅에 살며 한왕이라 칭했다"고 했고, 〈위략〉은 "준의 아들과 친척으로 나라에 머물러 있는 자는 성을 한씨라 했다"고 하였다. 〈청주한씨세보〉는 기자조선의 마지막 왕인 준의 후대에 태어난 삼형제(友誠·友平·友諒)가 각각 기씨·선우씨·한씨의 중간 시조가 되었다 말한다. 그러나 준은 원래 기자의 후손이 아닌 한씨이며, 한씨는 고조선 고유의 씨족이라는 것이 사학계의 정설이다. 신라의 네 왕(눌지·자비·소지·지증)이 사용한 왕호 마립간(麻立干)도 말한, 즉 마한 왕을 뜻한다.

4.6 북방민족의 유래

〈환단고기〉에 의하면, 만주와 중앙아시아에 거주하는 대부분의 민족들은 단군조선에서 유래하였다.

(1) 흉노*8의 기원

〈단군세기〉는 제3대 단군 가륵이 재위 6년(BC 2177)에 열양(列陽)의 욕살(褥薩, 도독) 삭정(索靖)을 약수(弱水, 張掖縣, 감숙성)로 유배했다가 사면하고, 그곳을 다스리게 했다고 하였다. 그가 흉노(匈奴)의 시조가 되었다. 신채호(1931)는 이렇게 말하였다.(52)

> "조선과 흉노는 우랄족에 속하며, 조선족이 분화해 조선·선비·여진·몽골·퉁구스로, 흉노족이 돌궐·터키·헝가리·핀란드 종족이 되었다…… 〈사기〉 '흉노전'에 흉노도 조선처럼 5월에 하늘에 제사를 지내는데, 천제를 형상한 동인(銅人)을 휴도(休屠)라 불렀으니 '수두'의 번역이요, 휴도제사를 맡은 사람을 휴도왕(休屠王)이라 하여 단군이라는 뜻과 비슷하며, 휴도에 삼룡을 모시니, 용 또한 신을 가리킨 것이다. 삼룡은 삼신이니 흉노족 또한 수두교를 수입했음이 틀림없다." 〈조선상고사〉(신채호, 1931)

〈한서〉 '천문지'는 "조선이 해중에 있으면 월(越)의 상(像)이고, 북에 거처하면 호(胡)의 영역이다"고 하였다. 이는 고조선이 월과 호(흉노)를 봉국(封國)으로 거느렸음을 의미한다.

한편 〈사기〉와 〈한서〉는 흉노의 조상 순유를 묘족의 후예로 기술하였다.

> "흉노는 그 선조가 하후씨(夏后氏)의 묘예(苗裔)로, 순유(淳維)라고도 한다.

도당(陶唐)과 유우(有虞)씨 이전에는 산융(山戎), 험윤(獫狁), 훈죽(獯鬻)으로 불렸으며, 북변의 황무지에 살면서 목축이 생업이므로 목초를 따라 다니며 살았다…… 어린 아이도 능히 양을 타고 활을 당겨 새와 쥐를 쏠 줄 안다. 더 자라면 여우와 토끼를 잡아 식용으로 한다. 남자는 활을 당길 힘이 있으면 갑옷을 입고 기병이 된다…… 아비가 죽으면 그의 후모를 아내로 삼으며, 형제가 죽으면 그 아내를 데려다가 아내로 삼는다."

〈사기〉 권50 '흉노열전'

수나라의 〈욱구려복인전지〉(郁久閭伏人傳誌, 586)도 "복인(伏人)의 성은 여여(茹茹)이며, 순유(淳維)가 있었으니, 군은 그 묘예(苗裔)이다"고 하였다. 북맥(北貊)도 순유에서 나왔다. 중국에서는 훈(Hun, 사람)을 흉노(노예 같은 오랑캐)로 비하하였다. 은나라에서는 귀방(鬼方, 귀신 같은 놈), 주나라는 험윤(獫狁, 승냥이 같은 오랑캐), 전국시대는 견융(犬戎, 개 같은 오랑캐), 한나라는 흉노(흉악한 노예)라 각각 불렀다. 그렇게 흉노를 비하한 이유는 중국인들이 그들에게 큰 고통을 당했기 때문인 듯하다. 흉노에 의해 주(周)가 망했고, 진시황은 만리장성을 쌓다 죽었으며, 한고조는 흉노 선우 묵특(冒頓, 재위 BC 209-BC 174)과는 싸우지 말라고 유언했을 정도였다. 이처럼 중국 사서들은 융족·견족·동호족·선우·강족·예족·맥족을 모두 흉노라 불렀다.

(2) 몽골·아제르바이잔·헝가리의 기원

제4세 단군 오사구(烏斯丘, BC 2137)는 아우 오사달(烏斯達)을 몽골리한(蒙古里汗)에 임명했는데, 그가 몽골인의 조상이 되었다. 몽골은 후일 무쿠리(木骨閭)라 불리었는데, 수독(首禿, 대머리)이라는 뜻이다.[53] 〈위서〉 '연연전'(蠕蠕傳)에 의하면 탁발씨의 기병 무쿠리는 위나라 목제(穆帝, 304-?) 때에 죄를 지어 사막으로 도주했고, 그의 아들(車鹿會)이 군사를 일으켜 유연(柔軟, 蠕蠕, 4-6C)을 세웠다 한다. 그 후손 중에서 최초의 가한(可汗, Khan)인 사륜

(四崙, Toulun, 5C)이 타타르를 정복했고, 돈황 중심의 광대한 영토를 개척해 북위와 대치하였다. 그는 고구려로부터 가한(可汗)의 칭호를 받았다.

칭기즈칸(1215?-1227)은 몽골을 메르키트(Merkit, Mekrit)라 불렀는데, 이는 무쿠리에서 유래한 말이다. 칭기즈칸의 둘째부인 쿨란 고아(Chulan Goa)의 아버지는 솔롱고스 메르키트(고려계 몽골인)의 다이르 우순(Dair Usun)이었다. 몽골 사서에도 "메르키트는 무쿠리이며, 고려에 속한다"고 하였다.(54)

몽골은 네 부족으로 구성되었는데, 메르키트(Merkit)와 메크리트(Mecrit)는 고구려이고, 나머지(Yekamongol · SuMongol)는 모두 몽골계 타타르족이었다. 메르키트는 다시 네 나라로 구성되었는데, 첫째가 아우하르(Auhar)였다.(55) 아우하르의 변형인 아바르(Avar, Avar, Obry)는 서양에서 부르던 고구려의 별칭이었다.(56) 다게스탄(Daghestan)의 아바르(Avar)는 아우하르(Auhar)에서, 아우하르는 아르메니아어 아우하츠크(Aurhazk)에서 유래한 말이다.(57)

후일 아바르족은 비잔틴을 공격했고, 동로마 변방의 파노니아(Pannonia)에 정착해 아제르바이잔(Avarian Haganat, 527)을 세웠다. 592-602년에는 슬라브족과 함께 동로마의 도나우 지역을 공격했고, 626년에는 페르시아족과 함께 콘스탄티노플을 포위했으며, 583년에는 발칸의 여러 속주를, 677년에는 데살로니카를 점령하였다. 파노니아는 후일 마자르족(Magyars)에게 정복되어 헝가리가 세워졌다.

돈황에서 〈왕오천축국전〉을 발굴한 프랑스의 페리오(Paul Pelliot, 1973)도 이렇게 말하였다.(58)

"〈동방견문록〉에 나오는 카우리(Cauli)는 코레아(Corea)이다. 고대에는 코쿨리(Kaokouli)였다…… 코레아의 또 다른 고대 국명이 중앙아시아에 알려져 있는데, 산스크리트어로 무쿠리(Mukuri), 티베트어로는 무구리그(Mug-lig)이다."

여몽연합군(1274)이 왜를 침공했을 때 일본에서는 '무쿠리-고쿠리'(蒙古-高句麗)라는 말이 어린 아이들에게 공포의 단어(귀신)로 사용되었다고 한다. 원 세조의 제3의 성도 '콜리-우쿨리'(Koli-Ukuli)였는데, 콜리는 고려인을 뜻한다.(59)

(3) 말갈·여진·발해의 기원

〈몽골원류〉는 "말갈(靺鞨, Markat)은 솔롱가(Solonga), 즉 고려이다"고 하였다.(60) 〈후위서〉는 말갈을 물길로 표현했으며, 〈지장도〉에는 읍루는 물길과 함께 모두 숙신이라 하였다. 〈통전〉은 "발해가 본래 속말말갈로, 그 추장인 조영에 이르러 나라를 세우고 자칭 진단(眞檀)이라 부르더니, 712년에 비로소 말갈이라는 이름을 버리고 발해라 하였다"고 하였다. 그러나 〈삼국사기〉는 "의봉 3년, 즉 678년에 고구려의 남은 자손들이 무리를 모아 태백산 아래를 의지해 국호를 발해라 하였다"고 하였다. 〈신라고기〉에도 "고구려의 옛 장수 조영의 성은 대씨이며, 고구려의 남은 병사를 모아 태백산 남쪽에 나라를 세우고 국호를 발해라 하였다"고 하였다.(61)

〈금사〉(金史)는 "금(金)의 선세(先世)는 말갈에서 나왔다. 말갈은 본래 호(號)가 말갈(靺鞨)로, 옛 숙신씨(肅愼氏)의 땅이다"고 하였다. 금을 세운 사람(國祖 景元皇帝)도 신라 마의태자(김익)의 동생의 후손(愛新覺羅로 개명)인 김함보(金函普, 본명 金俊)였다. 〈금사〉는 "금의 시조의 휘는 함보(函普)이다. 처음에 고려에서 왔다"고 하였다. 〈흠정 만주원류고〉도 "〈통고〉와 〈대금국지〉는 모두 신라에서 왔으며, 성은 완안씨(完顔氏)로 되어 있다. 신라는 고려와 더불어 옛 땅이 서로 맞물려 있어서 〈요사〉나 〈금사〉에서는 종종 두 나라의 호칭을 구별하지 않고 사용하였다…… 신라의 왕은 김씨 성으로 수십 세기를 전해왔은즉 금나라 시조가 신라에서 왔다는 것은 의심할 수 없다. 건국한 나라 이름 또한 이것을 취하였다"고 하였다. 여기서 완안씨는 〈대금국지〉에서 한자로 왕(王)과 같다고 하였다.

대족장회의에서 대수령으로 선출된 김함보는 완안부를 국가 형태로 바꾸고 금(金)이라 칭하였다. 그의 8대손 김아골타(완안 아골타)는 지린(吉林: 계림과 유사)의 고구려와 발해인이 주축인 완안부 세력을 결집해 요를 무너뜨리고 대금제국(大金帝國: 金氏 帝國)을 세웠으며, 김함보를 국조인 경원황제(景元皇帝)로 추존하였다(1136). 이처럼 금의 왕족은 신라계, 왕비들은 대부분 발해출신(大氏)이었다.

여진족도 주선(朱先, 조선)이라 자칭하였다. 칭키즈칸의 책사로 파스파 문자를 만든 여진족 야율초재(耶律楚材)는 여진이 은의 후손이라 하였다.(62) 숙신이라는 명칭은 진(秦) 이전부터 있었고, 조선의 명칭은 기원전 7세기에 나왔다. 유연을 세운 여진족은 범어 무쿠리(木骨閭, Mukuri)에서 족성을 취해 욱구려씨(郁久閭氏, 芮氏)로 불리었다.

(4) 선비 · 돌궐 · 거란의 기원

흉노에 이어 중앙아시아를 제패한 선비(鮮卑)도 동호(고조선)의 후예였다. 그들이 세운 북위가 5호16국 시대에 중국 북부를 통일하였다. 수(隨)를 세운 양견(楊堅)과 당을 세운 이연(李淵)도 선비족이었다.

돌궐과 거란도 동이족과 혈연을 가진 족속들이었다. 돌궐의 경우, 시조인 이리가한(伊利可汗) 부민(土門, Bumin)이 죽자(552) 장남 과라(科羅)가 뒤를 이었다. 차남은 후근(候斤)이었다. 과라는 〈니혼쇼키〉 '흠명 14년 8월조'(553)에 나오는 백제의 상부 나솔(上部 奈率) 과야신라(科野新羅, 秦新羅, 시나노시라기)와 동일인으로 추정된다. 즉 돌궐의 시조 역시 백제인, 더 올라가 고조선의 후예였다. 돌궐은 흉노 모돈에게 패해 흥안령으로 쫓겨갔고, 선비와 오환(烏桓)으로 분파되었다.

거란(契丹, Khitan, Kitai, Cathay)은 몽골과 퉁구스의 혼혈족으로 4세기부터 역사에 등장하였다. 헨리 모리스는 이들을 구약성경에 나오는 함족의 후예인 헷족(히타이트족)의 후손으로 추정하였다. 일부 학자는 〈삼국사기〉의 거란 정벌(392)을 광개토대왕의 비려 정벌(395)과 같은 사건으로 해석하기도 한다. 거란은 그 후 당에 복속되었다. 그러나 야율아보기가 거란을 세워 발해를 멸망시키고(916) 요나라를 세워 전성기를 맞았으나, 다시 금(여진족)에게 망하였다.

5. 〈삼국유사〉의 비판

안경전은 〈환단고기〉 역주에서 〈삼국유사〉에 대해 이렇게 비판하였다.(63)

① 환인-환웅-단군은 직계 3대가 아닌 환국-배달국-조선의 3시대를 의미한다. 일연은 중국 사서를 인용해 우리 고대사를 고조선-기자조선-한사군으로 왜곡하였다.

② 일연은 환국을 세운 환인을 불교의 제석천으로 윤색해 불교 신화로 바꾸었다.

③ 호족과 웅족을 동물로 비하함으로써 우리의 시원역사를 부정하도록 만들었다.

④ 단군이 1,500년을 다스리고 1908세에 신선이 되었다고 하여 고조

선의 역사를 신화로 만들었다.

⑤ 아사달을 개경으로, 평양성을 개경이나 평양으로 오도해 대륙의 고조선 영역을 한반도로 제한하였다.

⑥ 일제는 이러한 〈삼국유사〉를 근거로 환국시대를 환인 개인의 역사로 전락시켰고, 배달국과 고조선의 존재를 부정하였다.

김성일도 〈삼국유사〉를 다음과 같이 비판하였다.[64]

① 〈삼국유사〉는 아사달(하얼빈)을 중심으로 제2 세계사를 경영했던 장자권자의 정사를 없애고 우리 고대사를 말살하였다.

② 우리 조상이 중앙아시아를 거쳐 동방으로 이주한 영웅적인 대장정을 신화로 처리하였다.

③ 위만조선과 한사군 등의 거짓 역사를 삽입하였다.

④ 첫 머리에 바빌론 종교의 범신론과 환생설에 바탕을 두고 기술하였다.

⑤ 완달산인 태백산을 묘향산으로, 아사달을 개성 동쪽의 산으로 해석함으로써 우리 민족의 역사를 한반도 안으로 축소하였다.

⑥ 환인을 불교의 제석천(帝釋天, Indra)으로 윤색하였다.

6 욕단=단군설

끝으로 욕단이 단군이라는 주장의 근거를 종합하면 다음과 같다.

(1) 욕단 자손은 '메사(Mesha)에서 스발산맥으로 가는 동편'에 거주했는데(창 10:30), 우리 조상도 서쪽으로부터 한밝산(태백산)으로 이주해 신시(神市)를 세웠다. 그래서 욕단을 '밝달 임금'으로 추정한다. 단군은 밝달 임금(배달임금)의 이두식 표현으로, 단군의 단(檀, 壇)은 밝달나무를, 군(君)은 임

금을 뜻한다. 여기에서 '달'은 '땅'을 의미하므로, 밝달은 '밝은 땅'이며, 한자음으로 단군으로 의역한 것으로 보인다.

"배달은 나라 이름이므로 그 자손들은 모두 배달임금(단군)이라 한다."
〈동사강목〉(1778)*9

"단군이라 일컬음은 곧 배달나라 임금의 칭호인 까닭에, 그 나라를 잇는 임금들을 모두 단군이라 일컫는다." 〈동국여지승람〉(1481)*10

"밝달임금(단군) 때에는 사람들이 밝달(檀)을 배달(倍達)이라 하였는데, 지금은 음이 구을러 박달(博達)이 되었다." 〈신단실기(神檀實記)〉(1914)*11

"박달(檀)은 배달(倍達)이요, 국(國)은 나라(那羅)요, 군(君)은 임검(任儉)이다."
〈계림유사〉(12C)*12

"한밝산은 세속에서 박달(博達)이라 일컫는데, 세상에서 밝달임금(檀君)이 내려오신 땅이라 이른다." 〈와유록(臥遊錄)〉(18C)*13

(2) 단군의 선조 환인의 이름은 그가 서남아시아 출신임을 암시한다. 환인은 '환하다'는 뜻이므로 백성이 '환한 님'을 '환인'으로 받아들였다.(65) 그런데 일연은 환인을 제석(帝釋)으로 윤색하였다.(66) 제석환인은 산스크리트어(sakra-devam-Indra)를 음역한 것(釋帝桓因陀羅)으로, 이를 줄여 환인석제(桓因釋帝)·제석천(帝釋天)·천제(天帝) 또는 하느님이라 불렀다.(67) 환인의 원래 명칭은 하늘님, 환한 님, 한님으로 추정된다.

(3) 단군과 욕단은 생존 시기가 일치한다. 단군이 기원전 2333년에 고조선을 건설했고, 노아홍수는 아담 창조 후 1656년에 발생하였다.(68) 그

런데 아브라함(BC 2160 추정)은 노아의 10대손이다. 바벨탑사건 시기에 태어난 벨렉의 출생 연대는 기원전 2347년경이며, 그 아우 욕단의 출생 연도는 그 직후로 추정된다.

(4) 욕단은 조선의 국호를 '하나님이 주신 나라' 라는 의미로 '주신(賜)' 이라 부른 듯하다. 이것을 중국인이 한자음으로 주신(州愼 · 珠申) · 숙신(肅愼) · 조신(鳥愼) · 조선(朝鮮) 등으로 표기한 것이다.(69) 〈만주원류고〉도 숙신의 옛 이름이 주신(珠申)인데, "주신은 소속 관경(觀境, 영토)을 가리키는 만주말"이라 하였다.

(5) 대부분의 나라는 건국 기념일이라 하는데, 단군이 나라를 세운 날은 개천절(開天節)이라 부른다. 이는 단군이 개국식 행사 때 천제를 드렸음을 의미한다.

(6) 단군의 통치이념인 '홍익인간'은 세계인의 공동체 의식을 보여준다. 단군은 홍익인간의 비전을 실현하려고 '8조금법'을 제정했는데, 이는 유대인의 십계(출 20:1–17)와 유사하다.

(7) 단군의 고조선 강역에는 고인돌(지석단)이 산재해 있다. 고인돌은 지상에 4면을 판석으로 막아 묘실을 설치한 뒤 그 위에 상석을 올린 북방식과, 지하에 묘실을 만들어 그 위에 상석을 놓고 돌을 괴는 남방식이 있다. 남방식 집산지는 고창 지역(447기)으로, 화순·강화의 고인돌과 함께 세계문화유산으로 등재되었다(2000. 12). 이영문(목포대)은 "이 고인돌은 대지상에 거대한 덮개돌이 받침돌에 의해 웅장한 모습을 띤 것이라든지 주위에서 쉽게 관망할 수 있는 위치에 있다는 점에서 무덤보다는 제단으로서의 기능이 강하다"고 하였다.(70) 전영래(원광대, 1992)는 국내에서 가장 큰 운곡리 고인돌(높이 4m, 200톤)을 비롯한 고창의 고인돌에서 인골은 물론 유물과 부장품이 전혀 나오지 않는다고 했고(그림 3), 박성수(한국정신문화연구원)는 고인돌을 지석묘가 아닌 지석단(支石壇)으로 부르자고 제안하였다.(71)

(8) 고조선의 소도(蘇塗)는 메소포타미아에서 건너온 것으로 보인다.(69)

▲ 〈그림 3〉 고창 대산면 고인돌(탁자식)

메소포타미아에서 한반도에 이르는 이동 경로에는 소도의 흔적이 많이 남아 있다. 소도를 히타이트족은 숫테(Sutte), 흉노는 쉬투(shitu), 몽골은 수투(Sutu)라 불렀다. 단군의 도읍지인 아사달의 원래 명칭은 상소도달(上蘇塗達), 즉 웃수두대(우수대)였다.

(9) 고조선에서는 삼족오(三足烏)를 숭배하였다. 삼족오는 십계를 담은 법궤를 덮고 있었던 그룹(cherub)을 상징하는 봉황으로, 우리 조상의 앞길을 인도한 것으로 보인다. 그런데 중국에서는 황제의 상징을 용으로 삼았고, 봉황은 황후의 상징으로 격하하였다. 그리고 용과 꽃을 결합해 화인(華人)이나 용의 후예로 자처하였다.(72)

(10) 단군의 복장과 수시아나 벽화 인물들의 복장이 유사하다. 특히 고깔모자는 수시아나 종교 지도자의 복장에서 처음 나타나며, 이집트 왕관이나 히타이트의 신들도 착용하였다. 이는 수시아나 종교집단이 엘람인에게 쫓기어 동아시아로 이주했음을 암시한다. 그들은 환인족으로, 중국 중원에 거주하다가 요임금 말년에 순의 제안으로 산동성과 북경 밀운현 및 만주로 이주한 동이족으로 보인다.(73) 중국의 채도에도 고깔머리가 나

오며, 공공족(조선족)도 고깔모자를 쓰고 있다. 정형진은 요서에 거주한 숙신족을 단군숙신(檀君肅愼), 숙신족과 부여족이 연합한 동북아시아의 주도 세력을 후단군(後檀君), 공공족이 주도한 숙신을 선단군(先檀君)으로 부르자고 제안한 바 있다.(73) 이들의 공통점은 모두 편두(偏頭)라는 사실이다.

(11) 단군의 아들 해부루(解夫婁)는 그가 히브리인(에벨 · 욕단 후손)일 가능성을 보여준다. 〈삼국유사〉 '고구려조'에 의하면 해모수의 아들도 부루였다.(74) 고조선에서는 왕위 계승자를 부루라 불렀고, 북부여도 태자를 부루라 불렀다.(75)

| 참고사항 |

*1 고사변(古史辨): 호적(胡適), 구제강(顧頡剛, 1893-1981) 등이 1926년부터 1941년까지 중국고사를 과학적 방법으로 검토해 편찬한 논문집으로, 총 7책으로 구성되었다. 중국 고서의 기록은 후세에 위조한 것이라 주장하였다.

*2 삼백오사: 삼백은 입법(風伯) · 사법(雲師) · 행정(雨師)를 뜻하며, 오사는 주곡(主穀) · 주명(主命) · 주형(主病) · 주선악(主善惡)의 다섯 부서를 말한다.

*3 구이팔만: 구이는 견이(畎夷) · 우이(嵎夷) · 방이(方夷) · 황이(黃夷) · 백이(白夷) · 적이(赤夷) · 현이(玄夷) · 풍이(風夷) · 양이(暘夷)를 말한다. 이 중에서 현이와 풍이는 서남쪽으로 이동하였다. 치우의 후손들은 풍이에 속하였다. 중국인들이 큰 활을 쓰는 동쪽 사람이라는 뜻으로 동이라 하였다. 그러나 공자가 '춘추(春秋)에서 북쪽 오랑캐인 북적(北狄)과 함께 오랑캐의 뜻으로 사용하면서 야만인의 의미로 전락하게 되었다. 팔만이란 천축(天竺) · 해수(咳首) · 초요(僬僥) · 파종(跛踵) · 천흉(穿胸) · 담이(儋耳) · 구지(拘軹) · 방척(旁脊) 등을 말한다.

*4. 8대 강령: 단군왕검이 제정한 강령으로, 팔조금법의 기초를 이루었다. 제1조: 순수한 정성으로 일심을 가져야 상제를 만날 수 있다. 제2조: 자기 마음을 미루어 다른 사람의 마음을 깊이 생각하라. 제3조: 부모를 공경해야 상제를 경배할 수 있다. 제4조: 남녀는 조화하여 원망하지 말고, 음행하지 말라. 제5조: 서로 사랑하고 해치지 말라. 제6조: 도적질하지 말라. 제7조: 불쌍한 자를 돕고, 비천한 자를 업신여기지 말라. 제8조: 남을 해치려는 마음을 지니지 말라.

*5 국선소도(國仙蘇塗): 제11세 단군 도해는 오가에게 명해 12명산에 국선소도를 설치하게 하였다. 일정 지역을 성역으로 정한 후 주위에 박

달나무를 심고, 가장 큰 나무를 골라 환웅 상으로 모시고, 대사전이라 하였다. 제13세 단군 흘달도 소도를 설치하고 천지화를 심고, 미혼 자제들로 하여금 글을 읽고 활을 쏘게 했으며, 이들을 국자랑(國子郎) 또는 천지화랑이라 불렀다. 소도는 삼신상제에게 제사를 지내는(3, 10월) 신성한 영역으로, 금줄을 쳐서 사람의 출입을 금하였다. 소나무를 심어 가지마다 방울과 북을 매달았다. 이는 구약시대의 지성소에 들어가는 제사장이 옷 가장자리에 방울을 달고 들어가야만 죽임을 면했던 구약성경의 신칙(神飭)을 연상시킨다.

*6. 천지화랑: 국자랑(國子郎)이라고도 한다. 이후 부여의 천왕랑(天王郎), 고구려의 조의선인(皂衣仙人), 백제의 무절(武節), 신라의 화랑, 고려의 국선(國仙, 仙郎) 등으로 이어졌다. 충·의·인·예·지를 추구하며, 국가의 위기시 몸을 바쳐 앞장을 섰다.

*7. 팔조금법: 제22세 색불루 단군이 제정한 것으로(BC 1282), 금팔조(禁八條, 禁八法)라고도 한다. 〈한서〉 '지리지'에 누락된 5항목까지 기술하고 있다. 모세의 십계와 유사한 내용이 많아 관심을 끈다. 〈삼국지〉 '위지동이전'은 기자가 조선으로 건너와 팔금법을 제정했다고 날조하였다. 그 내용은 다음과 같다. ① 살인자는 즉시 사형에 처한다. ② 상해를 입힌 자는 곡식으로 보상한다. ③ 도둑질하면 남자는 그 집의 노(奴)로 삼고, 여자는 비(婢)를 삼는다. ④ 소도를 훼방한 자는 금고형에 처한다. ⑤ 예의를 잃은 자는 군에 복역시킨다. ⑥ 게으른 자는 부역에 동원시킨다. ⑦ 음란한 자는 태형으로 다스린다. ⑧ 남을 속인 자는 타일러 방면한다.

*8. 흉노: 〈사기〉와 〈한서〉에 의하면, 하의 끝 왕인 걸(桀)의 아들 순유(淳維, 우의 후손설도 있음)가 부친의 부인들을 이끌고 북의 목초지로 갔는데 훈육(葷育)이라 하였다. 주대에는 험윤(獫狁)이라 하였다. 걸의 또 다른 아들 훈죽(獯鬻)은 걸의 첩들을 처로 삼아 북야(北野)로 갔는

데, 흉노라 불렀다 한다.

*9. 동사강목(東史綱目): 1778년(정조 2년) 안정복이 저술한 사서로, 단군조선부터 고려 공양왕에 이르기까지의 역사가 기록되어 있다. 중국 송나라 주자(朱子)의 《통감강목(通鑑綱目)》의 체제에 따라 편찬한 강목체 · 편년체 사서이다. 총 20권으로, 본편 17권에 부록 3권으로 구성되어 있다. 동사강목은 《동국통감》의 비판으로부터 출발한다. 첫째 《동국통감》에서 단군조선 · 기자조선 · 위만조선을 붙인 것은 부당하므로 위만조선 대신에 마한을 정통으로 삼아야 하며, 둘째 《동국통감》에 단군 · 기자를 모두 외기(外紀)에 넣은 것은 부당하다는 것이다. 고조선을 정사로 기술하지는 않았으나 정사에 준하는 왕조로 표현하였다.

*10. 동국여지승람(東國輿地勝覽): 한국의 지리서이다(55권 25책). 조선은 건국 후 통치상의 필요에서 지리지 편찬의 중요성을 통감, 세종의 명에 따라 맹사성(孟思誠) · 신색(申檣) 등이 1432년(세종 14) 〈신찬팔도지리지(新撰八道地理志)〉를 찬진(撰進)하였다. 양성지(梁誠之) · 노사신(盧思愼) · 강희맹(姜希孟) · 서거정(徐居正) 등이 성종의 명으로 〈대명일통지(大明一統志)〉 체제를 따라 〈신찬팔도지리지〉를 대본으로 하여 1481년(성종 12)에 〈동국여지승람(東國輿地勝覽)〉 50권을 완성하였다. 이를 다시 1486년에 증산(增刪) · 수정하여 〈동국여지승람〉 35권을 간행하고, 1499년(연산군 5)의 개수를 거쳐 1530년(중종 25)에 이행(李荇) · 홍언필(洪彦弼)의 증보에 의해 〈신동국여지승람〉이 완성되었다.

*11. 신단실기(神檀實記): 1914년 대종교(大倧教)의 2대 교주 김헌(金獻)이 쓴 단군에 관한 책이다. 단군의 사적을 사서(史書)와 설화에서 가려서 싣고, 단군세기(檀君世紀) · 삼신상제(三神上帝) · 교 · 태백산변(太白山辨) · 단군강역고(檀君疆域考) · 백악고(白岳考) · 백두산고(白

頭山考)·경사(經史)의 재액(災厄) 등을 수록하였다.

*12. 계림유사(鷄林類事): 중국 송나라의 손목이 12세기에 저술한 것으로, 후대의 필사본 중 일부가 현존한다. 손목은 고려 숙종(肅宗) 때 서장관(書狀官)으로 개성에 왔다가 당시(11-12세기) 고려인들이 사용하던 언어 353개를 중국어-한자로 음사한 고려 어순으로 배열하여, 고려 언어의 연구에 중요한 정보를 제공한다. 명(明)나라 때의 〈설부〉(說郛)와 청(淸)나라 세종(世宗) 때의 〈고금도서집성〉(古今圖書集成) 등에 수록되어 있다.

*13. 와유록(臥遊錄): 고려시대부터 18세기 무렵까지의 산수유기(山水遊記)를 모은 책(7권 7책)으로, 편자 · 연대는 미상이다. 18세기 후반에 편집된 것으로 추정된다. 산수유람의 기록을 모아 유람의 안내서 역할을 하도록 편찬한 것으로 보인다. 이 책의 체재는 역대의 산수유기를 지역별로 나누어 권1과 권2는 송도(松都) 지역, 권3-권6은 관동(關東) 지역, 권7은 관북(關北) 지역을 대상으로 한 문장을 뽑아 수록하였다.

| 참고자료 |

(1) 이덕일: 우리 안의 식민사관, 만권당, 서울, 2014

(2) 황순종: 식민사관의 감춰진 맨 얼굴, 만권당, 서울, 2014

(3) 신용하: 일제 식민지론 비판, 문학과지성사, 서울, 1998

(4) 崔棟: 朝鮮上古氏族史, pp. 54-60, 93, 서울동국문화사, 서울, 1966

(5) 정형진: 천년왕국 수시아나에서 온 환웅, pp. 26-32, 일빛출판사, 2006

(6) 신채호·박은식 저, 윤재영 역해: 조선상고사/한국통사, 3판, p. 57, 동서문화사, 서울, 2012

(7) 김성호: 씨성으로 본 한일민족의 기원, p. 257, 푸른 숲, 서울, 2000

(8) 김성호: ibid, pp. 217-219

(9) 김성일: 한민족기원 대탐사, pp. 268-272, 한국창조사학회, 1999

(10) 동아일보, 2004년 5월 11일 기사

(11) 김성호, 김성한: 한중일 국가기원과 그 역사, pp. 81-94,92-94, 맑은 소리, 서울, 2008

(12) 임승국 역주: 한단고기, pp. 9-11, 정신세계사, 59쇄, 2006

(13) 안경전 역주: 환단고기, p. 154, 상생출판, 대전, 2012

(14) 안경전 역주: ibid, pp. 134-135

(15) 최동: op.cit, pp. 177-178, 180-182

(16) 안경전: op.cit, pp. 46-47, 155-157

(17) 최종철: 환웅 단군 9000년 비사, 미래문화사, 1995

(18) 임승국 주해: 한단고기, 정신세계사, 1986

(19) SBS특집: 단군조선은 허구적 신화가 아닌 실제역사, 2008. 10. 3

(20) 임승국: op.cit, p. 25(2006).

(21) 계연수 편저, 김은수 역: 환단고기, pp. 52, 127-134, 가나출판사,

서울, 1985

(22) 임승국: op.cit, pp. 15-16

(23) 김익두: op.cit, pp. 52-54

(24) 안경전: op.cit, pp. 318-319

(25) 임승국 주해: 한단고기, 정신세계사, 1986

(26) 안경전: op.cit, pp. 77-83, 330

(27) 안경전: op.cit, pp. 77-81

(28) 손성태: 아스텍의 역사, 제도, 풍습 및 지명에 나타나는 우리말 연구, 스페인 라틴아메리카연구, 제2집, p. 12

(29) 임승국: op.cit, p.45(2006)

(30) 임승국: op.cit, pp. 33-34

(31) 김성일: 성경으로 여는 세계사, 제2권, 12쇄, p.57, pp. 60-61, 신앙계, 2008

(32) 김익두: op.cit, pp. 42-43

(33) 이홍직: 국사대사전, p. 339, 한국출판사, 서울, 1982

(33-1) 김익두: 한국신화, pp.41-42, 한국문화사, 서울, 2005

(34) 북애노인 저, 고동영 역: 규원사화, pp. 23-29, 한뿌리, 서울, 1986

(35) MBC-TV, 2013. 6. 14

(36) 신동아 2006년 10월호

(37) 신동아 2008년 4월호

(38) 최동: op.cit, p. 138, 141

(39) 왕건군 저, 임동석 역: 광개토대왕비 연구, p. 257, 서울, 1985

(40) 신용하: 고조선국가형성의 사회사, 지식산업사, 2010

(41) 이덕일, 김병기, 신정일: 고조선은 대륙의 지배자였다, pp. 63-67, 위즈덤하우스, 서울, 2006

(42) 이병도: 삼한문제의 신연구, 진단학보, 제3집, p. 56, 1935 (국사대

관, p. 29, 보문각, 1960)

(43) 김성호, 김상한: op.cit, pp. 88-89

(44) 이덕일, 김병기: op.cit, pp. 74-75

(45) 김성호, 김상한: op.cit, pp. 90-92

(46) 敬齊: 古代中國의 東夷, 韓族의 角逐, 學風, 創刊號, 1946

(47) 최동: op.cit, pp. 121-123

(48) 이덕일, 김병기: op.cit, pp. 30-36

(49) 김익두: op.cit, pp. 106-108

(50) 김익두: op.cit, pp. 98-99, 112-113

(51) 임승국: op.cit, p. 59

(52) 신채호 저, 윤재영 편역: 조선상고사, 2판, p. 67, 동서문화사, 2012

(53) 송동건: op.cit, pp. 194-220

(54) C. Bawden: The Mongol Chronicle Altan Tobci: Text, Translation and Critical Notes, p. 133, Wiesbaden, 1955

(55) 김호영 역, 라시드 앗딘 원저: 부족지, p. 171, 서울, 2001

(56) Minorsky(trans.), Hudad al-Alam: The Religions of the W: A Persian Geography 372A.H.-982A.H., Ed. by C.F. Bosworth, p. 448, London, 1970

(57) S. H. Cross, O. P. Sherpowitz-Wetzor: The Russian Primary Chronicle, pp. 55-56, Cambridge, Mass., 1953

(58) Paul Pelliot: Note on Marco Polo, Vol.Ⅲ: Vol. Ⅰ. Index, pp. 234ff, Paris, 1973

(59) 송동건: op.cit, pp. 316-317

(60) 박상규 편(심증식 箋證): 蒙古原流, p. 206, 서울, 1986

(61) 일연 저, 배성우 편역: 삼국유사, p. 23, 신라출판사, 서울, 2012

(62) Wilhelm Grube: Die Sprache und Schrift der Jucen, p. 18,

Leipzig, 1896

(63) 안경전 역주: op.cit, p. 46

(64) 김성일: 성경으로 여는 세계사, 제2권, 초판, pp. 17-19, 신앙계, 2004

(65) 白石太一郎: 日本의 古墳壁畵와 高句麗의 古墳壁畵, 고구려역사연구회편, 고구려의 고분벽화, 학연문화사, p. 125, 1997

(66) 최영식: 단군신화의 시대적 배경, 단군학회, 남북학자들이 함께 쓴 단군과 고조선연구, p. 557, 지식산업사, 2005

(67) 정형진: 천년왕국 수시아나에서 온 환웅, p. 422, 일빛, 서울, 2006

(68) 요세푸스 저, 김지찬 역: op.cit., p. 55

(69) 유석근: op.cit. p. 149

(70) 이영문: 고인돌 이야기, 다지리, p. 196, 200

(71) 박성수: 단군문화 기행, 서원, p.136, 2000

(72) 최동: op.cit, pp. 148-149

(73) 蘇秉琦: 象徵中華的遼寧中大文化史迹, 遼寧省文物考古學研究所, 遼寧重大文化史迹, 遼寧美術出版社, 1項, 1990

(74) 일연: 삼국유사, 기이편, 북부여, p. 94

제 6 장

부여와 고구려의 기원

〈환단고기〉에 따르면 단군조선(대부여)에서 북부여, 북부여에서 고구려를 비롯해 신라·백제·삼가라와 왜(야마토)가 나왔다. 한편 중국 한족(漢族)은 화하(華夏)·묘(苗)·동이(東夷)의 혼합 족속인데, 한족의 대부분을 차지하는 동이와 묘는 우리와 뿌리가 같다. 특히 부여는 우리나라와 야마토의 뿌리였다. 이러한 역사를 바르게 알아야 한·중·일 삼국은 국수주의의 옷을 벗고 진정한 화합의 길로 나갈 수 있을 것이다.

1. 부여의 기원과 변천

개요: 〈환단고기〉에 의하면 부여는 원(原)부여에서 출발해 단군조선 말기의 대부여와 북부여로 이어졌고, 북부여에서 고두막이 후기 북부여를, 해부루가 동부여를 세웠다(그림 1).

그리고 동부여의 제3대 대소왕이 고구려와의 전투에서 전사한 후 그의

▲ 〈그림 1〉 부여국과 위만조선의 위치

아우(영표)가 갈사부여(22-68)를, 그 종제(從弟)가 연나부 부여(서부여)를 세웠다. 북부여에서는 제6대 고무서의 사위 주몽(고진의 증손)이 고구려(BC 57?)를, 그리고 훗날(538) 한반도에서는 북부여의 후손이 세운 온조 백제(성왕)가 나라 이름을 남부여로 칭하였다. 북부여의 제5대 단군인 고두막한의 공주(파소, 선도산 성모)는 혁거세를 낳았고, 혁거세는 신라를 세웠다. 따라서 북부여는 고구려·신라·백제의 모국이 된다. 부여사의 계보를 정리하면 다음과 같다.

원부여: *단군왕검, 막내아들(부여)을 부여후(夫餘候)에 봉함(BC 2245?)

↓

대부여: *44세 구물단군, 고조선을 대부여(장당경, BC 425-BC 238)로 개칭

↓

북부여: *해모수, 북부여(웅심산, 서란, BC 239-BC 58) 를 세우고 천왕랑 자칭

*졸본부여-동부여로 분리

*부여(辰韓) 공주 파소(婆蘇), 진한(辰韓)에서 혁거세 출산

↓

졸본부여: *고두막한, 졸본부여(후기 북부여, 졸본, BC 108-BC 58) 건설

*고모수(고진, 弗離支)의 아들 고주몽, 고구려 건설(BC 58)

*소서노 신왕국(遼寧省)의 비류·온조, 미추홀과 위지성(風納土城) 이주

*백제 성왕(AD 538), 백제를 남부여(南夫餘)로 개칭

↓

동부여:*해부루(BC 86), 가섭원에 동부여(가섭원 부여, BC 86-AD 22) 건설

*금와(2대), 대소(3대)가 고구려 대무신왕에게 전사(AD 22).

*영표, 갈사(우수리?)에 갈사부여(22-68) 건설→ 동부여후(도두왕, 68)

*대소 왕의 종제(從弟), 연나부 부여(西夫餘, BC 22-AD 494, 백랑산) 건설

*연나부 부여왕 의라 (崇神?), 백제를 거쳐 야마토 건설(300-318?)

불가리아·타타르 건국설: 신용하(서울대)는 부여가 만주에 천여 년간

존재했던(BC 5C-AD 5C) 선진국이었다고 주장한다.(1) 그는 부여족의 일파가 4세기 말 캅카스(흑해-카스피해 사이)로 이주했으며, 7세기에 등장한 불가족(Bulghar)도 부여(夫餘+加→ 불가리아)의 일파라 하였다. 당시 불가 족장 쿠브라트(Kubrat)가 대불가리아(Magna Bulgaria, 635)를 세웠으나 다섯 아들의 권력 다툼으로 제국이 와해되었고, 둘째(Kotrag)가 세운 코추불가(Kotchou-Bulghar)가 오늘의 타타르공화국(Tatarstan)이 되었다고 하였다.

흥미로운 사실은 보야(Boyar, 부여)라 불린 셋째아들(Asparukh)의 후손들은 비잔틴군과 싸우기 전에는 반드시 단군에게 제사를 지냈다고 한다. 그들이 세운 제1차 제국(681-1018)의 크룸(Krum) 황제는 수도를 사비(소비, 소피아)로 옮겼으며, 그 후 황제들은 대대로 소비산(白山)에서 천제를 드렸다고 한다. 이 소비산(밝안산)에서 발칸(Balkan)이라는 지명이 유래했다는 것이다. 제2차 제국시대(1186-1330)에 비록 슬라브족과 혼혈이 되었지만, 지금도 몽골반점을 가진 유일한 백인종이라 한다.

(1) 원부여(原夫餘)

〈규원사화〉 '단군세기'에 의하면 원부여는 원래 단군왕검의 넷째아들 부여가 세운 제후국(BC 425)이었다. 처음에는 서쪽에 있다가 북방 우수주를 거쳐 북서쪽 험윤의 자손 알유의 땅(엄려)으로 이주하였다. 그 후손들(맥, 람씨족)이 단군조선의 23세 아홀 단군 때 은나라 영토(회·대·빈·기)를 점령해 단군조선의 제후국을 세웠다고 한다.

〈사기〉 권129 '화식열전'은 "연의 북쪽에 오환과 부여가 이웃하였다"고 했으며, 목야전투(牧野戰鬪, BC 1122)에서 주 무왕에게 패한 부여가 연의 탁록현(하북성)에 나라를 세웠다고 하였다. 이들은 동이계 하의 후손(餘氏)이므로 나라 이름을 처음에는 '북여(北餘)'라 불렀는데, 이것이 부여에 대한 최초 기록이다. 〈삼국사기〉 '북부여전' 은 그 나라를 북부여(北夫餘)라 불렀다고 하였다. 그러나 송동건(2010)은 광개토대왕 훈적비에 나오는 부여(夫餘)는 구여(先餘) 또는 가수여(先餘, 鰕鰌饒)의 오기이며, 기자(箕子)의 이름(胥餘, 須臾)에서 부여(夫餘)가 유래했다고 주장한다.(2)

(2) 대부여(大夫餘, BC 425-BC 232)

단군조선의 제43대 물리 단군 때 일어난 우화충의 난(BC 425)으로 아사달이 함락되는 등 나라가 혼란스러워지자, 이를 평정한 백민성의 욕살 구물이 제44대 단군으로 등극하였다. 그는 민심을 추스르려고 나라 이름을 '대부여' 로 고쳤다(BC 425). 이때 장당경으로 천도했으므로 장당경 시대라 부르며, 제47대 고열가 단군까지 이어졌다. 즉 대부여는 쇠락한 단군조선의 별칭이었다.

(3) 북부여(北夫餘, BC 239-BC 86)

〈환단고기〉 '북부여기(上)' 에 의하면 제47대 고열가 재위 57년(BC 239), 제후국인 고리국(槀離國)의 해모수(解暮漱)가 웅심산(熊心山, 吉林省 舒蘭)의 흘승골에서 일어나 북부여를 세웠다. 당시에 대부여가 이미 존재하고 있었으므로 북부여라 부른 것이다. 그의 고향이 고리(槀離, Koli)이므로 북부여를 '고리(고구려)' 라고도 하였다. 이에 대해 〈삼국유사〉 '북부여전' 은 이렇게 소개한다.

> "〈고기〉는 다음과 같이 전한다. 전한의 선제 신작 3년 임술 4월 8일에 천제가 다섯 마리의 용이 끄는 수레를 타고 홀승골성에 내려와 도읍을 정하고 왕이 되었다. 나라 이름을 북부여라 하고, 자신을 해모수라 하였다. 아들을 낳아 부루라 하고, 해씨로 성을 삼았다. 그 후의 왕은 상제의 명령에 따라 동부여로 옮기게 되었다."
>
> 〈삼국유사〉 제1 '기이 북부여'

홀승골의 위치에 대해 〈위서〉 권100 '고구려전'은 요동성의 환인이라 했으나, 〈삼국유사〉는 무려현(北鎭懸, 遼寧省)이 〈후한서〉 권5 '원초 2년조'에 언급한 부여영(夫餘營, 北鎭懸)이라 하였다. 해모수는 제44대 단군(구물)이 창건한 진조선(眞朝鮮, 대부여계) 사람으로, 고열가 치하에서는 23세에 장군이 되었다. 그는 장당경에 왕궁을 세우고 천왕랑(天王郎, 國子郎)이라 칭했으며, 번조선을 다스리는 기비(箕丕, 부단군)의 도움을 받아 진조선의 영토 대부분을 회복하였다.

북부여의 초기 6년(BC 239-233)은 오가(五加)가 다스린 공화정시대였다. 이 시기에 삼한관경제도가 완전히 붕괴된 이유는 막조선과 번조선이 독립해 대단군이 없어졌기 때문이었다. 이에 다급해진 오가(五加)는 해모수에게 북부여(北夫餘)라는 국호와 함께 대단군(大檀君)의 칭호를 부여하였다(BC 232). 이후 해모수(1대)-모리수(2대)-고해사(3대)-고우루(4대)-고두막한(5대)으로 이어진 전기 북부여(BC 232-BC 87)가 단군조선을 계승하였다. 한편 제2대인 모리수의 아우 고진이 다스린 해성(평양)을 중부여(中夫餘)라 부르기도 한다.

(4) 후기 북부여(卒本夫餘, BC 74-BC 58? 37?)

'졸본부여' 또는 '동명부여'라고도 하며, 고두막한(5대)-고무서(6대)-고주몽(7대)으로 이어졌다. 〈환단고기〉 '북부여기(下)'에 의하면, 북부여의 제4대 고우루(해우루) 재위 13년(BC 108)에 한무제가 위만조선의 우거(右渠)를 무너뜨리고 북부여를 침공하였다. 이에 고열가의 후손인 고두막한(두막루, 동명제, BC 87-BC 59)이 일어나 이를 물리치고 졸본부여를 세웠으며(BC 74), 동명왕(東明王, 5세 단군, 주몽과 다름)이라 칭하였다. 그는 수성현(요동)에 조선 4군(낙랑·현토·진번·임둔)을 세웠다. 〈통전〉 '변방문고려'는 "갈석산은 한나라 낙랑군 수성현에 있는데, 진의 만리장성이 동쪽으로 요수를 끊고 이 산에서 일어났다"고 하였다. 요수는 난하를 지칭한다.

고두막한의 아들인 제6대 고무서(高無胥, 小解摹漱, BC 59-BC 58)는 딸(소서노)만 있어서 사위 주몽(23세)을 제7대 단군으로 임명하였다(BC 58?, BC 37?). 주몽은 세력을 키운 후 나라 이름을 고구려로 바꾸었다. 이처럼 주몽은 후기 북부여의 제7대 단군이면서 고구려의 시조였다.

〈태백일사〉 '고구려국 본기'에 의하면, 같은 해에 부여의 공주 파소(婆蘇)가 아비가 없이 낳은 혁거세(赫居世)가 진한 6부장의 추대로 거서간(居西干)이 되었다. 그는 13세에 서라벌에 도읍한 서나벌(徐那伐, 진한)을 세웠다. 그런데 〈삼국사기〉에 의하면 졸본부여 왕(고두막한)에게 세 딸이 있었다고 하였다. 고주몽이 둘째(예씨)와 결혼했으므로 파소가 첫째 공주일 가능성이 크다. 이 경우 주몽은 혁거세의 아저씨가 된다.

(5) 번조선을 침탈한 위만조선

건국: 단군조선의 구성체인 번조선(요서)에서는 제69대 왕 수한(水韓)의 때에 연(燕)이 침공했으나(BC 339), 수유사람(須臾人) 기후(箕詡)가 5천 군사를 거느리고 와서 물리쳤다. 수한이 후손이 없이 죽자 기자(箕子)의 후손으로 추징되는 기후(箕侯, BC 232)가 제70대 번조선 왕(부단군)이 되었다. 그러나 제71대 기욱(箕煜, BC 300)의 때에 연의 진개(秦介)가 만번한(滿番韓)을 침략해 국력이 쇠락하였다. 제74대 기비(箕丕, BC 232)는 해모수의 북부여 건국을 적극적으로 도왔다.

제75대 준왕(箕準, BC 221) 때에는 연(燕)의 노관(盧綰, BC 265-BC 193)이 한 고조를 피해 흉노로 망명하자 그의 부하인 위만(衛滿)도 조선옷으로 변장하고 일천 인을 거느리고 번조선으로 망명하였다(BC 195). 〈삼국지〉는 준왕이 '기자의 40여 대 세손' 이라 하였다. 준왕은 단군이 다스리는 진조선과 상의도 없이 위만을 난하 서쪽(上下雲障)의 장수로 임명하였다. 일 년 후 위만은 세력을 키워 준왕을 내쫓고 '위만조선' 이라 불렀다. 단군조선의 한 축인 번조선이 이처럼 위만에게 침탈을 당한 것이다. 당시 진조선은 위만(요서)의 동쪽(요동, 만주)에 존속했는데, 〈한서〉 '지리지' 는 진조선이 있었던 요동군에 27만2천5백37 가구가 살았다고 하였다.

멸망: 〈삼국지〉 '동이전' 은 〈위략〉을 인용해 "조선상(朝鮮相) 역계경(歷谿卿)이 우거왕에게 간했으나 들어주지 않자 동쪽 진국으로 갔으며, 그때 2천 호가 따라갔다"고 하였다. 위만의 손자 우거(右渠, ?-BC 108)는 결국 주화파 니계상(尼谿相, 參)이 보낸 자객에게 피살되었고, 니계상이 한무제에게 항복해 위만조선이 막을 내리게 되었다(BC 108).

이 와중에서 단군조선의 유민들은 요동, 만주, 한반도 등지로 분산하였다. 이때 세워진 나라 이름들은 요동과 요서의 지명(구려·옥저·예맥·낙랑·예·삼한·변한 등)에서 유래한 것이 많다. 한씨의 후손은 고구려·마한·일본 등지로 분산되어 위만조선인과 혼혈이 되었고, 김씨의 후손도 고구려·신라·여진 등으로 분산하였다. 언어학적으로 볼 때 신라·백제어는 부여계로 하어·은어와 같고, 고구려어는 서장어·원시부여어·마한어·한씨조선어·일본어와 같은 계통으로 알려져 있다. 이로 보건대 하·은의 후손은 신라와 온조백제로, 고구려·비류의 후손은 일본으로 많이 흘러간 것으로 보인다.

한사군: 한무제는 위만 왕조를 멸한 후 그곳에 한사군을 세웠다. 한사군은 한반도가 아닌 중국 동북부에 있었다(그림 2). 압록강 이남에는 중국식 고성터가 전혀 없으며, 사각형의 평지성이 존재할 뿐이다. 〈원사〉 '지

리지'(元史 地理志)는 장수왕 때의 평양성은 대동강변의 평양성으로부터 서북 천리에 있는 낙랑 땅에 있다고 했고, 고구려의 멸망 후(668) 당나라가 보낸 보장왕의 아들 고덕무(高德武, 700)가 세운 후고구려의 수도(120년간)가 대동강변의 평양이라 하였다. 〈원사〉 '지리지'(咸平路)는 그 낙랑군이 중국의 개원시(開原市)라 하였다.

> "(평양성은) 고구려의 평양성이다. 장안성은 한나라가 조선을 멸망시키고 세운 낙랑 땅이다. 장수왕이 처음으로 평양에 도읍하여 살았다. 당이 고구려를 쳐서 평양을 뽑아버리니 고구려가 동쪽으로 이주하여 압록수 동남 천여 리로 옮겨가니 대동강의 평양은 옛 평양이 아니다."
>
> 〈元史 地理志〉 '東寧路'

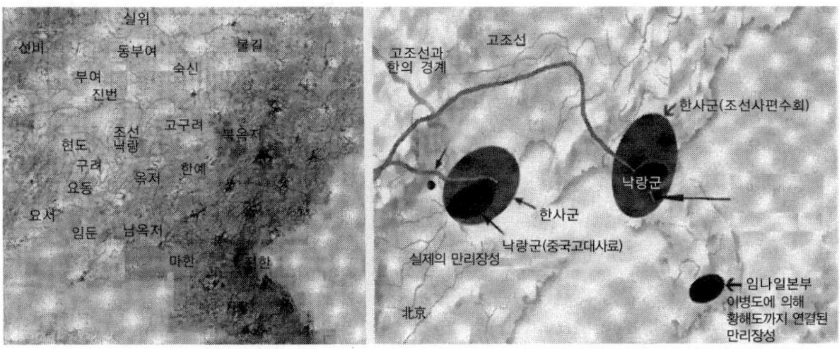

▲ 〈그림 12〉 한사군의 위치: (좌)후한서 근거(안경전, 2012), (우)한가람역사문화연구소 근거(이덕일, 2014)

후삼한: 해모수의 아들 모리수 원년(BC 194)에 위만에게 패한 기준이 바다를 건너 막조선(莫朝鮮, 莫韓, 馬韓, 익산)의 월지국으로 망명해 진국(辰國, 마한)을 세웠고(BC 195), 진왕(辰王, 眞王)이라 자칭하였다. 이들은 청주 한씨와 선우씨의 조상이 되었다.

"기준이 위만에게 나라를 빼앗긴 후 수천 사람과 함께 바닷길로 한지(韓地)로 이동해 마한을 정복하고 한왕(韓王)이 되었다…… 한(韓)에는 세 종류가 있는데…… 모두 진국이다." 〈후한서〉 '동이전'

"한(韓)은 옛날 진국이다." 〈삼국지〉 '동이전'

같은 시기에 번조선(요서)의 대부호 최승도 한반도의 막조선으로 건너와 왕검성(평양)에 낙랑국(樂浪國)을 세웠고, 상장군 탁(卓, BC 194)은 익산에 중마한(中馬韓, 月支國)을 세웠다. 이는 한반도에 이미 막조선(월지국·목지국 등 마한 54국)이 존재했음을 의미한다. 낙랑국은 요동의 낙랑군(樂浪郡)과는 전혀 다른 독립국가로, '낙랑공주와 호동왕자'의 이야기에 나오는 공주는 이 낙랑국의 공주이다.

이처럼 번조선이 멸망할 때에도 막조선과 진조선은 공존했었다. 후일 진조선의 일파는 경주에 진한(辰韓 12국)을, 막조선의 일파는 김해에 변한(弁韓 6국?)을 세웠다. 신채호는 이러한 남삼한(南三韓, 후삼한)을 고조선의 전삼한(북삼한)과 구분하였다. 후삼한은 연맹체로 운영되었으며, 마한 왕이 삼한 전체를 관장하는 진왕(辰王)이 되었다.

(6) 동부여(東夫餘, 가섭원 부여, BC 87-AD 22)

북부여에서는 제4대 고우루(高于婁, 解于婁, 재위 BC 121-?)가 병사하고, 아우 해부루(解夫婁)가 뒤를 이었다. 〈삼국유사〉 '동부여'에 의하면, 어느 날 천제가 해부루의 재상 아불란(阿蘭弗)의 꿈에 나타나, "장차 내 자손이 이곳에 나라를 세울 것이니 너는 여기를 떠나라. 동해 해변의 가섭원은 토지가 기름져 왕도를 삼을 만하다"고 하였다 한다. 해부루는 계속되는 동명왕(북부여 제5대 고두막한)의 위협으로 가섭원(迦葉原, 岔陵, 흑룡강성)으로 천도하였다(BC 86). 이를 가섭원부여 또는 동부여(東夫餘)라 부른다.

해부루는 아들이 없어서 하늘에 제사를 지냈는데, 어느 날 그가 탄 말이 곤연(鯤淵, 흑룡강성 영안현)에서 큰 돌을 보고 눈물을 흘렸다고 한다. 돌을 굴려 보니 개구리 모양의 금빛 어린아이가 나왔는데 왕은 그를 금와(金蛙, 金氏)라 불렀고, 그가 해부루의 뒤를 이었다.(3) 그러나 동부여는 제3대 대소왕이 고구려의 무휼왕에게 전사하면서(22) 막을 내렸다.

(7) 연나부 부여(椽那部 夫餘, 22-494)

금와왕의 후손이 서쪽 연나부로 도망해 정주(正州, 開原)에 세운 나라이므로 서부여(연나부 부여)라 불렀다. 의려국(依盧國, 낙씨부여)이라 부르기도 한다. 그러나 대소의 종제(6촌 동생, 47)가 1만 백성을 거느리고 고구려의 대무신(무휼) 열제에게 항복했고, 고구려는 그를 연나부 제후로 봉하였다. 그의 등에는 띠무늬가 있어서 낙씨(絡氏)의 성을 하사하였다. 그러나 일부 왕족은 고구려에 항복하지 않고 왕조를 이어갔다.

〈태백일사〉 '대진국 본기' 에는 연나부 부여의 제6대 왕 의려는 수도를 정주에서 연나라에 가까운 백랑곡(白狼谷)으로 옮겼다고 하였다. 그러나 전연의 모용외(慕容廆, 269-333)의 공격으로 1만 명이 포로로 잡혀갔고(285), 의려는 자살했다고 한다. 그러나 다른 설에는 의려가 아들 부라(의라)에게 양위하고 수천의 무리를 거느리고 바다를 건너가 왜왕이 되었다고 한다. 옥저로 피신한 의라는 서진(西晉)의 도움으로 부여를 재탈환하였다. 그러나 선비족(모용)이 재침하자 의라도 왜로 건너갔고, 잔존 세력은 고구려의 문자열제(文咨烈帝)에게 항복하면서 나라가 완전히 사라졌다(494). 일부 잔존 세력은 북쪽으로 가서 두막루를 세웠다고 전한다.

〈진서〉 '4이전(四夷傳)' 부여조와 〈자치통감〉 권3 '진기' 에 의하면 동부여는 해부루-금와-대소-갈사(영포)-도두-부태-위구태(尉仇台, 121?)-간위

거(簡位居)-마여(麻余)-의려(依慮, ?-285)-의라(依羅, 재위 286-?)-현왕-잔왕으로 왕위가 이어졌다고 하였다. 위구태는 2만 병력으로 한의 현토군을 정복하고 부여의 전성기를 이루었다. 〈삼국사기〉는 이렇게 설명한다.

> "태조대왕 69년(121), 고구리가 1만 군사로 현토성을 포위하자 부여왕이 아들 위구태를 보내 군사 2만을 거느리고 한나라와 협력해 싸우니, 고구리 군사가 대패하였다. 이듬해, 태조대왕이 요동을 침범하니 부여왕이 군사를 보내 구원해 고구리 군사를 깨뜨렸다."

(8) 갈사부여(曷思夫餘, 21-68)

고구려의 제3대 대무신왕(재위 19-44)이 동부여의 대소왕을 정벌할 때, 괴유라는 자가 대소왕의 목을 잘라 바쳤다고 한다. 이에 대소의 막내동생 갈사왕(영포)이 200여 명을 이끌고 북쪽으로 달아나 해두국(海頭國, 발해 연안?, 蘇下江?)의 왕을 죽이고 갈사국을 세웠다(22). 갈사왕은 고구려 대무신왕에게 자기 딸(손녀?)을 후비로 삼아 호동왕자를 낳게 하였다. 더 나아가 갈사왕의 손자(都頭)는 고구려에 귀순하고 우대(優臺)라는 벼슬을 받았다고 한다.

(9) 남부여(南夫餘, 538)

부여족의 후손이 세운 온조백제는 부여를 성씨로 삼았다. 고구려 장수왕의 공격으로 한성에서 웅진으로 천도했고, 동성왕과 무령왕에 이르러 국력을 회복하였다. 그 뒤를 이은 성왕은 웅진(熊津)에서 남쪽 부여(사비성)로 옮기고 나라 이름을 남부여라 칭하였다.

고조선을 계승한 북부여에서 파생한 나라들을 정리하면 다음과 같다(그림 3)[4].

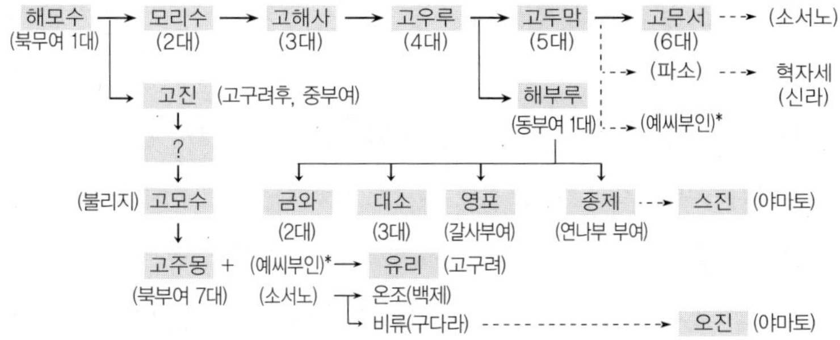

▲ 〈그림 3〉 북부여의 계보

2. 고구려의 기원과 변천

건국: 고구려는 부여의 왕자 추모(주몽)가 세웠다. 〈후한서〉 '동이열전'은 동명성왕을 '부여국전'에서, 고구려 역사는 '구려전'에서 다루었다. 광개토대왕 비문이나 〈논형〉 및 〈역림〉 등은 주몽이 '부여 왕'이 되었다고 했고, 〈삼국사기〉는 주몽이 졸본부여(卒本夫餘)를 세웠다고 하였다. 여기서 졸(卒)은 홀(忽)과 발음이 유사하므로 홀본(忽本, 日本)으로 해석할 수 있다.[5] 이처럼 주몽은 북부여에서 태어나 부여에 도읍하고 부여의 왕이 되었으며, 부여를 계승한 나라를 세웠다. 〈삼국지〉 '고구려전'은 고구려의 언어와 제사 방식이 부여와 같다고 하였다.

〈한서〉 '고제본기'(高帝本紀) 4년 8월조(BC 203)는 "북맥(北貉), 연인(燕人) 등이 와서 효기(梟騎)로서 한을 도왔다"고 했고, 〈후한서〉 '구려전'은 "구려는 일명 맥(貊)이다"고 하였다. 여기서 맥(貉, 貊)은 고구려를, 효(梟)는 '부모를 죽인 올빼미'인 흉노 모돈(冒頓)을 지칭하므로 고구려를 흉노와 동일시한 것이다. 따라서 고구려는 기원전 203년에 이미 존재한 것으로 보인다. 한(漢)의 건국에 기여한 장량(張良, 子房, BC ?-BC 186)도 고구려인이었다.[6] 그럼에도 〈삼국사기〉와 〈삼국유사〉는 고구려의 개국을 기원전 37년으로 신라(BC 57)보다 낮춰 잡았다.

〈태백일사〉에는 주몽이 북부여의 제7대 단군 겸 고구려 왕으로 등극한 해가 기원전 58년(고무서 단군이 죽은 해)으로 나온다. 해모수의 둘째아들 고진은 한족을 몰아내고 고구려후(高句麗候)라는 관직을 받은 고리군(Koli)의 왕이었다. 그의 손자가 고모수이고, 고모수의 아들이 주몽이었다. 고리국은 몽골 동부에 위치한 곳으로, 고구려와 흉노의 발원지로 추정된다. 칭기즈칸의 선조도 이곳 출신으로 알려져 있다.

> "고리군(藁離郡)의 왕 고진(高辰)은 해모수의 둘째아들이고, 옥저후 고모수(弗離支)는 고진의 손자이다. 모두 도적 위만을 토벌한 공로로 봉토를 받았다. 고모수가 일찍이 서압록을 지나다가 하백의 딸 유화를 만나 기뻐하며 장가들어 주몽을 낳았다. 때는 임인년(BC 79) 5월 5일이요, 한나라 불릉(弗陵, 昭帝) 원봉(元鳳) 2년이었다. 불리지가 죽자 유화가 주몽을 데리고 웅심산으로 들어가니 지금의 서란(舒蘭)이다. 주몽이 장성해 사방을 돌아다니다가 가섭원을 택해 살면서 관가에서 말 기르는 일을 맡았다. 그러나 관가의 미움을 사게 되어, 오이(烏伊)·마리(摩離)·협보(陜父)와 함께 도망해 졸본에 이르렀다. 마침 부여왕(북부여 6세 고무서)이 대를 이을 아들이 없어, 주몽이 왕의 사위가 되어 대통을 이으시니(BC 58), 이분이 곧 고구려의 시조시다."
>
> 〈태백일사〉 '고구려국 본기'

〈북부여기〉 '가섭원 부여기'는 해부루 재위 8년(BC 79)에 부여의 황손 고모수가 하백의 딸(柳花)과 관계를 가진 후 승천했다고 한다. 이규보의 〈동국이상국집〉(東國李相國集) 권3 '동명왕편'은 하백의 세 딸(柳花·萱花·葦花)이 웅심연(熊心淵)에서 목욕을 했는데, 해모수는 그들을 취하게 한 후 유화와 정을 통했다고 하였다. 그 일로 해모수는 하백의 가죽부대에 갇혀 물속으로 던져졌으나, 유화의 비녀로 가죽부대를 터트리고 하늘로 올라갔다고 하였다. 그리고 유화의 간통에 격노한 하백이 유화를 우발수(優渤水)로 추방했다는 것이다. 유화는 동부여 금와왕(金蛙王)의 후비가 되었고, 유화가 낳은 황금알에서 고주몽이 태어났다고 하였다(BC 79). 주몽의 이름 추모(鄒牟)는 공자의 고향으로, 옛 주루국(邾婁國, 鄒魯國)에서 유래한 것이다. 광개토대왕 석비에도 추모(주몽)를 북부여 출신이라 하였다.

〈삼국유사〉 '고구려전' 에도 해모수(貊族)가 웅심산(熊心山) 아래 압록수에서 비서갑(非西岬) 하백의 딸 유화(柳花)와 관계를 가진 후 사라졌다고 하였다.(7) 이에 부루의 미움을 받아(유화의 부루 후궁설) 우발수(優渤水)로 쫓겨난 유화는 금와왕의 후비가 되었다고 하였다. 어느 날 유화가 큰 알을 낳았는데, 햇빛이 비추자 알에서 어린 아이(주몽)가 태어났다는 것이다(BC 58). 그는 주몽(활을 잘 쏘는 자)이라 불리었으며, 후일 졸본부여의 둘째공주(예씨)와 결혼하였다. 그러나 금와의 7왕자가 죽이려 하자 신하들(오이·협보·마리·재사·무골·묵거)과 함께 개사수(蓋斯水, 淹利大水, 盆陵水)를 건너, 졸본의 백제 여씨족를 쫓아내고(해동제이) 졸본천(卒本川, 忽本)에 구려(句麗, 貊耳, 駒, こま)를 세웠다(BC 58?, BC 37?). 그리고 성을 고씨(서장족 시조 高陽氏, 원래 韓氏 또는 解氏)로 바꾸었다고 한다. 그러나 사실은 주몽으로부터 제5대(89년)까지는 해씨, 제6대(태조왕, 93년)가 고씨, 제7~10대(81년)는 부여 김씨, 제11–28대(442년)는 다시 고씨였다.

여걸 소서노: 주몽은 북부여(졸본부여)의 제6대 단군 고무서의 차녀 소서노(召西奴)와 재혼하였다. 소서노는 부루의 서손 우이(優怡)와의 사이에서 비류를 낳았으나, 우이가 죽자 주몽과 재혼하였다. 소서노(30세)는 주몽(22세)과의 사이에서 온조를 비롯한 여러 왕자를 낳았다. 〈삼국유사〉 '남부여전' 은 온조가 해씨(解氏)라 하였다. 주몽은 예씨 부인의 아들 유리(琉璃, 累利)

가 찾아오자 왕위를 잇게 했고, 41세에 죽었다.(8) 주몽이 죽을 때 온조는 19-20세로 추정되며, 소서노는 요동에 백제국(신왕국)을 세웠고, 한반도로 건너와 61세(BC 6)에 사망하였다. 이처럼 소서노는 고구려와 백제를 세운 여걸이었다.

국호: 고구려는 고리, 구려 또는 맥구려라고도 한다. 장수왕 이후는 고려라 불렀으나 왕건의 고려와 구분하기 위해 사학계에서 고구려로 통칭한다. 〈진서〉(晉書)는 구려를 고진의 이름을 따라 고구려로 개칭했다고 하였다. 고구려에 대한 최초의 기록은 〈한서〉 '지리지 현토군' 에 한무제(BC 107)가 한사군을 설치할 때, 현토군에 고구려현(高句麗縣)을 두었다는 내용이다. 〈후한서〉도 고구려와 구려(句驪)에 대해 기술하였다. '구려' 는 '구레' 로 읽으며, 일본어로 '오'(吳)를 뜻한다. 이는 고구려가 탄생한 현토의 홀본(忽本, 해본)이 오(吳)의 영토였기 때문이다.

신채호는 "고구려의 본 이름은 가우리요, 고구려는 그 이두음인데, 구태여 고구려를 구려 또는 하구려로 쓴 자는 한인(漢人)이었다. 한인의 짓도 괘씸하거늘…… 하구려(下句麗)라 함에랴"라 하였다.(9) 고구려는 '높은 성' 이라는 뜻이다.

한편 송동건(2010)은 고구려의 옛 이름 구려(句麗)는 고을을 뜻하는 구루(溝漊, 골)나 홀(忽)의 음을 한자로 표기한 것이며, 고(高)는 미칭이라 하였다. 그리고 고구려의 옛 발음을 가마구지(가마우지)로 해석하였다.(10)

> "가마우지는 검은 물새로 까마귀(가마괴)와 유사하며 삼족오로 상징되는 고구려를 뜻한다. 가마우지는 흉노의 시조새이면서 태양신으로, 태양과 묘성을 뜻한다. 묘성(昴星, 胡星)은 가마우지 삼족오(太陽神)이면서 '천상의 토끼'(玄兎)이다. 〈한서〉 '지리지' 는 주몽이 구려를 현토의 남산에서 건국했다고

하였다. 따라서 삼족오는 고구려의 신이며, 부여의 수신(襚神)이었다."

〈고구려와 흉노〉 (송동건, 2010)

한편 몽골에서는 고구려를 모크리(맥크리)라 불렀는데, 이는 맥구려(貊句麗)에서 기인하는 듯하다. 고대 비잔틴에서는 무크리(Mouxri, 畝俱理, 木骨閭), 고대 인도에서는 무쿠리(Mukuri), 돈황문서(P-1283)와 티베트에서는 무그리그(Mug-lig)라 불렀다.(11) 이는 맥구려(貊句麗), 즉 '맥족의 구려' 라는 뜻이다.

에가미 나미오는 〈니혼쇼키〉 '유랴쿠기' (雄略記)에 나오는 '아야하토리(漢織)와 '구레하토리' (吳織)의 '구레' (吳)를 '고구려' 로 해석하였다.(12) 〈후한서〉 '고구려전' 은 "구려를 일명 맥이(貊耳)"라 했고, 〈설문해자〉는 "맥은 북방적(北方狄)"이라 했으므로, 일본어로 고구려를 고마(駒, 망아지)라 부른 것으로 보인다. 송동건(2010)은 홀본(忽本, 日本)은 흘승골성(紇升骨城, 錢唐縣, 杭州)인데, 중국 고서에 나오는 양곡(暘谷)이라 하였다.(13) 이곳에는 지금도 주몽을 따른 세 사람을 기념하는 삼랑사(三郎祠, 三郎廟)가 있다. 한편 후한의 왕충(王充, 27-100?)이 쓴 〈논형〉(論衡)과 〈역림〉은 고주몽이 홀본(忽本)이 아닌 부여에 도읍을 했다고 하였다.

김성호 등(2008)은 고구려이 태하박사 이문진이 〈유기〉(留記)를 〈신집〉(新集, 600)으로 재편집하면서 나라 이름을 '고구려' 로 개칭했고, 구려현이 고씨계이므로 해주몽을 고주몽으로 바꾼 것으로 보인다고 하였다. 고구려 고씨의 원조는 북부 서장족의 시조 고양(高陽)이었다. 고자(高慈)의 묘비명에 따르면 고구려의 조상은 조선인이고, 그 뿌리는 환족이므로 그는 한씨조선인이었다. 한씨조선이 멸망하면서 그 유민이 마한, 고구려, 일본 등지로 흩어진 것이다. 한씨조선의 준왕은 한반도로 망명하면서(BC 195) 주성왕이 내린 한씨 성을 버렸고 고구려 국호를 다시 사용했다고 한다.(14)

주몽에게 내쫓긴 졸본부여족은 중국의 동남 해안과 한반도로 남하했으며, 백제 왕족의 하나인 여씨(餘氏)가 되었다.

영역: 고구려는 전성기 때에 압록강을 중심으로 한반도 북부와 중부, 중국의 랴오둥(遼東城)·지린(吉林省)·랴오닝(遼寧省)의 대부분, 헤이룽장(黑龍江省)과 내몽골 및 연해주 일부까지 지배하였다. 중국의 〈남사〉 '이맥열전'은 장안의 서쪽에 고창국(서역)이 있는데 "생김새가 고려와 비슷하다"고 하였다. 〈통전〉 '서융전' 도 "그 형법, 풍속, 혼인, 장계풍속 등이 중국과 대체로 동일하다. 그들의 면모는 고려와 같다"고 하였다.(15)

통치: 송동건(2010)에 따르면, 고구려는 당시 중국의 남과 북에 황제를 하나씩 거느리고 이들을 장(鄣, 藩屛)이라 불렀으며, 전성기에는 210,508호가 있었다 한다. 〈삼국사기〉에는 69만 호, 〈구당서〉에는 69만7천 호라 하였다.

고구려 초기의 왕들은 이웃나라 공주들과 결혼으로 지배 지역의 안정을 꾀하였다. 태조왕 때(53)에는 왕족인 고씨의 계루(桂婁, 內部)를 포함한 소노(消奴, 西部), 절노(絕奴, 北部), 순노(順奴, 東部), 관노(灌奴, 南部) 등 다섯 부족으로 이루어진 연맹 국가로 성장하였다. 초기에는 소노부, 후기에는 계루부가 왕위를 세습하였다.

관료의 등급은 막리지(莫離支)·대대로(待對盧)·태대형(太大兄)·태대사자(太代使者)·대사자(代使者) 등의 12등급으로 나누었다. 지방은 5부로 나누고, 5부에는 욕살(褥薩)이라는 부왕(副王)을 두었다. 군제는 국민 개병제였고, 3경(국내성·한성·재령)과 각 성에 상비군, 변방에는 순라군을 두었다. 태조대왕 때부터 조의(皂衣)*1라는 선비제도를 두어 신분에 상관없이 문무를 겸한 자들로 지도자를 삼았는데, 위급할 때마다 앞장서 국가를 구하였다.

약사: 주몽(재위 BC 37-BC 19?)은 연호를 다물(多勿)이라 하고, 능하를 포함한 열국을 정복하였다. 〈삼국사기〉 '고구려 본기' 는 주몽이 처음 정복한 나라가 송양왕(松讓王)의 비류국이며, 그곳을 다물도(多勿都, 復舊土)라 불렀다고 하였다. 이규보는 〈동국이상국집〉 제3권 '동명왕편' (1193)에서 "송양왕이 자신을 선인의 후손이라 했다"고 했는데, 선인은 오족왜인을 뜻한다. 송양왕의 공주를 비로 맞은 제2대 유리명왕(재위 BC 19-AD 18)은 국내성으로 천도했고, 진한과 번한을 합병하였다.

제3대 대무신왕(撫恀王, 재위 18-44)은 재위 제5년(AD 22)에 동부여를 정복했고, 갈사국 부여 공주가 낳은 호동왕자를 통해 낙랑국도 정복하였다. 제6대 태조왕(53?-146?)은 옥저와 동예를 정복했고, 차대왕(왕자 遂成)을 통해 한나라와 17년간(105-121) 전투 끝에 요동반도를 탈환하였다(〈舊唐書〉 '賈耽傳'). 제9대 고국천왕(재위 179-197)은 을파소(乙巴素)를 등용해 국정을 안정시켰다. 제10대 산상왕 원년(山上王, 재위 197-227)에는 왕의 아우 계수(罽須)를 보내 요동 태수 공손탁(公孫度) 치하의 낙랑과 현토를 포함한 고조선의 고토를 회복하였다.

제11대 동천왕(재위 227-248)은 요동까지 진출한 위(魏)와 자주 싸워 이겼나. 그러나 자만한 결과 관구검(毌丘儉, ? 266)에게 역습을 당해 제2 환도성(安古城, 桓因縣)이 함락되면서(244, 246) 수많은 고서가 불타거나 약탈을 당하였다. 남옥저로 도주한 그는 서쪽 평양성으로 천도하였다. 이 성의 위치에 대해, 송동건(2010)은 중국의 남전(藍田)을 포함한 장안성(長安城)으로 고증하였다.(16) 신채호는 제1 환도성은 안시성(安市城), 제2 환도성은 안고성(安古城), 제3 환도성은 홍석정자산(紅石頂子山, 輯安縣)으로 고증하였다.

제15대 미천왕(을불, 재위 300-331)의 시기는 모용 가문과 혈전의 연속이었다. 그는 서안평과 요동의 낙랑(313), 대방군(314), 현토(315)를 차례로 정복하였다. 그 뒤를 이은 제16대 고국원왕(釗, 재위 331?-371)은 요동 지역을 두고 조양(朝陽)에 도읍한 선비족이 세운 전연(前燕)의 모용부(慕容部)와 싸웠다. 모용부의 아들 모용황(慕容皝, 재위 337-348)은 고구려의 제3 환도성을 함락했고(342), 미천왕(재위 300-331)의 유해와 태후를 비롯한 5만 명을 잡아갔다. 설상가상으로 고국원왕은 백제 근초고왕의 태자 근구수에게 전사하였다(371).

제17대 소수림왕(371-384)은 내부개혁으로 국가의 중흥을 꾀했고, 전진(前秦)에서 불교를 도입했으며(372), 태학을 세워 인재를 양성하였다. 제18대 고국양왕(故國壤王, 재위 384-391)은 요동·북낙랑·현토 지역을 회복하였다.

18세에 왕위에 오른 제19대 광개토대왕(談德, 재위 391-413)은 영락 2년(392) 4만의 대군으로 백제의 대방군과 한성백제(百殘)를 공격해, 임진강 상류(10성), 한강 아차성, 하남 미사성 및 관미성(교동도, 강화도)을 함락하였다.

광개토대왕은 395년 흉노의 후손인 과려족(顆麗族)이 거주한 파부산(叵富山, 陰山山脈)·부산(負山, 甘肅省)·염수(鹽水, 甘肅省)를 정벌하였다. 이어서 396년에는 관미성에서 바다 길로 구다라(殘國)의 수도 웅진(居發城)을 정복했고, 귀로에 한성백제를 다시 함락하였다. 이어서 고구려 남쪽의 후연(402), 북쪽의 숙신과 비려, 동쪽의 읍루와 동예 등을 합병하였다. 그리고 안시성(蓋平)으로 천도하고, 선비족 모용씨(垂·盛·熙)와 10년 전쟁에서 연전연승을 하였다. 그 영향으로 연이 망하고 탁발씨(拓跋氏)의 위(魏)와 송(宋)의 고조(高祖)가 강성하게 되었다. 대왕은 왜도 정벌하였다.

"한번은 바다를 건너 이르는 곳마다 왜인을 격파했는데, 이에 당시 왜인은 백제를 돕고 있었다…… 이에 열제께서 몸소 수군을 거느리고 웅진(熊津)·임천(林川)·와산(蝸山)·괴구(槐口)·복사매(伏斯買)·우술산(雨述山)·진을례(進乙禮)·노사지(奴斯只) 등의 성을 점령하였다. 속리산을 지나시다가 이른 아침 천제를 지내고 돌아왔다. 이때 백제·신라·가락 모든 나라가 조공을 끊이지 않고 바쳤다. 거란과 평량이 다 평정되어 굴복했고, 임나(任那, 대마도)·이국(伊國, 伊勢)·왜(倭)의 무리가 신하라 칭하지 않는 자가 없었으니, 해동의 융성함이 이때 절정을 이루었다."

〈태백일사〉 제6 '고구려국 본기'

第20대 장수왕(재위 413-491)은 이러한 부친(父親) 광개토대왕의 업적을 기리는 기념비(414)를 집안(集安, 吉林省)에 세웠다. 그런데 이 비문의 신묘년(391) 기사에 대한 논란이 지금까지 이어지고 있다. 일본은 이 내용에 근거해 진구(神功皇后)의 한반도 남부정복설과 임나일본부설(任那日本府說)을 주장한다.

"백잔과 신라는 예로부터 속민으로 조공을 바쳤다. 그런데 신묘년(391)부터 왜가 바다를 건너 백잔□□□라를 깨뜨리고 신민으로 삼았다."(百殘新羅舊是屬民由來朝貢而倭而辛卯年來渡海破百殘 □□□羅而爲臣民)

장수왕(재위 412-491)은 재위 15년(427) 평양으로 천도했는데, 이에 위협을 느낀 신라와 백제는 나제동맹(433)을 맺었다. 이에 장수왕은 백제 수도 한성을 다시 정복했고(475), 이때 개로왕이 전사하였다. 백제는 남쪽의 공주로 천도하였다. 신채호는 장수왕을 간악한 술책을 즐긴 왕으로 묘사하였다. 괴승 도림(道琳)을 백제 근개루왕의 바둑 친구로 보내 큰 대궐을 짓도록 유도한 후 3만의 군사로 신위례성을 함락했다고 한다. 이에 위협을 느낀 백제·신라·가라·임나는 연맹체를 이루어 40년간 고구려에 대항하였다.

6세기(제23대 安原王, 531-545)부터 고구려는 왕위 계승 문제로 내전이 일어나면서 쇠약해지기 시작하였다. 나제 연합군에게 한강 유역을 빼앗겼고, 북쪽의 돌궐 및 서남쪽의 수나라와 충돌하였다. 수는 문제(612) 때 고구려를 여러 번 공격했으나 실패했고, 양제 때에는 113만이 넘는 군사로 평양을 공격했으나 을지문덕에게 패배해 결국 멸망하였다.

수를 이은 당의 공격에 대비해 연개소문은 천리장성을 쌓았다. 이러한 호전성에 위협을 느낀 귀족들이 그를 제거하려 하자, 연개소문은 귀족들과 영류왕을 죽이고 대막리지가 되었다(642). 이를 빌미로 당태종은 고구려를 침공했으나(645, 661) 번번이 패퇴하였다. 〈태백일사〉는 연개소문이 장안성에 입성해 당 태종의 항복을 받았다고 하였다.

> "막리지가 정국, 만춘 등의 기병 수만을 거느리고 성대하게 의식을 갖추고 북 치고 나팔 부는 군악대를 앞세우고 장안에 입성하였다. 세민과 더불어 약정하여 산서성·하북성·산동성 강좌가 모두 고구려에 귀속하게 되었다."
>
> 〈태백일사〉 제6 '고구려국 본기'

그러나 남생-남건의 불화가 일어나 남생은 당 고종에게, 연개소문의 아우 연정토는 신라에 투항하였다. 그리고 드넓은 만주벌판을 호령하던 고구려는 제28대 보장왕 때(재위 642-668) 나당연합군의 침공으로 멸망하였다.

대진국: 고구려의 장수 걸걸중상(乞乞仲象, ?-698)은 아들 대조영 및 말갈 족장 걸사비우와 함께 당나라에 항전하다 전사했으나, 그의 아들 대조영이 동모산에 진국(辰國, 渤海, 698-926)을 세웠다. 대조영에 대해 〈구당서〉는 '고려 별종'(高麗別種)이라 했으나 〈신당서〉는 '속말말갈로 고려에 붙은 자'

라 했고, 〈삼국유사〉는 신라고기(新羅古記)를 인용해 '고구려의 옛 장수'라 하였다. 최치원은 "옛날의 고구려가 지금의 발해가 되었다"고 하였다. 일본의 기록에는 "그 나라는 말갈인이 많고 고구려인이 적지만, 고구려인들이 이들을 지배하고 있다"고 하였다. 일본을 방문했던 발해 사신이 전해준 국서(國書, 758)에도 발해의 제3대 문왕(文王, 758)은 '고구려왕'을 자칭하였다. 1980년에 발굴한 문왕의 넷째공주(정효)의 묘비에 의하면 발해는 문왕과 그 조상을 황제라 불렀고, 당은 선왕 시기에 발해를 '해동성국'(海東盛國)이라 불렀다.

통치 기간: 김성호 등[17]은 한씨조선의 준왕(BC 195) 후손이 주의 성왕이 내려준 한씨 성을 버리고 국호도 '고구려'라 불렀다고 하였다. 따라서 고구려 존속 기간은 준왕의 망명으로부터 고구려 멸망까지(BC 195-AD 668)를 합산하면 총 863년이라고 하였다. 〈신당서〉 권220 '고구려전' 역시 〈고구려 비기〉를 인용해, "이 나라의 건국이 900년이 되기 전에 80대 장이 멸한다 하는데, 지금 고씨의 나라는 한나라 이래 900년이 되었고, 이적의 나이는 80이지 않은가"라 하였다. 여기서 '80의 이적'은 당나라 장수 이세적(李世勣)을 말한다.

단재 신채호는 〈삼국사기〉가 고구려 역사를 100여 년 삭감했다고 비판하였고, 문정창(1971)은 고구려 역사를 190년, 석광준(2000, 북한사회과학연구원)은 200년을 추가해야 한다고 하였다.[18] 중국은 전통적으로 고구려를 한국사로 인식했으나, 2002년부터는 동북공정을 통해 중국의 변방역사로 편입시키려 하며, 최근에는 발해사의 중국사 편입에 몰두하고 있다. 이에 한국 정부는 동북아역사재단(2006)을 설립했으나, 재야 사학자들로부터 식민사관의 벽을 넘지 못하고 있다는 비판을 받는다.

| 참고사항 |

*1. 조의 선인: 〈삼국지〉 '위지 동이전' 에 따르면 조의(皂衣 · 早衣 · 帛衣)와 선인(先人 · 仙人)은 초기 고구려에서 왕 또는 대가(大加)의 휘하에 있었던 가신의 직책으로 추정된다. 동천왕이 오나라 사신단을 조의 25명으로 호송한 기록이 있다. 조의는 무사, 선인은 문사의 기능을 수행하였다. 연개소문이나 고려 태조도 이들을 활용한 것으로 보인다. 신채호는 신라의 화랑과 유사한 무사의 직책으로 추정했고, 일각에서는 고구려의 조의–선인제도가 화랑–낭도로 구성된 화랑도의 설립에 영향을 준 것으로 추측한다. 국사편찬위원회는 "〈삼국지〉 및 그것에 전재한 것으로 보이는 〈후한서〉와 〈양서〉의 '고구려전' 관명에서는 '早衣先人' 으로 되고, 〈주서〉 · 〈북사〉 · 〈구당서〉에는 '仙人' 으로, 〈신당서〉, 〈한원〉 〈고려기〉에는 '先人' 으로 되어 있다"고 하였다.

| 참고자료 |

(1) 신용하: 한국 원민족 형성과 역사적 전통, 나남출판, 2005

(2) 송동건: 고구려와 흉노, pp. 121-129, 진영출판사, 서울, 2010

(3) 이재호 역주: 삼국유사, 동부여사, pp. 95-96, 솔출판사, 서울, 1998

(4) 안경전 역주: 환단고기, p. 129, 상생출판, 대전, 2012

(5) 송동건: op.cit, pp.44-46

(6) 송동건: op.cit, pp. 62-65

(7) 이재호 역주: op.cit, pp. 97-102

(8) 이규보, 이승휴 저, 박두포 역: 동명왕편, 제왕운기, pp. 49-85, 을유문화사, 서울, 1974

(9) 신채호 저, 윤재영 역해: op.cit, pp. 141-142

(10) 송동건: op.cit, pp. 35-39,

(11) 송동건: ibid, pp. 197-203

(12) 江上波夫: 騎馬民族國家, 改訂版, p. 215, 東京, 1991

(13) 송동건: ibid, pp. 141-150

(14) 김성호, 김상한: 한중일 국가기원과 그 역사, p. 102, 맑은소리, 서울, 2008

(15) 송동건: op.cit, pp. 251-253

(16) 송동건: op.cit, pp. 412-421

(17) 김성호 등: op.cit, pp. 97-102

(18) 김성호 등: op.cit, pp.101-102

제 7 장

백제의 기원

중국 사서들과 〈환단고기〉 등에 의하면, 고구려·신라·백제의 원(原) 삼국은 일찍이 중국과 만주에서 건국되었다. 즉 중국의 동부와 북부는 우리 영토였다. 특히 백제는 400여 년간 중국 동남해안을 지배했으며, 야마토에 담로를 보내어 다스렸던 막강한 해양국가였다. 중국과 일본에 남아 있는 무수한 백제와 담로(다무로)라는 지명들과 유적 및 유물이 이러한 사실을 뒷받침한다. 그런데 왜 우리 강단사학에서는 중국과 일본의 고서들이 전하는 이러한 역사적 사실들을 애써 외면하려 하는 것일까?

대륙에서의 잦은 전쟁으로 만주에서는 단군조선을 북부여가 계승했으며, 북부여의 뒤는 고구려가 계승하였다. 그리고 한반도로 내려온 고조선과 북부여의 유민들이 삼한을 세웠는데, 마한이 백제, 진한이 신라, 변한이 가야로 각각 발전하였다. 이렇게 하여 한반도에서 새로운 삼국시대가 열린 것이다. 한반도의 일부 유민은 다시 왜로 건너가 야마타이와 야마토 조정을 세웠다. 특히 백제는 부여의 적통임을 강조했으며, 야마토의 건국에 주도적인 역할을 하였다.

1. 백제의 건국과 국호

1.1 요동에 세워진 비류국

〈구삼국사〉는 소서노(召西奴)가 송양왕(眞氏)의 서자인 우이(優台)를 남편으로 맞이해 비류와 그 형제들을 낳았다고 하였다. 그리고 우이가 죽자 친정(졸본부여)에 있다가 해모수(맥족)의 후손인 주몽과 재혼해 온조(解氏, 高氏)를 낳았다고 하였다. 이처럼 비류는 송양왕의 손자(眞氏)이고, 온조는 주몽의 아들(解氏)이었다. 그러나 〈삼국사기〉 '백제본기' 의 서설 각주에는 비류와 온조가 모두 우이(또는 우태)의 아들로 나온다.

〈태백일사〉 제6 '고구려국 본기'는 주몽이 예씨(禮氏)의 아들 유유(孺留, 孺璃)에게 왕위를 계승하려 하자, 소서노가 경인년(BC 42)에 자기 아들들과 함께 고구려를 떠나 요동의 비려(하남 위례성)에 비류국(신 왕국)을 세웠다고 하였다. 주몽은 왕위를 왜인 비류에게 내줄 수 없다고 생각한 듯하다. 주몽은 소서노에게는 어하라(於瑕羅, 於暇羅)*1의 왕호를 내렸다. 그러나 비류국은 거란 비려군의 공격으로 진(辰)과 번(番) 사이의 패대(浿帶, 濼河, 河北省)*2의 대릉하로 이주하였다.

〈주서〉, 〈수서〉, 〈북사〉의 '백제전'은 주몽의 아들 구이(仇怡)가 기원전 18년(비류 원년)에 요동 태수의 딸을 아내로 삼고, 옛 대방(산동)의 땅 패대에 동이강국(東夷强國)인 백제를 세웠다고 하였다. 김성호(1985)는 그 구이가 곧 비류라 하였다.(1)

1.2 백제의 건국 과정과 국호

백제의 건국 과정과 명칭에 대해서는 지금도 논란이 많다. 〈수서〉 '백제전'은 "건국 초에 백가(百家)가 바다를 건넌 고로 국호를 백제라 하였다"고 하였다. 그러나 〈삼국사기〉 '백제본기'는 비류가 미추홀에 백제(百濟)를 세웠고, 온조는 위례성에 10인의 신하의 도움을 받아 십제(十濟)를 세웠다고 하였다. 그리고 비류가 죽으면서 백성이 온조에게 귀속하여 백제로 나라 이름을 고쳤다고 하였다. 따라서 비류가 세운 나라는 '구다라'이며, 온조계가 세운 나라가 '백제'라고 김성호 등(2008)은 주장한다.

김성호 등에 따르면,(2) 비류(또는 소서노)는 한반도로 건너온 후 개성에 다시 구다라(百濟)를 세웠다(BC 18). 그러나 낙랑국이 말갈과 함께 공격해 아산 미추홀로 남하하였다. 그러던 어느 날, 두 형제는 부아악(負兒岳, 용인)에 올라 새 도읍지를 물색했는데, 비류는 미추홀(메주골), 온조는 위례홀(오리골)에 각각 나라를 세웠다. 따라서 〈삼국사기〉 '백제본기'의 온조 13년은 소서노가 다스린 13년이며, 그 다음 해부터가 두 백제의 원년이라 하였다.

그런데 온조의 분파행동에 화가 난 소서노는 남장을 하고 자객들과 함께 온조궁으로 침투했다가 피살된 오호입성(五虎入城) 사건이 벌어졌다. 소서노가 재위 13년에 이처럼 비참하게 자기 아들인 온조에게 피살되자 격분한 비류는 온조군을 공격하였다. 온조는 황급히 풍납토성으로 퇴각했고(BC 5), 마한 왕의 양해를 얻어 그곳에 십제(十濟, 百殘, BC 5C)를 세웠다고 한다. 그런데 〈삼국사기〉는 "비류가 온조의 위례성을 찾아와 미추홀을 선택한 자신의 잘못을 깨닫고 자살했다"고 하였다. 이에 대해 김성호 등(2008)은 김부식이 왜와 관련한 비류백제의 역사를 제거하려고 꾸민 조작이라 하였다. 한편 소서노의 셋째아들 스사노오는 어머니를 죽인 온조 형에 대해 매일 난동을 부리며 폭행을 계속하였다. 이에 비류가 그를 일본 이즈모(出雲: 九州 →島根)로 보내 그곳을 다스리게 했다고 한다.

또 다른 설에는 주몽이 41세에 사망하자 소서노가 온조와 함께 대릉하에 있었던 비류국을 다른 왕자에게 맡기고, 자신은 황해를 건너 소래포구(召來: 소서노가 온 포구)에 도착했으며, 그곳에 선주한 마한 왕의 허락을 받고서 한강유역에 한성백제를 세웠다고 한다. 이 온조계(百殘)가 다루왕, 기루왕, 계루왕으로 이어졌다는 것이다. 그러다가 동부여의 제7대 왕 위구태(尉仇台)의 기마 세력이 대방으로 내려와 한성백제를 대체했다는 것이다. 그 후 위구태계(殘國)는 고이(古爾)계와 초고(肖古)-구수(仇首)계로 나뉘어 세력 다툼을 했으며, 왕권이 고이(고리)계에서 비류계(웅진백제)와 초고-구수계로 이동했다고 주장한다. 〈한원〉 '백제전' 은 "백제성에서는 그 조상 구태의 묘당을 세웠다"고 했는데, 구태는 〈후한서〉 '백제전' 의 위구태와 같은 인물로 추정된다. 이와는 달리 구태가 동명성왕을 지칭한다는 설도 있다.

〈니혼쇼키〉는 백제를 구태랑(舊太良, 久多良, 구다라)이라 했고, 〈왜명초(倭名鈔)〉는 "섭진국(攝津國)의 구태랑(舊太良)에서 연중행사가 있었다"고 하였다.(6) 이처럼 많은 사서들은 부여족이 한반도를 거쳐 왜(攝津國)로 이동했음을 보여준다. 구다라(百濟)라는 말은 비류백제의 수도였던 부여의 나루터 '구드레' 에서 유래했으며, 구드레는 그들의 조상 구태랑에서 연유한 것으로 보인다. 지금도 부여 백마강의 구드레 선착장에는 유람선들이 한가로이 손님들을 기다리며 떠 있다.

한편 비류는 마한을 정복했고(9), 고사부리성(웅진성, 거발성)으로 천도하였다(18). 그곳에 있었던 기준이 세운 마한(馬韓)의 세력은 익산으로 쫓겨가 건마국(建馬國)을 세웠다. 그러나 비류가 공주에 있었던 진국(辰國, 박씨족)을 공격하지 않은 이유는, 〈삼국사기〉 '삼한전' 에 따르면, 마한인이 대대로 진왕으로 취임하였기 때문이었다. 실제로 신라의 제2대 남해왕(4-23)과 제3대 유리왕(24-50)은 마한 한씨였으며, 그 후이 12년부터는 혼란기였다 즉 제4대 탈해왕 7년(63)에는 비류군이 가야계 박씨족과 싸워 와산성으로 밀어냈다. 당시 마한 54국(백제+구다라)은 8번(십제)에서 10번까지가 한강 상류의 십제 영역이었고, 11번(고탄자국) 이하의 44-46개국이 모두 구다라 영역이었다.

227년에는 신라의 지원을 받는 가라제국(弁辰)과 백제(구다라)의 지원을 받는 포상8국(浦上8國)이 충돌하였다. 그 결과 히미코의 지원을 받은 백제의 목라근자(木羅斤資)군은 마한 54국을 대부분 정복해 백제의 영토로 삼았다.(3) 이에 따라 한반도는 십제(한산), 백제(구다라, 웅진), 신라(경주)로 나뉘게 되었다.

그러나 중국의 사가 진수는 비류에 의한 마한정복(馬韓遂滅) 사실을 은폐하려고 비류백제를 고탄자국(古誕者國)으로 고쳐 불렀다. 〈양사〉 '백제전'에 고마(固麻, 웅진, 공주)에 도읍한 구다라에 22담로가 있었으므로, 고마-담로를 줄인 고담(固憺)과 중국어 고탄(古誕)이 중국발음으로는 모두 쿠탄(kutan)이므로 그렇게 부른 것이다. 〈양사〉는 마한 54국에서 십제는 의도적으로 빠뜨린 것으로 보인다. 그 결과 십제가 백제(구다라)로 와전되면서 한반도에서 구다라의 역사가 사라지게 된 것이라고 김성호 등은 말한다.

한편 신채호는 〈조선상고사〉에서 "비류와 온조가 부여사람 우태(優台)에게 태어나 성을 부여씨라 하였다. 소서노는 재물로 추모의 고구려 건국을 도왔으나, 예씨와 유리가 함께 찾아오면서 예씨가 정비가 되고 소서노가 후비가 되었으며, 유리가 태자가 되고 비류와 온조는 서자가 되었다"고 하였다. 이에 불안을 느낀 소서노가 추모의 허락을 받아 아들들과 신하 18명을 대리고 낙랑국을 지나 마한으로 내려갔다고 하였다. 당시 마한왕은 기준의 손자인데, 소서노는 그에게 뇌물을 준 후 미추홀과 하남 위례에 나라를 세워 백제라 불렀다고 하였다.

〈태백일사〉도 온조가 처음부터 나라 이름을 백제로 부른 것으로 소개한다.(4)

> "이때 마려(馬黎) 등이 온조에게 이르기를 신이 듣기로 마한의 쇠망이 임박했나니 가서 도읍을 세울 때라 생각한다고 하니, 온조가 좋다고 하였다. 이에 배를 만들어 바다를 건너 마한의 미추홀(彌鄒忽)에 이르러 사방을 돌

아다녀 보았으나 텅 비어 사람이 없었다. 오랜 후에, 한산(漢山, 서울)에 이르러 부아악(負兒岳, 북악산?)에 올라 살 만한 땅을 찾아보았다. 그때 마려와 오간 등의 열 명의 신하가 간하였다. 오직 이곳 하남은 북으로 한수를 끼고, 동으로 높은 산이 자리를 잡고, 남쪽으로 기름진 평야가 열리고, 서쪽은 큰 바다가 가로막고 있습니다. 이처럼 천연적으로 험준한 지형과 지리적 이로움을 얻기가 쉽지 않은 형세이니, 마땅히 이곳에 도읍을 정하는 것이 옳습니다. 다른 곳을 더 찾지 마십시오. 온조가 이들의 의견을 좇아 하남 위지성(慰支城, 위례성, 풍납토성)에 도읍을 정하고, 국호를 백제라 하였다. 백 사람이 건너왔기 때문에 그렇게 부른 것이다. 뒤에 비류가 죽자 그 신하들이 땅을 바치며 복종하였다." 〈태백일사〉 제6 '고구려국 본기'

〈태백일사〉 제4 '삼한관경 본기'에 단군조선에 소속된 번한의 초대왕(부단군) 차두남이 요중(遼中)에 쌓은 12성 중에 이미 백제성이 있기 때문에, 소서노가 대방고지에 세운 나라 이름을 백제라고 불렀다는 주장도 있다.(5) 〈위서〉 '백제전'은 "백제는 고구려처럼 부여에서 나왔다"고 하였다. 따라서 이들의 국성(國姓)은 부여씨였다.

중국의 〈북사〉와 〈수서〉의 '백제전'(6)은 "건국 초기에 백가(百家)가 바다를 건넜으므로(濟海) 국호를 백제(百濟)라 하였다"고 하였다. 김성호 등은 〈수서〉가 말하는 백제는 구다라(百濟, 殘國)를 의미하며, 일본의 전신이라 하였다. 〈한원〉 '백제전'은 "모든 부여국들을 모아서 통치한다(纂夫餘之曹)고 해, 나라 이름이 '많다'는 의미로 백(百)자를 썼다"고 하였다. 그런가 하면, 송동건(2010)은 구다라가 발생지인 육량(陸梁, 廣東省)을 고음으로 발음한 것으로 해석하였다.(7)

〈삼국유사〉 '남부여전'에는 구다라의 동맹국인 백제(百殘)의 제13대 근초고왕이 371년에 고구려의 남평양(재령)을 취하고, 한산(광주)에서 한성(서울)으로 천도했다고 하였다. 이것이 한성백제의 출발이었다. 그러나 고구려의 광개토대왕이 392년 구다라(殘國)의 관미성을 함락했고, 396년에 다시 해로로 구다라의 본거지인 웅진성(거발성, 공주)을 함락시키자, 구다라왕 응신(應神, 곤지왕자)이 왜로 건너가면서 한성백제(십제)가 백제의 칭호를 공식적으로 이어받은 것으로 보인다.

그러나 장수왕이 3만의 군사로 백제를 다시 정복하고 개로왕(부여 경)을 살해하면서(475) 한성백제는 104년(371-475) 만에 사라졌다. 이에 야마토의 유랴쿠(雄略天皇)는 웅진을 개로왕의 차남 문주에게 넘겨주었다. 이에 따라 22대(문주왕, 牟都), 23대(삼근왕, 任乞), 24대(동성왕, 牟大)의 3대(475-500)는 진씨와 동족인 왜인계 모씨가 다스렸는데, 이것이 웅진백제이다. 538년, 성왕은 웅진에서 사비성(부여)으로 다시 천도하고 국명을 남부여(南夫餘)로 바꾸었다. 이는 백제가 부여의 적통임을 과시하려 한 것으로 보인다.

이병도는 〈삼국사기〉 '백제본기'에 기록된 이러한 백제의 건국 연도(BC 18)를 부정하고, 제8대 고이왕(260) 때 백제의 국가 체계가 비로소 갖추어졌다고 주장한다. 이는 일제 식민사학이 백제 시조를 제12대 계왕(太田 亮 주장)이나 제13대 근초고왕(今西 龍, 津田 左右吉 주장)으로 비정한 데 영향을 받은 것으로 보인다.

2. 왕권의 변화

강단사학에서는 백제를 한성시대(BC 18-AD 475), 웅진시대(475-538) 및 사비시대(538-660)로 나눈다. 한성시대는 맥족 해씨(解氏)가 주도했으나, 그 후 신라와 고구려의 유민이 들어오면서 혼혈이 된 것으로 보인다. 이기백과 천관우 등에 의하면, 백제는 원래 해씨(解氏)가 다스린 부여계이므로 부여씨(夫餘氏)·해씨(解氏, 온조계)·진씨(眞氏, 비류계)·여씨(餘氏, 辰王系?)·모씨(牟氏, 昔氏系) 등의 성을 지키려 했다고 한다.(8), (9)

이기백(1959)은 백제 왕통을 단일 계통으로 보았으나,(8) 천관우(千寬宇, 1976)는 제1-7대와 13-21대, 25-31대를 온조계(解氏)로, 8-12대(眞氏)와 22-24대를 비류계(牟氏=昔氏?)로 구분하였다.(10) 이에 반해 김성호 등(2008)은 1-7대를 온조계 해씨(BC 5-AD 234, 맥족, 聖數 5), 8-10 및 12대를 비류계 진씨(眞氏), 13-21대를 여씨(234-474, 동이), 22-24를 비류계의 모씨(昔氏系, 475-500, 왜인), 25-31대를 진왕계(辰王系) 여씨(501-660, 동이, 聖數 6)라 하였다(표 1).(11)

김성호(1985)에 따르면, 구다라의 배후 공작으로 동이족인 여씨(餘氏) 고이(古爾)가 제8대 왕으로 즉위하면서 고양진한을 흡수했다고 하였다.(1) 고이왕은 좌평에 구다라계 진씨(眞淨)를 임용했고, 구다라 관제(6좌평 16관등제)를 도입하였다(260). 이렇게 하여 제8-21대(234-474)는 여씨가 왕통을 이었다고 하였다.

▼ 〈표 1〉 백제 왕통에 관한 여러 학설 비교 (김성호, 1985)

구분	이기백(1959) 단일 왕통설	천관우(1976) 교체왕통설	김성호(1985) 교체왕통설
제1기	부자상속 (1-6대)	온조계(1-7대)	해씨 1-7대 (온조계, BC 5-AD 234)
제2기	형제상속 (8-12대)	비류계(8-10대, 12대)	진씨 (비류계) 8-10대, 12대
제3기	과도기 (13-17대)	온조계(11대, 13-21대)	해씨 (온조계)11, 13-19대
제4기	부자상속 (18-23)	비 온조계(22-24대)	모씨 (석씨계, 왜인) 22-24
제5기	부자상속 (24-31)	온조계 (25-31대)	여씨 (진왕계) 20-21대, 25-31대(동이계)

〈송서〉와 〈남제서〉의 '백제전'에 나오는 왕후를 보면 21명 중 15명이 여씨이다.(12) 여씨는 응신 망명 시(392) 인질로 따라갔던 전지(腆支)가 부왕(아신)의 서거로 왕위에 오르면서(405) 여신(餘信)을 내신좌평(407)을 거쳐 상좌평(408-429)으로 임명하면서 세력을 떨쳤다. 이 시기에 여씨계의 20대 비유왕(餘毗)과 21대 개로왕(餘慶)이 왕에 올랐고, 제22-24대(475-500)는 오족왜인 모씨(牟氏)가 왕위를 이었으나, 제25-31대(501-660)는 여씨가 복고하였다.(11), (13)

천관우 등에 의하면 기원전 18년경 한반도 중부 지역에는 마한·비류·온조의 세 세력이 집결했다고 한다. 마한계는 먼저 웅진으로 이주했고, 기원전 5세기에는 온조계가 한산(한강 중류)으로, 비류계가 미추홀(안성천 하구)로 이동했다고 하였다. 9년경에는 비류계가 웅진마한을 정복했고, 온조계는 〈삼국사기〉 '백제본기'가 말하듯이 오호입성을 계기로 안성천 이남으로 내려오지 못한 것으로 보인다. 따라서 백제사 중에서 안성천 이남의 역사는 비류백제(구다라)사로 추정된다고 김성호 등(2008)은 말한다.

3. 고구려와의 관계

백제와 고구려는 같은 부여족이지만 처절한 전투를 계속하였다. 근초고왕은 구다라군 2만의 도움을 받아, 곡나(예성강 유역)에서 고구려군 5천을 생포하였다. 371년에는 고국원왕을 죽이고 북한산으로 천도하면서 한성백제(371-475) 시대를 열었다. 신채호는 근초고왕이 평양을 함락했으며, 황해도 재령으로 다시 천도했다고 하였다.

광개토대왕의 비문(集安, 吉林省, 412)에 의하면, 대왕은 신묘년(392)에 4만의 군사를 이끌고(392) 한성백제(百殘)와 구다라(殘國)의 북방요새인 관미성

(미라고성, 예성강 하류)을 점령하였다. 그리고 진사왕(재위 385-392)의 항복을 받았고, 왕의 아우와 대신 10인을 인질로 잡았다. 〈니혼쇼키〉 '오진 3년 11월조'는 응신(應神, 오진)이 한성으로 기노쓰노스쿠네(紀角宿禰)를 보내, 진사왕의 무례함(고구려와 일방적 협력)을 꾸짖고 암살했다고 하였다.(14)

광개토대왕은 영락 6년(396)에 관미성에서 뱃길로 구다라의 수도(熊津, 거발성, 공주)를 함락했고, 귀로에 다시 한성백제를 정복하였다. 그러나 조부(고국원왕)에 대한 복수를 했을 뿐 구다라를 없애지는 않았다. 광개토대왕이 이들을 정벌한 이유에 대해, 송동건(2010)은 중국의 광동과 광서(옛 陸梁)에 있었던 백제가 주변의 부여국들(오환·선비 등의 百國)을 차지하려고 왜(倭)와 결탁했기 때문이라 하였다.(15)

475년에는 장수왕이 다시 신위례성(稷山)을 점령했고, 아차산성에서 개로왕(夫餘 慶司, 재위 455-475)을 전사시키고 태후와 왕자 및 포로 팔천을 잡아갔다. 이로써 한성백제는 104년 만에 막을 내렸다. 〈니혼쇼키〉에 의하면, 진씨족인 왜의 유랴쿠(雄略天皇, 재위 456-479)는 백제의 비보를 듣고 비류계 문주(文洲, 牟都)가 왕이 되도록 도왔다. 제22대 문주왕(재위 475-477)은 웅진(熊津, 古摸那羅)으로 천도했는데, 해구(解仇)에게 살해되었다. 그 뒤를 제23대 왕으로 삼근왕(三斤王, 삼근왕, 재위 477-479)과 24대는 삼근왕의 사촌인 동성왕(牟大, 재위 479-501)이 왕위를 이었다. 이처럼 모씨가 3대(475-500)를 이었으나, 제25대는 다시 여씨(餘氏)인 무령왕(재위 501-523, 夫餘斯麻, 隆)이 등극하였다. 그는 동성왕의 차자라는 설(삼국사기, 삼국유사)과 개로왕의 아들로서 동성왕의 이복형이라는 설(日本書紀)이 대립한다.

한편 일본의 〈新撰姓氏錄〉 권1은 "이키나가 마히토(眞人)는 예전천황에서 태어나고, 그의 시호는 오진(應神)이다"고 하였다. 즉 오진은 김씨나 모씨가 아닌, 구다라 왕족 진씨(眞氏)였다. 일본의 제1대 천황 진무(神武)가 곧 오진(應神)으로 추정된다.[16] 따라서 진무가 기원전 660년에 즉위했다는 기키(記紀)의 기록은 허구이며, 김성호가 지적했듯이, 진무의 7년 동정(東征)은 오진(응신)이 구다라 왕으로 재직한 7년(390-396)을 나타낸 것이다.

4. 통치

백제의 지배계층은 부여씨와 8성의 귀족이었다. 국내외 22개 주요 지역(한반도·중국 16, 제주 1, 흑치국 1, 일본 3)은 초기에는 다물(多勿), 후기에는 담로(擔魯)라 부른 왕족을 파송해, 거발성(熊津, 공주)에서 동중국의 대륙백제(外백제)와 왜백제를 300년 이상 다스렸다.[17] 양의 원제(元帝, 蕭繹, 재위 552-555)에게 조공하는 12명의 외국 사신을 그린 '양직공도'(南京博物館)의 기록에도 백제가 22개 담로(擔魯, 군현)를 두었다고 하였다. 담로는 구다라의 전신인 송양국(비류국)의 다물(多勿, 주둔지, 되찾다, たむる)과 부여 · 고구려의 담울(담친 울타리, 성)에서 유래하였다. 이것이 백제에서 담울·담우로·담라·탐라·담물·담로(아와지) · 다무로 등으로 바뀐 것이다. 이처럼 다물과 담로는 '고토 회복' 이나 '정복한 땅' 을 의미하였다.

김성호(1985)는 광개토대왕의 '광개토'(廣開土)는 고구려에서는 '정복한 영토' 를, 비류백제에서는 '광개(廣開)된 군현' 을 의미한다고 하였다.[18] 그의 이름 담덕(談德)도 '담로' 와 같다고 하였다. 뿐만 아니라 탐라(제주) · 임나가라(惣物任那, 釜山) · 쓰시마(多勿島, 對馬島)도 다물과 담로의 변형이며, 니니기노미코토와 더불어 야마타이를 세운 오모노누시(大物主神)는 다물 집단을 신격화한 것이라 하였다. 〈니혼쇼키〉 '신대기' 에서 음신과 양신이 결합해 낳았다는 담로주(談路州)도 비류백제의 식민지를 의미한다고 하였다.

〈송서〉 '백제전'(400)은 백제가 흉노처럼 좌현왕과 우현왕을 거느린 천자국이었음을 보여준다. 사카모토 요시타네(坂本義種, 1975)는 "백제에는 5세기에 면중후(面中候), 팔중후(八中候) 등의 지명을 머리에 붙인 후(候)가 있었고, 도한왕(都漢王)·아착왕(阿錯王)·매로왕(邁盧王)·피중왕(避中王) 등의 지명을 곁들인 왕들이 존재했다"고 하였다. KBS는 '일요스페셜'로 〈잊혀진 땅, 백제 22담로의 비밀〉을 방영한 바 있다.(19)

5. 담로가 다스린 대륙백제(20)

중국 사료들에 의하면, 백제는 340년대에 요서군(하북성)과 진평군(하남성)을 지배하였다(요서경략설). 요서는 유성(遼寧省 朝陽市)과 북평(河北省 노령시) 사이에 있었다. 진평군은 복주(福州, 福建省)인데, 남령(廣西省)이라는 주장도 있다. 요서의 경략 시기에 대해 신채호는 근구수왕(재위 375-384), 정인보는 책계왕(재위 286-298)과 분서왕(재위 298-304), 김상기와 김철준은 근초고왕(재위 346-375) 때로 해석하였다. 〈통전〉 권85 '백제전'(通典, 796)은 요서의 백제장군을 부여 숭(夫餘 崇)이라 불렀다. 신채호는 근구수왕이 모용을 쳐서 요서와 진평은 물론, 남으로는 강소성과 절강성의 일부도 빼앗았다고 하였다. 국내 〈국사〉 교재들도 1990년부터 요서의 진출에 대해 기술한다.

> "백제는 고구려와 더불어 요동의 동쪽 천여 리 떨어진 곳에 있었다. 그 후 고구려가 요동을 공격해 차지하자, 백제는 요서를 공격해 차지하였다. 백제가 통치한 곳은 진평군 진평현이라고 한다." 〈송서〉 '동이전' 및 '백제전'

> "백제는 후에 점점 강하고 커져서 여러 나라를 합병하였다. 백제는 본래 고구려와 더불어 요동의 동쪽에 있었다. 진나라 때 고구려가 이미 요동을

점령하였고, 백제도 역시 진평·요서의 2군을 점거·소유하였다…… 백제가 백제군을 차지하였다." 〈양서〉 권54 '백제전'

"백제는 영(瀛, 하북성)과 빈(濱, 河北省)과 해(海, 江蘇省)의 남쪽에 있다. 서쪽으로는 월주(越州, 楊子江)에 이르고, 남으로는 왜(일본)에 이르고, 북으로는 고구려에 이른다. 모두 바다를 건넌다." 〈구당서〉 및 〈신당서〉 '백제전'

"백제는 부여의 별종인데…… 서쪽으로는 월주(楊子江)에 이르고…… 왕의 거처로 동서에 두 성이 있다." 〈당서〉

"백제의 왕은 동서의 두 성에 사는데 하나는 거발성(居拔城)이고, 다른 하나는 고마성(古麻城)이다." 〈북사〉

"백제의 강역은 서북으로는 (서요하의) 광녕·금주·의주에 이르고, 남으로는 (요녕성의) 해주·개주에 이르렀다. 또 동남으로는 조선의 황해·충청·전라도를 포괄한다. 따라서 백제의 강역은 동서가 좁고 남북으로 길었다. 또 위나라 때 물길(말갈)과 도모해 고구려의 땅을 빼앗아 동북으로 물길과도 이웃해 있었다." 〈흠정 만주원류고〉

〈송서〉(628), 〈양서〉(629), 〈남사〉(659), 〈통전〉, 〈구당서〉 등의 '백제전'은 동진(東晋, 317-420)의 시기에 유성과 북평 사이에 거주한 백제 담로가 백제군을 다스렸다고 하였다. 그런가 하면 〈한원〉은 백제가 산시성(陝西省)에 있었다고 하였다. 여기서 초산은 산시성의 남산(南山)으로, 흉노의 본거지였다.

"(백제의) 건국은 마한에 자리했고, 구소(苞狗素)를 포함한다…… 초산(楚山)

을 넘어 나라를 이루었고, 상수(桑水)를 허리에 두르고 나라를 열었다…… 남쪽으로 큰 바다에 인접해 있다." 〈한원〉 '백제전'

웅진백제 시대(475-538)에 해당하는 남북조 시대(317-589)에도 백제는 양자강 양안을 모두 다스렸다.

"백제는 진나라 때부터 송, 남제, 양나라 때까지 장강(양자강)의 왼쪽에 있었다. 후위(북위) 때 중원에 터를 잡았다. 남북조에 사신을 파견하였다."

〈주서〉 권49 '백제전'

"백제의 본거지는 강의 좌우, 즉 창강 하류의 진강(鎭江)과 그 건너편의 양저우(揚州)이다." 〈북사〉 권 94 '백제전

사마광(1019-1086)의 〈자치통감〉(資治通鑑)은 북위가 백제에게 패한 내용을 이렇게 전한다.

"위(魏)는 선비족 탁발부(拓拔部)가 화북에 세운 나라로, 북위 또는 원위(元魏)라 불리는 남북조 시대의 북조를 대표하는 나라이며, 수도를 산서성 평성(平城)에 두었다. 그런데 이 나라가 중원 만주의 고구려 영토와 조선반도의 고구려 영토를 지나 조선반도 서남단에 있는 백제를 치러 왔다가 패하였다." 〈자치통감〉(資治通鑑) '제기이'(帝記二)

"부여가 처음 녹산에 웅거했다가 백제에게 격파를 당해 서쪽 연(燕) 가까이로 옮겨갔다…… 북위가 병력으로 백제를 쳤으나 패하고."

〈자치통감〉 권136 '영명 6년조'(488)

이 시기는 백제 동성왕 9년(488)이며, 고구려 장수왕 76년으로 고구려의 전성기였다. 따라서 물에 약한 북위가 한반도의 백제를 침공한 것이 아니라 북위와 이웃한 산동의 대륙백제를 공격한 것으로 보인다.

동성왕이 남제에 보낸 백제 상표문(490)에는 백제를 재침한 위(魏)를 물리친 장수들에게 벼슬을 내렸는데, 면중왕(面中王) 저근을 도한왕(都漢王), 팔중후(八中侯) 여고를 아착왕(阿錯王), 건위장군 여력을 매로왕(邁盧王), 광무장군 여고를 불사후(弗斯候)에 각각 임명하였다.

> "동성왕 10년(488)에 위군(魏軍)의 침공을 막은 기록에 이어, 490년에도 위가 백제의 요서 담로를 침입하자 동성왕은 사법명, 찬수류, 해례곤, 목간나를 보내 위군을 크게 무찔렀다고 남제서 백제전에 나와 있다."
>
> 〈흠정 만주원류고〉(1778)

> "이 해에(488) 북위가 다시 기병 수십만을 발하여 백제를 공격하여 백제의 국경선 안으로 들어오니, 백제왕 모대(牟大, 제24대 동성왕)가 파견한 장군 사법명(沙法名)·찬수류(贊首流)·해례곤(解禮昆)·목간나(木幹那) 등이 무리를 이끌고 북위군을 습격하고 크게 파하였다…… 백제 장군들이 북위와 싸워 승리한 후 남제는 광양(廣陽), 조선(朝鮮), 대방(帶方), 광릉(廣陵), 청하(淸河), 성양(城陽)의 태수직을 제수하였다." 〈남제서〉 권58 '백제전'

광양은 융화(隆化, 난하 상류), 광릉은 양주(江蘇省), 청하는 익도(益都, 山東省)이다. 지금도 광둥성 혜양현(혜주)의 담물터(淡水場), 광둥성 서부의 담수채(淡水寨), 하남성 전주의 백제촌(百濟村), 요서·상해·광시성 장족자치구에도 백제향(百濟鄕)과 백제허(百濟墟) 등의 지명이 남아 있다. 백제가 남제에 보낸 다른 상표문(495)에서 동성왕은 사법명을 매라왕(邁羅王), 찬수류는 벽중왕

(壁中王), 해례곤을 불중후(弗中侯), 목간나를 면중후(面中侯, 광주)로 임명하였다. 그리고 중국에 거주하는 고달(광양태수)·양모(조선태수)·회매(선위장군)의 진급을 바란다고 하였다.

한편 일본의 이소노카미 신궁(石上神宮)에 있는 칠지도(七支刀) 명문에도 백제가 중국 서해안과 왜를 지배했음을 보여준다. 왜왕에게 칠지도를 하사했던 동성왕의 묘는 현재 산동성에 있는 것으로 전한다.

〈남제서〉 '백제전'과 〈삼국사기〉 '백제본기'(동성왕 30년조)는 백제가 처음 세워진 곳이 대방(帶方)이며, 고구려와 함께 요동의 동쪽에 있었다고 하였다. 특히 〈남제서〉(537)는 백제가 북위에게 빼앗은 중국 식민지의 명칭과 위치를 상세히 기록했는데, 갈석산 부근에서 양자강에 이르는 7군(대방군·낙랑군·광양군·성양군·광릉군)을 포함한다(그림 1).

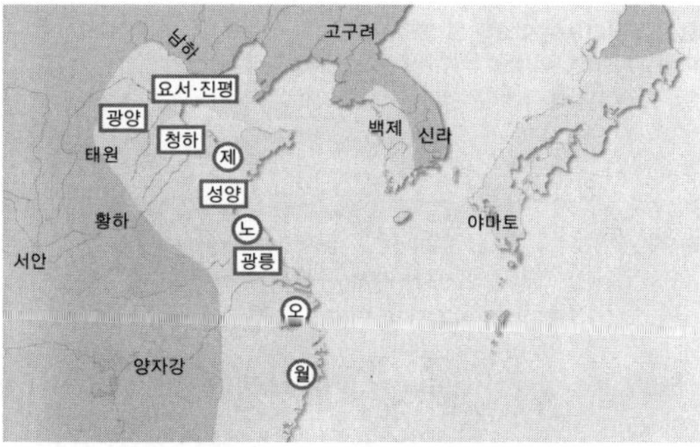

▲ 〈그림 1〉 백제 전성기의 영역 (안경전, p. 491, 2012 참조)
(백제는 대륙백제·웅진백제·왜백제를 아우른 제국이었다.)

〈태백일사〉 등의 국내 사료들도 고서를 인용해, 백제가 중국 동해안을 지배한 사실을 이렇게 기술하였다.

"이에 앞서 고구려는 백제와 밖에서 서로 경쟁하며 공존하였다. 요서 땅에 백제의 영지가 있었는데, 곧 요서의 진평(晋平)이고, 강남에는 월주(越州)가 있었으니, 여기에 소속된 현은 첫째 산음(山陰), 둘째 산월(山越), 셋째 좌월(左越)이다. (21세 문자제) 명치 11년(501) 11월에 이르러 월주를 쳐서 취하고 군현의 이름을 바꾸어 송강(松江)·회계(會稽)·오성(吳城)·좌월·산월·천주(泉州, 福建省)라 하였다. 명치 12년에 신라인을 천주로 보내 그곳을 채웠다. 이 해에 백제가 조공을 바치지 않으므로 군대를 보내어 요서, 진평 등의 군을 쳐서 빼앗으니 백제군이 없어지고 말았다."

〈태백일사〉 제6 '고구려국 본기'

"이에(고구려 영양왕, 598) 앞서 백제가 군사를 일으켜 제(濟)·노(魯)·오(吳)·월(越)을 평정하고 관서를 설치해 호적과 호구수를 정리하고, 왕의 작위를 나누어 봉하고, 험한 요새에 군대를 주둔시켰다. 그리고 군역과 세금과 특산물 납부를 모두 본국에 준하여 하게 하였다."(상동)

"월왕 구천의 옛 도읍지를 둘러싼 수천 리가 백제 땅이다."

〈문헌비고〉(홍봉한, 조선)

〈양서〉는 백제가 일시 위축되었다가 521년에 다시 강국이 되었다고 했고, 〈통전〉은 백제가 멸망한 660년대까지도 요동 서부에 담로가 잔존했다고 하였다. 그들은 백제번(百濟藩)의 백성임을 자처하며 당나라 때까지 백제인의 정체성을 유지했다고 한다. 〈당회요〉(唐會要)와 〈원사〉 '세조본기' 도 백제가 망한 후에도 남조(南詔國, 남부여)에는 백제국(1267)이나 백이(伯夷, 1287)의 이름으로 백제가 잔존했다고 하였다.

광시성(廣西省) 동쪽 영파(寧波) 부근에도 많은 백제의 흔적이 남아 있다. 난징(南京, 江蘇省)에 있는 백제장군 흑치상지(黑齒常之, 夫餘氏에서 개명)의 묘비명에는 백제 왕족(夫餘氏)이었던 그의 조상이 흑치국(黑齒國, 西屠)을 봉지로 받아 흑치성에 살게 되었다고 하였다. 그의 딸은 낙랑부인이며, 사위 물부(物部)는 후일 야마토로 건너가 강력한 권력을 가진 모노노베(物部) 가문을 이루었다. 흑치국으로 추정되는 장족 자치구(廣西省) 백제허(百濟墟, 洛陽)에는 지금도 그와 관련된 지명들이 많이 잔존한다.

대륙 백제인들은 고구려의 침공으로 산동성, 강소성, 안휘성, 하남, 조선반도 등지로 흩어졌다. 그들은 한반도에서 건너간 것이 아니라 처음부터 그곳에 거주하던 하나라 여씨족의 후예들로 보인다.(21) 그들은 남북조와 수·당 시대까지(589-907) 창강 좌우에서 무역상으로서 활동하였다. 그들을 다스리기 위해 북위는 백제왕 여창(위덕왕, 재위 554-597)을 동청주자사(東靑州刺史, 山東半島)로 임명하기도 하였다.

이처럼 백제의 첫 발상지가 중국의 패대 지역임을 많은 사서가 증언한다. 그럼에도 중국의 일부 사서(晉書·魏書·南齊書)와 〈삼국사기〉에 이러한 기록이 없는 이유는 중국에서는 당태종이 그러한 기록들을 삭제했고, 국내에서는 사대주의자이면서 백제를 미워한 김부식이 중국 사료를 근거로 〈삼국사기〉를 작성했기 때문이라고 신채호는 주장하였다. 그 결과 〈위서〉와 〈남제서〉는 위가 10만 군사로 백제를 침공했다가 동성왕에게 패한 내용을 감추었다고 비판하면서, 다음과 같이 말했다.(22)

① 490년, 위나라가 두 번이나 수십만 기병과 보병으로 백제 땅을 침략하였다. 첫 전쟁에서 동성왕이 삭녕장군 면중왕 저근(姐瑾), 건위장군 팔중후 부여고(夫餘古), 건위장군 부여역(夫餘歷), 광무장군 부여고(夫餘固)를 보내 위군을 격파하였다. 두 번째 전쟁에는 정로장군 매라왕 사법명, 안국장군 벽중왕 찬수류, 무위장군 불중후 해례곤, 광위장군 면중후 목간나를 보

내 수만 위병의 목을 베었다.

② 승전 후 국서와 우격(羽檄, 격문)을 주변국들에게 보냈다.

③ 장수들이 4명인 이유는 백제의 군제가 5군제(전·후·좌·후·중)인데, 동성왕이 중군 대원수이고 나머지는 4원수로 구성되었기 때문이다.

④ 〈구당서〉에 따르면, 동성왕 때 백제 영토가 최대였다. 그는 사비성에서 사냥하던 중 위사좌평인 가림(加林) 성주 백가(苩加)가 보낸 자객에게 살해되었다(30세).

사실이 이러함에도 김부식은 최치원의 글을 인용해 〈삼국사기〉에서 백제가 중국을 공략한 사실을 비아냥거렸다.

> "고구려와 백제가 전성기에 강한 군대가 백만이나 되어 남으로 오·월을 침략하고, 북으로 유(幽)·연(燕)·제(濟)·노(魯)를 뒤흔드니 중국의 큰 좀이 된다. 수나라 황제가 무너진 것도 백제가 요동을 쳤기 때문이다."
>
> 〈삼국사기〉 '上大師侍中莊 崔致遠'

6. 담로가 다스린 왜백제

백제가 왜에 파송해 다스린 식민지를 왜백제(倭百濟)라 부른다. 〈고지키〉(古事記)는 일본을 건국한 이자나기와 이자나미가 백제의 담로임을 시사한다.

> "그는 음과 양의 두 신이 결합해 부부가 되어 마침내 자식을 낳을 때가 이르자 담로주(談路州)를 모태로 하여 여러 땅을 낳았지만, 불쾌하여 그곳을 아와지슈(담로주, 談路州)라 하였다." 〈古事記〉 '神代編'

여기에서 아와지(談路)의 원래 용어는 담로(擔魯)인데, 일본인들이 담로(談

路)로 한자(漢字)를 바꾼 후 그 한자음을 따라서 아와지(あわじ)로 읽은 것이다. 쓰시마(津島) 역시 담아도(擔阿島)-다마도(多馬島)-대마도(對馬島)로 바뀐 백제의 담로국이었다. 규슈는 백제의 담로가 가장 먼저 설치된 곳으로, 이 지명은 이곳에 담로를 세운 백제의 제6대 구수왕(仇首王, 貴首, 貴須, 재위 214-234)의 이름에서 유래한 것으로 보인다. 근초고왕의 아들인 근구수왕(재위 375-384)도 한때 규슈의 담로(375)였다. 이와는 달리 규슈(九州)가 백제의 9번째 담로주(談路州)라는 설도 있다.

백제의 21대 개로대왕(蓋鹵, 재위 455-475)은 일본의 세 곳에 확고(確固, 擔魯)를 임명하였다(458). 오사카 가와치 다무로(좌현왕)는 아우 여곤을, 규슈의 다마나(우현왕)에는 여기를, 도쿄 북부에는 고확고(高確固)를 임명하였다. 김영덕에 의하면, 1968년에 에다 이나리야마 무덤(行田市)에서 나온 쇠칼(5C)에 새겨진 명문(115자)은 야마토가 책봉한 지방호족의 족보라고 한다. 이두로 풀이한 내용은 고구려의 남침(396)으로 하동의 백제 후왕(담로)이 이곳으로 망명해 확고로 책봉된 내용을 담고 있다.(23)

> "서기 471년에 고확고(高確固)는 조상의 이름을 적어둔다. 오호비코 어른, 그 아들 다가리 쪽니 어른, 그 아들 고리가리 확고, 그 아들 다사기 확고, 그 아들 바라비코, 그 아들 가사비리, 그리고 그 아들은 고확고이다. 지금까지 우리는 장수로서 대대로 섬긴바 그 임금님은 사기궁에 마실을 차리고 천하를 다스리시는 크신 확가 개로대왕이시니라. 온 번 굴리고 달구어 만든 이 칼에 우리 집안의 내력과 뿌리를 적어두는 바이다."

여기서 고리가리(345)는 고령가야의 이두표시이며, 다가비시(370)는 다가(영산)와 비시(창녕), 다라는 합천, 다사기(369)는 하동을 일컫는다. 따라서 백제가 345년 이전에는 경상남북도 지역을 지배했음을 알 수 있다. 396

년 이후는 왜로 망명했으므로, 바라고비(동경 荒川, 아라가와)와 가사비리(가사하라)에는 확고라는 칭호가 없다는 것이다.

개로대왕의 이름은 에다 후나야마 무덤(江田船山, 熊本縣)에서 나온 칼 글에도 나온다. 이두로 풀이한 내용은 다음과 같다.

> "천하를 다스리는 확가이시자 크신 개로대왕의 누리에 벼슬아치로서 섬긴 기리가 만들다. 8월에 큰 주물 솥을 써서 아우른 너 자의 큰 칼을 여든 번 불리고 예순 번 후려서 삼재에 가장 좋은 칼이 되었다. 이 칼을 차는 자는 장수하고 자손이 불며, 삼은을 얻을 것이다. 이끄는 나라도 잃지 않을 것이다. 칼을 꾸민 이는 이태리이고 쓴 이는 장안이다."

김영덕은 확가란 '확고를 거느린 대왕'을 뜻하는 백제 말이고, 이 칼을 만든 사람을 무리(无利)가 아닌 기리(旡利), 즉 여기(余紀)로 추정하였다. 개로대왕(458)은 송에 보낸 상표문에서 여기를 우현왕(구마모토 타마라 통치), 여곤(余昆)을 좌현왕(오사카 카와치)으로 임명했다고 하였다.(24) 제주도의 옛 명칭은 탐라(耽羅)였으며, 오키나와의 담로와 타이완의 탐모라(다모라)도 백제의 담로였다는 설이 전해 내려온다. 이러한 담로제도는 백제가 수도를 고마(공주)에서 소부리(부여)로 옮기면서 약화되었다.

7. 야마토 왜와의 관계

연나부 부여에서 정주로 피신해 부여국(정주, 북옥저)을 세운 비리국(대릉하)의 제7대 왕 의라(依羅王, 재위 286?-?)는 한반도로 들어와 백제의 책계대왕(責稽, 298)과 싸워 전사시키고, 일본으로 건너가 제10대 스진(崇神) 천황으로 등극한 인물로 추정된다.

백제는 남해안에서 신라 나해왕 14년(209?)에 변진(신라계)과 변한(浦上 8국, 구다라계 담로)을 둘러싸고 혈투를 벌였다. 백제는 왜(邪馬台國)의 히미코(卑彌呼, 神功?, 227?)에게 도움을 청하였다. 〈니혼쇼키〉 '神功 49年條' (369?)는 백제장군 목라근자(木羅斤資, 모쿠라콘시)가 수군을 이끌고 서남 해안을 따라 가라(광양) · 탁순(남해) · 다해(남해) · 안라(함안가야) · 탁국(함안 · 진영) · 남가라(김해) · 비자벌(창녕) · 거창 · 합천을 차례로 함락하고 웅진으로 귀환했다고 하였다. 전투에 참여한 치쿠마(千熊長彦)가 이끈 왜군은 김해에서 왜로 회귀했지만, 구다라의 수군은 침미다례(沈彌多禮, 제주도)도 정복하였다. 이에 따라 영산강 일대의 비리(화순), 벽중(광주), 포미지(남원), 반고(나주)가 항복하면서 마한 54국(온조계+구다라계)이 형성되었다. 이 중 건마국(乾馬國, 익산)은 마한의 후신이므로 전체의 왕이 되었다. 백제는 가야 지역을 목라근자가 다스리게 했으며, 그의 아들인 목만치의 후손이 왜로 건너가 소가(蘇我) 가문을 이루게 된다. 진수는 〈삼국지〉 '위지 동이전' 에서 구다라를 고탄자국(古誕者國)*3이라 불렀다.

한편 백제의 근구수 왕자는 칠지도(七支刀)*4를 왜왕에게 보내 출병을 치하하였다. 〈니혼쇼키〉 '신공 52년조' (372)는 구다라 사자 구테이(久氐)가 칠지도(七枝刀)를 선물하면서, "신의 나라 서쪽 강은 곡나 철산에서 발원하며…… 그곳 철산을 헌상하겠다"고 했다 한다. 그러나 칠지도 명문이 본래 의미는 왜왕에 대한 백제 왕자의 명령문이었다.

> "구다라 왕세자가 칠지도를 제조하면서 왕명으로 귀하를 왜왕으로 임명했으니, 백련철로 모조품을 만들어 남해안의 장정(長征)에 출동했던 제왕과 제후들에게 골고루 나누어주어라."

제13대 근초고왕은 중국과 왜에 담로를 둔 백제 전성기의 왕으로, 고흥에게 〈백제서기〉를 기술하도록 하였다.[25] 그러나 백제가 고구려 장수왕의 재침(475)으로 약화되면서 가야와 왜의 담로들이 독립왕국을 세웠다. 478년에 야마토 왕이 된 부(武, 시마왕, 재위 478-501)는 송(宋)에 보낸 상표문(478)에서 부왕(倭王 濟, 백제 개로왕)을 죽인 고구려에게 원수를 갚겠다고 다짐하였다.

396년에는 광개토대왕이 웅진을 정복하자, 구다라 왕 응신(應神)은 다카치호(高千穗峯, 宮琦縣, 九州)로 피신했으며, 다음 해(397)에 우다(菟田, 奈良縣)로 건너가 야마토(大和朝廷)를 세웠다. 그리고 니기하야히(饒速日命)의 도움으로 가시하라 궁(橿原宮, 奈良縣)에서 야마토 왕으로 즉위했는데(400), 그가 곧 제1대 천황(神武)으로 추정된다. 김성호 등(2008)은 〈니혼쇼키〉의 '진무동정(東征) 7년'은 응신의 구다라 즉위기간(390-396)을 의미한다고 하였다.[16] 부여어가 백제어나 만요슈(万葉集)를 적은 고대일본어(眞假名, 借字, 7C)와 유사한 사실이 이를 뒷받침한다는 것이다.

한편, 〈백제본기〉 '아신왕 6년 5월조'(397)는 응신의 후원으로 왕위에 오른 백제의 아신왕은 왕자(腆支)를 응신에게 보내 등극을 축하하였다. 응신은 한반도의 구다라 영토를 아신에게 물려주었고, 그 대가로 태자를 인질로 삼았다. 이후 일본의 구다라 백제(야마토)는 한반도의 온조백제와 왕위를 주고받는 긴밀한 관계를 유지하였다. 그러나 〈니혼쇼키〉에는 진무가 제1대, 응신이 제15대 천황으로 각색되어 나온다.

한편 백제의 세 왕(문주왕·삼근왕·동성왕)이 여씨 왕족을 홀대하다가 모두 암살되자, 비류계의 왜왕 부(武)는 백제로 건너와(501) 무령왕(502)으로 등극한 것으로 보인다. 그는 고구려로부터 가라구루(하남)를 회복했고, 야마토에서 자기 뒤를 계승한 사촌형(또는 친동생?) 게이타이(繼体天皇, 506)에게 청동거울과 오경박사(513)를 보냈다. 게이타이는 답례로 무령왕에게 말 40필을 보냈다. 〈신찬성씨록〉(新撰姓氏錄)은 그가 일본으로 보낸 태자 사가군(君)이 야마토(大和) 가문의 시조라 하였다. 백제는 야마토의 도움으로 가야 4고을과 의성·칠곡·예천을 되찾으면서(512) 임나(부산)와 탐라(제주) 및 패수를 포함한 한성백제 때보다 더 넓은 영역을 다스렸다.

무령왕의 뒤를 이은 성왕(재위 523-554)은 일본에 불교를 전해(538) 아스카문화(飛鳥文化, 7C)를 꽃피우게 하였다. 그는 고구려의 제22대 안장왕이 침공하자 소부리(부여)로 천도했고(538), 신라와의 관산성 전투(옥천)에서 전사하였다. 다른 설에는 그가 전사한 것이 아니라 왜로 피신했다고 한다. 그 뒤를 이은 여창이 위덕왕(557)이다.

의자왕(641)은 등극 초기에는 신라에서 40성을 빼앗는 등 '동방의 증자'(曾子)라 불리었으나, 655년부터 실정을 계속하였다. 그의 통치 초기(642)에 일본에서는 그의 여동생으로 추정되는 고쿄쿠(皇極天皇, 후일 濟明天皇)가 왕위에 올랐다. 그러나 친백제계의 소가 이루카가 살해되고(645), 친신라계의 고토쿠(孝德天皇)가 왕위에 오르면서 야마토는 백제와 관계가 멀어졌다.

8. 신라와의 관계

온조백제는 건국 초기에 송파에서 박씨족 수장인 혁거세와 싸워 전사시켰다. 구다라(비류계)는 웅진으로 이주한 박씨족을 와산(보은)으로 몰아내었다. 박씨족은 와산에서 온조군에게 다시 패해, 문경새재를 넘어 사나벌(상주)로 밀려났다. 신라가 경주에 새 도읍을 정한 후에도 온조백제와의 전투는 계속되었다. 특히 신라의 아찬 길선(吉宣)이 공주(公州)로 망명하면서

(165), 백제의 개루왕은 경북 지역에서 신라의 아달라 왕과 전투를 재개해 120년간(167-287) 이어갔다.

한편 많은 중국의 사서들은 신라가 한때 백제의 속국이라 하였다.

"신라는 백제의 속국이다." 〈북사〉(北史)

"신라는 처음에는 백제의 속국이었는데, 후에 가락 · 임나 등이 여러 나라를 겸병하여 백제와 대등한 나라가 되었다." 〈흠정만주원류고〉

"신라는 위나라 때에는 사로, 송나라 때에는 신라나 사라(斯羅)라 했는데, 신라는 작아서 스스로 사신을 보내어 통할 수가 없었다. 양나라 보통 2년에 신라왕의 이름은 모태(募泰)인데, 백제 사신을 따라 양나라에 방물을 바친 것이 처음이다." 〈남사〉(南史) '열전(列傳)'

신라의 김춘추는 다카무쿠노 겐리(高向玄理)와 함께 왜를 방문한 데 이어(647), 당을 방문해 나당연합을 성사시켰다(648). 그 결과 당의 소정방이 이끈 13만 대군과 김유신의 5만 군사가 백제를 협공해 사비성(泗沘城, 부여)을 함락시켰다(660). 백제장군 계백(階伯)은 5천의 결사대로 네 번의 전투에서 승리했으나, 김유신의 5만 군사와의 황산벌(黃山, 논산시 연산면) 싸움에서 장렬한 최후를 맞았다. 소정방은 웅진성으로 피신한 의자왕과 태자(夫餘 隆)를 비롯한 왕자 13명을 당나라로 끌고 갔다.

그 후 복신(福信) 등이 백제 영토를 다시 회복했으며, 합천전투에서 김춘추를 전사시키는(661) 전과를 거두었다(?)고 한다. 왜왕 사이메이(濟明, 皇極)는 백제를 도우려고 쓰쿠시(築紫, 九州)에 일 년간 머물며 전선의 건조를 독려하다가 서거하였다(661). 그 뒤를 이은 덴치(天智天皇)는 의자왕의 아들 풍장(夫餘 豊障, ?-663)에게 전선 800척과 군사 5천을 주어 백촌강(부안 동진강?)으로 급파하였다. 황해와 백촌강에서는 백제-왜 연합 수군이 당나라 유인원(劉仁願)의 수군(전함 900척, 1만 명)과 싸웠으나 당의 승리로 돌아갔다. 육지에서는 당의 이간계에 넘어간 풍왕이 주류성(周留城, 韓山)과 임존성(任存省, 예산)에서 당장(웅진도독) 유인궤(劉仁軌)에 맞서 싸우던 복신(福信, ?-663)을 반란 혐의로 처형하였다.

이에 따라 주류성과 임존성이 당의 웅진도독으로 임명된 백제 왕자 융을 앞세운, 흑치상지(전 복신의 부하)군과 김유신군에 의해 무너졌고(663), 풍장은 고구려로 망명하였다. 이에 낙심한 야마토는 나라 이름을 일본(日本, 670)으로 바꾸고, 개국신화의 조작을 비롯한 한일관계사의 왜곡에 들어갔다. 막강한 나당 연합군이 버티는 백제 땅을 회복할 수 없으리라는 절망감이 왜의 독자 노선을 추구하도록 만든 것으로 보인다. 한일 사이의 갈등은 이때부터 본격화된 것으로 보인다.

| 참고사항 |

*1. 어하라: 백제의 왕호였다. 주몽이 최초로 소서노에게 내린 칭호인데. 이는 고구려가 황제국임을 과시한 것으로 보인다. 〈주서〉 '백제전' 은 "백제 왕은 성이 부여씨이고, 왕호는 어라하인데, 백성은 건길지(鞬吉支)라 불렀다"고 하였다.

*2. 패대: 패수와 대수가 흐르는 하북성의 난하 일대를 말한다. 중국의 정사인 〈주서〉, 〈수서〉, 〈북사〉의 '백제전' 에는 백제가 옛 대방 지역에 나라를 세웠다고 하였다(百濟始立於帶方之故地). 〈수서〉 '지리지' 는 "요서군에 대방산이 있다고 하였다."

*3. 고탄자국: 정인보는 전북 김제로, 천관우는 경기도 양평으로 추정하였다. 목지국(目支國)을 맹주로 하는 마한 연맹체의 일원이었으며, 3세기 이후 백제에 귀속되었다.

*4. 칠지도(七支刀): 일본 이소노카미 신궁[石上神宮, 天理市]에 보존된, 좌우에 가지가 3개씩 달린 철제 칼(길이 74.9cm)로, 일본 국보로 지정되었다(1953). 제작 연대와 명문 해석은 학자들에 따라 다양하다. 칼의 양면에 60여 글자가 새겨져 있는데, 이 신궁의 궁사인 간 마사토모(管政友, 1873)가 발견하였다. 제작 연대에 대해 간은 268년, 일본 학계는 369년, 한국 학계는 408년, 기타 6세기설 등이 있다. 간은 칠지도(七支刀)가 니혼쇼키에 나오는 칠지도(七枝刀, 230)와 같으며, 임나일본부설을 뒷받침한다고 해, 후일 일제의 식민지사관에 이용되었다. 그러나 한국 학계는 두 칠지도가 전혀 다르며, 백제왕이 제후왕(諸侯王)의 일원인 왜왕에게 하사한 것이라고 주장한다. 1935년 조선총독부가 부여에서 발굴한 칠지도의 행방은 아직 묘연하다.

| 참고자료 |

(1) 김성호: 비류백제와 일본의 국가기원, pp. 41-45, 지문사, 서울, 1985

(2) 김성호, 김싱한: 한둥일 국가기원과 그 역사, pp. 121-125, 맑은소리, 서울, 2008)

(3) 김성호, 김상한: ibid, pp. 148-151

(4) 안경전: 환단고기. pp. 490-492, 상생출판, 대전, 2012

(5) 안경전: op.cit, pp. 502-503

(6) 김성호, 김상한: op.cit, pp. 123-125

(7) 송동건: 고구려와 흉노, pp. 240-243, 진명출판사, 서울, 2010

(8) 이기백: 백제왕위 계승고, 역사학보, 제11집, pp. 42-45, 1959

(9) 천관우: 삼국의 국가형성(하), 한국학보 제3집, pp. 142-143, 1976

(10) 천관우: ibid, pp. 135-136

(11) 김성호 등: op.cit, pp. 154-157

(12) 坂元義種: 五世紀の百濟大王と王侯; 旗田巍井上秀雄, 古代の朝鮮, p. 46, 學生社, 1976

(13) 김성호 등: op.cit, p. 162

(14) 김성호 등, op.cit, pp. 162-165

(15) 송동건: op.cit, p. 390

(16) 김성호 등: op.cit, pp. 169-172

(17) 김영덕: pp. 146-149

(18) 김성호: 비류백제와 일본의 국가기원, pp. 147-156, 지문사, 1985

(19) http://www.kbs.co.kr/korea/sisa/culturedocu/vod/1206585 2694.html

(20) 김성호 등: op.cit, pp. 184-186

(21) 김성호 등: op.cit, pp. 194-196

(22) 신채호: 조선상고사, 윤재영 역해: op.cit, pp. 216-218

(23) 김영덕: The Review of Korean Studies, 한국학중앙연구소, 12권 4호, 2009

(24) 김영덕: 에다후나야마 고분의 임자는 백제 우현왕 여기이다, 바히네 백제 배움 복판, 2008 (02)

(25) 이도학: 백제인물사, 주류성, 서울, 2005

제 8 장

신라의 기원

신라인의 뿌리는 원시 알타이어족으로, 하나라 전후에는 예족(濊族, 徐氏, 余氏)으로 불렸던 동이족의 일원이었다. 〈삼국사기〉에 따르면 신라인은 소호 금천씨(少昊金天)의 후손이라 자칭하였다. 이들의 일부는 인더스문명을 이룬 드라비다족과 섞이어, 아리아족이 인더스 유역을 침입했을 때 중국으로 넘어온 것으로 보인다. 다른 일파는 알타이에서 여러 경로로 중국 대륙으로 들어와(畬族·徐族·余族), 하(BC 2072?-BC 1600?)·상(은, BC 1600?-BC 1046)·주(BC 1046-BC 771)·오(吳, ?-BC 473)·월(越, ?-BC 306)을 세우는 데 주도적인 역할을 한 것으로 보인다. 상의 시조인 설(契)과 주의 시조 후직(后稷, 姬氏)은 모두 드라비다인(또는 바빌론인)으로 추정된다.

1. 신라 건국의 개요(1)

서언왕(徐偃王)은 중국의 중원인 쉬저우(徐州, 江蘇省)에 서국(徐國, BC 25C?)을 세운 마지막 동이족 패왕이었다. 그는 주의 5대 목왕(穆王, BC 1001-BC 947)과 싸웠으나 살생을 피하려고 화전하고 주로 망명하였다. 그 유민들은 목왕의 부탁을 받은 노·송·제 연합군의 공격으로 사오싱(紹興, 저장성)으로 남하했으며, 춘추전국시대에는 월주에 예산국(穢山國, BC 668-BC 510)을 세웠다. 그러나 같은 동이족인 월(越, 姒氏, BC 510?-BC 345)에 의해 망하였다.

같은 시기에 건국한 동이계 오의 왕 합려(闔閭)는 월왕 구천(勾踐)과 싸우다가 전사하였다. 그 후 합려의 아들 부차(夫差)는 구천을 생포했다가 놓아주었는데, 22년 후(BC 473)에는 부차가 구천에게 반대로 생포되자, 그가 자결하면서 오나라가 사라졌다.

월왕 구천은 랑야타이(山東省)로 천도했으나(BC 473), 결국 초나라에게 망하였다. 이렇게 나라를 잃은 같은 동이족인 오·월의 유민 일부가 진시황 때에는 푸젠성(福建省)으로 남하해 해양족인 민난인(閩南人)이 되었다. 삼국시대에는 손권(182-222)의 오(吳)에 속했으나(222), 오가 망하자(280) 수많은 동이의 소국들이 진(晉, 265-316)에 합류했고, 푸젠성 진안군에는 신라현이 세워졌다. 〈구당서〉 권99 '신라전'은 "신라는 본래 변한의 후예로, 그 나라는 옛날 낙랑(요동지역)에 있었다"고 하였다.

이들은 그 후 북상해 길림성에서도 신라를 세운 것으로 보인다. 〈환단고기〉 '삼성기전(상)'에 의하면 고두막한(高斗幕汗)이 한(漢)으로부터 부여의 옛 도읍을 회복하고(BC 86) 나라 이름을 동명(東明)이라 칭했는데, 그곳(길림성)은 '신라의 옛 땅'이라 하였다. 〈흠정만주원류고〉의 서문(乾隆帝 諭旨)에도 "당나라 때 계림은 지금의 길림이 와전된 것이요, 신라와 백제 등 여러 나라가 모두 그 부근에 있었다"고 하였다. 〈왕오천축국전〉을 쓴 혜초는 계림(鷄林) 출신이지만 한반도에서 출발한 기록이 전혀 없다. 그리고 〈삼국유사〉는 혁거세와 김유신의 묘가 서안(西安)에 있다고 하였다.

부여의 멸망과 더불어 신라의 후예들은 한반도로 내려와 한강 유역(고양, 세검정)에 진한(辰韓, 徐伐, 사로, 계림)을 세웠으나 지도자인 박혁거세가 송파에서 온조군에게 전사한 것으로 보인다(AD 24?). 지도자를 잃은 박씨족은 비류군과 온조군에게 쫓기다가 결국 문경 새재를 넘어갔다. 그리고 상주, 안동을 거쳐 건모라(健牟羅, 경주)로 입성해 서라벌(徐羅伐)을 세웠고, 후일 나라 이름을 신라(新羅)로 개칭하였다. 그러나 강단사학에서는 혁거세가 처음부터 경주에서 신라를 세운 것으로 가르친다.

2. 부여계 박혁거세

〈태백일사〉는 부여의 황손인 혁거세의 어머니 파소(婆蘇)가 동옥저에서 배를 타고 진한으로 왔으며, 혁거세가 13세 때 진한 양산에서 거서간(居西干)이 되었다고 하였다.(2) 〈삼국유사〉도 이와 유사한 내용을 담고 있다.(3)

"사로(斯盧)의 첫 임금(혁거세)은 선도산(仙桃山) 성모의 아들이다. 옛적에 부여 황실의 파소가 지아비 없이 잉태해 남의 의심을 사게 되었다. 이에 눈수(嫩水, 흑룡강)에서 도망해 동옥저에 이르렀다가 또 배를 타고 남쪽으로 내려가 진한(辰韓)의 나을촌(奈乙村)에 이르렀다. 그때 소벌도리(蘇伐都利)라는 자가 이 소식을 듣고 가서 아이를 집에 데려다 길렀다. 나이가 13세가 되자 뛰어나게 총명하고 숙성하며 성덕이 있었다. 이에 진한 6부가 함께 받들어 거세간(居世干)이 되었다. 서라벌에 도읍을 세워 나라 이름을 진한(辰韓)이라 하고, 사로라고도 하였다." 〈태백일사〉 제6 '고구려국본기'

"예로부터 진한 땅에는 여섯 마을이 있었다…… 전한 지절 원년 임자년(BC 69) 3월 1일 여섯 부의 조상들이 각기 그 자제들을 데리고 알천언덕에 모여 의논하였다. '우리들은 위로 백성들을 다스릴 임금을 가지지 못해 백성이 모두 방종하고 제멋대로 한다. 덕이 있는 사람을 찾아내어 임금으로 삼아 나라를 세우고 도읍을 정하는 것이 어떻겠는가?…… 그런 다음 모두 높은 데 올라가 남쪽을 바라보았다. 양산 아래 나정이라는 우물 옆에 이상한 기운이 번개처럼 땅에 드리우고 백마 한 마리가 무릎을 꿇고 절하는 모습이 보였다. 그곳을 찾아가 살펴보니 자주색 알 한 개가 있었다. 말은 사람을 보자 울음소리를 길게 뽑으면서 하늘로 올라갔다. 그 알을 쪼개자 모습이 단정하고 아름다운 사내아이가 있었다…… 아이를 동천에서 목욕시키자 몸에서 광채가 나고 새와 짐승들이 춤추며 천지가 진동하고 해와 달이 맑게 밝았다. 따라서 이름을 혁거세왕(弗矩内王)이라 하였다. 이는 밝은 빛으로 세상을 다스린다는 뜻이다. 설명하는 자들에 의하면, 중국 사람들이 선도성모가 낳았다고 한다…… 왕의 칭호를 거슬한(居瑟邯) 혹은 거서간(居西干)이라고 하였다." 〈삼국유사〉 제1 '기이'(奇異)

이러한 여러 내용을 종합하건대, 신라는 서쪽(스키타이)에서 인도를 거쳐 남중국(福建省)과 동남 해안으로, 다른 일파는 둔황과 길림(만주)에서 한반도로 들어온 것으로 보인다. 왕의 칭호인 거서간(居西干)의 의미는 '서쪽에 거주한 왕' 이라는 뜻이다.

3. 국호

신라는 '비단' 을 뜻하는데, 새로운 태양의 나라, 동쪽 나라, 새의 나라, 비단의 나라 등으로도 해석된다. 〈삼국유사〉는 신라의 작명 과정에 대해 이렇게 설명한다.(3)

"그날 알영정에서 계룡이 나타나 왼쪽 옆구리로부터 계집아이를 낳으니 용모가 매우 아름다웠다…… 두 성인의 나이가 13세가 되던 기원전 57년 남자아이는 왕이 되고, 여자아이는 왕후로 삼았다. 그리고 나라 이름을 서라벌 또는 서벌이라 하였다. 혹은 사라 또는 사로라고도 하며, 처음에 왕이 계정에서 났으므로 계림국이라고도 하니, 계룡이 상서로움을 보여주었기 때문이다. 일설에는 탈해왕 때 김알지를 얻으면서 숲 속에서 닭이 울었으므로 나라 이름을 계림으로 고쳤다고 한다. 후세에 와서 국호는 결국 신라로 정해졌다." 〈삼국유사〉 제1 '기이'

한편 김성호는 〈씨성으로 본 한일민족의 기원〉에서 '신라' 는 석씨족의 국호라고 하였다. 김성호 등(2008)은 혁거세가 고양(경기도)의 진한(辰韓)에서 건국했으며(BC 57), 재위 제21년(BC 37)에 "경성을 쌓고 금성이라 하였다"고 했는데, 금성을 세검정 입구의 서성(西城, 탕추대성)으로 비정하였다.(4) 그 근거로 "〈삼국유사〉의 혁거세 즉위 기사에 '국호 서라벌·서벌은 현재(고려)의 속훈으로 경(京)을 서벌(徐伐)이라 하기 때문'이라 했고, 조선의 〈용비어천가〉도 현재의 서울을 서벌이라 했으니, 서라벌·서벌은 곧 서울의 지명의 유래이다"고 하였다. 경주의 옛 명칭은 석씨들이 명명한 건모라(健牟羅, 마을, 도읍지)이며, 혁거세의 초기 국호는 진국(辰國)이었고, 서라벌은 졸본부여에서 남하한 백제 서씨족이 정벌한 지명(徐伐)이라 하였다. 그 후 혁거세는 송파구 가락동으로 이주했는데, 그곳에서 온조군에 전사했다고 주장한다(AD 4).

한편 신채호는 신라의 국호에 대해 이렇게 해설하였다.(5)

"신라는 진한 6부를 통털은 이름이 아니고 6부의 하나인 사량부(沙梁部)이다. 신라나 사량은 다 '새라'로 읽은 것이요, '새라'는 냇물 이름이니 '새라'의 위에 있으므로 새라라 일컫고, 사량은 사훼(沙喙)라고도 기록했으며, 사훼는 '새불'이니 '새라' 위에 있는 불, 곧 들판이기 때문에 일컫는 이름이다. 본기에 신라 이름을 서라벌이라 했으나 서라벌은 '새라불'로 읽을 것이니, 또한 '새라의 불'이라는 뜻이다. 시조 혁거세는 진한 6부의 고허촌장 소벌공(蘇伐公)의 양자이고 고허촌은 곧 사량부이니, 소벌공의 소벌은 사훼처럼 '새불'로 읽을 것이므로 지명이고, 공은 존칭이다…… 소벌공은 고허촌장이라는 뜻이다…… 새라 부장의 양자 혁거세가 6부의 왕이 되었으므로 나라 이름을 새라라 하고, 이두로 신라(新羅)·사로(斯盧)·사라(斯羅) 등으로 쓴 것이다. 박씨뿐 아니라 석씨와 김씨도 사량부 귀인의 성이니, 세 성을 특별히 존중하는 것은 삼신설을 모방했기 때문이다…… 세 성이 서로 혼인을 맺는 거족(巨族)이었는데, 의논한 끝에 세 성이 서로 임금 노릇을 하는 나라를 만든 것이다." 〈조선상고사〉(신채호)

중국 사서에도 신라는 중국에 존재한 것으로 나온다. 〈진서〉(晉書) 권15 '지리 하편' 에 처음 등장하는 신라는 오나라 푸젠성 진안군(揚州 晉安郡, 282년 설치)의 한 속현(총 3,800호)으로 나온다. 〈가경중수일통지〉(嘉慶重修一統志, 1986)에 따르면 푸젠성 천주(泉州)에는 1680년까지도 신라성(新羅城)이 남아 있었다.(6) 당의 〈원화군현지〉(元和郡縣志) 권29 '강남도' 에도 "앞서 정주계(汀洲界)의 잡라구(雜羅區)에 잡라현(雜羅縣)이라는 이름으로 정주에 속하게 하였다. 천보 원년(744)에 이를 용암현(龍巖縣)으로 고쳤다"고 하였다. 중국인들이 '新'을 '雜'으로 바꾸어 신라를 비하한 것이다. 왜인들도 신라를 경멸하며 시라기(新羅城)라 불렀다.

4. 중국에서의 건국 과정

몽골의 통치 시기에는 티베트에 솔롱가(Sologa)와 동남 해중에 카울레(Caule, 고려)라는 두 조선이 존재했으며, 갠지스강 유역에도 16부족으로 구성된 솔랑키(Solangki)가 있었다. 몽골에서는 우리나라를 솔롱고스(Solongos, 무지개)라 칭한다. 인도의 고대사에도 솔랑기(Solanggi)라는 종족이 여러 곳에 왕조를 건설했으나 어디서 와서 어디로 사라졌는지 모른다고 하였다.(7) 그래서 시성 타고르가 "조선이 다시 횃불을 밝힐 때 조선은 동방의 빛이 되리라"고 노래했다고 송동건(2010)은 말한다. 그는 계림(鷄林)의 위치를 인도 동북부(Magada, 摩伽陀)로 고증하였다. 계림과 녹원(鹿苑, 鹿野苑)은 불교의 발상지인데, 추모가 그곳을 개척하고 돌아와 홀본(해본)에 나라를 세웠다는 것이다.(8) 진덕여왕과 '신라 낙랑군 왕' 김진덕의 묘도 당 태종의 소릉(昭陵)의 적군 묘역(섬서성)에 안장되었다고 하였다. 당나라

〈대당서역구법고승전〉은 이렇게 말한다.

> "중국에서 당 이전에 지금의 조선을 일찍이 계림이라 불렀다. 용삭 원년(668)에 조칙으로 신라국을 계림도독부라 하고, 그 왕(김법민)을 계림주 도독으로 제수하였다." 〈대당서역구법고승전〉(의정, 당)

만주에서 발견된(1880) 광개토대왕 훈적비에도 '신라성'이 등장하는데, '신라'의 지명은 당시 한반도에는 없었고 푸젠성(福建省) 인근에 집중되어 있었다. 광개토대왕 훈적비 영락 8년조(398)에는 중앙아시아의 막신라성과 가태라국이 나온다.

> "398년에 군부대를 보내 숙신과 토욕을 둘러보고, 간 김에 막신라성과 가태라곡의 남녀 300인을 얻어왔다. 이후의 조공에 관한 논의를 하였다."
> '광개토대왕 훈적비'

송동건(2010)은 막신라성(幕新羅城)은 '막'(마하, 크다, 강하다)과 '신라성'의 합성어로, '강력한 신라'를 의미한다고 하였다. 가태라곡(加太羅谷)은 육량(陸梁)의 일부이면서 백제의 통제를 벗어난 구다라(가태라)로, 〈송서〉 '문제기 원가 13년(436)조'에 나오는 무도국(武都國)으로 비정하였다. 그는 백제가 북위와 전쟁할 때에만 백제 왕명에 붙는 '여'(餘)자가 '무도'(牟都), '무태'(牟太) 또는 '무대'(牟大)로 바뀐 것은 무도(武都)로 알려진 강(羌族)의 영토를 정복했기 때문이라 하였다.(9) 그리고 신라가 광동(廣東省)·천주(泉州, 福建省)·항주(杭州, 浙江省)·강도(揚洲, 安徽省-江蘇省)에 있었으며, 항주가 그 중심지였다고 주장한다.

〈신당서〉 권220 '신라전'은 "그 나라는 산이 연하여 수십 리에 뻗혀 있는데 좁고 견고하기가 철합과 같아 관문이라 부른다. 신라는 여기에 노사 수천 명을 주둔시켜 이 관문을 지키게 하였다"고 하였다. 청의 유연정이 쓴 〈해동금석원〉에는 "설인귀의 사단비가 적성현(積城縣)의 옛 신라 칠중성(七重城) 감악 산록에 있다"고 하였다.

김성훈 등(2008)은 사족 이후 푸젠성으로 남하한 동이족이 세운 나라가 쉬저우(徐州, 江蘇省)의 서국(徐國)이며, 궁녀 소생의 서언왕(徐偃王)이 36제후국을 다스렸다고 하였다. 공자는 〈춘추〉 '장공 26년 가을조'(BC 668)에서 "노의 장공은 송·제와 함께 서국을 벌하였다"고 하였다. 이는 주나라 제5대 목왕의 요청으로 노·송·제 연합군이 서국을 침에 따라 서국이 월주(越州, 紹興市, 저장성)로 이주한 사건을 지칭한다고 하였다. 서국 유민은 그곳에 예산국(BC 668-BC 510)과 월국(BC 510-BC 345)을 세웠다.

이곳의 신라계 지명은 진시황이 장쑤성과 저장성에 회계군을 설치하기 이전부터 존재하였다.(10) 진국(신라)의 위치에 대해 〈한서〉 권95 '조선전'은 "진번 옆에 진국이 있다"고 해, 그들이 한나라 시기에는 단군조선의 마한 지역으로 이주했음을 시사하였다. 고려 초기까지도 조선반도에 '경주'라는 지명은 없었다. 〈중국지명대사전〉에 의하면 경주는 원래 중국의 무위시(감숙성)에 있었다.

한편 〈태백일사〉 '삼한관경 본기'는 "단군조선이 진국이며, 진국은 곧 진한이다"고 하였다. 신라는 진한(辰韓) 6국이 병합된 진(秦)이었다. 진시황의 진(秦)이 곧 신라이며, 진라(辰羅)가 '지나'(차이나)로 바뀌었다는 것이다. 소호 금천씨 후손인 금(金)씨도 한자음으로 '진'이라 읽으므로, 진(辰)은 김(金)과 같은 뜻이다. 진의 군사들은 모두 상투를 틀었고, 장신의 동이족이었다. 진시황(BC 259-210)의 이름은 영정(嬴政)인데 원래는 한치(韓稚)였다. 영(가득찰 영, 해)씨 성은 원래 우임금이 순에게 하사받은 것이었다. 영정은 상인 출신의 승상 여불위(呂不韋)의 아들이므로 여정(呂政)으로도 불리었다. 진의 선조는 전욱의 후손인 묘족계 여수(女脩)였다. 진시황의 어머니 이름도 여수였다.

5. 한반도에서의 건국 과정

고조선과 부여계 유민들은 요동과 만주에서 다양한 경로로 한반도로 들어온 것으로 보인다.(11),(12) 초기 신라는 서나벌시대(徐那伐, BC 57-AD 60), 상주시대(67-100), 월성시대(101)로 구분한다. 김성호(1985)는 한무제의 침공으로 고조선이 망하면서(BC 108), 진국의 유민인 거수집단(渠帥集團)이 한반도로 남하해 경기진한(京畿辰韓)을 이루어 한터마한과 공존했다고 하였다.(13) 혁거세(居西干)는 13세에 경기진한에 서나벌(徐那伐)을 세웠다. 일연은 〈삼국유사〉 '기이' 에서 서나벌을 서벌(徐伐)이라 하였다. 서벌은 경주뿐 아니라 서울의 옛 이름이었다.

박씨 집단은 기원전 19년에 한강 유역을 석권하면서 기원후 42년까지 북방민족(동옥저·낙랑·맥 등)과 교류했고, 61년부터 금강 상류로 진출하였다. 이때 마한의 장수 맹소(孟召)가 이암성(履巖城, 진천?)을 바치며 항복해 왔다고 한다. 당시에 웅진마한의 본류는 익산으로 이주한 후였다. 신라는 금강 상류를 거쳐 호남으로 진출하려다가 와산성(蛙山城, 보은)에서 비류군에게 패해(蛙山戰鬪, 63-76), 조령을 넘어 사벌(沙伐, 상주, ?-100)로 이주하였다.

제5대 박파사왕(朴婆娑王)은 이곳에서 세력을 정비하면서 안동(古施郡)의 진한계 고시군주 김씨 가문(김알지)과 혈연 관계를 맺었다(84). 박씨족은 파사왕 22년(101)에 석씨들이 거주하는 경주로 다시 천도해 알천(閼川)에 월성을 쌓고 제2의 서라벌시대를 열었다. 이어서 경주(月城, 94) 알천에서 선주민(기원 전후 입주)인 석씨(昔氏) 집단을 정복하였다. 경주의 옛 이름은 석씨계 지명인 모라(牟羅)였다.

이후 신라는 283년까지 비류백제와, 그 후(554-660)는 온조백제와 전투를 이어갔다. 강단사학은 이러한 박씨족의 이주 과정(BC 58-AD 101)을 아예 제거하였다. 이상의 신라의 건국 과정을 다시 정리하면 다음과 같다.

아라랏 → 스키타이 → 중앙아시아·인도 → 절강·강소·복건 → 만주(요동·길림)→(이후 3경로설)

(제1설) → 동옥저 → 동해안 또는 해로 → 경주(파소·소시모리·秦氏 등)

(제2설) → 고양 → 한강 유역 → 공주 → 보은 → 상주 → 안동 → 경주(박씨족, 김씨족)

(제3설) → 고양 → 한강 유역 → 공주 → 가락국(석탈해) → 울산(연오랑·세오녀) → 경주

6. 신라의 왕족

신라에서는 박씨(朴氏, 1-8대, 烏丸系 渠帥集團)·석씨(昔氏, 9-16대, 東夷系 牟羅集團)·김씨(金氏, 17-56대, 부여계 涿水集團)가 왕조를 바꾸어 가며 계승하였다. 〈삼국유사〉는 신라 왕 중에 거서간이나 차차웅으로 불린 임금이 각각 1명, 이사금 16명, 마립간 4명이 있었으며, 죽은 후 왕으로 추존된 사람은 갈문왕(葛文王)이라 불렀다.[14] 박혁거세는 거서간(居西干)인데, 이는 '서쪽에 거주한 왕'이라는 뜻이다. 당시에 동방과 서방의 경계는 둔황 인근의 과주(안서)였다. 신라의 왕호 마립간·눌지·소지·지증 등은 '마고(麻姑)가 세

운(立) 왕(干)' 이라는 뜻이다. 마고는 파미르고원에 살았다는 전설적인 여신을 말한다.

(1) 박혁거세(15)

〈삼국사기〉 '삼한전 총론' 은 "진한은 옛 진국이다"고 했고, 〈삼국유사〉 '제2 기이편' 은 진한 땅에 6촌(6加)이 있었다고 하였다. 김성호 등은 이들이 거주한 곳을 경기도 고양시 일대로 추정했는데, 혁거세 전승의 지명이 일산의 지명들과 일치하는 점을 근거로 제시하였다. 알천(阿利水) 양산촌(급량부 이씨 조상, 촌장 알평, 고려 때 양주), 돌산 고허촌(사량부 정씨 조상, 촌장 소벌도리, 高峯山), 취산 진취촌(본피부 최씨 조상, 촌장 지백호, 창능천의 닭알부리촌), 무산 무원촌(모량부 손씨 조상, 촌장 구례마, 행신동 茂原村), 금산 가리촌(한기부 배씨 조상, 촌장 지타, 행신동 加里山), 명활산 노야촌(습비부 설씨 조상, 촌장 호진, 신평동 高蘭台里) 등이 그것이다.(15)

6촌장은 혁거세가 박에서 나왔으므로 '박씨' 라 하고, 빛으로 세상을 다스리라는 뜻으로 '혁거세' 로 이름을 지었다고 한다. 그러나 김성호 등은 박혁거세의 성이 박혁(박붉=이란어로 황제 Bagh-pur)이고, 거세(Korsi=왕좌)가 이름이라고 하였다. 같은 시기에 사량리(沙梁里)의 알영(閼英)이라는 우물에 계룡(鷄龍)이 닭 주둥이를 가진 계집아이를 옆구리에서 낳았다고 한다. 그 아이를 월성천(撥川)에서 씻겼더니 주둥이가 아름다운 입술로 바뀌었다고 한다. 한강의 옛 이름은 알영에서 유래한 아리수(阿利水, 이란어로 Ari=강)이다. 〈위략〉은 "진국의 역계경(歷鷄卿)이 위만조선과 뜻이 맞지 않아 동지진국(東之辰國)할 때 2,000호가 뒤따랐다"고 하였다. 역계경의 아들이 바로 박혁거세이다. 〈환단고기〉는 졸본부여의 고두막의 공주인 파소가 낳은 알에서 나온 아들이 혁거세라 하였다. 혁거세는 재위 61년(AD 24)에 죽었다.

⑵ 석탈해

〈삼국유사〉 제1 '기이' 에 의하면 용성국(龍城國)에 28명의 용왕이 살았는데, 함달파왕(含達婆王)의 왕비인 적국녀(積國女, 공주)가 알을 낳았다. 왕은 알을 궤에 넣어 노비들과 함께 바다로 보냈는데, 배가 가락국에 도착하였다. 김수로가 이를 환영했으나 배는 재빨리 아진포(阿珍浦)로 빠져나갔다. 그곳에서 혁거세의 고기잡이 할멈(阿珍義先)이 까치들이 배에 모이는 것을 보고 궤를 열었더니 사내아이가 일곱 보물과 노비들과 함께 나타났다. 아이는 자신이 용성국의 왕자라 하였다. 할멈은 마을 어른들과 협의하고, 알에서 나왔으므로 탈해(脫解)라 이름을 지었다. 신라 제2대 남해왕은 그를 공주(阿尼夫人)의 부마로 삼았다. 탈해는 제4대 왕이 되었고(이사금, 치즐금, 57), 재위 22년(79)에 세상을 떠났다. 그의 유해는 해골의 둘레가 석 자 두 치, 몸뼈 길이가 아홉 자 일곱 치로 거구였다고 한다.

〈삼국유사〉 '석탈해조' 는 "석탈해(昔脫解)는 본래 용성국 사람인데, 용성국은 왜의 동북방 1천 리에 있다"고 하였다. 석씨족은 랑야타이(산동성 남부 牟婁) 동북부의 모야도(慕耶島, 登州)에 살던 모라계(牟羅系) 동이족이었다. 탈해는 원래 오족왜인(眞氏族)이므로 용성국에서 추방된 것으로 보인다. 이들은 진시황 때(BC 221-210) 평북 용강(黃龍國, 龍城國)에서 서남해안을 거쳐 영일만(BC 19)으로 상륙한 후 모라(牟羅, 경주)로 입성하였다. 탈해를 시조로 삼는 백제·임나·왜의 왕들은 모씨(牟氏)로 성을 삼았다. 그러나 그가 경주의 월성에 들어갈 때 까치가 울었다 하여 까치 작(鵲)의 석변(昔邊)을 따서 석씨(昔氏)라 불렀다 한다. 석씨는 서역인이라는 설도 있다.

⑶ 김씨

김알지설: 〈삼국사기〉와 〈삼국유사〉는 동이족의 김알지설에 대해서는 이렇게 기술한다.(16), (17)

"탈해왕 9년(삼국유사는 4년, BC 60), 왕이 밤에 금성 서쪽의 시림(始林) 숲에서 흰 닭이 우는 소리를 듣고 호공을 보내어 살핀바, 금궤에서 사내아이가 태어났다. 매우 총명하므로 알지(閼智, 어린 아이)라 부르고, 금궤에서 나왔으므로 김씨(金氏) 성을 주었다. 그리고 태자로 삼았으나, 파사(페르시아인?)에게 왕위를 양보하였다."

알지의 후손은 아도·수류·욱부·구도 등을 거쳐 제7대손 김미추(金味鄒) 이즐금(이사금)이 제13대 갈문왕으로 추존되었다. 김씨의 중시조인 김미추는 석씨의 왕녀(助賁王의 딸)에게 장가를 들어 석씨 가문과 혈연을 맺었다. 김씨 가문이 처음으로 왕이 된 것은 석씨를 연결고리로 등극한 제17대 김나물왕(金奈勿王, 내물왕, 356-402)이었다. 따라서 신라의 김씨는 알지로부터 시작되었다는 것이다.

흉노설: 김씨(金氏)의 원향은 알타이산맥으로 추정된다. 알타이(Altai)가 터키어나 몽골어로 '황금'을 뜻하기 때문이다. 신라는 왕관을 비롯해 금장신구가 많으며, '황금의 나라'로 알려졌다. 이러한 금 세공술은 중앙아시아의 대평원 너머에 있는 스키타이에서 유래한 것으로 보인다. 스키타이(흉노족)는 한때 흑해 연안을 지배했던 강력한 기마세력으로, 흥안령산맥 서쪽에 정착하였다.

이들은 5호16국 시대에 여러 나라를 세웠으며, 터키와 헝가리(Hungary)도 그들이 세운 나라였다. 로마까지 침공했던 훈족(Hun)과 동일시하기도 한다.

이들과 같은 뿌리를 가진 몽골족은 돌궐·선비·오환·거란으로 분파되었다. 타타르(Tartar)계 몽골족은 역사상 가장 광대한 원(原)제국을 세웠고, 선비족은 전연·후연·북연·후조·후위를, 거란족은 요를, 퉁구스족

(Tungus, 만주족)의 일파인 여진은 금·청(한자음으로 모두 Chin)을 건설하였다. 금과 청의 명칭은 고우리의 진국(辰國, Chin)에서 차용한 것이라고 최동은 주장한다.

흉노설의 일환으로서 김일제설이 있다. 흉노의 지도자 이치사 선우(伊稚斜 禪于, 재위 BC 126-BC 114)가 한무제와 전투할 때 흉노의 부왕인 곤야왕(昆耶王, 우현왕)과 휴도왕(休屠王, 좌현왕)이 무제에게 패하였다. 우현왕은 좌현왕에게 항복하자고 권유하였다. 우현왕은 항복을 거부한 휴도를 죽이고 한나라 장수 곽거병에게 항복하였다. 그리고 휴도의 부인(閼氏)과 태자 일제(14세) 및 차자 윤(胤)을 포로로 넘겨주었다. 졸지에 한무제의 마부가 된 일제는 어느 날 무제를 망하라(莽何羅)의 암살음모에서 구출하게 된다. 그 공로로 무제로부터 김씨 성을 하사받았다. 그 이유는 그의 아버지(휴도)가 금인(金印)을 지니고 다니며 천주(天主)를 섬겼기 때문이라 한다.(17-1) 이 김일제(翁叔, 金日磾, BC 134-BC 86)가 김씨의 시조라는 것이다.

한때 광록대부(光祿大夫)까지 오른 그는 공주를 유혹하던 자기 아들을 죽이기까지 하면서 무제에게 충성했다고 한다. 무제는 이에 감동해 어린 왕자(유불릉, 소제)를 돌보게 했고, 소제(昭帝)는 일제가 죽기 전에 투현(秺縣, 산동성)을 봉지로 하사하고 투후(秺侯)의 관직을 세습하도록 하였다. 신라 문무왕릉비에 의하면 이러한 투후가 7대를 이어갔으며, 김씨 부인의 묘비명에는 김일제가 김씨의 뿌리로 새겨져 있다고 한다.(18) KBS의 특집방송(2009. 7. 18)에서도 흉노와 신라인의 유골에 대한 유전적 유사성을 근거로 흉노와 김일제가 신라인과 관계가 깊다고 하였다.

후일 김일제의 후손은 한에 대항해 쿠데타를 일으킨 왕망(王莽, BC 45-AD 23)*1의 외가로서 쿠데타를 적극 지지하였다. 그러나 광무제(光武帝)가 왕망의 신제국을 토벌하면서 일제의 후손에게 주었던 봉토를 몰수하자, 그 후손들이 고조선의 유민과 함께 한터마한(서울 강남)으로 피신해, 경기진한(京畿辰韓)을 세운 것으로 알려져 있다.

7. 진흥왕과 백제 성왕

제24대 진흥왕(550)은 고구려가 남침하자 백제를 구하려고 독산성(청원)에 이사부(異斯夫)를 보내 도살성과 금현성을 모두 점령하였다. 더 나아가 551년에는 거칠부(居柒夫)의 기마군단이 한강 유역 10군과 당성진(해포)을 점령해, 중국으로 이어지는 해상통로를 개척하였다. 이에 백제의 성왕은 자기 딸을 진흥왕의 후비로 내주었다. 그러나 신라의 배신으로 양국관계가 악화되었다. 성왕은 거창에서 구다라 성을 쌓던 아들(餘昌)이 위기에 처하자 이를 구하려고 행차했다가 신라군의 기습으로 살해되었다. 성을 쌓던 백제군 3만 명도 신라군에게 몰살을 당하였다. 이에 따라 두 나라는 원수 사이로 바뀌었다. 진흥왕은 백제 영토였던 북한산과 창녕에 순수비를 세워 승전을 기렸다.

8. 삼국시대의 종언

신라의 김춘추는 당과 연합해 백제(660)와 고구려(668)를 멸망시켰다. 지금도 옛 백제의 수도였던 사비성 왕궁 터에는 당나라 유인원의 전승비가 자리잡고 있어 보는 이들의 마음을 착잡하게 만든다. 이러한 신라의 행위는 자국의 생존을 위해서는 불가피한 일이었겠지만, 결과적으로는 우리의 광활한 영토와 역사를 외세에게 넘겨준 치욕적인 행위가 아닐 수 없을 것 같다. 나당 연합군의 백제와 고구려의 침략은 투르크계(나·당 연합군)와 몽골계(여·제·왜 동맹군)의 싸움이라는 해석도 있다.

당은 승전과 더불어 백제와 고구려 지역에 도호부를 설치했을 뿐 아니라 경주에도 안동대도독부를 설치해 한반도를 식민지화하려 하였다. 뿐만 아니라 신라 조정에 대해 중국식 이름(성+이름)과 당악·당의를 사용하도록 강요하였다. 이에 다급해진 신라는 고구려의 왕손인 안승을 익산지역을 다스리는 후고구려 왕으로 임명하였고, 고구려 유민들과 협력해 10여 년간 당의 세력을 축출하기 위해 치열한 전투를 치렀다. 그 결과 겨우 대동강 이남을 확보하게 되었을 뿐이다. 불행 중 다행이라 할까, 압록강 이북의 고구려의 옛 영토는 대조영이 세운 대진국(발해)이 차지해 우리나라는 남북국 시대를 맞게 되었다.

참고사항

*1. 왕망: 산동 출신으로, 전한 말기에 38세 나이로 대사마가 되었다. 애제(哀帝) 사후 9세의 평제(平帝)를 옹립하고 자기 딸을 황후로 삼아 섭정하다가 전한을 전복하고 신왕조(新, 8-24)를 세웠다. 유교를 숭상하고 많은 개혁정치를 폘쳤다. 이 과정에서 많은 반란이 있었고, 황족 유수(劉秀)가 곤양(昆陽)에서 왕망을 무찌르고 후한(後漢)을 세우고 광무제(光武帝))라 칭하였다. 일설에는 왕망이나 황후가 김씨라는 설이 있다.

참고자료

(1) 김성호, 김상한: 한중일 국가 기원과 그 역사, pp. 16-46, 맑은소리, 2008

(2) 안경전: op.cit, pp. 492-493

(3) 일연 저, 배성우 편역: 삼국유사, pp. 31-34, 신라출판사, 2012)

(4) 김성호 등: op.cit, pp. 125-129

(5) 신채호 저, 윤재영 역해: 조선상고사, pp. 133-134

(6) 송동건: 고구려와 흉노, p. 311, 314, 진영출판사, 서울, 2010

(7) James Todd, William Crooke: Annals and Antiquities of Rajasthan, 3 Vol, London, 1920

(8) 송동건: op.cit, p. 328

(9) 송동건: op.cit, p. 347-358

(10) 김성호 등: op.cit, pp. 38-43

(11) 일연 저, 이재호 역: 삼국유사, pp. 107-115, 솔출판사, 서울, 1997

(12) 김부식 저, 이재호 역: ibid, pp. 33-37

(13) 김성호: 비류백제와 일본의 국가 기원, pp. 294-316, 지문사, 1985

(14) 일연 저, 배성우 편역: op.cit, p. 3

(15) 김성호 등: op.cit, pp. 114-121

(16) 김부식 저, 이재호 역: op.cit, pp.48-49

(17) 일연 저, 배성우 편역: op.cit, p. 39

(17-1) Yang Sen-Fu: A history of Nestorian Christianity in China, pp.1-5, Commercial Press, 2007

(18) 문경현: 신라건국설화의 연구, 대구사학, 대구사학회, 1972

제 9 장

삼한 · 가야 · 임나 · 삼가라의 기원

삼한과 가야의 역사는 우리의 삼국과 야마토 왜의 뿌리이다. 부여에서 내려온 무리가 대륙과 한반도를 중심으로 삼국시대를 열었고, 일부는 일본 열도로 건너가 왜 왕실을 세웠다. 이처럼 우리와 일본은 애증이 교차한 같은 민족이었다. 한일 양국이 대립과 경쟁의 마음을 버리고 서로 상생하는 길로 나아가려면, 이러한 삼한과 가야에 대한 바른 역사인식을 공유하는 데서 출발해야 할 것이다.

가야의 역사는 야마토의 핵심적인 뿌리이므로, 가야사를 이해하지 않고는 일본의 고대사를 이야기할 수 없을 것이다.

1. 삼한의 기원

〈삼국사기〉와 〈삼국지〉의 '삼한전'에 의하면, 한반도에는 기원전 1세기부터 기원후 3세기까지 한반도에 삼한이 있었다.[1] 〈위지〉 '한전'(韓傳)에는 3세기에 한반도에 마한(50국), 진한(12국), 변한(12국)의 삼한이 있었다고 하였다. 〈사기 봉선서〉(史記封禪書)는 태일(太一)은 진한, 지일(地一)은 뻘한(번한), 천일(天一)은 마한이라고 하였다.

삼한은 부족연맹의 형태로 존재하다가 삼국에 흡수되거나, 가야와 야마토의 형성으로 이어졌다. 특히 백제와 야마토가 긴밀한 관계를 유지한 것은 가야를 매개로 한 경우가 많았다.

(1) 마한(馬韓)

〈삼국지〉 '위략'(魏略)에 의하면 한 고조 12년(BC 195)에 위만의 공격으로 북부 서장족인 한씨조선의 준왕이 환도성의 "좌우 궁인을 이끌고 서해로 도주해 한지(韓地)에 이르러 한왕(韓王)이 되었다"고 하였다. 이것이 한강 유역 최초 국가인 한터마한의 출발이었다.[1] 그가 처음 도착한 곳은 강화도이며, 이후 풍납토성 부근까지 세력을 넓혔다(BC 200?). 그 후 한터마한

(清州 韓氏)은 웅진을 거쳐 익산으로 이동하였다. 〈위지〉 '한인전 마한조' 에는 마한이 경기도에서 전라남도에 이르는 지역으로 54국(10만호)이라 하였다. 이들은 천신을 섬겼으며, 국읍마다 천군(天君)이 제사를 주관하였다.

김성호 등(2008)은 진국(초기 신라)의 혁거세가 온조에게 피살된 2년 후 혁거세 일파가 마한에 합류했으나, 그들은 한강에서 온조군에 의해 웅진(熊津, , 고사부리공주)으로 쫓겨갔다고 하였다. 한편 미추홀(아산)에 거주하던 비류군이 마한을 정복했고(9), 미추홀에서 고사부리로 천도하였다. 이에 따라 마한의 잔존 세력은 다시 익산(金馬)으로 내려가 마한 54국의 중심 세력인 건마국(乾馬國)을 세웠다고 하였다.

(2) 변한(弁韓)(1)

〈고려사 서설〉은 〈주관육익〉(周官六翼)을 인용해 "오늘의 서경은 변나경(弁那京)이므로 변한이라 한다"고 하였다. 변나경은 서경 북쪽의 구룡산(卞那山, 개성)으로 위만조선의 유민이 거주하던 곳이다. 〈수서〉 권81 '백제전' 에는 한나라가 진번과 임둔을 대방고지(송악=개성)로 옮기어(BC 82) 위만조선의 유민이 자립하도록 했다고 하였다. 여기에 석탈해의 후손이 합류했으며(BC 50), 그들은 다시 서남 해로로 경주에 입성한 것으로 보인다. 〈구당서〉 권199 '신라전' 은 "신라는 본래 변한의 후예로, 그 나라는 옛날 낙랑에 있었다"고 하였다. 이는 석탈해가 변한에 거주하다가 경주로 가서 신라의 왕이 되었음을 지칭한 것으로 보인다. 〈위지〉 '한인전' 에 의하면, 변한을 변진이라고도 하며, 주로 경남 지역의 12개국으로 구성되어 있었다.

(3) 진한(辰韓)(1)

탁수의 동이계 부여인들(金氏)은 진시황 때(BC 214) 북부여(遼寧省)로 이주했다가, 해모수가 등장하면서(BC 59) 다시 동부여로 이주하였다. 그러나 〈삼국지〉 '진한전'은 그 일부가 대릉하에서 배편으로 강화도로 건너갔다가, 마한이 떼어준 고양(高陽)으로 이주했다고 하였다. 고양이라는 지명은 마한의 시조(高陽 전욱)에서 유래한 것이다. 〈삼국지〉 '삼한전 총론'은 "진한은 옛 진국이다"고 하였다. 이곳에서 이란계 가라족(朴氏)이 신라의 전신인 진국(辰國)을 세웠고(BC 57), 후일 경주로 이동한 것으로 추정된다.

〈삼국유사〉 제1 '기이편'은 "진한은 본래 연나라 사람들이 도피해 온 곳인데, 탁수의 이름을 따서 그들이 사는 고을과 마을 이름을 사탁, 점탁이라 불렀다"고 하였다. 〈위지〉 '한인전'은 진한(辰國)이 경상북도의 12개국으로 구성된 나라라 하였다. 변한과 진한은 총 5만 호이며, 진왕이 다스렸다. 〈후한서〉는 이렇게 기술한다.

> "진한의 노인들이 직접 말하기를 진(秦)의 망명자들이 한(韓)나라로 오자 마한이 동쪽 지역의 땅을 떼어주었다. 그들은 한 무리를 이루었는데, 서로 부르는 소리가 진나라 말과 비슷해 진한(秦韓)이라고도 하였다. 12개의 작은 나라가 있었고, 각각 1만 호였다."

김성호 등(2008)은 〈삼국지〉 '변진전'에는 "진왕이 월지국을 다스렸다"고 했고, 〈삼국사기〉 '지리지'는 "월성을 일명 월지라 한다"고 했으므로 월지국은 공주의 월성이라 하였다. 그리고 '삼한전'에는 "진왕은 대대로 마한인이 취임하고, 진왕 스스로는 왕이 될 수 없었다"고 한 것은 박씨계가 마한에 복속되어 있었기 때문이라고 하였다. 실제로 제2대 남해왕(재위 4-23)과 제3대 유리왕(재위 24-56)은 마한 한씨였고, 그 후 10년은 혼란기였다.(2)

이상의 내용을 종합하면, 한반도로 들어온 여러 족속들이 한강 유역에 삼한을 포함한 4국을 세운 내용을 다음과 같이 정리할 수 있을 것이다.

* 곰을 토템으로 하는 웅족과 북부 서장족(한씨족)이 한씨조선(기씨조선)을 세웠고, 한씨조선인이 한반도에서 마한(강화, BC 195)을 세웠다.
* 북부여의 동이족(김씨족, 여씨족)이 진한(고양, BC 58)을 세웠다.
* 남부 서장계의 오족왜인(모씨족, 랑야타이, 랴오닝성, BC 50)과 위만조선인(眞氏族, 개성, BC 82)이 변한을 세웠다.
* 가라족(스키타이족, 金氏族, 박씨족)이 진국(辰國, 고양, BC 57)을 세웠다.
* 마한 왕이 삼한을 관장하였다.

2. 가야의 기원

(1) 건국

건국신화: 삼국의 건국 초기에 백제는 마한, 신라는 진한, 가야는 변한에 속하였다. 〈삼국유사〉는 가야는 9간(干: 아도간·여도간·피도간·오도간·유수간·유천간·신천간·오천간·신귀간)이 1만 호(7만5천 명)를 다스렸다고 하였다. 그런데 임인년(AD 42)에 구지봉(龜旨峯)에서 다음과 같은 소리가 들렸다고 한다.(3)

> "하늘이 나를 나라임금으로 세우셨다. 산꼭대기 흙을 파 지으면서 '거북아, 거북아, 수로를 내놓으라. 내놓지 않으면 구워먹겠다' 고 노래하며 춤추어라. 그리하면 너희는 하늘로부터 대왕을 맞이하여 춤추게 될 것이다."
>
> 〈삼국유사〉 제2 '기이편'

마을사람들이 춤을 추자 자주색 줄이 하늘에서 내려왔다. 줄 끝에 붙은 금합(金盒)을 열어 보니 6개의 황금알이 들어 있었다. 이를 아도간의 집에 두었는데, 12일 후에는 알이 모두 어린아이로 변하였다. 이들이 황금 알에서 나왔으므로 모두 김씨(金氏)라 부르고, 먼저 태어난 자를 수로(首露)라 하였다. 그가 왕위에 오르고 나라 이름을 대가락(大駕洛, 대가야)라 하였다. 다섯 사람도 모두 가야의 임금이 되어 6가야인 대가야(大伽倻, 밈나가라?, 고령, 42-562) · 소가야(小伽倻, 고성, 구지가라?, ?-?) · 아라가야(阿羅伽倻, 함안, 안라가라, 42-559) · 금관가야(金冠伽倻, 김해, 신가라?, 42-532) · 고령가야(古寧伽倻, 진주, 밈라가라?, ?-?) · 성산가야(星山伽倻, 별뫼가라?, ?-?)를 각각 다스렸다. 두 가야(밈라 · 안라)는 고구려에 대항해 신라 · 백제와 4국 동맹을 맺었다.

가야(伽倻, 加耶, 駕洛, 狗耶)는 최소 10개국 이상이며, 철광석이 풍부해 철기문화가 발달하였다. 〈설문해자〉는 쇠 금(金)자의 전서체에 대해서는 "이(夷)가 처음 쇠붙이를 만들었다"고 해설한 바 있다.

석탈해 추방: 김성호는 〈씨성으로 본 한일민족의 기원〉(2000)에서, 김수로를 혁거세의 후손인 박씨(朴氏)로 추정하였다. 〈삼국유사〉 제2 '기이편' 은 함달왕(완하국)의 왕자 석탈해가 가야로 쳐들어와(45?) 수로왕에게 패한 후 신라 땅(경주)으로 들어갔다고 하였다.

왕비 허황옥: 수로왕은 수행원(泉府卿 申輔 · 宗正監 趙匡 · 노예 20명)을 거느리고 주포촌(主浦村, 웅천)에 나가서, 15명(신보 · 조광 등)의 신하들과 함께 들어온 아유타이의 16세 공주 허황옥(許黃玉)을 왕비로 맞았다. 그 후 왕후는 곰 꿈을 꾼 후 거등공(居登公)을 낳았고, 157세(AD 189)에 죽었다. 수로왕은 158세에 죽었고, 거등왕(居登王)이 뒤를 이었다. 이후 나머지 왕자들과 공주에 대한 기록이 사서에서 일제히 사라진다. 그 공주(묘견)가 같은 시기에 왜에 나타난 야마타이의 히미코로 추정되기도 한다. 가야는 제9대 구형왕에 이르러 신라에 합병되었다. 신라 30대 문무왕은 김수로의 제15대손이었다.

또 다른 설에는 박혁거세가 풍납토성에서 온조군에게 전사하자 일부 무리가 낙동강 유역으로 남하해 6가야를 세웠다고 하였다. 그리고 후한 건무 18년(42) 김해의 9도간(刀干, 대표들)이 혁거세의 후손인 수로를 왕으로 추대하고 김해가라를 세웠고, 아유타이 공주(許黃玉)가 중국 보타도에서 도두포(김해)로 들어와 왕후가 되었다고 하였다. 김성호 등도 보타도 인근의 린엔산(靈恩山, 抗州, 浙江省)이 허씨의 시조인 허유(許由)의 고향인 점을 들어, 그녀가 보타도 출신이라 하였다.(4) 그러나 이종기(1977)는 허황옥이 인도 북부의 아유타이 출신이라 하였다.(5) 한편 김성일(2008)은 허황옥이 가야에 가지고 들어온 신상이 불상이 아닌 기독교의 복음이라고, 가야문제연구소 김도윤 소장의 글을 인용해 주장하였다.(6)

(2) 약사

기원 전후에 구야한국(狗耶韓國, 김해)을 중심으로 가야연맹이 결성되었다. 그러나 백제와 고구려의 공격으로 이 연맹은 와해되었다. 백제 근초고왕의 대장군 목라근자(木羅斤資, 369)는 비류를 조상으로 섬기는 다마라 왜(대마도 왜)의 도움을 받아 7가야(비시 · 다가 · 탁순 · 가라 · 남가라 · 아라)를 평정하였다. 그러나 392년에는 고구려 광개토대왕이 가야와 임나를 정복하였다. 이때 공주(公州)와 하동(河東)을 다스리던 백제의 두 담로가 일본으로 건너가, 전자는 가와치(河內, 대왜 왕국), 후자는 고다(行田, 계누 왕국)에 정착하였다.

5-6세기에는 대가야(고령) 중심의 후기 가야연맹이 결성되었다. 대가야는 162년간(400-562) 번성했고, 479년에 남제에 사신을 파송하기도 하였다. 그리고 호남 지역으로 진출해 침미다례, 모루(牟婁), 사타(娑陀), 상·하다리 등의 섭라 지역을 점령하였다. 그러나 백제의 무령왕(512)이 다시 침미다례와 섭라를 합병한 이후 변한의 다라(多羅, 합천), 탁순(卓淳, 대구), 탁국(啄國, 경산), 다가비시(比自伐, 창녕, 369-532), 아라가야(阿羅, 阿耶, 安羅, 함안,

42–559), 남가야(금관가야, 狗倻國, 狗倻韓國, 駕洛國, 須那羅, 김해. 42–532), 가라(加羅, 大伽倻, 伴跛國, 고령, 42–562), 소가야(小伽倻, 古史浦國, 古自國, 古資彌凍國, 古嵯國, 고성, 42–532) 등에 담로를 파송해 다스렸다.

대가야는 신라와 결혼동맹(522)을 맺었으나, 관산성 전투(554)에서 백제에 승리한 신라가 이사부를 보내 안라국 중심의 남가야를 합병하였다(562). 그 후 금관가야의 김씨 왕족(김구해왕의 고손 김유신 등)은 신라의 진골로 편입되었다. 〈삼국사기〉 권44 '거도전'(居道傳)에 의하면, 석탈해의 부하인 거도(居道)가 거칠산국(居柒山國)과 우시산국(于尸山國, 울산)를 점령했다고 한다. 김유신은 임나 왕족의 후손인데, 〈삼국사기〉 '신라본기'는 이를 은폐하려고 임나를 '왜'로 바꾼 것으로 보인다.(7) 이렇게 하여 6가야는 신라의 세 왕(지증 · 법흥 · 진흥)의 시기에 신라에 합병되었다.

그 후 가야의 소국들은 후가야(後伽倻)를 세웠으나 역시 후백제와 고려에 흡수되었다. 고려 왕건은 5가야의 이름을 고쳤고, 금관가야를 보태어 6가야라 불렀다. 일설에는 가야는 고구려 예족(濊族)에서, 왜(倭)는 부여 예족에서 유래했다고 한다. 그리고 일본 건국신화에 나오는 이자나기와 이자나미의 이야기는 고령가야의 전승을 본뜬 것이라 주장한다. 김성호 등(2008)은 '가라'가 이란어 '카라'(kata, 검다)에서 유래했다고 하였다. 실제로 이란계 스키타이 유물이 출토된 흑토 지대에는 '카라'라는 지명이 많고(50개소 이상), 이들이 동방으로 이동한 중간 지역(몽골 · 중국 · 남북한)에도 40개 이상에 달한다. 조선반도에서 출토되는 환두대도와 금관 역시 스키타이계 부장품들과 유사하다.

3. 임나(任那) 및 삼가라(三加羅)(8)

(1) 임나

〈삼국사기〉와 '진경대사탑비'(10C)는 임나(任那, 彌摩那, 밈나)를 금관가야나 대가야와 동일시하였다. 임나(任那)는 원래 님나인데 임나가야(任那伽倻)의 줄임말로, 〈니혼쇼키〉는 미마나(三間名)라 하였다. '님' 은 주인이나 왕을, '나' (那)는 '내, 평야, 나라' 이므로 님나는 '님(임금)의 나라' (대가야, 금관가야)를 뜻한다. 그 밖에도 창원·고령의 임나가야(任那伽倻, 彌烏邪馬國)나 부산·동래·울산 지역설, 가야인이 왜에 세운 나라설, 일본 영토 내에서 야마토에 조공을 바치던 한 소국(小國)이라는 설(한국고중세사 사전) 및 대마도설(환단고기) 등이 있다.

> "신라가 임나가라를 쳐서 멸하였다…… 총언(總言)에서는 미마나(任那, 三間名)라 하고, 따로 말할 때에는 가라국이나 안라국이라 하며, 모두 10개국이다."
> 〈니혼쇼키〉 '긴메이기(欽明紀) 23년조' (562)

(2) 임나일본부설

369년은 한일 간에 매우 중요한 해이다. 한국에서는 북부여계(백제)가 가야계와 함께 왜를 정벌한 해로 기억하지만, 일본(末松保和, 學習院大, 1904-1992)에서는 진구황후(神功皇后)가 백제·가라·신라를 정벌한 해로, 야마토(大和倭)가 이후 200여 년간 임나를 지배했다는 임나일본부설(南鮮經營說, 三韓征伐說, 南鮮經營說)의 근거로 삼는다. 그 근거로 호태왕 비문을 인용한다. 그들은 신묘년 기사를 "왜가 바다를 건너와서 백제와 신라 등을 무찌르고 신민으로 삼았다"고 해석한다. 그리고 이 내용을 4세기 후반에 신공황후가 한반도의 남부를 정벌했다는 〈니혼쇼키〉의 기록을 뒷받침하는 것으로 오인(誤引)한다.

그러나 호태왕 비문(총 1,775자)에서 논란이 된 네 글자는 일본군 중위 사쿠오(酒句景信)가 조작한 것이라고 재일 사학자 이진희(1972)는 주장하였다. 사학자 이형구(李亨求, 1981)도 비문 자형(字型)의 짜임새나 좌우 행과의 비교시에 발견되는 자체(字體)의 불균형 등을 근거로 '倭'는 '後', '來渡海破'는 '不貢因破'의 위작이라 하였다. 이 경우 신묘년 기사는 '백제와 신라는 예로부터 고구려의 속국으로서 조공을 바쳐왔는데, 그 뒤 신묘년(331)부터 조공을 바치지 않으므로 고구려가 백제·왜·신라를 격파해 신민으로 삼았다'는 내용이 된다.

한편 김형구(고려대, 2010)는 아마토 정권은 미마나(왜의 가야 호칭)와는 직접적인 관계가 없었고 주로 백제와 교류했다고 하였다. 백제는 그들에게 선진 문물을 제공했으며, 야마토는 그 대가로 백제에게 군사지원을 했다는 것이다. 그리고 〈니혼쇼키〉 '神功皇后條'가 백제 장군 목라근자의 아들인 목만치를 왜인으로 둔갑시켰으므로, 목씨(木氏)가 가야(임나)를 근거지로 백제와 신라를 지배했다는 임나일본부설은 허구라고 하였다. 그는 임나가 가야이며, 목만치는 고구려 장수왕이 남하한 475년경 일본으로 망명해 야마토의 중신이 된 소가만지(蘇我滿之)라고 해석하였다.(9)

(3) 임나=삼가라=대마도설

〈태백일사〉는 임나(任那, 미마나)와 삼가라(三加羅)가 한반도의 가야가 아닌 대마도라고 말한다.

> "임나는 본래 대마도의 서북 경계에 위치하여 북쪽은 바다에 막혀 있으며, 다스리는 곳을 국미성(國尾城)이라 하였다. 동서 각 언덕에 마을이 있어 혹은 조공을 바치고, 혹은 배반하였다. 뒤에 대마도 두 섬이 임나의 통제를 받으면서 임나는 대마도 전체를 가리키는 이름이 되었다. 옛날부터 규

슈와 대마도는 삼한이 나누어 다스린 땅으로, 본래 왜인이 살던 곳이 아니다.

임나가 또 나뉘어 삼가라가 되었는데, 이른바 가라라는 것은 중심이 되는 읍(邑)을 부르는 말이다. 이때부터 삼한(三汗, 삼가라의 왕)이 서로 다투어 오랜 세월이 지나도록 화해하지 못하였다. 좌호가라(左護加羅)는 신라에, 인위가라(仁位加羅)는 고구려에, 계지가라(鷄知加羅)는 백제에 속한 것은 이 때문이었다. 그러다가 대부분의 가야는 백제(369)에 의해 평정되었으나 영락(광개토대왕) 10년(400)에 삼가라가 다시 고구려에 귀속되었다. 이때부터 바다와 육지의 여러 왜를 모두 임나에서 통제해 열 나라로 나누어 다스리면서 연정(聯政)을 이루었다. 고구려에서 직접 관할하였으므로 열제(烈帝)의 명령 없이는 마음대로 하지 못하였다." 〈태백일사〉 '고구려국 본기'

대마도(對馬島, 다마라)의 옛 이름은 쓰시마(津島)가 아닌 가라시마(韓島)였다. 대마도는 '담로가 다스린 섬(담아도)' 이라는 뜻이다. 대마도주의 관직은 가야식으로 해사치(海佐知) 또는 불합존(不合尊)이었다. 이곳을 오랫동안 다스린 모노노베(物部) 씨족은 비류를 조상으로 모시는 사지비코의 무리였다. 그들은 근초고왕의 7가야 정복을 도왔고, 백제인과 가야인이 왜로 이주하는 일을 도왔다. 그 중에는 백제에 속한 이리기아의 왕자 아직기(阿直岐, 17고을 대동)도 포함되어 있었는데, 그는 왕인(王仁)의 일본 방문을 도왔다고 한다. 이소노카미 신궁(石上神宮, 天理, 奈良縣)에서 발견된 칠지도(七支刀, 74.9cm)를 대대로 지켜온 사람들은 지금도 스스로를 아직기의 후예로 자처한다. 칠지도는 대궁사 간 마사토모(管 政友, 1873-1877)가 칠지도에서 녹을 제거하고 아래와 같은 명문(銘文, 전후 27자)을 확인함으로써 세상에 알려지게 되었다.(10)

〈앞면〉 泰△四年五月十六日丙午正陽造百練·七支刀出(生)·百兵宜供供侯王△△△△祥(作) [태△ 4년 5월 16일은 병오인데, 이 날 한낮에 백번이나 단련한 강철로 칠지도를 만들었다. 이 칼은 온갖 적병을 물리칠 수 있으니, 제후국의 왕에게 나누어줄 만하다. △△△△가 만들었다.]

〈뒷면〉 先世以來未有此刀百濟王世子奇生聖音故爲倭王旨造傳示後世 [지금까지 이러한 칼은 없었는데, 백제 왕세자 기생성음이 일부러 왜왕 지(旨)를 위해 만들었으니 후세에 전하여 보이라.]

이 칠지도는 백제의 근초고왕이 제작했고, 근구수 왕자가 일왕(倭王)에게 하사한 것이었다. 그러나 일본 학계에서는 백제 왕이 일본 왕에게 진상했다고 주장한다. 전성기의 백제 대왕이 국력이 미약한 왜왕에게 진상했다는 주장은 명치유신 이래 일본제국주의가 견지해 온 역사 왜곡의 전형이 아닐 수 없다.

(4) 대마도가 한국 영토라는 근거

요즈음 한일 간에 독도 분쟁이 뜨겁다. 그런데 오랫동안 한국 땅이었던 대마도(709km², 약 31,786명/2014년)의 영유권에 대해 한국 정부는 소리를 내지 않는다. 대마도가 한국 땅이라는 주장의 근거를 소개한다.(11),(12)

① 〈환단고기〉 '고구려본기' 에 의하면, 대마도가 임나의 지배를 받았으므로 대마도라 부르게 되었다. 대마(對馬)란 '마한과 마주 대한 곳' 이라는 뜻이다. 〈니혼쇼키〉에는 가라시마(韓鄕之島), 〈고지키〉에는 쓰시마(津島)로 기술되어 있다. 언어학적으로 쓰시마는 '두 시마' 라는 말이다. 〈위지〉 '동이전·왜인전' 에는 3세기에 대마도가 대마국으로 나오는데, 〈환단고기〉 '고구려본기' 에 의하면 그곳에 왜인이 없었으므로, 그들은 조선반도

에서 건너간 사람들이 거주하던 곳이었다.

② 대마도민의 성씨는 대부분 아비류(阿比留), 가마야(釜屋), 가마야마(釜山) 등이다. 가마야마와 가마야는 대마도 고유의 성씨이고, 아비류는 아사달·아직기·아사녀처럼 백제계 성씨이다. 재야 사학자 차길진에 따르면, 대마도주인 종씨(宗氏)가 들어선 1245년 이전까지는 아비류 가문이 대마도를 지배했다고 한다.

③ 〈니혼쇼키〉 '神代紀' 의 일본 건국신화에서 음신과 양신이 담로주(淡路州)를 모태로 혼슈(本州)를 비롯한 8개 섬을 낳았다고 하였다. 오사카 만에는 백제의 담로(擔魯)에서 바뀐 아와지(淡路)라는 지명이 많다. 고대사학자 이노우에(井上光正)는 100년경 백제에서 파견한 7담로(對馬·壹岐·伊都·投馬·邪馬臺)가 규슈를 다스렸다고 하였다. 〈양서〉 '백제전' 과 〈위지〉 '왜인전' 에도 백제 담로가 이들을 통치했다고 하였다.

④ 〈태백일사〉 '삼한관경 본기' 에는 "먼 옛날 마한 지역에서 건너간 이주민들이 대마도와 일기도 지역에 살았다. 이들은 마한의 지배를 받았다"고 하였다.

⑤ 〈환단고기〉 '고구려본기' 에 의하면 고조선 때부터 대마도는 삼가라로 나누어 다스렸고, 삼국시대에는 신라가 좌호(左護)가라, 고구려가 인위(仁位)가라, 백제가 계지(鷄知)가라를 다스렸다. 광개토대왕 때에는 모두 고구려 군현이 되었고, 10개국(대마·일기·말로·규슈·세토연안·야마토 등)이 임나연정(任那聯政)을 이루었다(400-479). 이들은 대왕의 허락 없이는 독자적으로 움직일 수 없었다.

⑥ 〈삼국사기〉 '본조' 에는 임나가 가락국의 영토로 나오지만, 나가사키-오키나와-복건성-싱가포르-아유타이-아라비아를 잇는 비단무역의 거점이었다.

⑦ 〈삼국사기〉 권3 '신라본기 실성왕 7년조' 와 〈가락국기〉 '6대 좌지왕 2년조' 등에 의하면 3세기 이전부터 대마도는 구야한국에 속하였다.

'신라본기 실성왕 7년조'에는 고구려 지배하의 대마도에 병영이 설치되어 가락국과 신라가 정벌하려 했으나 미사품(未斯品)의 반대로 중단했다고 하였다.

⑧ 대마도는 백제계 유민인 물부(物部, 모노노베)가 오랫동안 지배하였다. 그들은 생활용품을 한반도에서 공급받았다.

⑨ 〈환단고기〉 '대진국본기'에는 구야한국에서 일천 리 떨어진 바닷길을 건너 대마국에 이르니, 조선의 도래인들이 거주하고 있었다고 하였다.

⑩ 통일신라는 한때(779) 왜와 국교가 단절되었으나 계속 대마도를 관리했고, 계림에 귀속시켰다. 대마도에 여러 차례(811, 812, 813, 814) 하사품을 전했고, 장보고는 대마도 일원에서 활발한 해상활동을 하였다.

⑪ 대마도 사찰에는 백제·신라·고려계 불상(佛像)과 조선식 범종이 많다. 29개 신사(神社)들은 모두 한반도를 향하고 있다. 대마도의 소도(卒土)는 삼한의 소도(蘇塗)에서 유래하였다.

⑫ 고려시대에도 대마도에 당관(當官)과 만호(萬戶)라는 관직을 내렸다. 그리고 대마도는 고려 말부터 조선조에 이르기까지 계속 조공을 바쳤다.

⑬ 대마도에 대한 제1차 정벌은 고려 창왕 2년(1389)에 박위가 함선 100척을 거느리고 왜선 300척을 불사른 것이었다(기사동정). 제2차 정벌은 조선 태조 5년(1396)에 김사형(丙子東征)이, 제3차 정벌은 세종 1년(1419)에 이종무가 227척의 함선에 17,285명의 병력을 이끌고 왜선 127척을 격침한 기해동정(己亥東征)이다. 이때 정벌작전을 지휘한 조선의 상왕 태종은 제8대 도주 종정성(宗貞盛, 소 사다모리)에게 보낸 교유문에서 대마도가 우리 땅임을 강조했고, 동래부로 편입시켰다. 이후 조선조에서는 대마도주에게 관직을 내렸다.

⑭ 가마쿠라 시대(13C)의 사서인 〈진대〉(塵袋 11권) 권2에 의하면, "무릇 대마도는 옛날에는 신라국과 같은 곳이다. 사람의 모습도 그곳에서 나는 토산물도 바로 신라의 것이다"고 하였다.

⑮ 조선 성종 12년에 편찬한 〈동국여지승람〉(1481)이나 영조 때의 〈해동지도〉(海東地圖, 1750) 서문에도 대마도가 경상도에 속한다고 하였다.

(16) 임진왜란 때 대마도(宗義智, 소 요시토시)는 일본 수군의 본거지가 되어 한동안 조선과의 관계가 소원했으나, 막부시대부터는 조선통신사의 거점(西山寺)이 되었다. 대마도주 소(宗氏) 가문은 에도막부에 이르러 비로소 다이묘(大名)로 임명되었다.

(17) 일본막부가 제작한 〈삼국접양지도〉(林子平 작성, 1832)에도 대마도는 조선령으로 나온다. 이 지도는 85년간 일본의 공식 자료였다.

(18) 일본은 명치유신 직후인 1876년에 이르러 대마도를 처음으로 나가사키 현에 편입하였다. 제3대 번주(宗義眞)가 대마도를 두 섬으로 나누었고, 일본제국이 러일 전쟁에 대비해 다시 그 운하(万關瀬戶, 1900)를 확장하였다.

(19) 조선총독부 조선사편찬위원회의 구로이타 카쓰미(黑板勝美) 일행이 대마도를 찾아 한국 관련문서(66,469장), 서적(3,576권), 고지도(34장) 및 유물 등의 한국 관련 자료들을 모조리 불태워 없앴다. 그리고 일제는 대한제국 고종의 황녀 덕혜옹주를 소 가문(宗武志)과 강제로 결혼시켰다.

(20) 조선 초기의 〈혼일강리역대국지도〉와 중종의 명으로 제작한 〈신증동국여지승람〉, 김정호의 〈대동여지도〉(1860) 및 전해산의 〈잔국지도〉(1908) 등에도 대마도는 한국 땅으로 나온다.

(21) 이승만 대통령은 정부수립 후부터(1948. 8. 18) 60여 회나 일본 정부에 대해 대마도의 반환을 요구하였다. 그는 '대마도 속령에 관한 성명'에서 대마도를 한국령으로 선포했고(1948, 1949), 제헌의원 31명도 '대마도 반환촉구 결의안'(1949. 1. 18)을 국회에 제출했으며, 미국 국무부에도 서한을 보냈다(1951. 4. 27). 그러나 덜레스 국무장관은 이를 거절하였다.

(22) 이 대통령은 '이승만 라인'(해양주권선, 평화선)을 선포하였다(1952. 1. 18)·(이 평화선은 1965년 6월에 체결한 한일조약으로 사실상 무용지물화되었다.)

(23) 최근에도 국회의원 37명이 '대마도포럼'을 만들고(2010. 9. 28), 대마도민의 혈통조사 결과 등을 근거로 대마도의 반환을 요구하였다.(아시아경제, 2010. 9. 28)

(24) 일본 언론(Zakzak, 2008. 8. 29: 産經新聞, 2008. 10. 21)은 대마도의 영토 분쟁 가능성에 대한 우려를 다루었다.

(25) 지리적으로도 대마도는 부산에서 49.5km인 반면, 후쿠오카에서는 147km(규슈의 최단거리 132km)이다. 그리고 대마도 관광객의 대부분은 한국인(매년 65,000여 명)이다.

| 참고자료 |

(1) 김성호, 김성한: 한중일 국가 기원과 그 역사, pp. 114-121, 맑은소리, 서울, 2008

(2) 김성호 등: ibid, pp. 130-131

(3) 일연 저, 이재호 역: 삼국유사 1, pp. 341-356, 솔출판사, 서울, 1997

(4) 김성호 등: op.cit, pp. 133-135

(5) 李鍾琦: 駕洛國探査, p. 82, 一志社, 1977

(6) 김성일: 성경으로 여는 세계사, 제2권, 12쇄, pp. 44-45, 신앙계, 서울, 2008

(7) 김성호 등: op.cit, p. 136-137

(8) 안경전 역주: 환단고기, pp. 493-494, 상생출판, 대전, 2012

(9) 김형구: 임나일본부설은 허구인가?, p. 133-134, 창비, 서울, 2010

(10) 李進熙: 廣開土王碑と七支刀, 學生社, 東京, 1980

(11) 장태봉: 대마도는 한국땅, 한국교회신보, 2013. 5. 4.

(12) 차길진: 대마도, 아비류의 백제, 네이버뉴스, 2008. 12. 31

제 10 장

왜(倭)의 실체와 이동 경로

왜인들은 집시처럼 오랫동안 나라가 없이 중국의 동남부와 만주, 한반도의 서남부, 대마도, 규슈 등의 해안을 떠돌다가 일본 열도에 정착한 부여계 유민들이다. 기키(記紀)*1에 나오는 일본의 개국신(開國神)들은 한반도에서 건너간 지도자들을 신격화한 경우가 대부분이다. 한반도에서 일본으로 흘러간 무리가 규슈에 세운 첫 나라가 구마모토의 구마소(熊襲)였다.*2 이 지역에 곰 웅(熊)자가 붙은 지명들이 많은 것은 그들이 만주에 거주했던 웅족(熊族)의 후예임을 보여준다.

최근에 일왕 히로히토(裕人)는 물론, 아키히토(明仁, 2001)가 "내 몸에도 한국인의 피가 흐른다. 나 자신으로 말하자면, 간무(桓武天皇, 재위 781-806)의 생모가 백제 무령왕(재위 501-523)의 자손이라고 역사책(續日本記)에 쓰여 있어서 한국과의 혈연을 느낀다"고 고백한 바 있다.(1) 2004년 8월 3일에는 아키히토의 당숙 아사카노미야(朝香宮)가 무령왕릉(공주)에서 일본 왕실에서 가져온 향으로 제사를 드린 바 있다. 일본은 이처럼 가까운 나라이지만 지금은 먼 나라처럼 느껴진다.

1. 왜(倭)는 누구인가?

명칭과 실체: 한국과 중국의 사서들은 고대 일본인을 왜인(倭人, 와니)이라 불렀다. 이는 만주어로 웨지(窩集, 삼림)나 와지(해 뜨는 곳)에서 유래한 것으로 보인다. 퉁구스어 학자인 박시인(서울대, 1921-1990)은 물길(勿吉: 웨지)과 옥저(沃沮, 오쥐)가 와니(왜)의 어원(語源)이라고 하였다.

그 동안 일본에서는 왜의 정체에 대해 야마토를 일으킨 세력이나, 한반도 남부에 거주하던 사람들로 보았다.(2) 한국에서는 북규슈의 백제계 왜국이거나(3), 북규슈의 친백제계 세력으로(4), 중국에서는 북규슈의 해적으로 해석하였다.(5) 중국의 〈진서〉와 〈양서〉는 왜인들 스스로 오태백의 후손을 자칭했으며, 온몸에 문신을 했다고 하였다. 당시 동이계 오태백의 후손인 오족(吳族)이나 월인(越人)에게는 문신의 풍습이 있었다. 〈삼국지〉 '위지 왜인전'은 이들이 문신을 한 이유는 큰 고기나 물새가 사람들을 상해하는 것을 막기 위한 호신용이었다고 하였다. 〈한서〉에는 이들이 낙랑해에 백여 국으로 나뉘어 살았다고 하였다.

> "남자는 대소 없이 모두 얼굴에 칼로 문신하며, 스스로 태백의 후손이라 칭한다." 〈진서〉(晋書)

> "왜인은 스스로 말하기를 태백의 후손이라 하며, 모두 문신을 한다." 〈양서〉(梁書)

> "왜국은 낙랑에서 2천 리인데, 남자는 얼굴이나 몸에 문신을 하고, 문신의 좌우대소로 높고 낮음을 나누었다." 〈후한서〉 권5 '안제기'(安帝紀)

> "낙랑해 가운데 왜인이 사는데, 백여 국으로 나뉘었다. 해마다 왜에서 조공을 한다." 〈漢書〉 卷28下 '地理志第八下 燕地条'

오태백 후손설: 〈삼국지〉 '삼한전'이 인용한 〈위략〉(魏略)에 의하면, 왜인은 옛날부터 오태백(吳太伯)의 후예로 자처한 오족왜인(吳族倭人)*3이었다. 기원전 5-7세경 중국 남부에서는 오태백의 후손이 가장 번성하였다. 그러나 오(吳)가 월(越)에 의해 망하자(BC 473), 오족왜인(吳族倭人)의 일부는 흑조(黑潮)를 타고서 규슈로 건너가 그곳의 원주민이 되었고, 일부는 쉬저우(蘇州, 장수성)에서 제(濟)와 연(燕)으로 흩어졌다. 그 후 진시황(BC 219)이 서복(徐福)을 삼신산(제주도)으로 보내 불사약을 찾도록 했고, 4년 후 다시 동남

동녀 3,000인을 딸려 보냈는데, 그들이 규슈에 머물러 조몬인이 되었다는 설이 있다. 조몬 이후가 야요이 시대(彌生, BC 300-AD 300)이다.

동이족설: 왜인은 동이 10부족의 일원이었다. 김성호는 〈사기〉 권27 '천관서'에 "진·초·오·월은 모두 이적(夷狄)이었다"는 구절을 근거로, 이들이 동이족이라 하였다. 그리고 그들이 사용한 창강어의 뿌리가 서장어이므로 그들의 조상은 서장족(西藏族)이라 하였다. 〈위서〉는 동진(東晋) 말기에 초(楚)를 세운 환현(桓玄), 송을 세운 유유(劉裕), 남제를 세운 소도성(蕭道成), 양(梁)을 세운 소연(蕭衍) 등이 모두 도이(島夷), 즉 왜인이라 하였다. 북연(北燕)의 실권자였던 풍발(馮跋)도 해이(海夷)였다. 송동건(2010)은 이들이 광개토대왕 비문에서 신묘년에 쳐들어온 왜인의 실체라고 하였다.(6)

변한인설: 왜의 5왕 때(313-479) 송나라를 방문한 왜국 사신들은 왜왕을 '왜·백제·신라·임나·진한·마한 육국제군사안동대장군왜국왕'(倭·百濟·新羅·任那·辰韓·馬韓六國諸軍事安東大將軍倭國王) 또는 '왜·백제·신라·임나·가라·진한·마한의 칠국제군사안동대장군왜국왕'으로 자칭하였다. 이 호칭에서 공통적으로 변한이 빠진 것은, 에가미 나미오(1967)가 지적했듯이, 그들이 변한인이었기 때문으로 보인다.(7) 이러한 호칭은 후일 '임나일본부설'의 근거로 악용되었다.(8)

2. 왜의 이동

위만조선(BC 194-BC 108)과 비류국(다물국, 1C)이 각각 한(漢)과 고구려에 망하자 그 유민이 한강 유역과 충청·전라 해안에 마한과 비류백제를, 남해안에서는 가락국의 일부를 세웠다. 김성호 등(2008)은 한(漢) 무제가 위만(眞氏)을 정벌했을 때 그 일부가 다시 왜로 건너가 황족(眞人, 마히토)이 되

었다고 하였다.(9)

한편 영일만에 거주하던 연오랑과 세오녀 부부도 규슈나 나라 지역에 야마타이(邪馬臺)를 세운 것으로 보인다. 그 후 대마도에 거주하던 숭신(崇神, 스진, BC 97-BC 29?, -258?, -318?)이 북규슈로 건너가 기나이에 야마토(畿內大和)를 세웠으며, 일부는 시마네(島根)에 이즈모(出雲)를 세웠고, 도호쿠(關北) 지방에서는 아이누가 에미시를 세웠다.

4세기 말(396)에는 광개토대왕이 비류백제(구다라)의 수도인 웅진을 정복하자 응신(應神, 곤지왕자)을 비롯한 왕족이 왜로 피신해, 숭신계를 물리치고 야마토를 세운 것으로 보인다. 야마토는 고분시대(250-538)와 아스카시대(538-710)로 구분하는데, 5세기 이후 비로소 전국을 평정하면서, 지도자를 오키미(大王)라 불렀다.

가야와 대마도에 잔류하던 목만치(木滿致, 403-475)와 물부(物部, 모노노베)도 왜로 건너갔다. 목만치는 임나에서 백제와 왜를 연결하는 업무를 수행했는데, 사학자 가도와키(門脇禎二, 1971)는 그가 곧 소가노마치(蘇我滿智, 551-626)라 하였다. 〈니혼쇼키〉 '오진기(應神紀) 25년조(414?)'에 나오는 목만치는 〈삼국사기〉 권25 '백제본기'의 목협만치(木劦滿致, 475)와 같은 인물로 추정된다. 〈니혼쇼키〉에 따르면, 물부는 니니기노미코토(邇邇芸命)의 형인 니기하야히노미코토(饒速日命)의 후손으로 보인다.

최근 도쿄대학의 하니와라 카즈로(埴原和郎, 인류학)는 일본의 고대 무덤에서 발굴한 두개골들의 유전자 서열을 분석 검토하고서, 일본인은 조선에서 왔다고 하였다.(10) 이러한 내용은 뉴스위크(2002. 3. 20)에도 소개된 바 있다. 그에 의하면, 야요이시대(弥生時代)에서 백제의 멸망시까지(660) 조선반도에서 150만 명 이상이 왜로 넘어왔다고 한다. 이에 따라 야마토의 인구가 야요이 초기(BC 3C)의 75,800명에서 7세기 초에는 5,399,800명으로 급증했다고 하였다. 당시 키가 작은 조몬인(縄文人, 선주민)과 큰 키의 도래인(弥生人)의 비율은 1:8.6이었다고 한다. 그들은 7세기까지 한국 옷을 입었고, 한국 음식을 먹었으며, 한국말을 했다고 한다.

3. 중국과 조선반도에 거주했던 왜

왜인들은 아라랏이나 메소포타미아에서 티베트를 거쳐 해로와 육로로 동남아와 남중국을 거쳐 한반도로 이주했던 남(南)서장족의 일원으로 추정된다. 그들이 중국과 한반도에 거주했던 문헌적 근거들이 많이 남아 있다.

⑴ 왜는 중국에 거주하였다

① 중국의 지리서인 〈산해경〉 권12 '해내북경'은 "개(蓋)는 거연(鉅燕)의 남쪽이고, 왜(倭)의 북쪽이며, 왜는 연에 속한다"고 하였다.

② 〈삼국지〉 '왜인전'의 아래 문장에서 왜는 일본을, 구야한국은 김해(가락 · 가야)를 가리킨다.

> "왜인은 대방의 동남쪽 큰 바다에 있고 산과 섬에 의지하여 나라를 정했다. 과거에는 1백여 국이 있었는데 지금은 30여 국이 중국과 왕래한다. 대방군에서 왜까지는 배로 해안을 따라 남으로 갔다가 다시 동으로 가서 왜의 북쪽 해안의 구야한국(狗邪韓國)에 이른다. 그곳까지는 7천여 리이다…… 여왕국의 북쪽에는 특별히 큰 기관을 두어 여러 나라를 관리하는데, 모든 나라가 이 기관을 몹시 두려워한다."

③ 조조(曹操, 155-220)의 고향(安徽省)에서 발굴한(1970) 고분 벽돌에 쓰인 "왜인들이 있는데, 때를 보아 동맹을 하든가 안 하든가 한다"(有倭人以時盟不同盟)는 구절은 왜가 위(魏)와 이웃한 곳에 살았음을 뜻한다.

④ 〈한서(漢書)〉 권28하 '지리지 제8하' 에는 "낙랑의 바다 가운데 왜인이 있고, 그것이 나뉘어 백여 국이 되었다"고 했으며, "왜는 나라 이름이다. 몸에 문신을 사용한다는 것을 말하는 것이 아니다. 그래서 이를 일러 委(위, 웨?)라 이른다"는 주석을 붙였다.

⑤ 〈후한서〉 '선비전' 에도 왜에 대한 기록이 나온다.

> "178년 겨울, 오랑캐(선비)가 다시 주천(酒泉)에 쳐들어와 변방이 큰 피해를 입었다. 사람들이 나날이 늘면서 들짐승을 사냥하는 것으로는 양식을 대기가 힘들었다. 이 때문에 단석괴(檀石槐, ?-181)는 스스로 정복지를 널리 돌아보다가 오후(烏侯)에서 진수(秦水)를 보았는데, 진수는 광대하고 큰물이 멈춘 채 흐르지 않았다. 그런데 그 물 속에 물고기가 있었으나 잡지를 못했다. 단석괴는 왜인이 그물질을 잘한다는 말을 듣고 동으로 가서 왜인국을 공격해 왜인 1천여 가구를 잡아와 진수 위에 이주시키고, '물고기를 잡아 먹을거리를 마련하라'는 명령을 내렸다."

여기에서 주천(酒泉)은 깐수성(甘肅省) 주취안(酒泉)인데, 동으로 가면 큰 호수가 있고, 그 호수에서 다시 동으로 가면 왜인이 살았다고 하였다. 단석괴는 〈삼국지〉에 따르면, 남은 허베이 지역, 북은 정령(丁靈), 동은 부여에 이르는 지역을 다스리던 군주였다. 〈자치통감〉(資治通鑑)에는 이듬해 단석괴가 유주(幽州, 北京)와 병주(并州, 太原, 山西省)를 침입했다고 하였다. 따라서 왜인이 거주한 지역은 베이징·요동·산둥반도·황해의 도서 지방이었다.

⑵ 왜는 한반도 남부와 일본 열도에도 있었다

① 〈후한서〉는 다음과 같이 말했고, "이제는 야마로 이름 짓고 그것을 와(訛)로 읽는다"고 주석을 달았다.

> "한은 마한·진한·변진의 세 종류가 있다. 마한은 서쪽에 위치하고 북쪽으로는 낙랑이 있고 남쪽으로는 왜와 접해 있다…… 진한은 동쪽에 있고 12개 정도의 나라가 있으며 그 북쪽은 예맥과 접한다. 변진은 진한의 남쪽인데 대략 12개국이 있고 그 남쪽은 왜(倭)와 접한다…… 왜국은 한(韓)의 동남의 큰 바다 가운데 있다. 산 섬에 의지하여 나라를 세웠고, 대개 1백여 국이 된다…… 그 가운데 세력이 큰 왜 왕은 야마다이국(邪馬臺國)에 거주하였다."
>
> 〈후한서〉 권85 '동이열전 제75'

② 〈삼국지〉 '동이전 변진'에는 "가운데 독로국(瀆盧國)은 왜와 접해 있다"고 하였다. 독로국은 변한(弁韓) 12국의 하나로, 정약용(〈我邦疆域考〉)은 경남 거제도(巨濟島), 이병도는 부산 동래(東萊)로 각각 비정하였다.

③ 〈북사〉(北史), 〈송서〉 및 〈후한서〉에는 왜의 여왕 히미코에 대한 기록이 나온다.

> "히미코 여왕이 정시 연간(239-248)에 세상을 떠나자 남자 왕을 세웠는데, 다시 정변이 일어나자 히미코 여왕의 종녀(宗女)를 왕으로 세웠다. 그 후에 다시 남자로 왕을 세우고 중국과의 외교를 강화하여 진나라를 거쳐 송-제-양에 이르기까지 조공이 끊이지 않았다…… 왜국은 백제와 신라의 동남쪽 수륙 삼천 리에 있다. 큰 바다 가운데 산과 섬에 사람들이 살고 있다."
>
> 〈북사〉 권94 '열전' 제82

"왜국은 고려(고구려)의 동남쪽 큰 바다 가운데 있다."

〈송서〉 권97 '열전 제57'

"한나라 환제와 영제 연간(132-189)에 왜국에 대란이 일어나 다시 서로 싸워서 주인도 없게 되었다. 히미코(卑彌呼)라는 한 여자가 있었는데, 나이가 들어도 결혼을 하지 않았고, 귀신도(鬼神道)를 숭상하고 요술로 능히 대중을 현혹할 수 있었다. 그래서 왕이 되었는데, 시비는 1천 명이요, 음식을 시중드는 남자 1인이 있었고…… 법속은 엄격하였다. 이 히미코 여왕의 나라에서 동쪽으로 천여 리를 가면 구노국(拘奴國)에 이르는데, 이들은 모두 왜인이다. 그런데 이들은 히미코 여왕에 속한 것이 아니다. 그리고 남으로 4천여 리를 가면 주유국(朱儒國)이 있고, 사람들의 키가 3-4척밖에 되지 않는다. 여기서 다시 동남으로 배를 타고 1년을 가면 나국(裸國)과 흑치국(黑齒國)에 이른다."

〈후한서〉 권85 '동이열전 제75'

④ 〈진서〉(晉書) 권1 '선제(宣帝)'에는 동왜(東倭, 239)라는 말이 나오며, 같은 책 권97 '열전 제67'에는 "위나라 때까지는 30여 나라가 서로 통교하며 지냈는데, 호수는 7만 정도이다"고 하였다. 선제(사마의)가 공손씨를 토벌했을 때(238) 왜의 여왕이 대방까지 사절을 보냈고, 그 후 조공이 끊이지 않았다고 하였다.

(3) 한국의 사서에도 왜가 중국에서 조선반도로 들어왔다고 하였다

김운회(동양대, 2005)는 왜의 거주 지역이 중국 동남해안, 만주, 한반도 남해안 및 일본에 걸쳐 있었다고 하였다.(11) 그들은 한동안 영산강 유역과 가야에서 토광묘제를 만들고 철기를 제작하였다. 왜의 한반도 거주기록은 다음과 같다.

① 〈삼국사기〉 '고구려본기' 태조대왕 80년, 94년조에는 차대왕(次大王)이 왕제(王弟)였던 시절(132) 압록강 북쪽의 왜산(倭山)에서 사냥했다고 하였다.

② 〈삼국사기〉 '백제본기' 에서 아신왕(392-405) 이전에 왜가 나타나지 않다가 아신왕 이후 사절의 왕래가 증가하였다. 광개토대왕 비문에 나타난 왜는 한반도 남부에 살던 왜인들을 지칭한 것으로 보인다.

③ 500년 이전에 신라를 공격한 왜는 남해안에 거주한 비류계 가야인으로 보인다. 이들은 친백제계로 고구려에 적대적이었다. 〈삼국사기〉 '신라본기' 에 박혁거세 이후 왜가 줄기차게 신라를 침범하다가 소지왕(479-500) 이후 나타나지 않은 이유는 신라의 가야 정복에 기인한 것으로 보인다.

④ 이희근은 〈동사강목〉(東史綱目) '지리고'(地理考), 〈당서〉 '지리지' (地理志 高句麗), 〈삼국사기〉 '지리지' 등을 분석한 후 조선반도에서 왜의 중심지는 나주(羅州)라고 하였다.(12)

4. 왜는 한국인의 한 부류

(1) 일본 신들의 고향은 가야(가락)이며, 야마토 왕실은 대부분 백제와 가야에서 출발하였다. 일본의 정치가 기타바타케(北畠親房, 1293-1354)는 〈신황정통기〉(新皇正統記)에서 "옛날 일본은 삼한과 같은 종족이었다. 그런데 그와 관련된 책들이 간무(桓武天皇) 때 모두 불태워졌다"고 하였다.

(2) 왜는 백제(남부여)와 달리 부여와의 관련성을 숨기려 하였다. 고구려가 멸망하자(668), 덴지(天智天皇)는 나라 이름을 일본(日本, 670)으로 고쳤고, 일본 건국 역사에 대한 날조작업에 착수하였다. 〈고지키〉(712)의 작성은

고구려 왕손인 안승(泰安万呂)이 주도했고, 〈니혼쇼키〉(日本書紀, 720)는 도네리 친왕(舍人親王)이 중심이 되어 완성하였다. 당시 일본 조정은 대부분 백제 출신이었으므로 신라에 대한 증오심이 컸던 것으로 보인다.

> "서쪽에 살고 있는 비열하고 천박한 신라 인간들, 하늘을 거역하고 우리가 베푼 은혜를 저버리고 우리 관가를 부수고 우리 백성을 독살하고 우리 군현의 사람들을 씨를 말려 죽이고…… 살아 있는 사람들을 소름이 끼치게 간을 꺼내고 웃으면서 다리를 잘라내고 시체를 불태웠다."
>
> 〈日本書紀〉'欽明天皇條'

> "예로부터 신라는 무도하고, 식언하고, 신의를 위반하여 탁순(卓淳)을 멸망시켰다. 옛날에는 우리에게 둘도 없는 충직한 나라였으나 이제는 사이 좋게 지내려 해도 오히려 후회하게 될 뿐이다."
>
> 〈日本書紀〉'欽明 5年命 冬10月'

> "상고시대 일본의 왕조는 끊임없이 백제와 연합했으며, 신라를 공동의 적으로 보고 싸우지 않으면 안 되는 민족 유대적인 숙명을 지니고 왔다는 것을 살피게 된다." 미즈노 유(水野祐, 1978)[13]

(3) 백제와 왜 왕실의 계보는 한 왕실처럼 보인다. 예컨대 개로왕의 곤지왕자(昆支王子, 應神)는 두 손자를 두었는데, 백제와 일본에서 각각 왕으로 등극하였다. 곤지의 아들인 동성왕의 둘째아들이 백제 무령왕(501–523년 재위)이며, 셋째아들이 일본의 게이타이(繼體天皇)였다.[14] 고바야시(1991)는 백제 성왕이 곧 긴메이(欽明天皇)라 주장하였다.[15] 백제 의자왕(재위 641–660)과 왜의 제 34대 조메이(舒明天皇, 재위 629–641)는 같은 혈족이므로, 〈니혼쇼키〉 '舒明(조메이)天皇條'는 "(641년) 10월 9일 천황이 백제궁에서 붕어하시다. 18

일에 왕궁 북쪽에 안치하고 빈궁을 만들었다. 이것을 백제대빈(大殯)이라 한다"고 하였다. 백제대빈은 백제식 국장(國葬)제도이므로, 조메이가 곧 백제 왕이라는 뜻이다. 그 후 사이메이(齊明)가 죽고, 의자왕과 종형제인 덴치(天智天皇, 中大兄皇子, 재위 629-641)가 제38대 일왕으로 등극하였다.(16)

기타야마 시게오(北山茂夫)는 〈왕조정치사론〉(王朝政治史論, 1967)에서 "간무천황은 백제 왕계 귀화인의 핏줄을 타고났다"고 하였다. 〈대초자〉(袋草子, 1157)에 의하면, 간무의 아버지 고닌(光仁天皇, 재위 770-781)은 백제 성왕(聖王, 일본 平野神)의 증손이고, 간무의 어머니는 무령왕의 후손이었다. 성왕은 무령왕(武寧王)의 아들로, 〈니혼쇼키〉는 '하늘의 도리와 지리에 대해 신묘하게 통달한 왕' 으로 성명왕(聖明王)이라 불렀다. 성왕은 한강 유역을 신라에게 빼앗기자(553) 일본에 구원병을 청했고, 관산성(管山城, 옥천)에서 신라군에게 전사하였다(54). 〈니혼쇼키〉 '欽明15年 夏5月' 는 성왕의 죽음에 대해 "신라인은 성왕의 시신은 백제에 돌려주었지만, 머리를 베어 북청(北廳)이라는 관청 계단 아래에 묻고서 지나는 사람들이 밟게 하였다"고 하였다. 성왕의 서거에 대해 야마토의 실세였던 소가신(蘇我臣)은 다음과 같이 슬퍼하였다.

> "어찌 이렇게 뜻밖에 서거하시어 흘러간 물과 같이 돌아오시지 않고 현실(玄室)에서 편안하게 쉬시리라 생각했겠습니까? 어찌하여 이렇게 마음이 아프고 그 슬픔이 혹독합니까? 그 누가 슬퍼하지 않고 애도하지 않을 수 있겠습니까? 그 누군들 깊은 정을 가지며, 슬픔으로 마음이 찢어지지 않겠습니까?"
> 〈日本書紀〉 '欽明天皇 16年'

(4) 김운룡은 신도(神道)의 기원이 한국의 무당이라고 했고,(17) 인류학자 김택규(1993)는 신사 입구에 서있는 도리이(鳥居)가 신라에서 유래했다고 다

음과 같이 말한다.(18)

"일본의 신사 가운데서 이세신궁(伊勢神宮; 皇太神宮), 숙전신궁(熱田神宮), 강원신궁(彊源神宮), 출운신궁(出雲神宮) 등 신궁(神宮)으로 불리는 신사(神社)와 그 신들은 신라 신궁의 영향이라는 견해가 있다. 뿐만 아니라 이들 신궁에는 모두 한계(韓系) 문물이 그 신체(神體)로서 제신(祭神)의 기능을 한다. 거울·검(劍)·곡옥(曲玉)으로 된 이른바 삼종(三種)의 신기(神器)를 비롯해 칠지도, 한서검(韓鋤劍) 등이 그것이다."

5. 일본 속의 성경 및 유대 관련 흔적

왜인은 길게는 대홍수 후에, 짧게는 아시리아에게 패망한 이스라엘(10부족) 10부족의 일파가 일본으로 들어온 것으로 보인다. 이를 증명이라도 하듯이 일본에는 유대인이나 모세 오경과 관련된 유적과 유물 및 관습이 의외로 많다.

(1) 신사(神社)의 구조: 신사의 구조는 유대 성전과 유사하다. 입구의 도리이(鳥居)는 솔로몬 성전 입구에 있었던 두 기둥(야긴과 보아스, 왕상 7:21)을, 물 항아리는 성전 마당의 물두멍을 연상시킨다. 동양의 전통 종교에서는 중국의 천단과 더불어 일본의 신사에만 우상이 없다. 신사에는 제사와 관련된 삼보(三寶: 거울·북·검)가 안치되어 있을 뿐이다.

(2) 다윗의 별: 이세신궁(伊勢神宮)은 원래 한반도에서 섬기던 삼신하나님(韓神), 가라카미를 모시던 곳이었다. 이것이 후일 아마테라스를 비롯한 황실의 귀신들을 섬기는 장소로 뒤바뀐 것이다. 그런데 이 신궁의 기와에는 '다윗의 별' (☆)이 새겨진 것이 발견되어 주목을 끈다.

(3) 미카도(御門): 천황가를 미카도(ミカド)라 부르는데, 이는 히브리어로 '갓 출신'을 뜻한다고 유대의 한 랍비는 해석하였다. 이스라엘 10부족이 아시리아에게 패망하면서, 갓 족속의 일부(비류계?)가 일본으로 건너와 황실을 이룬 것으로 보인다.

(4) 오봉 마쓰리(お盆祭り): 일본에서 8월마다 열리는 오봉축제는 우리의 정월 대보름과 추석을 합한 정도의 큰 행사이다. 이날이 되면 일본 전국에서는 마을마다 훈도시 차림의 청장년들이 마을 신사에서 제사를 지낸 후 미코시(神輿)를 어깨에 메고 골목길을 누비고 다닌다. 새 모양의 조각물을 모신 미코시의 뒤에는 사람들의 긴 행렬이 뒤따르며 '으샤 으샤'를 연창한다. 이는 출애굽 시에 법궤를 메고 행진했던 이스라엘의 출애굽(Exodus) 광경을 연상시킨다. 새는 법궤를 덮었던 날개 달린 그룹(cherub)을 상징한 것으로 보인다.

(5) 히브리어를 담은 고대 일본어: 신학자이면서 〈레무난토〉(Remnant)의 편집인인 구보 유지(久保有司, 1993)는 필자와의 대담에서 고대 일본어에 1,000자가 넘는 히브리어가 있다고 하였다. 나가지마 등(1990)도 일본인이 의미도 모른 채 부르는 일본의 전통 민요에는 히브리어 시가(詩歌)가 많이 들어있다고 하였다. 예컨대 동북 지방의 민요 '하야시고토바'(囃子詞, ナギァド·ヤラ 등)는 히브리어 가사라는 것이다.(19) 하야시고토바란 민요를 부를 때 흥을 돋우려고 넣는 반주용 노랫말이다. 최근에 한 랍비가 해독한 바에 의하면, 그 뜻은 놀랍게도 '여호와 하나님이 우상을 징벌하리라'는 내용이 주를 이룬다고 한다. 몇 가지 사례를 소개한다.

"야토세 요야나 기타사카 사이에 도토코이 돗코이나"(여호와를 버리고, 원수를, 여호와는 기도에 응답하시리, 포위했다. 너의 주권자는 모인(毛人)을, 철저히 부수

어라, 제발 히위인을.) —아키타온토(秋田音頭, 아키타 합창곡)

"사사, 요 이나라 요 이트라 하사 얏토 하사"(너희는 기뻐하라, 여호와가 관을 씌워주시리라. 주권자를) —足利小唄(아시카가의 노래)

"사노 요피 야 나 요피 소라 야웨, 샤난 샤난 샤난"(스사노오는 반짝 빛나고 말았으나 지금은 여호와를, 영광은 여호와께 돌리세. 평안하고 안전하리라.)

—和歌山 神宮 祝儀唄(와카야마현 신궁 축하노래)

(6) 천손신화: 왜 왕실은 가나안에서 한반도(高天原)를 거쳐 들어간 천손족(동이)이 선주민인 함족(남방계)과 셈족(漢族 등) 및 야벳족(아이누?)을 지배하면서 천황가를 이룬 것으로 보인다. 건국신화에 나오는 남신 이자나기(伊邪那伎)는 "주(主) 다윗의 왕위를 구하소서"이며, 여신 이자나미(伊邪那美)는 "주(主) 나오미의 가문과 후손을 구하소서"로 풀이되기도 한다.[20]

(7) 니나메사이(相餐祭): 천황들은 즉위식의 일환으로 황궁 내실에 차려진 제사상에서 신(神)과 대면하여 홀로 식사를 하는 예식이 지금까지 이어지고 있다고 한다. 니나메사이라 불리는 이 예식은 새로 부임하는 천황이 제사상 맞은편의 신(여호와)에게 천황 즉위에 대해 신고하는 일종의 통과의례라 한다. 가와 모리타(1990) 및 레무난토(レムナント)의 편집인 구보 유지(久保有司, 1992)는 필자와의 대담에서, 새 천황은 그곳에서 '갓 출신이 왕위를 이어가겠다'(미카도)고 다짐한다고 설명하였다.

| 참고사항 |

*1. 기키(記紀): 〈고지키〉(古事記)와 〈니혼쇼키〉(日本書紀)를 합하여 부르는 말이다. 전자는 고구려 출신 왕족인 만려(오야스 마로, 太安万呂)가 712년에 일본의 건국에 대해 신대와 천황의 계보(1-40)에 대해 기술한 일종의 야사이다. 일본 천황가의 정통성을 주장하기 위해 만든 것이다. 우리나라의 〈삼국유사〉에 해당한다. 이에 반해 후자는 우리나라의 〈삼국사기〉처럼 정사에 해당하는 책으로, 도네리 친왕(舎人親王) 등이 720년에 완성하였다. 일본국의 정통성을 국내외에 과시하기 위해 출간하였다. 이 저술도 만려가 주도한 것으로 보이지만, 그 이름을 의도적으로 감춘 것으로 보인다.

*2 구마소(熊襲): 일본의 건국신화를 담은 기키에 나오는 규슈 남부의 구마모토에 본거지를 둔 고대 국가로, 야마토 조정에 저항하다가 멸망을 당하였다. 〈고지키〉에는 웅증(熊曾)으로 표기되고, 〈니혼쇼키〉에는 웅습(熊襲), 〈치쿠젠노쿠니 풍토기(筑前國風土記)〉에서는 구마증어(球磨囎唹)로 표기하였다. 후일 야마토에게 동화되었다.

*3. 오족왜인: 오족은 오태백(吳太白)이 득성시조이고, 오계찰(吳季札)이 개시시조이다. 〈사기〉 권31 '오태백세가' 에 의하면 오태백(吳泰伯)이라고도 하며, 주태왕(周太王, 古公亶父, 姬氏)의 장남이다. 아버지가 셋째동생(季歷)과 그 아들 창(昌, 文王)에게 왕위를 물려주려 하자 다른 동생들(吳仲, 吳季歷)과 함께 형만(荊蠻, 蘇州, 강소성, 절강성)으로 피해 오(吳)를 세웠다. 주무왕이 태백과 차자 중옹을 오후(吳候)로 봉했고, 제19대 수몽(壽夢, BC 585-561) 때부터 왕이라 칭했으며, 나라 이름을 구오(句吳)에서 오(吳)로 바꾸었다. 이후 수몽-오계찰-저번-합려-부차로 이어졌다. 제25대 부차(BC 473) 때 월왕 구천에게 멸망하였다. 월은 부차의 아들 이의를 오후에 봉했다. 부차의

아들 루양이 위나라에 이르니, 위후가 그에게 오씨 성을 주었고, 부차-루양-누양-기(起)-첨(瞻)으로 이어졌다. 일설에는 오계찰의 후손인 해모수가 송화강에 부여(BC 408)를 세웠다고 한다. 해모수의 5대손이 고운(高雲. BC 248)이며, 그가 고구려(BC 227)를 세웠다는 것이다. 부차의 아들(기)이 일본으로 건너갔다는 설도 있으며, 등(縢, 應神)과 왜의 5왕이 그의 후손이라는 설도 있다. 일본 천황의 1-14대는 모씨(毛氏)이지만, 백제에서 건너간 제15대 오진 이후 진씨(眞氏)로 바뀌었다. 따라서 우리나라의 삼국과 왜의 시조가 오씨라는 것이다. 주 문왕은 오계력의 아들 희창(姬昌)이며, 희창의 차남(姬發)이 주무왕이다. 주족(周族)으로, 주나라와 동근동성이면서 동성(同姓) 제후국들(鄭·晉·韓·魏·趙·燕·魯·曹·蔡·吳·隨·縢)을 세웠다.

| 참고자료 |

(1) 朝日新聞, 2001. 12. 23

(2) 井上秀雄: 任那日本府と倭, p. 119, 東出版, 1973

(3) 金錫亨: 초기 조일관계연구, p. 297, 사회과학원출판사, 1966

(4) 천관우: 廣開土王凌碑文再論, 全海宗博士華甲紀念史學論, 일조각, 1979

(5) 王建群 저, 박동석 역: 廣開土王碑研究, p. 236, 역민사, 1985

(6) 송동건: op.cit, p. 277

(7) 江上波夫: 騎馬民族國家, pp. 188-190, 中央公論社, 東京, 1967

(8) 笠井倭人: 廣開土大王碑に對する石灰塗付作戰說への疑問, p. 53, 末松保知博士古稀紀念會編, 吉川弘文館, 1978

(9) 김성호, 김성한: 한중일 국가 기원과 그 역사, pp. 74-81, 맑은소리, 서울, 2008

(10) 埴原和郎: 日本人の成立, 東京, 1995

(11) http://www.pressian.com/news/article.html?no=46312

(12) 이희근: 한국사는 없다, pp. 88-92, 사람과사람, 2001

(13) 水野祐: 日本古代の國家形成, 講談社, 東京, 1978

(14) 홍윤기: 일본 천황은 한국인이다, p. 6, 서울,

(15) 小林惠子: 二つの顔の大王, 文藝春秋, 東京, 1991

(16) 이도학: 새로 쓰는 백제사, pp. 260-264, 푸른역사, 서울, 1997

(17) 김운룡: 한일민족의 원형, p. 63, 평민사, 서울,

(18) 김택규: 한일문화비교론, p. 129, 문덕사, 1993

(19) 川守田英二, 中島靖侃: 日本の中のユダヤ, p. 13, たま出版, 東京, 1990

(20) 川守田英二, 中島靖侃: ibid, pp. 286-287

제 11 장

일본 고대 국가의 기원

일본의 고대사에 관한 자료는 '육국사'(六國史)에 자세히 실려 있다. 육국사란 일본 천황가가 공식 저술한 건국 초기부터 9세기까지의 역사를 다룬 사서들이다(표 1).

이 밖에도 일화 형식으로 건국신화를 다룬 〈고지키〉(古事記, 712), 은유적으로 시대상을 노래한 〈만요슈〉(万葉集, 총 4,496首), 지방(畿內 7道)의 풍물과 전설을 다룬 〈후도키〉(風土記, 713), 1,182성씨를 다룬 〈신센쇼지로쿠〉(新撰姓氏錄, 815) 등이 있다. 제40대 덴무(天武天皇)는 재위 10년(682)에 이러한 대규모의 사서 편찬을 국가 차원에서 착수한 인물이다.

그런데 재일 사학자 김달수(金達洙)는 일본의 고대 사서들은 대부분 한자로 기술되어 있으며, 한국계 사람들이 주도했으므로 한국의 삼한과 연계하지 않고는 참 뜻을 알 수 없다고, 에도의 고증학자 후지이(藤井貞幹)의 글을 인용해 설명하였다.(1)

▼ 〈표 1〉 일본 고대사를 다룬 일본정사인 '육국사'(국수주의 요소가 강하나, 우리 고대사 관련 내용이 많다.)

서 명	저 자	저술연대	대상 기간	참고사항 (天皇名)
일본서기(日本書紀) (30권)	도네리 친왕 등(舍人親王)	720 (養老4년)	神代-696	* 〈고사기〉(古事記, 712)와 함께 기키(記紀)라 부름.(編年體) * 서문 · 발문 · 열전 · 지(志)가 없음 * 야마토 정통성 변호(神武-持統)
속일본기(續日本記) (40권)	스가노 등 (管野眞道)	797 (延曆16년)	697-791	* 文武-桓武
일본후기(日本後記) (40권)	후지와라 등 (藤原緖嗣)	840 (承和7년)	792-833	* 桓武-淳和
속일본후기(續日本後記) (20권)	후지와라 등 (藤原良房)	869 (貞觀11년)	834-850	* 仁明
문덕천황실록(文德實錄) (10권)	후지와라 등 (藤原基経)	879 (元慶3년)	850-858	* 文德
일본삼대실록(三代實錄) (50권)	후지와라 등 (藤原時平)	901 (延喜1년)	858-887	* 淸和-光孝

"일본기(日本紀)를 읽으면, 처음 이 나라가 마한·진한이 이한(二韓)에 의해 열렸고, 아울러 변한과도 연관이 있다는 것을 알 수 있다. 이 점을 염두에 두지 않고 읽는다면 이해하기가 어렵다. 고래, 한(韓)으로부터 일이 비롯되었다는 것이 숨겨져 있음을 알지 못하고, 이 나라 것만으로 무엇이나 다 될 것이라고 생각했기 때문에 한어(韓語)를 왜어(倭語)로 보고서 가지가지 설을 내세운 나머지 마침내는 그 본뜻을 잃어버렸던 것이다. 결국 일본 역사는 마한·진한의 이한(二韓)에서 비롯되었고, 한편 변한과의 관계를 알지 못하고 읽었다면 진정 일본기를 읽었다고 할 수 없다." 〈김달수〉

일본의 고대사에 대해서는 한·중·일의 사료 내용이 서로 달라 혼선이 생긴다. 특히 제15대 천황 오진(應神, 곤지)에 대한 기록은 큰 혼란을 불러일으킨다. 광개토대왕의 백제 침공 시(396) 한반도에서 쫓겨간 오진과 장수왕에게 쫓겨난 오진(475)이 공존한다. 두 사람은 동일인으로 보이나, 80년의 연대 차이를 보인다. 일각에서는 제1대 진무(神武)와 제10대 스진(崇神) 및 제15대 오진(應神)을 동일인으로 보기도 한다. 그들의 이름 속에 모두 신(神) 자가 들어 있기 때문이다.

고대 일본에서는 여러 부락국가들이 할거하다가 마침내 국가 형태의 야마토가 탄생하였다. 소본시내 님빙에시 흑조(黑潮)에 밀리어 올라온 여러 씨족들, 고조선과 부여에 유민이 세운 부족 국가들, 비류(眞氏)의 동생 스사노오가 세운 이즈모(出雲國), 가야 유민이 세운 구마소(熊襲), 고구려의 개국 공신 협보(挾輔)의 다라한국(多羅韓國, 多婆羅), 석탈해 후손인 모류지왕(牟留知王)의 후예(《新撰姓氏錄》 권30)인 스진(牟氏·毛·壬·ミ)과 동이족 히미코(細烏女?, 묘견공주 김씨?)가 다스린 야마타이, 오진(應神)의 야마토 등이 그것이다. 이에 따라 일본 왕실의 뿌리는 매우 다양하지만, 식민사학자들이 가상의 진무(神武, BC 660)로부터 출발하는 만세일계의 황통을 만들어, 지금까지 총 125대에 이른다.

이 단원에서는 일부 내용이 중복되기는 하지만 일본 건국에 관한 기키(記紀)와 여러 사료들의 내용을 요약 소개한 후 창세기와의 연관성에 대해 살펴본다.

1. 기키(紀記)가 말하는 고대 일본의 기원

기키란 〈고지키〉(古事記)와 〈니혼쇼키〉(日本書紀)를 합해 부르는 말인데, 모두 나라시대 초기에 작성되었다.(2) 〈고지키〉(3권, 712)는 고구려에서 건너간 오야스마로(太安万侶, 안만려)가 제40대 덴무(天武天皇, 681)의 명으로 저술하기 시작해, 제43대 겐메이(元明天皇)에게 바친 야사이다. 1/3은 니니기노미코토의 지상 강림을 포함한 가미요(神代, 신의 계보)를, 나머지는 천황 33대의 역사에 대해 다루었다. 이에 반해 편년체로 쓰인 〈니혼쇼키〉(30권, 720)는 덴무(681)의 지시로 도네리신노(舍人親王) 등이 조선 도래인(渡來人)의 자료와 도움으로 작성해 겐쇼(元正天皇)에게 바친 것이다.

〈고지키〉는 일본 천황가의 유래를 다룬 반면 〈니혼쇼키〉는 일본 왕실의 정통성을 과시하려고 편찬하였다.(3) 〈고지키〉는 〈니혼쇼키〉를 만들기 위한 일종의 준비 작업이었다.(4) 기키가 말하는 신들은 한결같이 한반도에서 건너온 지도자들을 신격화한 것으로, 그들의 초기 활동은 규슈에 집중되어 있다. 그곳에서 세력을 정비한 후 육로와 해로(瀨戶內海)로 기나이(畿內)로 이동해 야마토(大和朝廷)를 세운 것이다. 김성호는 신대기의 니니기를 스진(崇神)으로 추정했고, 오모노누시(大物主神)가 음신, 스진이 양신이며, 스진이 세운 나라가 야마토라 하였다(표 2).(5)

▼ 〈표 2〉 신대기(神代紀)의 구성 (김성호, 1985)

편제	편 제	복원 대상과 순서	제외된 부분
총론	신대(상) Ⅰ, Ⅱ, Ⅲ 신대(상) Ⅳ	– 대팔주(大八州) 기원과 담로 탄생	천지 시발(始發)과 신대(神代) 7대의 계보
본론	신대(상) Ⅴ 신대(하) Ⅵ, Ⅶ 신대(하) Ⅷ 신대(하) Ⅸ	스사노오노미코토(素戔命尊)의 추방 – 오모노누시(大物主神)의 등장 니니기노미코토(邇邇芸命)의 건국	아마테라스오미카미(天照大神)와 그 행적
부기	신대(하) Ⅹ 신대(하) Ⅺ	– –	해신과 산신 진무(神武天皇) 행적

1.1 구다라나이 공정

〈니혼쇼키〉는 편년체이므로 연대순으로 서술하였다. 그런데 전설적인 진무(神武)(BC 660)를 제1대 천황으로 설정하다 보니 진무로부터 야마타이(邪馬台, 98–269)와 야마토(畿內朝, 396–669)를 잇는 만세일계(萬世一系)의 황통을 만들기 위해 가공의 인물들을 끼워 넣지 않을 수 없었다는 것이 학계의 공통된 인식이다. 이렇게 함으로써 백제의 담로가 왜를 다스린 구다라 414년(BC 18–AD 396)의 역사를 감추고, 그 자리를 가공의 역사로 채워 야마토로 연결하려 한 것이다. 이는 일본 왕실이 조선의 삼국보다 600여 년 앞서 세워졌다는 만세일계의 혈통을 만들기 위한 조처였다. 이러한 '구다라나이 공정(百濟工程)'에 대해 김성호 등(2008)은 다음과 같이 주장하였다.

① 진무가 등극했다는 기원전 660년부터 야마대(야마타이)가 세워진 기원후 98년까지의 758년을 9명(2–9대)의 가공 천황들이 다스린 것으로 조작하였다. 일본 사학계에서도 이 시기를 '결사 8대'(欠史8代)라 부른다.(6) 제1대 진무(神武天皇)와 제10대 수진(崇神天皇, AD 3–4C)은 동일인으로 보인다.

② 야마대 왕국은 실재하였다. 〈삼국지〉 '위지 왜인전'에 야마대(98–269)의 히미코가 조선반도를 통해 중국에 사절을 보냈다고 했고, 〈니혼쇼키〉는 히미코가 진구(神功)라 하였다. 〈삼국지〉 '위지 왜인전'은 히미코가

'정시 8년' (247)에 죽었다고 하였다.

③ 야마대가 멸망한 다음 해(270)부터 오진(應神天皇)이 비류백제의 마지막 왕으로서 즉위한 원년(390, 太歲庚寅年)까지의 120년(二周甲)을 가공의 역사로 채웠다. 이것이 일본 기원론의 창시자 나카 미치요(那賀通世)의 '이주갑론' (二周甲論)이다.(7)

④ 오진이 백제에서 왜로 피신해(396) 야마토를 세운 해(397)까지의 7년(390-397)을 진무의 동정(東征) 기간으로 날조하였다. 이는 오진의 일본 망명을 감추기 위한 목적에서였다.

⑤ 백제 문근왕의 죽음에 대한 〈니혼쇼키〉의 백제기년(百濟紀年, 479)과 같은 해인 제21대 유랴쿠 23년(應略天皇, 479)을 오진 원년(應神 元年, 390)과 연결하기 위해, 두 천황(應神-雄略) 사이의 왜 5왕*1의 통치 기간을 늘렸다.

⑥ 제20대 안코(安康天皇) 원년(454)에 시차가 사라진 이유는, 오진 원년(390)에서 안코 원년 사이의 왜의 5왕이 다스린 실제 기간인 65년을 185년으로 늘렸기 때문이다. 즉 15대 오진(13→ 43년), 16대 닌토쿠(27→ 87년), 17대 리츄(6→ 6년), 18대 한쇼(6→ 6년), 19대 인쿄(12→ 42년) 및 20대 안코 원년(1)으로 조작한 것이다. 따라서 가시하라 신궁(奈良)에 모셔진 제1대 진무 천황은 잔국(구다라)에서 망명한 오진이다. 에가미(江上波夫)는 제10대 스진(崇神)이 임나인으로서 일본을 세웠으며, 제15대 오진과는 다른 인물이라고 오판하였다.

⑦ 왜가 이처럼 조작한 〈니혼쇼키〉 사본을 조선에 보냄으로써 〈삼국사기〉 등에서 오진의 망명 기록이 빠지도록 영향력을 행사하였다. 따라서 〈삼국사기〉 '고구려·백제 본기'의 원본은 사실상 〈니혼쇼키〉이다. 더구나 〈니혼쇼키〉는 서문과 발문을 제거해 안만려(安万呂)가 〈니혼쇼키〉의 저술에 관여한 사실마저 감추려 한 것으로 보인다.(8)

1.2 고대 일본의 건국

(1) 천손강림(天孫降臨)

고천원(高天原, 다카마노하라)에서 다섯 신들(別天神, 고토아마쓰카미)에 이어 일곱 신(神代 7代)이 태어났다. 고토아마쓰노카미(別天神)는 일곱 신의 우두머리인 이자나기-이자나미 부부에게 국토를 조성하도록 명령했고, 그들은 마법의 창으로 바다를 휘저어 8개의 큰 섬(大八島)과 6개의 작은 섬을 만들었다. 그들은 아마테라스(天照大御神, 태양신), 스사노오(須佐之男命, 海神), 쓰쿠요미(月讀命, 월신)를 포함해 17명의 자녀를 낳았다.

이자나기는 아마테라스에게 하늘을 다스리게 하였다. 그러나 스사노오는 죽은 어머니(이자나미, 소서노?)를 그리며 난폭하게 행동하다가 고천원에서 쫓겨났으며, 신들의 옷감을 짜던 아마테라스의 시녀를 죽이게 된다. 이에 격노해 아마테라스가 동굴로 몸을 숨기자 세상이 어둠에 싸이게 되었다. 이에 팔백만 신들이 우즈메 여신에게 야한 춤을 추도록 해, 신들이 요란히 웃도록 하였다. 밖의 웃음소리에 궁금증이 생긴 아마테라스가 동굴의 바위를 열고 고개를 내밀자 힘센 다지카라오 신이 여신을 밖으로 이끌어내었다. 이렇게 하여 다시 태양이 지상에 비치게 되었다는 것이다.

고천원(가야?)에서 이즈모(出雲, 시마네현)로 추방된 스사노오는 그곳에서 제물로 바쳐진 어느 노 부부의 외동딸을 삼키려던 이무기를 죽이고, 그녀와 결혼하고, 이어서 왕이 되었다. 그의 6대손 오쿠니누시(大國主神)는 스사노오의 뜻을 받들어 마침내 전국을 통치하게 되었다. 이렇게 해 신들의 세계(高天原)와 지상세계(出雲國)가 공존하게 되었다.

한편 고천원(高天原)에서는 아마테라스의 아들(正勝)과 다카미무스히(高御

産巢日神, 別天神)의 손녀(八幡) 사이에서 태어난 니니기노미코토(邇邇藝命)가 3종의 신보(神寶)를 가지고 8신(神)과 함께 다카치호(高天穗)로 내려왔다(天孫降臨說). 3종의 신기인 거울(鏡)은 절대 권력, 구슬(曲玉)은 악귀를 쫓는 힘, 칼(劍)은 무력을 상징하였다. 지상을 다스리던 오쿠니누시는 자신을 위한 신전(出雲大社)을 이즈모에 만들어주겠다는 약속을 받고, 지상의 통치권을 천황가(니니기)에 넘겨주었다. 이에 반대한 그의 아들(建御雷)은 스와(諏訪, 長野縣)에 유폐되었다. 이러한 천손강림 신화는 고구려와 가락의 건국신화를 모방한 것으로 보인다.(9)

그 후 니니기는 가고시마의 가사사(笠沙) 해변으로 내려와, "여기는 한국(韓國)을 바라보는 곳으로…… 아침 해가 곧바로 비치고 저녁 해가 빛나는 나라다. 정말 좋은 지역이다"고 외쳤다 한다.(10) 이는 니니기가 한반도에서 건너온 지도자임을 암시한다. 그는 그곳에서 고노하나(木花之佐久夜毘賣, 山神)를 만나 호테리(火照命) · 호오리(火遠理命) · 호스세리(火須勢理命)의 세 형제를 낳았다. 호오리를 도운 시오쓰치(鹽椎神, 海神)는 후일 진무에게 동정(東征)을 권면했다 하여 지혜의 신으로 추앙받게 된다. 호오리는 해신(大綿津見神)의 딸(豊玉毘賣)과의 사이에서 우카야(鵜葺草葺不合命)를, 우카야는 다시 이와레비(伊波禮毘古命, 神武)를 포함한 네 아들을 낳았다. 호오리에게 패한 호테리의 후손은 호오리의 경호무사(하야토, 隼人)가 되었다. 이는 규슈 남부 세력이 야마토에 정복되었음을 뜻한다.

어려움에 처한 니니기는 아마테라스의 지시에 따라 큰 까마귀(야다카라스)의 안내를 받으며 지상의 반대 세력들을 물리쳤다. 그리고 나라(奈良)에 야마토를 세우고 가시하라(橿原, 奈良縣)에서 대왕(大王, 오키미)으로 즉위하였다. 일설에는 이자나기(伊邪那岐)가 비류백제(아라가야)의 이장락(伊奘洛)이며, 그의 공주가 천조(天造)이고 그녀의 아들이 소잔오(素盞烏)라고 추정한다. 그리고 소잔오가 세운 나라를 규슈의 이도국(伊都國, 日向國)과 시마네현의 이즈모(出雲國)로 추정한다.

(2) 초대 천황의 탄생

최초 천황 진무(神武, BC 711?-BC 585?)를 〈니혼쇼키〉는 신왜이파례비고명(神倭伊波禮毘古命), 〈고지키〉는 신일본반여언(神日本盤余彦)이라 불렀다. 여기서 신(神)은 '가무', 왜(倭)는 '야마토', 반여(盤余: '부여'와 유사)는 '이하레'(伊波禮), 언(彦)은 '히코', 명(命)은 '미코토'(남성 존칭), 천황은 '수메라미코토'로 읽는다. 따라서 진무의 공식 명칭은 '가무야마토이와레비노미코토'이다.(11) 〈고지키〉는 진무를 반여언(盤余彦)이라 했고, '이도국이 반여언의 도읍'이라 하였다. 따라서 이도국을 세운 소잔오가 진무 반여언임을 알 수 있다. 진무의 아버지는 언파렴무노자초즙불합존(彦波瀲武鸕鶿草葺不合尊) 또는 제초즙불합명(鵜草葺不合命)이다. 노자는 가마우지나 까마귀로, 주몽의 어머니인 예씨의 이름이기도 하며, 삼족오와 고구려를 상징한다.(12) 소잔오(스사노오)는 소서노의 셋째아들로, 온조가 어머니를 죽인 일로 난동을 부리자 비류가 이즈모로 내쫓았다는 설이 있다. 이 경우 소잔오의 아버지가 고주몽인데, 〈니혼쇼키〉에서는 이자나기(이장락)가 소잔오를 낳았다고 했으므로, 결국 이자나기는 고주몽을 신화화한 것으로 보인다.

한편 〈新撰姓氏錄〉 '시라기조'(新良貴條)에서는 진무가 신라계(아라가야계)로 나온다. 즉 도반명은 언파불합존의 아들이며 진무의 형이라 하였다. 그리고 도반명은 "신라국 출신으로 신라국주가 되었다"고 하였다. 여기서 신라는 〈삼국사기〉 '지리지 함안군조'의 아라가야의 옛 명칭인 아시라(阿尸良, 아라가야)를 한역한 것이다. 진무의 아버지 언파불합존의 다른 이름인 아라시토(阿羅斯等)는 '아라가야인'이라는 뜻이다.

(3) 진무의 동정(神武東征)

진무는 형 이쓰세노미코토(五瀬命)와 함께 히무카(日向)의 다카치호(高千穗, 宮崎縣)를 떠나 도요쿠니(豊國)의 우사(宇沙, 大分縣)를 거쳐 후쿠오카(岡田宮)에서 일 년을 머물렀다. 여기에서 세토 내해(瀬戸 内海)를 거쳐 히로시마(廣島, 多祁理宮)에서 7년, 오카야마(岡山 高島宮)에서 8년을 머물렀고, 이즈미사노(泉佐野)를 거쳐 다테쓰(楯津, 東大阪)로 진격하였다. 최종적으로 야마토의 나카쓰네비코(那賀須泥毘)의 군대에 형(이쓰세)이 전사를 당하는 격전 끝에 그곳을 정복했고(출병 16년, 日本書紀는 6년), 가마야마(瀬山, 和歌山縣)와 구마노무라(熊野村, 三重縣)도 정복하였다.

(4) 구마노 · 요시노 전쟁과 결사(欠史) 8대

구마노(熊野)와 요시노(吉野)에는 저항 세력이 많았으므로 다카미무스비(高御産巢日神, 天神)는 진무에게 길을 안내하는 삼족오(三足烏, 八咫烏)를 보냈다. 그는 마침내 오시사카(忍坂, 桜井市)의 토속세력(土雲 등)을 물리친 후 나라를 세웠고(BC 660. 2. 11), 가시하라 궁(橿原宮)에서 다스렸다. 그리고 오모노누시(大物主神)의 딸(伊須氣余理比賣)을 새 정비로 맞이하였다. 이는 천손계(九州)와 이즈모계(시마네현)가 통합되었음을 뜻한다.

진무가 137세에 죽자 수이제이(綏靖)는 규슈의 이복형(多藝志美美命)을 죽이고 왕위를 찬탈하였다. 그의 뒤는 안네이(安寧), 이토쿠(懿德), 고쇼(孝昭), 고안(孝安), 고레이(孝靈), 고겐(孝元), 가이카(開化) 등이 왕위를 이었다. 그리고 마침내 나라에 야마토(大和朝廷)가 세워졌다. 그러나 기키에는 이러한 천황들(2–9대)에 대한 구체적인 기록이 없으므로 이 기간을 '결사 8대'라 부른다. 이들은 일본의 건국 연대를 한국의 삼국 건설보다 앞선 기원전 660년으로 끌어올리려고 삽입한 허구의 인물들이었다.(13) 스이코 천황(7C 후반) 때 이러한 조작이 이루어진 것으로 보이며, 제10대 스진(崇神, 400?)부

터가 역사적 인물로 보인다.(14)

(5) 스진(崇神)과 천일창(天日槍)

〈고지키〉는 제10대 천황 스진(3-4C?)을 '최초의 나라 미마키의 천황'이라 해, 그가 임나(미마나, 미마키) 출신임을 암시하였다. 그는 미와산(三輪山)에 오모노누시(大物主神)를 섬기는 신사를 세웠고, 제사 권한을 무기로 하여 동북부(北陸) 20국과 세토 내해(瀬湖内海)의 저항 세력 및 숙부(建波邇安王)의 반란을 진압하였다. 그러나 고시쿠니(越國, 新瀉縣)와 아이쓰(相津, 福島縣)는 스진 이후에 정복되었다. 스진의 셋째아들인 제11대 스이닌(垂仁天皇)은 이세신궁(伊勢神宮, 三重縣)을 세우고 여성을 사제(齋王)로 임명했으며, 이때부터 일본씨름 스모(相搏)가 등장하였다.

〈니혼쇼키〉 '스이닌 3년조'(31?, 70?)와 〈고지키〉 '오진 천황조'(270-310?)는 이 시기에 신라 왕자 천일창(天日槍, 天日之矛, 아메노히보코)이 8종의 신기(神器)를 가지고 야마토를 방문했다고 하였다. 〈니혼쇼키〉의 천일창과 〈고지키〉의 천지일모는 동일인으로 보인다. 그가 스진 및 스이닌과 오진의 시기에 모두 등장한 것은 스진과 오진이 동일 인물임을 뒷받침한다. 그가 가져온 곰 신단(熊神籬, 히모로기)의 명칭은 신라어이며(藤貞幹, 1732-97), 그것이 일본 신사(神社)의 효시라고 다카노(高野辰之, 1876-1947)는 말한다. 그는 하리마쿠니(播磨國, 兵庫縣)에 상륙해 오미노쿠니(近江國, 滋賀縣)을 거쳐, 타지마국(但馬國, 多遲摩國, 兵庫縣 北部)에 정착해 살면서 다치마모리(田道間守)라는 호족으로 불리었다. 〈하리마쿠니 후도키〉(播磨國 風土記)는 그가 오쿠니누시(大國主神)와 싸웠으나, 이즈(田道間)로 물러났다고 하였다. 이후 서일본에는 신라인이 많이 거주하게 되었다 한다.

다른 설에 의하면, 천일창이 연오랑이며, 진구(神功)의 선조라고 한다.

그는 진무에게 밀리어 가야로 피신한 효원 천황의 동생과 결혼했다고 한다. 또 다른 설에 의하면, 대가야의 제2대 거등왕(居登王, 재위 199-259)의 선견왕자(先見王子)가 효소 천황(孝昭, 효안, 稻天皇, 사반대왕)의 딸 아카루히메(阿加流比賣, 沙波遲比賣: 249-272)와 가야에서 결혼했는데, 그녀가 일본으로 도망했다고 하였다. 천일창이 뒤따라 왜로 건너왔는데(27?) 아메히노호코(天日槍)라 불리었다고 한다.

가이카(開化天皇, 壹與)는 고모부이자 외삼촌인 천일창이 이토국(伊都國)에 살도록 했다 한다. 그는 쓰루가(敦賀市, 兵庫縣)에 상륙해 타지마국(但馬國)을 점령했고, 장수로 하여금 부인이 사는 도성(稻城, 大阪)을 불살랐다 한다. 그는 오사카의 백제계 효안이 교토의 부여계 효령에게 왕위를 물려주자(287), 스스로 제11대 스이닌 천황(垂仁, 재위 318-343?)으로 등극했다가, 부여계 스진 천황에게 쫓기어 임나 왕(伊佐知, 副島主)로 강등되었다는 설도 있다. 그의 후손 야마토히메(倭比賣命, 277-366)는 근초고왕(日本武尊)을 도왔고, 근초고의 부인(布多遲能伊理毗賣命: 297-363)이 된 것으로 전한다.(15)

(6) 게이코(景行天皇)의 동서 정벌

제12대 게이코는 아들 야마토 타케루(倭建命, 日本武尊, 小碓命)에게 이즈모와 구마소(熊曾, 熊襲)를 다시 정벌하도록 하였다(西征). 타케루는 야마토를 출발해 세토 내해의 나라들까지 정벌하였다(東征). 그 후 타케루는 가와치(河內)에서 백조(白鳥)가 되어 사라졌다고 한다. 이는 그(근초고왕?)가 백제로 귀환했음을 암시한 것이다.

(7) 히미코와 진구(神功皇后)

〈니혼쇼키〉에 의하면 타케루의 아들인 제14대 추아이(仲哀天皇)가 구마소를 정벌하자, 셋째부인인 진구(神功)가 왜, 가라국을 습격했느냐고 항의하며 천황을 암살했다고 하였다. 그러나 〈고지키〉는 위와는 반대로, 추아이가 신라를 정벌하라는 신탁(住吉三神)을 거절했기 때문에 급사했다고 하였다. 진구는 바다를 건너 신라를 정벌했고, 백제를 조공국으로 삼았다고 한다. 그리고 규슈(宇美町)로 돌아와 오진(應神)을 낳았고, 야마토로 귀환해 반대 세력을 물리쳤다고 한다. 이는 그녀가 백제의 제4대 담로 추아이를 죽이고 등극했음을 암시한다.

그런데 진구는 가공의 인물이라는 것이 일본 학계의 견해이다. 광개토대왕이 400년과 404년에 왜군을 괴멸시키자 그 굴욕을 감추려고 왜가 전승담을 지어냈으며, 진구라는 인물도 실존 가능성이 의문시된다고 한다.[16] 더구나 약소국 왜가 문화 대국인 백제와 신라를 정벌했다는 것은 상식적으로도 통하지 않는 황당한 주장일 수밖에 없다.

(8) 오진(應神天皇)

김성호 등(2008)은 390년에 즉위한 비류계 구다라왕 오진이 두 차례(391, 396)의 고구려 침공으로 곰나루(공주)가 함락되자, 왜로 건너가 야마토(大倭)를 세웠다고 말한다. 그 증거로 천황가의 성씨(牟氏)가 오진 이후 비류계 왕성(王性 眞氏)으로 바뀌었고, 이 시기의 고분군에서 백제계 유물이 다량 출토된다는 것이다. 〈구당서〉에도 왜국 초기 천황들은 자신들이 왜국의 별종(倭國之別種)임을 자랑으로 여겼다 했고, 〈송서〉(宋書)는 그들이 변진의 후예임을 긍지로 여겼다고 하였다.

진구의 아들로 태어나 천황에 오른 오진은 27명의 자녀를 두었다고 한다. 이 시기에 한반도에서 도래인(渡來人)이 많이 들어와 선진문화를 전수하였다 한다. 신라 왕자 천지일모(天之日矛, 天日槍)를 포함해 진씨(秦氏)와 한씨(韓氏)의 후예도 건너왔으며, 백제에서는 천자문을 가진 왕인과 주조술을 가진 와니기시(和邇吉師)가 건너왔다고 한다.

(9) 닌토쿠(仁德天皇)의 치세와 왕자들의 싸움

제16대 닌토쿠는 성제(聖帝)로 추앙을 받는다. 나니와(難波)의 다카쓰궁(高津宮, 大阪 上本町)에서 정사를 보았고, 하타씨(秦氏)에게 치수를 맡겼다. 그의 장남이 제17대 천황(履中天皇)에 올랐으나, 동생(墨江中王)의 반란으로 셋째(水齒別命)가 둘째를 시해하고 제18대 천황(反正天皇)에 올랐다. 그 뒤를 4남 인쿄(允恭天皇)가 이었으며, 인쿄의 넷째가 안코(安康天皇), 6남 오오하쓰세(大長谷命)가 21대 유랴쿠(雄略天皇)이다. 유랴쿠는 두 형을 죽이고 등극한 포악한 왕으로, 여색을 즐겼다고 한다.

(10) 23-33대 천황들

유랴쿠의 적자 세이네이(淸寧天皇)가 아들이 없이 죽자 정국은 소용돌이쳤다. 오시하노미코(忍齒王)의 차남(袁祁, 顯宗天皇)과 장남(意祁, 仁賢天皇)이 차례로 왕위에 올랐다. 제23대 겐소(顯宗)는 아버지를 죽인 유랴쿠의 묘를 훼손했으나, 그의 형인 제24대 닌켄(仁賢)은 이러한 보복을 막았다. 〈고지키〉는 겐소 천황까지 기술하였다. 닌켄의 아들 부레쓰(武烈天皇)에 이르러 닌토쿠의 혈통이 종료되었고, 다시 오진의 5대손인 게이타이(繼代)가 26대 천황에 오르게 된다. 이후 긴메이(欽明天皇)를 거쳐 그의 네 아들(敏達·用明·崇峻·推古)이 차례로 왕위를 이었다.

2. 〈환단고기〉가 말하는 고대 일본의 기원

2.1 단군조선의 삼도 평정

언파불합의 구마소 평정: 〈환단고기〉 '단군세기'에 따르면(17) 제3대 단군 가륵 재위 10년(BC 2173)에 예읍(濊邑)의 소시모리(素尸毛犁)가 반란을 일으키자 여수기(余守己)를 보내 평정하였다. 소시모리의 음이 변해 소머리(牛頭)가 되었다 한다. 제35대 단군 사벌 재위 50년(BC 723)에도 구마모토(熊本)에서 토착민이 난(三島의 난, 耶鬼의 亂)을 일으켰다. 반란의 주모자 야귀는 야마대(耶馬台, 아소산)의 원주민으로, 키가 작고 원시생활을 하므로 붙여진 이름이었다. 사벌 단군은 언파불합(彦波弗哈)을 보내 구마소(熊襲)를 평정하였다. 〈니혼쇼키〉는 이들을 하이닌(蝦夷人: 고조선 유민)이라 불렀다.

배반명의 삼도 평정: 제36대 단군 매륵 제38년(BC 667), 소시모리의 후손인 협야노(陜野奴, 陜野候) 배반명(裵幣命)이 왕명으로 전선 500척을 거느리고 삼도(三島: 本州 · 九州 · 四國)를 평정하고 천왕(天王)을 자칭하였다. 그가 기키(紀記)에 나오는 제1대 진무(神武天皇)이며, 사노노미코토(狭野の尊, 須佐之男命, 스사노오노미코토)로 추정된다. 이때 붙잡힌 포로의 일부는 만주에서 용병으로 활용되었는데, 이들이 〈만주원류고〉에 나오는 왜(倭)의 집단으로 추정된다고 한다.

2.2 협보의 다파라국(多婆羅, 多羅韓國)

〈태백일사〉는 고구려의 개국 공신 협보(挾輔, 陜父)가 규슈에 다파라국(多婆羅國)을 세웠다고 하였다.(18) 협보는 제2대 유리왕에게 오랜 사냥에서 환궁하도록 직간했으나, 왕이 듣지 않자 수백 가구를 대동하고 마한산(평양)으로 내려왔다. 그곳에 가뭄이 들자 다시 해포(진남포)에서 배편으로 구야한국(狗耶韓國, 福岡)에 이르러 아소산 인근에 다라한국을 세웠다. 이에 대해 〈태백일사〉는 이렇게 기술한다.(18)

"이에 앞서 협보가 남한으로 달아나 마한산(평양)에 은거할 때 수백 가구가 따랐다. 흉년이 들어 떠도는 자가 길에 가득하였다. 이때 협보가 민란이 있을 것을 알고, 무리와 함께 양식을 싸서 패수를 따라 내려와 해포를 거쳐 구야한국(狗耶韓國)에 이르니, 가라해(加羅海)의 북쪽 해안이었다. 몇 달 뒤 아소산으로 이주했는데, 이 사람이 다파라국의 시조이다. 후에 임나와 병합해 연합 정권을 세웠는데, 3국은 바다에, 7국은 육지에 있었다…… 처음에 변진의 구야국(狗倻國, 김해) 사람들이 들어와 살았는데, 이를 구야한국이라 하였다. 다파라를 일명 다라한국이라 불렀다. 이곳 사람들은 홀본(忽本, 졸본)에서 이주해 와서 일찍이 고구려와 친교를 맺었으므로 고구려 열제(列帝)의 통제를 받았다. 다라국은 안라국(安羅國)과 이웃하고 성씨도 같았다. 옛날에는 이곳에 웅습성(熊襲城, 구마소)이 있었는데, 오늘의 규슈 구마모토 성(熊本城)이 그곳이다. 왜는 회계군(會稽郡) 동쪽의 동야현(東冶縣) 동쪽에 있었다.

뱃길로 바다 9천 리를 가면 나패(那覇, 나하)에 이르고, 또 천리를 가면 근도(根島, 네시마)에 이른다. 근도를 저도(柢島, 도시마)라고도 부른다. 당시에 구노(拘奴) 사람이 여왕과 서로 다투었으므로 찾아가는 길을 매우 엄하게 지켰다. 그래서 구야한국으로 가려는 사람은 대개 진도(津島, 쓰시마), 가라산(加羅山), 지가도(志加島)를 거쳐야 비로소 말로호자(末盧戶資, 말로국)에 이를 수 있었다. 그 동쪽의 경계가 구야한국이다."

〈태백일사〉 제6 '고구려국 본기'

2.3 그 밖의 나라들

〈환단고기〉는 고대 일본의 건설 상황에 대해 이렇게 소개한다.(19)

"일본에는 옛적에 이국(伊國, 三重縣)이 있었는데, 이세(伊勢)라고도 불렀고,

왜(應神)와 이웃하였다. 이도국은 축자(築紫, 쓰쿠시, 福岡)에 있었는데, 바로 일향국(日向國)이다. 동쪽은 왜에 속하고, 남동쪽은 안라(安羅, 阿蘇國)에 속하였다. 안라는 본래 홀본 사람이다. 북쪽에는 아소산이 있다. 안라는 후에 임나에 들어가 고구려와 친교를 맺었다. 말로국(末盧國)의 남쪽을 대우국(大隅國)이라 했는데, 거기에 시라군(始羅郡, 佐賀県 松浦)이 있었다. 본래 남옥저 사람들이 모여 살던 곳이다."

"남만(南蠻), 침미(忱彌), 환하(睆夏), 비자발(比自㶱, 창녕) 족속들이 모두 조공을 바쳤다. 남만은 구려의 후예로 산월(山越)에서 온 자들이고, 비자발은 변진 비사벌(比斯伐) 사람들이 살던 읍락이고, 환하(규슈 중부)는 고구려에 예속된 자들이다…… 나라가 100여 개 있었다. 그중 구야한국(狗耶韓國, 福岡)이 가장 컸는데, 본래 구야(狗耶)의 본국인이 다스리던 곳이다…… 바다 건너 천여 리를 가면 대마국(對馬國)에 이르는데, 사방이 백여 리쯤 된다. 또 바다 건너 천여 리를 가면 일기국(一岐國)에 닿는데, 사방이 삼백 리쯤 되고, 본래 사이기국(斯爾岐國)이다…… 또 바다를 건너 천여 리를 가면 말로국(末盧國)에 이르는데, 본래 읍루인이 모여 살던 곳이다. 동남쪽으로 육지로 오백 리를 가면 이도국(伊都國, 而土, 築紫)에 이르는데, 곧 반여언(盤余彦, 神武王)의 옛 고을이다."

〈환단고기〉 '대진국본기'

2.4 의려 · 의라 · 스진

〈태백일사〉는 정주(定州, 瀋陽, 遼寧省)에 도읍한 부여국(拂涅國, 穢國)의 의려(依慮)가 선비족 모용외(慕容廆, 269-333)에게 패하자, 아들 의라(依羅王, 285)에게 나라를 맡기고 바다를 건너 왜왕이 되었다고 하였다.

"정주는 의려국의 도읍지였다. 선비족 오용외에게 패해 도읍이 위태하니

의려왕 생각에 백성들이 있으니 어디에 간들 성공하지 못하랴 하고 아들 의라(依羅, 夫羅)에게 도읍을 맡기고, 백랑산(白浪山, 白狼山)을 넘어 밤에 바다를 건너 왜인들을 정벌하고 왕이 되었다."

〈태백일사〉 '대진국 본기'(大震國本紀 朝代記)

즉 위구태의 증손인 연나부 부여의 의려가 일본으로 건너가 제7대 효령(孝寧天皇, 재위 287-288?)이 되었다는 설과 스진(崇神天皇, 277-318)이 되었다는 설이 대립한다. 반면 〈진서〉 '부여전'은 의려가 모용외의 습격으로(285) 자살했다고 하였다.

한편 의라는 서옥저로 피신해 서진의 동이교위(東夷校尉) 하감(何龕)에게 구원을 청해, 모용외의 장군 손정(孫丁)을 죽이고 부여를 탈환하였다. 그러나 모용외가 재침하자 산동 반도의 하남에 이르러 그곳의 사로국(斯盧國)과 왜(倭)의 세력을 통합해 신라(新羅)를 건국했다고 한다. 그는 부여국의 예왕지인(穢王之印, 穢印)을 가지고 있었으며, 한반도로 들어와 백제의 책계왕(夫餘 責稽, 재위 286-298)과 싸워 이겼다. 〈삼국사기〉는 책계왕이 맥인(貊人)에게 전사했다고 하였다.

그는 한반도 남부에 낙랑(樂安邑, 순천)과 대방(南原)을 세웠고, 대마도를 정복하고 임나(任那, 미마나)라 불렀다. 대마도 최초의 인위가라(仁位加羅, 任那加羅)는 스진의 이름 이니예(印穢, 印惠)에서 유래한 것으로 보인다. 그 후 규슈의 쓰쿠시(築紫)로 건너와 이쓰쓰히코(伊都都比古, 이도국 왕)로 등극하였다(300?). 그곳에서 백제계 주민을 안정시키려고 백제의 구수대왕, 가야계 아마테라스(天照大神) 및 오모노누시(大物主神, 효안천황?)를 위한 신사를 세웠다.

의라는 한반도에서 왜로 건너온 백제의 제12대 비류대왕(재위 304-346)

의 근초고 왕자(日本武尊, 倭建命, 재위 346-375)와의 전투에서 전사하면서 의라 왕조(300-318)는 종료되었다. 책계왕의 손자이며 분서왕(재위 298-304)의 아들인 걸대왕(契大王, 비류대왕)은 의라가 세운 왜를 징벌한 후 왜의 제12대 게이코 천황(景行天皇)으로 즉위하였다. 근초고 왕자는 게이코 천황이 규슈를 정벌할 때부터 동행하였다. 걸대왕은 343년에 백제로 귀국해 다시 백제대왕으로 즉위하였다. 그는 세 왕자를 두었는데, 쌍둥이 형인 오호우스(大確命, 295-318)는 스진과의 싸움에서 전사했고, 둘째가 근초고왕이고, 셋째가 이호기노이리히코(五百木入日子, 273-318?)였다. 그는 호무다와케(305-361)를 낳았고, 그의 세 딸이 오진(320-394?)과 결혼했다고 한다.

〈고지키〉에는 일본무존(근초고왕)이 333년에 죽은 것으로 나오는데, 이 해는 근초고가 백제로 귀국한 해이다. 근초고왕은 후비(布多遲能伊理毘賣, 垂仁天皇의 딸)에게서 구도(중애왕)를 낳았다. 그는 히미코 이래로 여제사장이 보관해 오던 주몽검(都牟劍, 쿠사나기쓰루기)을 야마토히메(倭比賣, 277-366)로부터 받아서 규슈의 정벌에 나섰는데, 이는 백제와 가야계가 협력해 스진계(崇神系)를 공략했음을 뜻한다. 그는 이 칼을 들고서 이즈모(出雲)와 나라(奈良)를, 그의 장자 호무야와케(品夜和氣命, 311-374)는 관동 지역을 차례로 정벌했다 한다.

지금도 히라노신사(平野神社, 京都)에서는 백제의 4왕인 이마키(今木, 日本武尊, 근초고왕, 源氏), 구도(久度, 近仇首王, 仲哀王, 平氏), 후루아키(古開, 근구수 아들=應神 아들?, 침류대왕=仁德天皇?, 高階氏) 및 히메대신(比賣大臣, 天照大神, 應神 부인=神功皇后?, 和氏, 大江氏) 등을 모신다. 주몽검을 신(神)으로 모시는 아쓰다 신궁(熱田神宮)의 말사(末寺)인 소시모리 신사(曾志茂利神社)에서는 거무리 대신(居茂利大神)인 근초고왕을, 이즈모의 오쿠니누시 신사(大國主神社)에서는 근구수왕을 섬긴다. 〈니혼쇼키〉는 스이닌(垂仁天皇)이 스진의 아들이라 했으나,

가야계 천일창으로 추정되기도 한다.

3. 사학계의 고대 일본 기원설

3.1 한학파와 국학파

일본의 국호는 야마타이(98?-269?)와 야마토(大和, 大倭, 397-669)를 거쳐 니혼(日本, 670)으로 바뀌었다. 일본의 건국 과정에 대해서는 구다라 공정을 필두로 왜곡 작업이 광범위하게 이루어졌다. 일제는 기키에 근거한 남선경영설의 증거를 찾으려고 가야의 왕릉들을 마구 파헤쳤다. 그러나 왜의 흔적은 발굴되지 않은 반면 오히려 일본에서 조선의 유물과 유적들이 무수히 출토되었다고 한다.[20]

최근 연구에 의하면, 야요이 시대(BC 300-AD 300)에 왜에 남부 조선어가 도입되면서 일본어에 대전환이 일어났다고 한다.[21] 그들은 7세기까지 한국어를 사용했다고 한다. 야마토 천황가를 세운 기나이인의 신장(163cm)도 백제의 본거지였던 충남-전북인의 신장과 유사하다는 사실이 확인되었다.[22]

명치유신 이후 일본 학계는 조선의 주자학을 따르는 한학파(漢學派)와 〈니혼쇼키〉를 옹호하는 국학파(國學派)가 대립하였다. 그러나 교육칙어(教育勅語, 1890)의 발표를 계기로 국학파가 세력을 얻으면서 일제는 식민사관을 더욱 강화하였다. 그 결과 동아시아가 일본의 침략으로 큰 고통을 받게 되었다. 일본에서는 제2차 대전에서 패한 이후 천황가는 변진(弁辰)의 혈통이라는 에가미 나오미(江上波夫)의 기마민족설[23]과 조선인을 대등한 민족으로 대하자는 이노우에 히데오(井上秀雄)의 조선동정론(1972) 등이 제기되었으나, 만세일계 황통을 주장하는 국학파들이 여전히 학계를 주도하고 있다.

3.2 천황가는 만세일계(萬世一系)?

국학파가 주도하는 일본 학계는 제1대 진무로부터 제125대 아키히토(明人)에 이르는 일본의 천황가가 한 황통으로 이어져왔다고 주장한다. 아울러 일본인의 신민설(神民說)을 주장한다. 이에 반해, 미즈노 유(와세다대)는 1-9대 천황은 가공인물이라고 주장하였다. 그리고 스진이 왜 왕조의 시조이며, 오진은 중시조, 게이타이는 신왕조의 시조라 하였다. 이 세 사람은 모두 백제나 가야계 인물들이다.

> "만세일계의 천황사상은 천황의 혈통이 변화 없이 대대로 만세에 걸쳐 이어졌음을 의미하는 것이 아니라는 점에 주의할 필요가 있다. 만세일계라는 말은 혈통의 불변이 아닌 황통(皇統)의 단절 없는 계승을 의미한다."
>
> 〈日本古代の國家形成´征服王朝と天皇家〉(水野 裕)

최근, 천황가 계보에 대한 일본 학계 일부의 견해가 다음처럼 바뀌고 있다는 사실에 주목할 필요가 있을 것 같다.

* 제1대(진무)는 제10대(스진)와 같고, 2-9대는 실재하지 않았다(欠史 8代).
* 10-14대, 22-25대의 실재 여부는 불분명하다. 제15대(오진) 이후의 천황은 대체로 실존 인물로 추정되며, 제26대(繼代天皇, 재위 507-531)부터가 역사적 기록이다.
* 천황 시호에 신(神)자를 붙인 진무·스진·오진은 동일인일 가능성이 있다.
* 왜의 5왕시대(420-480) 이후 510년까지, 재위 기간이 짧은 천황 6명이 다

스렸다.

* 미즈노와 이노우에 등은 일본 정부가 고왕조·중왕조·신왕조를 세운 천황이 모두 한족(韓族)인 사실을 은폐하려고 그 사이 사이에 가공의 인물을 끼워 넣었다고 주장하였다.

〈新撰姓氏錄〉(815)에 의하면, 기키(記紀, 712–720)를 편찬할 당시 왜의 왕실·귀족의 구성은 백제계가 12족, 가야계가 8족이었다. 두 세력은 기키에서 상대방을 적대 세력으로 묘사했고, 같은 사건에 대해서도 자기들의 입장에 유리하도록 은유적으로 기술하였다. 이 밖에도 다음과 같은 사실이 밝혀지고 있다.

* 기키의 천황(총 41명) 중 10명(가야계 5, 백제계 5)만 실존 인물로 추측된다. 조선반도에서 왜로 건너간 백제·가야계 왕족은 천신(天神), 나머지(진언의 후손 등)는 국신(國神)으로 구분하였다.
* 여성 천황은 모두 가공의 인물로 보인다.
* 구다라–왜의 통합 왕국을 이룬 아리사등(阿羅斯等)의 고손인 동성왕을 가야계 천황으로 등재하였다. 동성왕 이후는 왜왕이 모두 후왕이므로 천황으로 기재하지 않은 듯하다.
* 〈니혼쇼키〉의 기록 대상 기간은 350년(360–700)이며, 왜 왕실은 346년부터 시작된 것으로 보인다. 야마토의 독자적 왕권은 오진이 다스린 390년부터 부(武)가 다스린 479년까지 90년간이다.
* 왜왕이 모델로 삼은 가야계와 백제계 왕은 다음과 같이 추정된다.(24)

(1) **백제계 왕족**: 국상입존(國常立尊)인 천어중주존, 고황산령존, 이장락존, 이장염존. 천조대신 등은 모두 백제의 전성기를 이룬 근초고왕을 모델로 삼았다. 근구수와 그 아들들도 모델로 삼았다. 국상입존은 '나라를 반

석같이 단단히 세운 분' 이라는 뜻으로, 왕실의 시조를 의미한다.

① 근초고왕: 리츄(履中)와 닌켄(仁賢)

② 근구수왕: 수이닌(垂仁), 게이코(景行), 인교(允恭), 비타쓰(敏達), 덴무(天武)

③ 근구수왕의 장자 무내숙니: 세이무(成務), 닌토쿠(仁德)

④ 근구수왕의 중자 침류왕: 추아이(仲哀), 겐쇼(顯宗), 요메이(用明), 고토쿠(孝德)

⑤ 근구수왕의 삼자 진사왕: 안코(安康)

(2) 가야계 왕족: 아라사등(阿羅斯等)은 신황산령존(神皇山靈尊) · 소잔오존 · 보식신의 모델로, 그의 자녀들은 여러 왜왕의 모델로 삼았다.

① 아라사등: 가이카(開化), 세이네이(淸寧), 센카(宣化)

② 장자 예진 별명: 한세이(反正), 안칸(安閑)

③ 중자 예전 별명: 진무(神武)와 스진(崇神), 오진(應神), 유랴쿠(雄略), 게이타이(繼體), 스준(崇俊), 덴치(天智)

④ 삼자 진언: 수이세이(綏靖)

⑤ 장녀(반장희): 진구(神功), 고쿄쿠(皇極)=사이메이(齊明)

⑥ 차녀(목화개야희): 스이코(推古), 지토(持統)

⑦ 고손자(동성왕): 부레쓰(武烈), 긴메이(欽明), 조메이(舒明)

3.3 고대 일본의 건설 과정

일본 학계는 일본의 역사를 선사, 원사, 나라, 중세, 근대, 현대로 구분한다.(25) 선사 시대는 다시 구석기(BC 1만 년 전), 조몬(BC 1만 년 전-BC 300) 및 야요이(BC 300-AD 300)로 세분한다. 일본 고대사는 사실상 조선인의 일본 이주의 역사라 할 수 있다.

(1) 아마테라스(天照大神)와 진무(神武)의 남매설

기키는 이자나기(伊邪那岐)가 아마테라스(天照大御神)·쓰쿠요미(月讀命)·스사노오(須佐之男命) 등을 낳았고, 아마테라스의 5대손이 진무천황(神倭伊波禮毘古命), 10대손이 스진(崇神, 御眞木入日子印惠命)이라 하였다. 그러나 후지요시(藤芳義男, 1986)는 진무와 아마테라스가 남매라고 주장한다.(26)

후지요시는 일본의 건국 과정을 이렇게 설명한다. 이자나기가 쓰쿠시(筑紫, 日向國)를 정복한 후(35) 이나히노쿠니(稻日國)를 기반으로 아소산 남쪽에 아마쓰히노쿠니(天津日國, 54)를 세웠다. 그리고 장녀 오히매(大姬, 天照大神, 91년 사망)를 천군(天君)으로 삼아 히노쿠니(高天原)를, 삼남 수사오(日本書紀의 素盞鳴, 古事記의 須佐の男)는 이나히노쿠니를 다스리게 하였다. 차남 쓰키요미(月夜見命, 神武)는 태자로 삼아 10년 동정(東征)을 함께 하도록 하였다.

이자나기는 후쿠오카에 머물며 장남(日子, 三宅入野)을 한의 광무제에게 보내 조공했고(57), '委奴(稻日)國王'이라는 금인(金印)을 받았다. 히로시마에서는 쓰키요미(神武)를 보내 수사오와 그의 아들 오쿠니누시로부터 이즈모를 인수하도록 교섭하였다. 이자나기는 와카야마(和歌山)를 거쳐 야마토(大和, 大阪)에 상륙하는 과정에서 전상을 입었다. 이자나기는 이 상처로 49세에 죽었고(59), 소잔오가 이나히노쿠니를 다스렸다.

〈니혼쇼키〉 '神代記'에는 언파불합존(아라사등)의 네 아들(언오뢰명·도반명·반여언·삼모입야명)이 나온다. 언오뢰명(築紫君, 磐井)이 근구수왕의 장남인 무내숙니, 반여언이 히고쿠니(肥國)의 호족인 진무(築紫火君, 本牟智), 도반명(稻飯命, 호무지)의 후손이 시라기(新良貴, 新羅)였다. 시라기는 아나(아라) 가야의 옛 이름이었다. 〈니혼쇼키〉 '神武 9月條' 에는 진무가 오미 전투(近江, 滋賀県, 389)에서 근초고왕을 화공으로 전사시키고, 화중군(火中君)이라는 이름을 얻었다고 하였다. 한편 규슈에서는 아마테라스의 손자 니니기(邇邇藝の命)가 8세에 등극해 다카치호(高天穗)를 다스렸다.

이처럼 진무(神武)는 아마테라스(大日女, 오오히루메)의 동생 쓰키요미(月夜見, 月讀命?)이며, 이나히노미코토(稻日命)가 스사노(素盞命)였다. 이자나기(伊邪奈岐, 五つ瀬)가 수사오에게 준 네노쿠니(根國)가 야마토의 이나히노쿠니(稻日國, 稻國)인데, 한의 광무제는 위노국(委奴國, 博多)이라 불렀다. 후일 수사오계가 이즈모(出雲朝廷)를, 진무계가 야마토(大和朝廷)를, 히루코(日子)는 히노쿠니(日の國)를 세웠으며, 아마테라스계(57?)는 이세신궁(神廷)의 주신이 되었다(표 3).[20]

▼ 〈표 3〉 이자나기의 계보와 설립 왕국(藤芳義男, 1986)

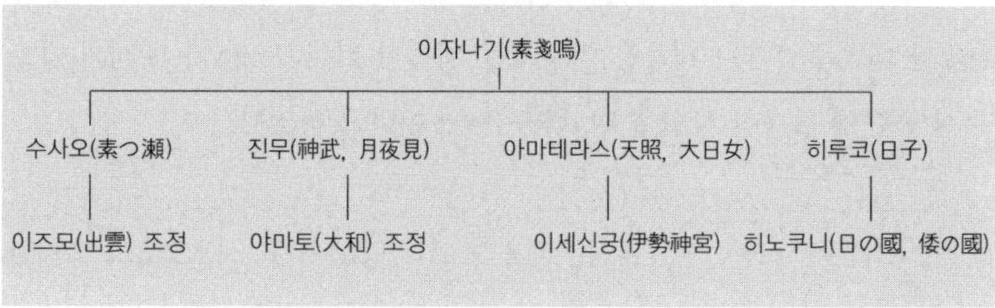

그 후 아마테라스는 남동생 수사오와 결혼해 5남 3녀를 낳았다 한다.[26] 이처럼 황손 3대를 거친 후 모모소(히미코?)가 등장하였다. 후지요시(1986)는 아마테라스가 57년, 모모소(百百襲姬)가 184년, 야마토히(倭日姬)가 232년, 도요수키(豊磯城入姬, 台與)가 247년에 각각 즉위했다고 하였다. 한편 가고시마 지역에서도 시마네(島根)에서처럼, 일본을 다스린 김수로의 7왕자가 곧 니니기노미코토('일곱 임금의 것')라는 전설이 있다.[28]

한편 후지요시는 고문헌들을 근거로 1세기경 한·중·일 3국의 인구를 다음과 같이 추산하였다.(29)

* 일본: 총 312,000호로 1,404,000명(東國 585,000, 畿內 117,000, 西國 297,000)

* 한국: 총 260,000호로 1,170,000명(마한 450,000, 변진 202,500, 예 90,000, 동옥저 22,500, 고구려 135,000, 낙랑+대방 270,000)

* 중국(漢): 총 12,230,000호로 59,500,000명(장안 24,370,000명 포함)

김성호(1982)는 가네세키(金關丈夫, 1955)가 추정한 고대 왜인의 신장(조몬인: 160, 야요이인 163cm)을 근거로, 조선 남부(충청·전북)의 비류계 백제인들이 야요이 후기(100-269)에 야마토(야마타이)를 지배한 남왕계(男王系)라 하였다. 진무기(神武紀: 前史 7년+재위 76년)의 90% 이상을 점하는 전사에서 천신 다가무스비노카미(高皇産靈尊)가 황조(皇祖) 니니기노미코토에게 야마토(豊葦原 瑞穗國)를 내려주었다는 내용은 야마토를 개설한 니니기(崇神)가 백제의 담로로서 규슈에 상륙한 사실을 회고하는 내용이라고 하였다.

니니기는 원주민들이 다투는 것을 보고 실망했으나, 시호쓰쓰노오지(鹽兎老翁)가 "동쪽에 사주청산의 미지(畿內)가 있고, 니기하야히(饒速日)가 배(천반선)로 내려왔다. 그곳은 천하의 중심지로, 대업을 펼치기에 충분하니 그곳에 가서 도읍을 정하면 좋겠다"고 건의했다고 한다. 여기에 나오는 니기하야히(饒速日)는 규슈에서 기나이로 이주한 장신의 천손계 남왕 집단이라 하였다. 즉 진무 동정기 서문은 제1단에서 야마타이의 치적을 회고하고, 제2단에서는 야마타이의 멸망 후의 혼란상을, 제3단에서는 동정(東征)을 결심한 과정을 나타낸 것이라 하였다. 니기하야히는 후일 모노노베(物部)의 조상이 되었다고 한다.(30)

⑵ 천황가의 전신 야마타이(邪馬臺, 98?-269?)

야마타이와 구노국: 북규슈(北九州)에서 부족국가들(29)의 연맹체인 야마타이(159-269?)를 50년간 다스린 히미코(卑彌呼, ?-248)는 〈일본서기〉의 진구(神功皇候)와 동일시되는 인물이다. 〈위지〉는 히미코(재위 184-247)가 184년에 즉위했다고 하였다. 그리고 야마타이 남쪽의 구마소를 계승한 구노국(拘奴國, 구나국)은 세오녀의 남편(연오랑)이 세운 것으로 추정되는데, 후일 야마토에 의해 합병되었다.

〈위지〉 '왜인전' 은 야마타이의 왜식 이름은 '야마토히노쿠니(倭日國, 天照國)라 하였다. 후지요시(1986)는 아소산 남쪽의 마시키(眞磯城)와 우시키(宇磯城)에 야마타이의 다카치호(高天穗) 궁이 있었다고 하였다.(31) 173년에 야마타이의 마지막 남자 왕(仲哀王)이 죽었고, 히미코(卑彌呼)가 184년에 즉위했으므로, 그 사이 10년(173-183)은 내란기였다.(32) 김성호(1982)도 진구(히미코?) 원년이 179년이므로, 추아이가 죽은 173년부터 6년간이 혼란기라 하였다.(33), (34) 〈삼국지〉 권30 '왜인전' 에 따르면, 야마타이는 81년간(98-179) 남왕(男王, 10-14대 천황?)이 다스렸다.

히미코·묘견공주·세오녀: 히미코는 가야계 여신(아마테라스, 김씨)으로 추정된다. 고대 한국어도 히미코는 히(해)+미코(님, 무녀), 즉 해님(해의 무녀)으로 풀이된다. 이종기는 〈가락국 탐사기〉(1977)에서 후쿠오카의 한 신사(神社)에 있는 히미코의 신상이 치마와 저고리를 입었고, 편두이며, 비녀를 꽂은 모습 등을 근거로 김수로의 공주(묘견)라 하였다.

한편 〈삼국유사〉는 신라의 제8대 아달라왕 4년(157)에 연오랑(延烏郎)이 영일(近烏支, 都祈野)에서 일본으로 건너가 왕이 되었고, 그의 부인(細烏女)도 일본으로 건너가자 신라에는 해와 달이 사라졌다고 하였다. 그러나 신라왕이 세오녀가 짠 비단으로 제사를 드렸더니 해와 달이 다시 나타났다고 하였다. 따라서 세오녀가 히미코라 하였다. 히미코 사후 이치요(壹與, 台與)가 등극하면서 정국은 안정을 되찾았다.(35) 후지요시(1986)는 제7대 천황인 고레이(孝靈天皇)의 왕녀 모모소(倭迹迹日百襲姬)가 히미코이며, 이치요는 스진가(崇神家)의 도요수키(豊鋤入姬)라 하였다.(36)

히미코와 진구(神功): 〈니혼쇼키〉 '진구황후 9년조' 에는 진구가 신라·가야·백제를 정벌해 그 영토를 근초고왕에게 주었다고 하였다. 이는 근초고왕(재위 346-375)이 왜군의 도움으로 가라와 신라를 정벌한 내용을 왜곡한 것으로 보인다. 〈삼국사기〉 '신라본기' 에는 제8대 아달라왕 20년(173)에 "왜왕 히미코가 보낸 사신이 왔다"고 하였다. 〈니혼쇼키〉 '진구황후 40년조' 에는 위나라 정시(正始) 4년(243)에 진구(神功)가 사자를 보내왔다고 했으나, 〈삼국지〉 '제왕기' 에는 같은 해에 왜왕 히미코가 사신을 보냈다고 하였다. 따라서 진구는 히미코를 차용한 것으로 보인다.

〈삼국지〉 '위지 왜인전' 에도 히미코가 조선반도를 통해 중국에 사자를 보낸 기록이 나온다. 이는 〈니혼쇼키〉에서 스진(崇神)의 통치 시기에 해당한다. 〈니혼쇼키〉는 이 나라를 담로(談路)라 칭했으므로 스진은 백제가 야마타이에 최초로 파견한 담로로 추정된다. 에가미(江上波夫)는 임나를 근거지로 하여 스진이 북규슈로 진격했다고 하였다.(37)

(3) 스사노오·스진(崇神)

김성호 등(2008)은 스사오·히미코·스진에 대해 다음과 같이 주장하였다.(38)

① 〈니혼쇼키〉 권1 '神代記' 에 "스사노오노미코토는 구마나리에 살았는데, 그는 뿌리나라(根國)로 갔다"고 하였다. 여기서 구마나리는 고마나루

(熊津, 公州), 스사노오는 비류의 아우, 뿌리나라는 시마네(島根)를 의미한 것으로 보인다. 비류는 어머니(召西奴)를 죽인 온조에게 원수를 갚지 않는다고 항의하던 셋째동생 스사노오를 왜로 추방해 그곳을 다스리게 하였다. 그곳에는 스사노오를 섬기는 이즈모 대사(出雲大社)가 자리잡고 있다.

② 히미코는 가라족으로, 북규슈에 가야산(可也山)과 가라타케(韓國岳)라는 지명을 남겼다. 히미코(神功)는 아달라왕 4년(157)에 도구리(영일만)에서 태어나 19세(166)에 왜로 망명한 연오랑의 아내 세오녀(細烏女)로, 〈고지키〉에 나오는 천일창(千日槍)의 아내와 같은 은나라 출신이다. 구다라가 히미코(진구?)에게 칠지도(七枝刀)를 하사해 왜왕으로 임명한 것은 그녀가 왜인이 아님을 반증한다.(39)

③ 구마소가 추아이(仲哀天皇)에게 정복되면서 잔존 세력이 기나이(畿內)*2로 이주하였다.

④ 미마나(任那)의 첫 왕 스진(崇神)은 모씨족(牟·毛·王)이었다. 〈新撰姓氏錄〉 권30에도 임나공(任那公)은 모류지왕(牟留知王)의 후예라 하였다. 이들의 시조는 오족왜인인 용성국 출신 석탈해이다.

3.4 원사시대(原史時代, 大和時代, 300–710)

원사시대는 고분시대(300–592)와 아스카시대(593–710)로 구분한다. 3세기 중반부터 기나이의 야마토를 중심으로 강력한 정치 세력이 등장했고, 4–7세기에는 거대 고분들이 갑자기 나타났다. 4세기 말부터 나타난 다이센료(大仙陵, 仁德陵), 곤다야마료(應神天皇陵?) 및 다카마쓰 고분(高松古墳, 6–7C)은 이 시기에 한반도에서 강력한 정치 집단이 도래했음을 보여준다. 일본

학계에서는 야마토의 설립자로서 스진설과 오진설이 대립한다. 그러면 오진이 누구인지 그 실체에 대해 살펴보자.

(1) 오진=곤지(昆支)설

많은 일본 학자는 오진이 한반도에서 건너온 정복자라고 말한다. 이노우에 미쓰사타(井上光貞, 東京大, 1967)와 미즈노 유(水野 裕, 早稲田大, 1978)는 "오진이 4-5세기경 조선반도에서 건너온 정복자"라 하였다. 이시와타리 신이치로(石渡信一郎, 2001)는 오진왕릉(하비기노 시)의 피장자가 개로왕의 아들 곤지왕자(?-477)이며, 곤지왕자가 오진이라고 하였다. 그는 〈백제에서 도래한 오진천황〉에서 "15대 오진은 5세기 후반 일본으로 건너온 백제의 20대 비유왕의 아들 곤지왕자이며, 27대 게이타이 천왕은 그의 동생이다"고 하였다. 스다하치만궁(隅田八幡宮, 和歌山縣)의 인물화상경(人物畵像鏡)의 명문(銘文)에도 "게이타이는 5세기 초에 백제에서 일본으로 건너와 오진천황이 된 곤지의 동생"이라 하였다.

나오키 고지로(大阪市立大)도 "오진왕이 난바에서 새 왕조를 세웠다"고 하였다. 우에다 마사아키(上田正明, 京都大)는 "오진과 닌토쿠 부자가 난바에 왕도를 정했으며, 특히 오진왕이 가와치 지방에서 나라를 일으키면서 4세기 후반에 가와치 왕조가 세워졌다"고 하였다. 〈후도키〉(風土記, 10C?)는 오진의 아들 닌토쿠가 "모국인 백제로부터 백제신의 신주를 모셔왔다"고 하였다. 이 신주의 주인공은 와다지(和氏)이며, 이 화씨를 야마토(大和)라 불렀다는 것이다.

〈니혼쇼키〉 '雄略 23년조'에 의하면, 곤지의 장자가 무령왕이며, 무령왕의 이복동생이 동성왕이라 하였다. 〈니혼쇼키〉는 개로대왕(재위 455-475)이 자기 아이를 임신한 왕비를 곤지에게 주어 일본으로 보냈는데(461), 그녀는 일본의 가가라노시마(各羅島)에서 무령왕(斯麻, 島)을 낳았다. 그 후 개로왕은 고구려의 침공으로 전사했고(475), 이때 임나를 다스린 모쿠만치

(木滿致, 木協滿致)가 일본으로 건너가 소가(蘇我) 가문을 이룬 것으로 보인다. 사학자 김운회는 곤지가 근초고왕의 직계손이라 하였다.

(2) 오진=사노=진무설

아마테라스가 진무에게 황도(칠지도)를 주었듯이, 근초고왕도 아지길사(阿知吉師, 阿知王, 아직기?, 아신?)를 통해 오진에게 칠지도와 말(2필)을 하사했다는 것이 이 설의 근거이다. 이때 아지길사는 백제를, 오진은 야마토를 통치하기로 협약을 맺었다는 것이다.

당시에 칼과 거울은 통치권의 상징이었다. 〈니혼쇼키〉는 오진(應神)을 '호무다와케'라 불렀다. 호무다(譽田)는 중국 사서에 나오는 오진의 이름(讚)을 일어로 훈독한 후 한자로 호무(讚) 또는 호무(譽)라 쓰고, '田' 자를 덧붙인 것으로, 그의 형 예진(譽津)과 '예' 자 돌림이었다. 이것을 다시 일어로 음독해 '사노'(讚)로 읽고, 이를 한자음으로 다시 바꾼 것이 진무의 어릴 때 이름인 사노(狹野)라는 것이다.

광개토대왕의 백제 정벌(392, 396)로 왜로 건너간 구다라 왕족은 규슈에서 힘을 정비한 후 가와치(河內, 갯뻘)에 야마토(大和, 397) 정권을 세웠다. 야마토는 야마(고대 한국어로 하늘, 신성한 마을)와 토(터, 아래)의 결합어로, '해뜨는 신시'(神市, 日本)라는 뜻이다. 당시 가와치의 남쪽에는 근초고왕의 후손, 동쪽(히비노키)에는 왕인의 후손이 거주했다고 한다. 서쪽(百舌鳥)에는 곤지(오진)의 무덤이 있다. 지금도 구다라(百濟)라 불리는 이쿠노구(生野區)가 야마토 왜의 첫 발상지로 알려져 있다.

〈新撰姓氏錄〉과 〈삼국사기〉에 따르면, 오진(眞氏)은 원래 곰나루(公州) 백제의 후왕으로, 광개토대왕이 가바라 성(공주)으로 쳐들어왔을 때(396. 9) 다사기와 함께 일본으로 피신한 인물이다. 이노우에 마사아키도 "조선 남부에서 일본으로 건너온 도래인 중에는 5세기의 오진천황과 깊은 관계가 있었으며, 게이타이 천황은 오진천황의 동생임에 틀림없다"고 하였다.

한편 이봉하는 〈가야가 세우고 백제가 지배한 왜국〉(1999)에서 진무는 가야계 신라인이며 오진(應神)과 동일인이고, 고쿄쿠(皇極)와 사이메이(濟明)도 동일인으로 백제 무왕의 딸(또는 의자왕 여동생?)이라 하였다.

(3) 오진=천일창설

오진의 별칭인 거래사별존(去來紗別神, 譽田別尊)은 일본 발음으로 '이사사'인데, 아라가야(함안)의 왕자였던 천일창의 이사사(膽狹淺)와 발음이 같다는 데 근거한 주장이다. 그러나 〈新撰姓氏錄〉에는 진무가 신라국주 도반명의 아우이고, 천일창은 신라의 왕자라고 하였다. 한편 〈고지키〉 '오진조'에 나오는 인물들(370-420)은 대부분 백제나 가야계의 왕족들이었다.

(4) 오진(應神)=유랴쿠(雄略)설

〈니혼쇼키〉 '崇神條'는 '유호웅략(幼好雄略)'이라 하여 오진과 유랴쿠가 동일인임을 암시한다. 그리고 '神功傳 4月條'에는 '然暫假男貌 强起雄略'이라 하여, 오진의 출산이 9월인데 4월에 이미 유랴쿠를 태중에 가지고 있었다고 하였다. 〈고지키〉 '安康傳'에는 유랴쿠(大長谷)가 사냥할 때 신하가 '조심하세요(應愼)' 라고 경고했다고 하였다.

〈니혼쇼키〉 '雄略 4月8日條'에는 사냥 중에 천황의 손등을 무는 등애를 잠자리가 가로채자 천황이 '청령도왜'(蜻蛉島倭: 곤충도 대군을 섬긴다)라 외쳤다고 한다. 여기서 잠자리는 일본 열도를 말하는데, '雄略條'에 4회, '神武條'에 1회 등장한다. 유랴쿠는 국신진언의 손자인 제4대 무왕(武王)으로 본명은 김무(金武)인데, 신라(가야)의 사신(金波鎭漢紀武)으로도 나온다.

(5) 진무(神武)=스진(崇神)=오진(應神)설

이들의 이름에 모두 신(神)자가 들어 있다는 데 근거한 주장이다. 진무는 시어천하지천황(始馭天下之天皇), 스진은 어조국천황(御肇國天皇)이라 불렀다. 진무(神武)에서 武는 健의 뜻이 있으므로 건(健/建)처럼 '큰(大/近)'의 뜻과 통용되고, 따라서 神武는 神大가 된다. 大神과 神大는 글자 순서만 바뀐 것이다. 〈니혼쇼키〉 '仲哀記 8年 9月條'는 오진(應神)의 야마토(大和)를 고금신라국(古今新羅國)이라 하였다.(40) 이는 야마토가 비류계 가야(신라)에서 유래했음을 보여준다.

진무를 스진(BC 97–BC 29?, ?–258?, 318?)으로 보는 견해도 있다. 에가미 나미오(東京大)는 〈騎馬民族國家〉에서 "고대에 일본을 개국한 사람은 가야에서 도래한 변진왕(弁辰王)의 후손인 스진 천황이다"고 하였다. 이에 반해 이노우에 미쓰사다(東京大)는 〈日本國家의 起源〉에서 오진이 조선에서 건너온 기마족의 후손이라는 미즈노 유(京都大)의 주장에 동조하면서, 오진은 스진의 데릴사위라 하였다. 그러나 김성호 등(2008)은 이 세 사람이 동일인이라 하였다.(41)

(6) 확고(確居, 侯王) 제도

확고란 백제 왕이 식민지를 다스리는 담로(擔魯, 다무로, 다마리, 다물)에 임명된 후왕에게 붙여준 관지명이다. 개로왕(450)은 규슈에 왕족 여기(余紀)를 우현왕(右舷王)으로 파견하였다. 이 나라가 후일 쓰쿠시(築紫國, 530)를 거쳐 히노쿠니(肥國, 고마쿠니)로 발전하였다. 그 밖에도 가와치(關西 河內)에는 좌현왕(左舷王) 곤지(昆支, 고니기, 應神)를, 관동(千葉, 房總)에는 고확고(高確固)를 임명하였다.

아라카와(荒川, 關東)를 다스린 고확고의 조상은 광개토대왕의 백제 침공 때(396) 일본으로 넘어온 다사기이다. 개로왕(443)은 관동의 고(高) 지역을 다스리는 확고를 임명했는데, 이곳의 지명인 고다(行田, 코의 땅)가 교다(사이타마현)로 바뀌었다. 사이타마(埼玉, '세 다마라')는 백제의 식민지였다. 고다는 후일 게누 왕국(毛野王國, 郡馬県, 栃木県)으로 발전하였다.(42) 5-7세기에는 가와치(大和倭)가 다른 두 다무로를 합병하였다.

1968년 교다(동경 북쪽 56km)에서 이나리야마 쇠칼 명문(115자, 5C)이 발굴되었다. 그 내용을 이두로 풀이한 바, 광개토대왕의 백제 정벌 시(396) 백제의 하동 후왕이 곤지(應神)를 따라 왜로 망명한 후 그곳에서 다시 후왕의 책봉을 받은 내용을 담고 있다. 고확고 가문의 후왕 통치 기간은 총 200년(271-471)이었다.

> "471년에 고확고는 조상의 이름을 적는다. 오호비코 어른, 그 아들 다가리 쪽니 어른, 그 아들 고리가리 어른, 그 아들 다사기 확고, 그 아들 가사비리, 그 아들 고확고이다. 오늘까지 우리는 장수로서 대대로 섬긴바 그 임금은 사기 궁에 마실을 차리고 천하를 다스리시는 크신 확가 기로대왕이시니라. 온 번 불리고 달구어 만든 이 칼에 우리 집안 내력과 뿌리를 적어둔다…… 천하를 다스리는 확가이시자 크신 개로대왕의 누리에서 벼슬아치로서 섬긴 기리가 만들다. 8월에 큰 주물 솥을 써서 아우른 넉 자 큰 칼을 여러 번 불리고 예순 번 후려서 삼재에 가장 좋은 칼이 되었다. 이 칼을 차는 자는 장수하고 자손이 불며, 삼은을 얻을지어다. 이끄는 나라도 잃지 않을 것이다. 칼을 꾸민 이는 이태리이고, 쓴 이는 장안이다."
>
> '이나리야마 쇠칼 명문'(115자, 5C)

여기서 백제가 고리가리(321-345?, 고령가야), 다가 비시(346-370, 영산·창녕), 고소가리(다라, 합천), 다사기(371-395, 하동)를 다스렸음을 알 수 있다. 이들은 다사기 때 고구려의 침공을 받아 왜로 건너간 것이다. 바라고비(396-420)는 도쿄 근교의 아라카와(荒川)를 지칭한다. 〈니혼쇼키〉에도 백제가

369년에 7가야(비시·다가·탁순·가라·다라·남가라·아라)를 다스렸다고 하였다. 칼 글에 나오는 기로대왕은 개로대왕(재위 455-475)을 말한다. 이 칼을 만든 사람은 기리(한자음 餘己)로, 개로대왕이 임명한 우현왕이었고, 좌현왕(가와치 통치, 458)은 개로의 아우 여곤(곤지, 고니기, 흥)이었다.(43) 이러한 사실은 에다후나야마(江田船山, 다마나, 구마모토) 고분에서 출토된(19C말) 칼 글에서도 확인된다.(44)

(7) 왜의 5왕

왜의 5왕이 기나이를 실제로 통치한 기간은 총 65년인데, 〈니혼쇼키〉는 185년으로 120년을 확장하였다. 이것이 소위 '이주갑설(二周甲說)'의 핵심이다. 이는 오진 원년(390)을 야마타이의 멸망 연도(269)와 연결하기 위한 조작이었다.

천황가의 성씨는 오진의 뒤를 이은 닌토쿠(仁德天皇)와 그의 두 아들(贊?·珍?)까지는 모두 진씨(眞氏)였으나, 443년경에 여씨(餘氏, 允恭·濟)로 바뀌었다. 후지요시(1986)는 찬(讚, さん)은 닌토쿠(仁德, さざき, 401)와 리츄(履中, いざ, 432), 진(珍, ちん)은 한세이(反正, みずは, 438), 제(濟, わさい)는 인쿄(允恭, おあさつま, 443), 흥(興, こう)은 가루노미코(輕太子, かる, 460), 무(武, ぶ)는 유랴쿠(雄略, 475)와 세이네이(淸寧, しらがたけ, 498)로 해석하였다.(45) 이 해석에 따르면 백제 무령왕은 세이네이와 동일인일 가능성이 높다.

(8) 세 호족

가와치에는 세 호족이 있었다.(46) 소가 가문은 고구려의 백제 침공 시(475) 백제의 원병을 이끈 목라만지의 후손으로, 목씨에서 하야시씨(林氏)가 나왔다. 백제 사지비코(소쓰히꼬)의 후손인 가쓰라기 씨족도 소가 가문으로, 유랴쿠(雄略天皇, 興)의 왕비를 비롯해 10명의 비(7왕)를 배출하였다. 모노노베 가문은 가와치 최대의 토착 세력인 나가스네 히코의 후손들이었다. 요메이(用明天皇, 재위 585-587) 때에는 불교 도입을 주장한 소가(蘇我) 가문이 신도파(神道派)의 모노노베(物部) 가문과 대립했는데, 소가가 승리하였다(587). 셋째는 예족(濊族)계의 하타씨족(秦氏族)인데, 양잠과 벼농사 및 대장간 발전에 크게 기여하였다.

(9) 이와이(盤井)의 난

458년 이래 쓰쿠시(築紫國)의 다무로였던 고마는 마다(동성왕)가 백제로 귀국할 때(479) 500명의 군대로 호송할 정도로 서로 가까운 사이였다. 쓰쿠시 거민은 원래 부여에서 신라를 거쳐 넘어온 예족(濊族)이었다. 그런데 백제에서 동성왕이 시해되자(501) 동성왕과 어린 시절을 같이 보낸 사촌 부(武)가 백제로 들어와 그 뒤를 이어 무령왕으로 등극하였다. 이후 백제와 야마토는 왕위를 서로 주고받았다. 그 즈음 신라가 백제의 다스림을 받던 가야국들을 침탈하면서, 왜에서는 가야를 지키려는 백제의 담로 야마토와 친신라계의 쓰쿠시가 충돌하는 사건이 발생하였다(530). 쓰쿠시에게 과도한 군비 부담을 지우려 한 것이 직접적인 원인이었다.

히노쿠니(肥國)와 도요쿠니(豊國, 韓國)를 아우르던 쓰쿠시 왕 이와이는 신라의 압력으로 야마토의 오오미 게누(近江毛野臣, 6만 군사)가 가야로 가려던 해로를 차단하였다(527). 이에 야마토 조정에서는 강경파인 긴메이(欽明, 재위 539-571)가 모노노베 아라카히(物部·鹿火)를 보내 이와이의 목을 베었고(이와이의 난, 528?), 온건파인 게이타이(継体天皇, 450-531)를 축출하였다(531). 이후 야마토는 규슈를 장악하면서 국가의 틀을 갖추었고, 지도자를 '오키미(大王)'라 불렀다. 이와는 달리 이와이의 장군인 백제계 미나키시(斯我君)가 승리해 안칸천황(安閑, 재위 531-536)으로 등극했다는 설도 있다.

(10) 대화개신(大化改新)

아스카시대(538-710)는 개혁기였다. 모노노베를 축출한 소가노우마코(蘇我馬子)는 제30대 비타쓰의 왕비이면서 자신의 여조카인 스이코(推古, 재위 592-628)를 제33대 천황으로 옹립하였다. 그녀는 조카 쇼토쿠(聖德太子, 593)를 내세워 아스카문화(飛鳥文化)를 꽃피우게 하였다.

그러나 645년에는 나카노오에(中大兄皇子→ 38대 天智天皇)와 나카토미노(中臣鎌足→ 藤原鎌足)가 정변을 일으켜 소가 가문을 무찌르고, 가루황자(輕皇子)가 제36대 고토쿠(孝德天皇, 645-654)로 즉위했으며, 나니와(難波, 大阪)로 천도하였다. 그는 일본 최초의 연호를 다이카(大化, 645)로 정하고 율령제도 도입, 중앙집권제 구축, 토지 국유화(班田收受法)*9, 호적제도와 호별 조세제도 도입 등의 대화개신을 단행하였다.

이 시기에 친백제에서 친신라로 정권이 바뀌면서 김춘추가 왜를 다녀갔다. 야마토의 영토(7C)는 기비(吉備, 崗山縣)의 네 나라(비젠·비츄·빙고·미마사카)로 확대되었으며, 그곳에서 거대 고분 및 가야계 유물과 지명이 많이 나타났다. 덴무(天武天皇) 13년(685)에는 관직을 마히토(眞人)·아소미(朝臣)·스쿠네(宿禰) 등의 8성으로 구분하였다.

3.4 일본 국호와 '구다라 공정'(百濟工程)

(1) 구다라=왜=야마토=일본

일본을 칭하는 왜(倭)는 '야마토'로 발음한다. 이는 〈후한서〉 '왜전'의 야마대(斯馬臺)에서 유래한 것으로 보인다. 아스카(飛鳥, 539-622) 말기에 백제와 고구려에서 많은 인구가 흘러들어오면서 기나이의 행정 구역은 구다라(百濟), 즉 남백제와 북백제로 편제되었다. 그러나 김성호 등(2008)은 야마토 정권이 오진(應神)의 망명(396) 사실을 감추려고 그가 다스린 구다라(百濟, BC 18-AD 396)라는 국호를 야마토(耶麻藤, 大和, 大倭)로 바꾸었다고 비판한다.

〈삼국사기〉 '신라본기'는 신라 문무왕 10년(670)에 왜가 신라에 사신(아즈미노무라지, 阿曇連頰垂)을 보내 국호를 일본(日本)으로 개칭했다고 알렸다고 하였다. 중국 〈신당서〉 권220 '일본전'에는 가히라코라이(賀平高麗, 670)가 와서 '왜'라는 이름이 싫어서 일본으로 개명했다고 전했다고 하였다. 재야 사학자 송동건(2010)은 일본의 명칭의 기원에 대해, 주몽이 고구려를 세운 홀본(忽本)이 곧 해본(日本)이라고 하였다.

일본(日本)에 대한 왜식 명칭은 닛폰(Nippon, Nihon)이며, 영문으로는 저팬(Japan)이다. 이는 마르코폴로가 〈동방견문록〉에서 기술한 치팡구(Chipangu, Jimingu)나 페르시아 사학자 앗딘(Rashid ad-Din)의 〈사집〉(史集)에 나오는 체팡구(Tchepangou)에서 유래한 것으로 보인다. 서양인 최초로 일본을 방문한 포르투갈의 안토니 데 모타(1342) 등은 중국으로 항해하다가 한 섬에 표류했는데, 현지인들이 그곳을 니혼(Nihon) 또는 니퐁기(Nipongi)라 불렀다고 한다. 이후 포르투갈인은 하폰(Japon), 중국인은 지폰(Gipon)이라 불렀고, 포르투갈 선교사들이 남긴 방대한 자료들은 하폰(Japon)으로 기술하였다.(47)

(2) 마로와 '구다라 공정'

백제와 고구려가 멸망하자 야마토는 신라에 대한 증오심으로 왜국이 조선반도와는 전혀 관계가 없이 탄생한 것처럼 건국신화를 조작하였다. 그러나 신화에 등장하는 신들은 모두 조선에서 왔으며, '신(神)'자는 조선인에 대한 일종의 엠블럼(emblem)이었다. 그들은 비록 건국신화를 조작했

지만, 백제와 고구려를 그리워했고, 그곳을 잊지 않으려고 여러 기념물을 만들었다. 그들은 역사뿐 아니라 지명과 관직도 왜식으로 각색하였다. 예컨대 '아와지' 라는 지명은 백제의 담로(膽魯)가 다스리던 지역을 뜻하는데, 이것을 다른 한자(淡路)로 바꾼 후 바뀐 지명을 한자음인 아와지(あわじ)로 발음한 것이다. 지금도 규슈와 간사이에는 아와지라는 지명이 많다.

〈삼국사기〉의 '고구려 본기' 에는 보장왕의 서자 안승(安勝, 669)이 4,000호를 이끌고 신라로 귀화했다고 하였다. 그는 원래 연개소문의 동생 연정토(淵淨土)의 아들인 연승(延勝)인데, 보장왕의 공주에게서 안순(安舜·延舜)을 낳았다. 신라 문무왕은 당나라를 조선반도에서 축출하려고 안승을 후고구려왕(익산)으로, 안순을 고구려왕으로 봉하였다. 그러나 후고구려와 왜 사이에 사신 교환이 빈번해지자 문무왕은 후고구려를 보덕국(報德國)으로 개명하고, 안승을 경주로 불러들여 공주와 결혼하게 하였다. 그럼에도 왜국과의 접촉이 계속되자 보덕국을 해체시켰다. 이에 위험을 느낀 안순(26세)이 왜로 건너갔다. 그가 〈쇼쿠니혼키〉에 나오는 야스마로(安万呂)이며, 〈新撰姓氏錄〉의 연순(延旬) 또는 아소미(朝臣)로, 〈고지키〉의 편찬을 주도한 인물이다.

김성호 등(2008)에 의하면, 나라(奈良) 정권은 오진(應神)이 왜로 망명한 사실(396)을 감추려고 오진의 구다라(百濟, BC 18–AD 396)를 야마토(耶麻騰, 大和, 397–669)로 바꾸었으며, 야마토가 출범한 397년을 반여언(神武)이 왜로 건너온 해(BC 660)와 연결시키려고 연대를 조작했다고 하였다. 즉 오진 7년(應神, 390–396)+가공의 이주갑(270–390, 120년)+야마타이(98–269, 171년)+가공의 천황 9대(BC 660–AD 98)를 삽입했다는 것이다. 이렇게 함으로써 일본의 천황제가 한국의 삼국시대보다 더 오래된 것처럼 꾸미려 한 것이 '구다라 공정'의 핵심이라 하였다. 한편 〈삼국지〉 '위지 동이전' 은 온조의 십제(十濟)를 백제(百濟)로, 비류의 구다라를 고탄자국(古誕者國)이라 불렀으며, 신라도 백제의 전신이 구다라라는 사실을 싫어해, 이에 동조한 것으로 보인다.(48)

(3) 헤이안시대(平安時代)

나라시대(710-794)에는 장안(長安)을 모델로 거대한 헤이조쿄(平城京, 奈良, 710)와 불교 사찰들이 세워졌다. 그러나 반전수수법(班田收受法)*3의 한계와 귀족 및 승려의 대립으로 혼란이 가중되었다. 이에 간무(桓武天皇, 784)는 나가오카(長岡)로 천도하고 율령제를 부활시켰다. 그리고 교토에 헤이안쿄(平安京, 794)를 세워 재천도하였다. 이후 에도막부가 도쿄(東京)로 천도할 때까지(19C) 이곳은 황실의 중심이 되었다.

이 시기에 편찬한 〈新撰姓氏錄〉(814)은 5국(山城·大和·攝津·河內·和泉)의 씨족(1,182종)을 황별(皇別, 335종), 신별(神別, 404종, 규슈 출신) 및 오진과 함께 망명한 제번(諸番, 462종)으로 구분하였다. 제번은 소위 귀화인(歸化人)이나 도래인(渡來人)으로, 한인(163종)·백제계(104종)·고구려계(41종)·신라계(9종)·임나계(9종)를 포함한다.(49)

(4) 단노우라 전투(壇の浦 戰鬪, 源平合戰, 1180-1185)

헤이안 중기부터는 무사계급인 헤이씨(平氏, 다이라씨)와 겐지(源氏, 미나모토씨)가 첨예하게 대립했는데, 마침내 '지쇼-주에이의 난(治承·壽永の亂)'이 발생하였다. 겐랴쿠(元曆) 2년(壽永 4년, 1185)에 두 진영은 각각 선박 800여 척을 앞세우고 나가토쿠니(長門國)의 단노우라(시모노세키)와 세토 내해에서 최후의 결전을 벌였다. 그 결과 백제계 간무(桓武天皇)를 시조로 하는 헤이케(平家)가 친신라계의 겐지에게 패배하였다. 이 전투로 백제는 또다시 왜국에서도 신라에게 패한 것이다. 승리한 겐지 가문의 미나모토 요시토모

(源頼朝)는 가마쿠라(鎌倉)에 막부를 설치해, 이후 에도시대까지 700여 년간 무사정치를 하게 된다. 그리고 패배한 헤이케 가문은 구마모토의 신중으로 들어가, 헤이씨(平氏)와 오가타씨(緖方氏) 가문을 이루게 된다. 이에 대한 내용은 국회방송(PD: 주정훈)이 '대백제'라는 다큐멘터리로 제작한 바 있다.

4. 왕위를 주고받은 백제와 왜 왕실

일왕 아키히토(明仁)는 68회 생일을 앞두고 "나는 간무(桓武) 천황의 생모가 백제 무령왕의 후손이라고 사료(史料)에 적혀 있어서 한국과의 인연을 느낀다"고 하였다(2001. 12. 23). 그가 말한 사료는 〈쇼쿠니혼키〉(續日本記, 797)를 말한다. 이에 의하면 헤이안 시대를 연 간무(桓武天皇, 재위 781-806)의 어머니는 화씨(高野新笠, 다카노 니이가사, ?-789)이며, 그녀의 아버지는 화을계(和乙繼, 야마토노오토쓰구)이다. 그는 백제 무령왕(501-523년)이 왜에 파견한 셋째왕자 사아군(斯我君, 淳陀, 濟)의 아들 법사군의 후손이었다. 법사군은 왜군(倭君, 야마토노키미)의 시조라고 〈니혼쇼키〉가 전하는 인물이다.

국내 사학계에서는 조선계 왕실(특히 백제계)이 왜를 세웠다고 말한다. 일본 사학사 와타나베 미츠토시도 〈고대천황 도래사〉(古代天皇渡來史, 1993)에서 비류백제가 일본의 황실을 세웠다고 하였다. 현재 천황도래설을 지지하는 일본 학계에서는 야마토의 기원에 대해 가야계설(崇神說)과 백제계설(應神說)이 대립한다. 기키(紀記)에 나오는 41명의 천황은 10명(가야계 5, 백제계 5)을 제외하고는 모두 가공의 인물이라는 주장도 있다. 그러면 국내 학자들의 견해는 어떠한지 몇몇 분의 주장을 들어보기로 하자.

4.1 김영덕(2013)

백제 왕실이 그대로 왜 왕실이며, 한 왕실에서 두 왕통이 이어졌다고 하면서 다음과 같이 주장한다.(50)

(1) 공주의 후왕 오진(應神, 眞氏)이 396년에 기나이(畿內)의 가와치로 피신해 야마토를 세웠다.

(2) 대왜에 머문 백제 태자 도기(397)의 아들이 백제로 돌아와 비유왕(427)이 되었다. 비유는 왜에서 두 아들(가리수·고니기)을 낳았다. 〈신찬성씨록〉도 고니기를 비유왕의 아들이라 하였다(필자 주: 〈삼국사기〉에는 곤지가 개로왕의 제2왕자로 나옴). 비유는 가리수를 왜왕 사이(濟)로 앉혔다. 사이(濟)는 후에 백제로 돌아와 개로대왕(455)이 되었고, 왜왕 자리는 고니기(昆支, 興)가 뒤를 이었다. 유랴쿠는 형(곤지)의 부인(달찬)을 모시고 일본으로 가다가 북규슈에서 시마(무령왕)의 출산을 도왔다.

(3) 시마(세심)는 개로왕 사후(477) 백제로 건너와 무령왕으로 등극하였다(501).

(4) 왜왕 부(武)가 송에 보낸 상표문(478)에는 고구려의 남침으로 아버지(濟)와 형(세심)이 전사했는데, 이제 복상(3년상)이 끝났으니 고구려를 치려 한다고 하였다. 대이센료(닌토쿠료)는 부(武)가 숙부(곤지, 應神)를 위해 5세기 후반에 축조한 것이다.

(5) 유랴쿠(雄略, 재위 455-477)의 아들이 동성왕과 게이타이(다나데, 男弟王)이다. 그의 조카는 무령왕(시마, 武)이었다.

(6) 유랴쿠에서 게이타이에 이르는 4왕(세이네이·겐쇼·닌켄·부레쓰)은 가공의 인물이다.

4.2 김성호 등(2008)

(1) 왜의 창건자는 임나 출신으로, 규슈를 정벌한 스진(崇神天皇)이다.

(2) 가시하라 궁에서 야마토의 제1대 왕으로 즉위한 진무(神武)는 잔국(殘國, 구다라 백제)의 마지막 왕인 응신(應神)이다.

(3) 〈비류백제와 일본의 국가 기원〉(1982)에서 응신(應神)과 왕인(王仁)의 일본 발음이 모두 '오진' 임을 근거로 오진(응신)이 곧 왕인이라고 주장하였다.

(4) 광개토대왕이 비류백제를 기습했을 때(396) 왜로 건너간 비류계 왕족이 오진(應神)이다.

(5) 왜 왕실의 초석을 놓은 야마타이의 히미코(卑彌呼)는 세오녀이다.

4.3 최재석(1990)

〈백제의 대화왜(大和倭)와 백제화 과정〉(1990)에서 일본 고대 천황과 지배 계층의 원적(原籍)에 대해 연구한 후, 대화 왜를 세운 집단이 비류백제라는 근거를 다음처럼 제시하였다.

(1) 제26대(게이타이)-제36대(고토쿠) 천황이 모두 백제인이다.

(2) 〈니혼쇼키〉 '敏達天皇條' (572년 10월조)에 의하면, 비다쓰(敏達)가 백제대정(百濟大井)에 백제궁을 세웠다. 백제대정(백제귀족 주거지)은 제35대(皇極)까지 존속하였다. 비다쓰가 백제인이라는 사실은 〈新撰姓氏錄〉(815)에도 나온다.

(3) 〈니혼쇼키〉 '天智天皇條' 에는 백제의 주유성이 나당 연합군에게 함락되었을 때 왜 왕실의 국인들(國人, 왜의 건국자)이 패망한 조국을 위해 다음과 같이 통곡하였다.

"9월 7일 백제 주유성이 처음으로 당나라에 항복하였다. 이때 국인(國人)들이 서로 말하기를 '주유성이 떨어졌다. 이 일을 어쩌하면 좋을꼬? 백제의 이름이 오늘로 끊겼으니 조상의 묘소에 어찌 다시 갈 수 있을까' 하였다."

(4) 〈니혼쇼키〉 '舒明天皇條'(641)는 제34대 조메이(舒明天皇)가 백제 궁에서 서거하자 16세의 동궁(후일 天智天皇)이 궁 북쪽에 빈소를 설치하고 백제대빈(百濟大賓: 백제 왕의 장례식)이라 칭하였다. 조메이의 자녀들(天智·天武·持統)도 모두 백제인이었다.

5. 일본 속의 한국

일본에는 특히 백제계와 가야계 유물과 유적이 많다. 그러나 일본에서는 국수주의의 영향으로 백제색 지우기를 계속하고 있어 역사의 왜곡이 염려스럽다.

5.1 최재석(고려대)의 주장

〈일본고대사의 진실〉(一志社, 1998)에서는 다음처럼 주장하였다.

(1) 한국인이 세운 왜국들: 한국 이주민이 초기 왜의 소국들을 세운 증거로 한국식 지명들(시라기·고마·가라·구다라), 한국 관련 신사들(37國 분포), 고분 출토품(금관동·대도·세형동검), 원주민의 문화 수준 등을 들 수 있다. 이병선(李炳銑, 부산대)은 일본의 건국 관련 어휘 대부분이 한국어에서 유래했음을 고증하였다.

(2) 다양한 왜: 〈삼국사기〉 '신라본기' 에 나타난 혁거세 이후의 왜는 왜의 소국들을 말하며, 문무왕 이후의 왜는 야마토왜를 지칭한다. '백제본기' 에서도 17대 아신왕에서 20대 비유왕까지의 왜가 있고, 30대 무왕에서 31대 의자왕 때의 야마토왜가 있다. 고구려 호태왕비에 나오는 왜는 조선반도에 거주한 왜일 가능성이 크다. 그리고 중국에 조공했던 왜노국(57), 야마대국(239), 왜 5왕(421-520), 아매다리사비코(600, 607) 등은 야마토왜 이전의 왜이다. 중국 기록(삼국지, 후한서)에 나오는 30여 왜국들 중에서 일부(對馬國·一大國·末盧國·伊都國·奴國·不彌國·投馬國·邪馬臺國·己百支國·伊邪國·倭奴國 등)만 조공을 바쳤다.

(3) 닌토쿠릉과 오진릉: 닌토쿠릉(大山陵, 5-6C?)의 붕괴 시(1872) 고분 전반부에서 백제의 수혈식 석실과 석관이 노출되었고, 동경과 칼이 무령왕(공중)릉의 것과 유사한 점으로 보아 무덤의 주인공은 백제인으로 보인다. 오진릉(譽田山陵, 5-6C?) 인근의 마루야마 고분의 말 안장과 금속 장식물의 문양도 가야(고령) 고분의 출토품과 같고, 후지노키(藤木) 고분의 부장품도 한국 것과 유사하다.

(4) 한인의 이주: 백제와 고구려가 30년간(369-398) 17회나 전쟁을 하자 많은 사람이 가야를 경유해 왜로 건너갔다. 〈니혼쇼키〉에도 이들의 이주 기사가 자주 나온다. 이러한 사실을 은폐하려고 일본 학계는 백제인을 중국인처럼 아야히토(漢人)나 하타비토(秦人)라 불렀다.

(5) 백제의 야마토 경영: 5세기 초 오진이 나니와(難波)에서 나라(奈良) 남쪽의 요충지 아스카(飛鳥, 원지명 구다라?)로 이주해(직선거리 30km) 야마토왜를 세웠다. 막 도착한 자들이 사는 곳은 이마키 무라(今來村)라 불렀다. 위덕왕은 재위 30년(583)에 일본 현지(규슈)의 담로인 히고왜(肥後倭)의 아들 일라(日

羅)를 야마토에 파견하였다. 그 밖에도 왜 왕실에서 부여 풍(豊)은 30년, 새상(塞上)은 20년, 충승(忠勝)은 11년간 머물렀다. 의자왕의 동생 교기(翹岐)는 야마토의 실권자 소가노우마코(蘇我馬子, 550-626)로부터 직접 정무보고를 받았다. 소가 가문은 130여 년간(536-665) 세도를 부렸다. 백제는 가마타리(鎌足)의 하수인 3인을 보내 소가노에미시(蘇我蝦夷)를 살해하였다.

(6) **지식인 파견**: 백제는 수시로(513-516, 547, 554: 무령왕 · 성왕 · 위덕왕) 왜에 관리 · 기술자 · 오경박사 · 역박사 · 의박사 · 채약사 · 악인 · 화가 · 승려 · 장군 · 왕자 등을 보내어 관리한 후(3-5년), 후임자에게 이양하고 귀국하곤 하였다.

(7) **일본인 조상은 한국인**: 하니하라(埴原花郎, 東京大)는 인구 증가율과 두개골 형태의 변화 등을 근거로 700년경 일본인의 구성을 조사하고서, 80-90%가 대륙의 이주민이라 발표하였다. 〈쇼쿠니혼키〉도 일본인의 80-90%가 한국에서 건너왔다고 하였다. 그들은 9세기 초까지도 한국의 고대어를 사용하였다.

(8) **아스카의 호코지(法興寺, 현재 飛鳥寺)**: 위덕왕(588)이 관리와 기술자들을 보내어 이 절을 창건했고, 593년에 불사리를 보내 안치식을 할 때 모두 백제 옷을 입었다. 1956-57년에 불사리를 조사한바 모두 백제의 것이었으나, 안내판에는 이러한 설명이 전혀 없다.

(9) **다카마쓰 총(高松塚)**: 아스카의 히노쿠마 지역에서 1972년에 발굴한 고분이다. 채색벽화와 옻칠한 목관편, 관제 금구, 은제 대도, 유리구슬, 호박 등이 출토되었다. 남쪽 벽에 그려진 남자 4인과 북쪽 벽의 여자 4인의 벽화는 한국 옷을 입고 있다. 그러나 안내판에는 이러한 설명이

전혀 없다.

(10) 백제의 부흥운동: 백제가 망하자(660) 왜에 있던 풍 왕자는 왜군을 거느리고 백강구(白江口)에서 나당연합군과 싸웠다. 당은 고구려 영토에는 평양의 안동도호부를 포함한 9개, 백제 영토에는 5개 도독부를 두었고, 웅진도독부(도독 王文度→ 夫餘 隆)에서 백제 지역을 직접 관할하였다. 당장 유인원(劉仁願)을 도와 백제의 부흥운동을 저지한 당(665)의 유인궤(劉仁軌, 602–686)는 탐라(徒冬音律)·야마토(忠勝·忠志 형제)·백제(隆)·신라(金仁問) 대표를 태산(山東)으로 불러 당나라 제도를 따르도록 서약하게 했고, 서로 불가침 조약을 맺게 하였다. 부여박물관 앞에 서있는 유인원의 기공비(紀功碑)는 백제의 서글픈 패망의 슬픔이 옛 일이 아님을 보여준다.

신라는 당이 경주에 계림도독부를 두어 신라마저 삼키려 하자, 태종무열왕(김춘추)의 아들인 제30대 문무왕(法敏, 재위 661–681)은 고구려의 유민과 함께 대당투쟁을 전개하였다. 이에 당은 문무왕의 동생인 김인문을 신라왕으로 임명하고, 유인궤(674)를 계림도대총관으로 삼아 신라를 공격했고, 이어서 설인귀(薛仁貴, 675)를 보냈다. 그러나 신라는 웅진도독부를 탈환한 데 이어(670), 당과 세 차례의 해·육전(673·675·676)에서 모두 대승하였다. 그 결과 당이 안동도호부를 평양에서 요동으로 옮기면서(676) 15년간 계속되었던 나당전쟁은 일단락되었다.

(11) 신라의 야마토 통치: 당은 백제를 11년간(660–671), 고구려를 8년간(668–676), 야마토를 9년간(663–672) 다스렸다. 그러나 672년 이후 신라가 백제와 야마토를 다스렸다. 당은 663년에 백제 관할지인 쓰쿠시(築紫, 九州)에 도독부를 세우고 백제계 곽무종(郭務悰)을 파견해 다스렸으며, 야마토 지역에도 5개의 도독부를 두었다. 그러나 한반도에서 당이 신라에게 패퇴

하자 신라는 당과 백제식 제도를 신라식으로 바꾸었다(668-701). 야마토는 신라에 대한 복속과 전쟁 배상의 대가로 신라 사신(金東嚴) 편에 선박 2척, 면 500근, 견 50필, 가죽 100매를 보냈다(668).

671년 6월, 신라는 기비(吉備, 岡山縣)에 2만 기(騎)의 마병을 보내 백제계 쓰쿠시 도독의 지원을 받던(1만 騎) 오미 조정(近江朝廷)의 덴치(天智天皇, 中大兄)를 추방하고, 덴무(天武天皇, 大海人)를 옹립하였다(壬申戰爭). 그러나 〈니혼쇼키〉는 덴치 측이 먼저 음모를 꾸며 형제간에 싸움이 일어난 것처럼 기술하였다. 사카모토(板本太郎) 등에 의하면, 덴치가 덴무의 형이 아니라 덴무가 오히려 네 살이 많다고 한다. 덴치의 네 딸이 모두 덴무의 왕비가 된 것도 이들이 한 형제가 아님을 증거한다.

672년 5월, 신라는 쓰쿠시에서 당의 도독(곽무종)을 추방하였다. 그 후에도 신라는 수시로 왜에 군대(675·676년 장군 파견)와 관리를 보냈고, 복장과 제도를 신라식으로 바꾸도록 의복령(衣服令)과 다이호레이(大寶令, 701)를 공포하게 하였다. 이러한 정책은 신문왕(재위 681-692)과 효소왕(692-702) 때까지 이어졌다.

김약필(金若弼: 680-681 거주)은 왜복(脛裳)·당복(唐服)의 금지(禁式 92조, 681 → 조복제정, 685)와 성씨를 수여하였다(680). 관위제 제정(685)과 불교 지도자(僧正·僧都·律師)의 임명은 김물류(金物儒: 684-685)가 지도하였다. 당시 일본 불교계는 당보다는 원효 등의 신라 불교를 익힌 승려들이 많았다.

김지상(685-686)은 왜 왕자와 고관들에게 신라식 조복과 비단바지 및 두루마기를 제공하였다. 치토(持統天皇, 689)는 당나라 놀이(雙六)를 금지시켰고, 690년부터 신라식 관복을 착용하도록 했는데, 이러한 제도는 8세기 나라시대까지 이어졌다. 신라는 701년에 비로소 왜의 사신이 당을 방문하도록 허락하였다. 덴무시대(672-686)에 신라는 왜에 12번, 왜는 신라에 6번 사신단(장군+사절)을 보냈다.

(12) 신라의 조선술: 왜의 유학생이나 불승 및 사신이 중국으로 가려면 백제나 신라의 배편을 이용했고, 두 나라가 거절하면 가지 못하였다. 왜는 8-9세기까지도 바다를 항해할 수 있는 선박을 건조하지 못했고, 항해술도 미숙하였다. 일례로, 왜의 견당선이 아키국(안예국, 岡山)에서 나니와(難波, 오사카)로 가다가 파손되어 사신을 보내지 못했고(762), 838년에는 견당사의 대사와 부사가 서로 좋은 배를 타려고 다투다가 병을 칭해 떠나지 않았다가 유배되기도 하였다. 그들은 신라 배(선원 60명)를 이용해 귀국하였다. 668년부터 나라시대 초기까지 중국에서 공부한 학승 18명도 신라 선박을 이용하였다. 반면에 대마도에서 규슈로 보내는 공물선은 번번히 침몰하였다(841). 그러나 백제와 신라는 동남아와 인도까지 교역했고, 신라는 동아시아 해상권을 장악하고 있었다. 따라서 야마토가 바다를 건너 신라와 백제를 쳤다는 기키의 기사는 허구일 수밖에 없다.

(13) 불교 문화와 신라 물품: 8세기 이후 왜의 사찰 건설과 불경 주석 등의 불교 문화는 신라의 영향을 크게 받았다. 특히 원효의 영향을 크게 받았다. 쇼소인(正倉院, 東大寺)에 소장된 왕실 물품의 상당수(24종 이상)와 그 원료들 및 한약 등은 신라에서 가져간 것이다. 덴지천황은 두 번(683, 686)이나 신라 물품을 쇼소인에 기증한 바 있다.

5.2 홍윤기(한국 외대)의 주장

홍윤기는 〈일본 천황은 한국인이다〉(2000)와 〈일본 속의 백제 구다라〉(2008)에서 두 왕실은 혈연 관계이며, 한국과 일본은 가깝고도 먼 나라가 아니라 가깝고도 가까운 동족이라 하였다.

(1) 일본인 조상은 한국인: 구메 쿠니타케(1839~1931, 東京大)는 "한국인과 일본인은 같은 신을 믿은 동족이다"고 주장했다가 해직되었고, 에가미나미오(江上波夫, 東京大)는 〈기마민족국가〉(1948)를 통해 "왜 왕조는 조선반도에서 건너온 기마족이 세웠다"고 했고, 이노우에 미쓰사다(井上光貞, 東京大)는 〈일본고대국가의 기원〉(1967)에서 에가미설에 동조하였다. 하니와라 카즈로(埴原和郎, 東京大)도 고대 무덤들의 두개골을 조사한 보고서(日本人の成立, 1995. 11)에서 한반도의 도래인이 일본인의 조상이라 했고, 7세기의 일본 인구를 539만 9,800명으로 추산하였다. 그밖에도 많은 학자들이 일본인의 조상은 한국인이라 주장하였다.

> "일본인은 조선에서 건너온 동일 민족(백제인)이다…… 일본은 조선에서 갈라져 나온 국가이다. 행인지 불행인지 쓰시마 해협이 두 나라 사이에 끼어 있어서, 조선에서 동란(三國戰爭)이 일어나고 있을 때 일본은 독립해서 보다 일본적으로 바뀌어갔다. 미국이 영국으로부터 독립한 것과 마찬가지이다."
>
> 마쓰모토 세이초(松本淸張: 東京新聞, 1972. 4. 1)

> "천황가의 조상이 남조선으로부터 일본으로 건너왔다."
>
> 〈日本史謎と鍵〉(松本淸張, 1976)

> "다수의 도래인이 건너온 시기는 야요이 개시기(BC 3C)로부터 초기 역사시대(7C)까지의 일천 년 동안 인구 증가 등 모두 네 가지 모델을 수식화해 시뮬레이션을 한바 놀라운 수치가 나타났다. 나 자신이 놀랐을 정도이므로, 이 논문을 읽는 독자들은 더욱 놀랄 것이다…… 도래인 인구는 150만 명이며, 7세기 초의 조몬계(선주민)와 도래인의 비율은 1;8.6이었다."
>
> 하니와라 카즈로(埴原和郎, 1995)

"오사카 지방의 O형 혈액형과 한국 서남부 지방(백제권)의 O형 혈액형의 비율은 거의 일치한다." 〈古代の出雲〉(水野 裕, 早稻田大, 1974)

(2) 곤지(應神, 오진) 왕자들의 양국 왕위 계승: 이노우에(井上光貞)가 〈일본 국가의 기원〉(1967)에서 지적했듯이, 오진(곤지)은 한반도에서 건너온 정복자였다. 이시와타리(石渡信一郎, 2001)는 "오진릉(羽曳野)의 피장자는 5세기 후반 백제에서 건너온 백제 곤지왕자이다. 그는 5세기 말에 백제계 왕조를 수립했다"고 하였다.(51) 그는 한성백제의 마지막 왕이며, 장수왕에게 전사한 개로대왕의 차남으로, 근초고왕(餘句)과 진씨 부인 사이에서 출생한 근구수왕(近貴首, 久素)이거나 그 직계 후손으로 보인다. 그는 문주왕(재위 475-477)의 뒤를 이은 삼근왕(재위 477-479)이 피살되자, 장남 모대를 웅진으로 보내 동성왕(재위 479-501)으로 즉위시켰다. 그러나 동성왕도 자객에게 살해되자 차남 무령왕(夫餘斯麻, 餘隆, 재위 501-523)을 백제로 보내어 뒤를 잇게 하였다.

〈니혼쇼키〉에 의하면 무령왕은 동성왕과 이복형제였다. 곤지의 삼남은 왜왕 게이타이(오호도, 男大迹, 男弟王)였다. 왕실 법도를 기록한 〈엔키시키〉(延喜式, 927)에 의하면, 왕실은 하비기노(옛 百濟郡)에 곤지왕 신사를 세웠는데 일제가 곤지왕가의 성씨를 따라 아스카베 신사(飛鳥戸神社)로 개칭하였다. 인근의 구다라노(百濟野, 平野)에는 거대한 오진왕릉(전장 415m)이 있으며, 오진의 왕실 종묘인 이와시미즈하치만궁(石淸水八幡宮, 京都)에서도 오진을 기린다.

(3) 오진·닌토쿠는 백제인: 이시와타리 신이치로는 〈니혼쇼키〉의 오진왕 재위 기간(270-310)은 간지(干支)의 4배(240년)를 상향 조작한 것이라고 하였다. 다른 사학자들도 오진과 닌토쿠가 백제인이라 하였다.

"백제 사신으로부터 칠지도를 전해 받은 오진천황은 구다라 왕족이며, 천황씨(天皇氏) 자체가 조선에서 건너온 일본 이주자였다."

이노우에 미쓰사다(井上光貞, 東京大)[52]

"오진천황과 닌토쿠 천황은 구다라국 왕가에서 건너와 정복 왕조를 이루었다…… 닌토쿠 왕조는 외래 민족의 침입을 바탕으로 일어난 정복 왕조로, 그 지배층은 백제 왕가와 꼭 같은 민족 계통에 속한다…… 닌토쿠 왕은 규슈에서 구다라쓰의 나니와로 동진해 왔다."

미즈노 유(水野 祐, 早稻田大, 1978)[53]

"백제 황실이 처음 상륙한 곳이 규슈이다. 닌토쿠 천황은 고구려가 한반도 남부로 진출함에 따라 수도를 오사카의 난바(難波津)로 옮겼다. 난바라는 지명은 왕인이 처음 지은 것이다. 그가 가르친 일본의 왕자가 닌토쿠(仁德, 大雀命)로, 왕인이 그를 등극시켰다."

홍윤기(2008)[54]

"오진릉의 피장자는 5세기 후반에 건너온 구다라의 곤지왕자이다. 그는 5세기 말에 일본에 구다라계 왕조를 수립하였다. 곤지는 백제 개로왕의 제2왕자이다. 닌토쿠는 오진의 제4왕자였다…… 5세기경 백제인이 대거 도래하기 시작했다. 곤지가 왜국 왕이던 5세기 말에 백제 왕은 곤지의 아들인 동성왕이었다. 그래서 왜와 백제는 매우 긴밀하게 백제인을 왜국으로 이주시키는 대규모의 식민정책을 펼칠 수 있었다."

이시와타리 신이치로(石渡信一郎, 2001)[55]

"나니와쓰라는 항구를 본격적으로 건설한 것은 백제인이었다…… 닌토쿠가 백제인이므로 가와치의 나니와를 중심으로 하는 거대한 터전이 구다라쓰였으며, 뒷날 다시 구다라군의 명칭으로 행정 구역의 명명이 이루

어졌다."　　〈大阪府全志〉(井上正雄, 1922)

"후나야마 고분의 출토 유물을 살피면, 야마토 정권은 신라인지 백제인지 확정할 수는 없으나 남한에 종속되어 있었던 것으로 보인다."

나오키 코지로(直木 孝次郎, 大阪市立大, 1993)

(4) 닌토쿠(仁德天皇, 大雀命, 讚 또는 珍, 재위 405?-419): 닌토쿠는 오진의 넷째왕자로,(56) 왕인에게 천자문과 논어를 배웠다. 〈고금집〉(古今集, 905)에 의하면, 그가 즉위할 때 왕인은 난파진가(難波津歌, 난바나룻터 노래)*4를 지었다.(57) 일설에서는 닌토쿠가 백제 근구수왕의 서장자이며, 침류왕의 이복형이라 주장한다.

399년에 왜-백제-가야군의 총사령관으로 신라를 침공했다가 고구려군에게 패했을 때, 침류왕은 산동백제로, 닌토쿠는 왜로 피신한 것으로 보인다. 〈니혼쇼키〉는 그가 가와치 왕조의 꽃을 피웠다고 하였다. 사카이(堺市, 大阪府)의 다이센 고분(大仙古墳, 전장 486m)은 닌토쿠릉으로 추정되는데, 이곳에서 도굴된 환두대도(換頭大刀)는 무령왕릉의 환두대도와 유사하다. 손잡이의 상감 기술은 조선 남부가 그 기원이었다. 둥근 고리 안에 용봉이 새겨져 고려검(高麗劍, 고마쓰루기)이라 불리었다.(58)

(5) 난바궁(難波宮, 高津宮)과 도톤보리: 백제궁으로, 지금은 유적지만 사적으로 남아 있다. 구다라쓰의 중심지인 도톤보리(道頓堀り)는 백제 왕손인 나리야스 도톤(成安道頓)이 운하(1615)를 건설한 데서 유래한 지명이다. 인근 규타로마치(久太郎町) 위에는 고라이바시(高麗橋)가 있어서 이곳이 한국인의 거주지였음을 증언한다. 닌토쿠는 일본 왕실로 건너온 백제대신(百濟大神, 和多志大神, 大山積神)을 모신 미시마카모 신사(三島鴨)를 세웠다.

(6) 가나(假名)의 기원: 왕인의 난파진가(難波津歌)는 일본 최초의 와카(和歌)로, 만요가나(万葉假名)로 기록되었다. 그런데 오쿠라 신페이(小倉進平, 京城帝大)는 〈鄕歌 및 吏讀의 硏究〉(1929)에서 일본의 만요가나가 이두(吏讀)의 영향을 받았다고 하였다. 오노 스즈무(大野 晉, 學習院大)는 〈日本語의 世界〉(1980)에서 "만요가나 등의 일본어의 한자어 표기는 서문수(西文首, 후비노오비토, 河内王室教育長官: 필자 주)인 왕인과 아직기 등이 실행하였다"고 하였다. 〈일본어의 기원〉(1957)에서는 "일본어는 남방계 언어의 기반 위에 조선반도로부터 알타이계 언어의 유입으로 성립되었다"고 하였다. 가나의 알파벳인 아이우에오(あいうえお, 阿伊宇江於, 安以宇衣於)도 아직기와 왕인이 창작했으며, 11세기에 이르러 47문자(伊呂波, いろは)가 완성되었다.

모리 히로미치(森 博達, 京都産業大)는 〈일본서기의 수수께끼를 풀다〉(中央公論社, 1999)에서 "고대 일본어는 본래 구다라어였다. 그 후 중국 오어(吳語)의 영향으로 일본 고대어인 백제어에 차츰 탁음이 붙게 되었다"고 하였다. 다케다 유키치(武田 祐吉, 1886-1958)는 〈上代日本文學史〉(博文館, 1936)에서 "한자를 음부문자로 취급한 것으로서 현존하는 가장 오래 된 것은 스이코여왕 때 세운 이요온천비(伊豫溫泉碑)로, 한국인 혜총(惠聰)이 만든 것으로 보인다"고 하였다.

(7) 아직기와 왕인: 백제 왕족 아직기는 암수 한 쌍의 말을 처음으로 일본에 들여왔다. 오쓰키(大槻文彦, 東京師範, 1885)는 아직기와 왕인에 의해 일본의 학문이 시작되었다고 했고, 오노(大野 晉, 學習院大, 1980)는 이렇게 말하였다.

"왕인의 자손들이 가와치(大阪)에 살면서 벼슬을 이어 대대로 번창하였다. 야마토(奈良)에 살던 왜한직(倭漢直: 정무장관 아직기)과 가와치에 살던 서문수의 후손들이 후세에 각기 왜한직과 서문수 벼슬을 세습하며 야마토와 가와치에서 큰 세력을 떨쳤다."

오노 스스무(大野 晋: 일본어의 세계, 1980)

(8) 칠지도(七支刀): 근초고왕(재위 346-375)이 왜의 후왕(侯王)에게 보낸(369) 칠지도(길이 74.9cm)가 이소노카미 신궁(石上神宮, 天里, 奈良)에 보관되어 있는데, 전후면에 60글자가 적혀 있다(해석: 홍윤기). 이 칠지도(七支刀)는 〈니혼쇼키〉 '神功皇后條' 에 나오는 칠지도(七枝刀)와는 전혀 다르다. 일각에서는 동진이 백제를 통해 왜왕에게 준 것이라 하지만, 동진(東晋)에서는 역사상 칠지도를 만든 적이 전혀 없다.

"**(전면)** 泰和4年5月6日丙午年正陽造百練鋼七支刀以僻百兵宣供供侯王□□□□作

(후면) 先世以來未有此刀百滋王世子奇生聖音故爲王旨造伝示後世"

(**전면**: 태화 4년(369) 음력 5월 16일 병오날 대낮에 무수히 거듭 담금질하여 강철로 칠지도를 만들었노라. 모든 군사를 물리칠 수 있도록 후왕에게 보내주노라. □□□□ 만듦. **후면**: 선대 이래로 아직 볼 수 없었던 이 칼을 백제 왕 및 귀수 세자는 성스러운 말씀으로 왜왕을 위해 만들어주는 것이므로 후세까지 잘 전해서 보존토록 하라.)

(9) 청동거울: 소진철(원광대)은 무령왕이 동생 게이타이(忍坂宮)에게 장수를 빌면서 보낸 청동거울(人物畵像鏡, 503)의 명문은 백제 무령왕이 왜왕의 등극을 승인하는 일종의 신임장이라 하였다. 이시와타리(石渡新一郎)는 거울 명문에서 백제-왜는 황제국-후왕국의 관계이며, 십일대왕(十日大王)은 곤지, 남제왕은 게이타이, 사마(斯麻)는 무령왕이라 하였다.

"계미년(503?)년 8월 십일대왕 재위 때 남제왕(男弟王)을 위하여 오시사카

궁(意柴沙加宮, 忍阪宮)에 있을 때 사마(斯麻, 隆)가 아우의 장수를 염원하여 보내는 것이며, 개중비직(開中費直)과 예인 금주리(濊人 今州利) 두 사람을 보내어 최고급 백상 구리 200한(旱)으로 이 거울을 만드노라."

(人物畵像鏡銘文)

(10) 긴메이=성왕설: 게이타이와 무령왕은 친형제이며, 긴메이(欽明天皇, 재위 539-571)는 백제의 성왕(재위 523-554)과 동일인으로 보인다. 우에다 마사아키(上田正昭, 京都大)는 긴메이가 즉위한 것은 539년이 아니라 제26대 게이타이가 죽은 531년이라 하였다. 일본 사학자 고바야시 야스코(少林惠子, 1991)도 〈두 얼굴의 대왕〉에서 이렇게 주장하였다. 지금도 히라노신사(平野神社, 京都)에서는 성왕을 제사하고 있다.(59)

"성왕 18년(540)에 고구려의 우산성을 공격하다 실패하자 성왕은 즉시 왜국으로 망명하였다. 그리하여 왜국의 가나사시노미야를 거처로 삼고 왜국왕이 되었다…… 성왕은 백제와 일본을 내왕하며 두 나라 왕을 겸직하였다."

"긴메이 왕은 백제로부터 왜나라로 건너가 왜국 왕을 겸임했던 백제 제26대 성왕(재위 523-554)이다."

(11) 아스카테라(飛鳥寺): 오하시 가즈아키(大橋一章, 早稻田大博物館長)는 "6세기 말 아스카 사찰은 백제에서 577년에 먼저 왕흥사를 건축한 백제 건축가들이 일본으로 건너와 왕흥사(王興寺, 부여)를 그대로 본떠서 596년에 아스카절(첫 명칭 法興寺)을 세운 것이 틀림없다"고 하였다(朝日新聞, 2008. 4. 16). 일본 불교왕조사를 기록한 〈부상략기〉(扶桑略記, 13C)는 "스이코 원년(593) 1월, 소가노우마코(蘇我馬子) 대신이 간절히 원한 아스카 땅의 호코지(法興寺, 飛鳥寺)의 찰주(刹柱, 목탑)를 세우던 날 소가노우마코와 100여 명이 모두 백제복을 입었으며, 구경꾼들은 기뻐하였다"고 하였다. 이 절의 준

공일(588)에 비구니 3인이 위덕왕의 허락을 받아 백제로 유학길을 떠났다.

(12) 백제인 소가노우마코(蘇我馬子): 미즈노 유(水野祐, 早稻田大)는 〈天皇家の秘密〉(1977)에서 스슌(崇俊天皇, 재위 587-592)을 등극시킨 소가는 백제인이라고 했고, 가토와키 테이지(門脇禎二, 京都府立大)는 그가 목만치(木滿致)의 후손이라 하였다. 소가 가문은 아스카시대 최고의 권세 가문으로 3대에 걸쳐 스이코(推古, 재위 592-628), 조메이(舒明, 629-641), 고교쿠(皇極, 재위 624-645) 정권을 좌지우지하였다. 아스카 공원 서북쪽에는 소가노우마코의 거대한 바위무덤(石舞台)이 남아 있다.

> "5세기에 도래한 백제의 고급 관료 목만치와 그의 일족이 야마토의 소가 터전에 정착한 것이 소가씨 가문의 기원이다."
>
> 〈古代を考える飛鳥〉, (가토와키 테이지, 1995)

(13) 백제 왕족 비타쓰·조메이 천황: 우에다 마사키는 "백제 왕이 왜의 후왕에게 칠지도(七支刀)를 보냈다…… 대원진인(大原眞人)의 조상은 시호가 비타쓰(敏達天皇, 재위 572-585)이며, 비타쓰는 백제 왕족이다. 이는 〈쇼쿠니혼키〉(續日本記, 797)의 내용과 부합한다"고 하였다.(60) 〈新撰姓氏錄〉(815)도 "비타쓰는 백제 왕족이다"고 하였다. 〈니혼쇼키〉는 "제30대 비타쓰는 나라에 구다라오이 궁(百濟大井宮)을 지었다"고 하였다.

비타쓰의 친손자 조메이도 나라의 구다라 강 옆에 구다라 궁(백제궁)과 구다라 테라(百濟寺)를 지었다. 조메이가 서거하자 백제대빈(百濟大賓, 구다라오모가리)으로 장례하였다. 사에키(佐伯有淸, 세이조대)는 비타쓰의 친손자 조메이(舒明天皇, 629-641)는 '구다라 천황'(百濟天皇)으로 불리었다고 하였다.

(14) 백제 옷: 복식 연구가 세키네마사노부(關根正直)의 〈服制の研究〉(1925)

에 의하면, 여성 황제들은 조선식 비단치마(御裳)와 곤룡포(御大袖) 및 코끝이 뾰족한 버선(錦襪)을 신은 것으로 추정된다. 무라카미(村上信彦)도 〈服裝の歷史〉(1979)에서 "일본 고대 지배층은 삼한(三韓)의 옷을 입었다"고 하였다. 그러나 황실의 복장을 보관한 정창원(正倉院, 東大寺, 奈良)은 아직도 이러한 유물을 공개하지 않는다. 히라카타시 교육위원회에 의하면(2008), 시 인근 니시쓰쿠리에서는 백제의 베틀(5C)이 발굴되었다고 한다(京都新聞, 2005.6. 26). 나가시마 노부코(永島信子)는 〈日本服裝史〉(1937)에서는 "백제의 재봉사가 최초로 일본 긴메이 천황 때 온 것이 틀림없다"면서, 나라시대에 치마와 저고리를 입었을 것으로 추정하였다. 의상 연구가인 미즈시마(水島信子)도 이렇게 말한다.

"게이타이 천황시대부터 거의 100년간 삼한에서 온 봉제사는 백제인이었기 때문에, 삼한이 옷깃을 여미는 재봉법(タレクビ)을 전해 준 것이 틀림없다."

〈日本衣裳史〉(水島信子, 1937)

(15) 성왕의 화신 쇼토쿠: 제31대 요메이(用明天皇)의 아들 쇼토쿠(聖德, 574-622) 태자는 제33대 스이코(推古天皇, 재위 592-628) 여왕의 조카로, 관륵(觀勒, 602)과 담징(曇徵, 610)에게 배운 백제인이었다. 위덕왕은 동생(阿佐)을 왜로 파송해 쇼토쿠의 초상화를 그리게 하였다. 백제 성왕의 화신으로 불린 쇼토쿠는 백제 건축가(金剛組)로 하여금 시텐노지(四天王寺, 587)를 짓게 하였다. 지금도 매년 11월에는 '사천왕사 왔소' 라는 축제가 열린다.

"백제 제26대 성왕은 서거 후 왜 왕실의 쇼토쿠 태자로 환생했다. 쇼토쿠는 성왕의 화신이다. 호류지의 녹나무 구세관음상은 백제의 제27대 위덕왕이 부왕을 추모해 백제에서 만들어 왜 왕실로 보낸 성왕의 불상이다."

〈성예초〉(1394-1427)

(16) 오사카는 백제국: 오사카의 옛 행정 구역 명칭이 백제군이었다는 사실은 왕실 문서인 정창원문서(正倉院文書, 765)와 왕실 역사서인 〈쇼쿠니혼키〉(797)에 나타나 있다. '난바팔랑화도' (難波八浪華圖, 1098)도 오사카는 구다라쓰(百濟州)라 불린 백제국이라 하였다. 구다라(百濟, 久太郎, 큰 나라)는 백제의 고어로, 부여 항구 '구드래'에서 유래하였다. 이 명칭은 〈대판부전지〉(大阪府全志, 1922)에서는 남·북 백제촌으로 다시 부활하였다.

남백제촌에는 매 사냥을 즐긴 닌토쿠 천황이 매를 길들이는 백제 왕족 사케노키미(酒君)를 위해 세운 관청(鷹合部)이 있었다. 그를 기리던 응합신사(鷹合神社)는 일제에 의해 스사노오노미코토신사(素盞命尊神社)로 바뀌었다. 인근 히라카타(枚方)에는 백제의 패망 후 건너온 선광왕(善光王)을 모신 백제왕신사(百濟王神社), 쇼무천왕(재위 734-749)이 백제 왕 남전(南典)을 위해 세운 백제사적공원(百濟寺蹟公園), 그리고 북쪽에는 왕인묘(王仁墓)가 있다.

(17) 농사와 제지법(製紙法): 종이와 벼농사 짓는 법도 조선에서 건너왔다. 〈니혼쇼키〉에 의하면, 고구려의 담징(610)은 일본으로 건너와 닥나무로 종이 만드는 법을 가르쳐주었다. 〈부상략기〉(13C)는 "긴메이천황 당시인 신미년(551) 3월 백제 국왕(聖王)께서 보리종자 일천 석을 보내주셨다"고 하였다. 백제는 농기구도 전하였다. 가나자와 쇼사브로(金澤庄三郎, 國學院大, 1872-1967)에 의하면 대장간은 가라누치(韓鍛冶), 도리깨는 가라자오(韓竿), 삽은 가라사비(韓鋤)라 부른다(広辞林, 1925). 여기서 가라(韓)는 삼한(三韓)을 지칭한다. 그리고 규슈대학의 니시타니 타다시(西谷 正, 일본고고학회 회장, 九州大)는 전남 영암에서의 강연(2007. 4. 6)에서 이렇게 말하였다.

> "백제는 농업 선진국으로서 일본에 벼농사를 가져다 주었다. 일본의 야요이시대에 최초로 벼농사 문화를 가져다준 것은 영산강 유역의 벼농사 문화였고, 야요이시대의 마제석기며 청동기 문화, 기반형 지석묘 등의 문화

가 영산강 유역에서 일본 규슈로 전해 왔다.”

(18) 백제계 아스카의 천황과 대신들: 소가(蘇我馬子)는 5세기에 도일한 목만치(木滿致)의 후손이고, 소가 3대(馬子·蝦夷·入鹿)가 아스카의 권력을 장악하였다. 당시 천황은 백제계의 스이코(推古), 조메이(舒明) 및 고쿄쿠(皇極)였다. 고쿄쿠와 사이메이는 동일인이다. 〈신찬성씨록〉에 의하면, 소가와 더불어 조정의 중신이었던 모노노베는 요속일명(饒速日命)의 후손이었다. 헤이안 신궁(平安神宮)에 모신 제50대 간무(桓武天皇)는 백제계(〈대초자〉, 1158)의 고닌(재위 770-781)과 화신립 사이에서 태어났다. 그는 백제 왕족들과 함께 백제 음악을 연주하도록 했고, 그들에게 고위 관직을 주었다(791). 쇼무(聖武天皇)가 세운 히라노 신사(平野神社)는 간무와 그의 어머니(高野新笠, 和新笠)를 포함한 3인의 백제 왕을 모시는 곳이다.

(19) 백제 지원군: 〈니혼쇼키〉에 의하면, 백제의 멸망 시 사이메이(齊明天皇)는 일 년간 규슈에 머물며 배를 건조했고, 그 뒤를 이은 덴치(天智天皇, 재위 661-671)는 백제의 풍(豊) 왕자에게 지원군 25,000명을 붙여 백제의 백촌강으로 보냈다(663).

(20) 센소지(淺草寺): 사이토 유키오(齊藤幸雄: 江戶名所圖繪, 1836)에 의하면, 도쿄의 관광지인 이 절은 어부인 백제인 히노구마노 형제(淺前 浜成·武成, 628)가 그물에 걸린 불상을 안치하려고 지은 불당이었다. 이것을 고토쿠 천황 때(재위 645-654) 증축한 것이다. 네 번의 화재가 있었고, 지금의 관음당은 1958년에 재건한 것이다. 히노쿠마 가문은 오진왕 때 건너온 백제 왕족(阿知使主)의 후손인 정이대장 다무라 마로(坂上田村麻呂, 758-811)의 직계 후손이었다(〈續群書類從〉, 1822). 사찰 옆에 있는 아사쿠사 신사는 두 형제와 이들을 거느리고 온 하지오노(土師中知)를 모신다. 이들을 기리는 축제(5월

16-17일)가 산자마쓰리(三社祭)이다.

(21) 구다라 관음(百濟觀音)·구세관음(救世觀音): 일본 국보인 호류지(法隆寺, 奈良, 607)에 있는 이 녹나무 불상(높이 2.28m)은 위덕왕(재위 554-598)이 왜 왕실로 보낸 것이다. 원래 명칭은 허공장보살(虛空藏菩薩)인데, 18세기에 백제관음으로 바뀌었다. 1971년부터 일본의 일부 학계(小原二郎·町田甲一 등)는 이 불상을 일본인이 만들었다고 주장하고 있어, 역사적 진실이 가려질 위기에 처해 있다. 호류지(夢殿)에는 위덕왕이 보낸 또 다른 녹나무제 비불(秘佛)인 구세관음이 있다. 〈성덕태자전력〉과 〈부상략기〉에는 "백제 위덕왕이 성왕을 추모해 구세관음상을 만들었으며, 백제가 왜 왕실에 보냈고, 법흥사 금당에 593년에 안치했다"고 하였다. 이것을 다시 호류지로 옮긴 것이다. 그러나 일본 사학계는 이마저 일본제로 둔갑시키려 하고 있다.

> "백제 위덕왕은 성왕을 그리워해, 그 존상을 만들었다. 그것이 구세관음상으로 백제에 있었던 것이다. 성왕 사후 환생한 분이 일본의 상궁(上宮) 성덕태자이다. 상궁태자의 전신은 백제의 성왕이다."
>
> 〈성예초〉(聖譽抄, 1786)

> "금당에 안치된 금동 구세관음은 백제 국왕이 서거한 뒤에 국왕을 몹시 그리워하면서 만든 불상이다. 이 불상이 백제국에 있을 때 율론(律論), 법복, 여승 등이 백제로부터 왜 왕실로 건너왔다." 〈부상략기〉

> "백제 제26대 성왕은 구세관음상이며, 성왕이 서거한 뒤 왜나라의 성덕태자로 환생하였다." 〈대초자〉(1158)

5.3 김성훈의 주장

김성훈은 초기 백제의 활동 무대가 중국이므로 백제와 왜의 관계도 중국대륙에서 전개되어야 하며, 십제와 백제를 별개의 국가로 분류한 김성호의 주장에 오류가 있다고 다음과 같이 비판하였다.(61)

(1) 백제의 주무대는 한반도나 일본이 아닌 중국이다. 온조와 비류백제는 공존하였다. 비류계로 분류되는 것은 8대(고이왕), 9대(책계왕), 12대(계왕), 22대(문주왕), 23대(삼근왕), 24대(동성왕)뿐이다. 온조는 해씨계, 비류는 진씨계이다.

(2) 온조계 근초고왕은 계왕(비류계)을 시해하고 왕위에 올랐다. 계왕의 아들(진정)과 손자 응신(應神)은 근초고왕의 태자(근구수)에게 밀려 가야를 거쳐 왜로 갔다(368). 근초고왕에게 쫓겨(350) 왜로 이주한 첫 가야족이 스진(崇神)계 사람들이다. 김수로(금관가야)도 근구수에게 쫓긴 진정-응신계 백제인이었다. 광개토대왕의 침공(396)으로 응신+아신계가 야마토(405)를 세웠다. 〈니혼쇼키〉는 오진의 아버지 아라사등(阿羅斯等)이 아라가야의 왕이었다고 말한다.

(3) 근초고왕은 중국(요서 · 진평 등)에서의 영토 확장은 물론, 응신에게 영향력을 행사하려고 왜에 담로를 파견하고 칠지도(七支刀, 61자)를 하사하였다. 그러한 목적으로 규슈에 왜왕으로 파견된 자가 근구수(旨) 왕자였다.

(4) 왜의 기원은 백제의 담로에서 출발한다. 〈니혼쇼키〉 '신대편'(神代編)에는 "아이를 낳을 때에 이르러 담로주(淡路州)를 포(胞)로 하였다. 뜻이 불쾌하여 고명(故名)으로는 담로주라 하고, 다음으로 대일본(야마토)이라 한다"고 하였다.

(5) 근초고왕 때에는 근구수, 근구수왕 때는 침류, 침류왕 때는 아신 태자가 왜왕(담로)으로 있으면서 정치 실습을 하였다. 근초고왕과 근구수왕

은 왜에서 전사하였다.

(6) 침류왕이 붕어하자 숙부(진사왕)가 등극하였다. 이에 아신은 응신과 결탁해 왜군을 이끌고 들어와 진사왕을 죽이고 아신은 백제 왕, 응신은 야마토 왕으로 등극하기로 밀약한 듯하다(392). 그러나 광개토대왕의 침공(392·396)으로 공주가 함락되자 아신은 고구려에 항복해 조공국이 되었고, 응신은 변복하고 도주해 왜에 야마토를 세웠다.

(7) 백제와 왜의 명령 체계는 백제대왕 → 백제 왕자 → 왜왕(또는 실권자)이었다. 따라서 왜는 작은 백제였다.

(8) 고구려계로 제18대 한세이(反正天皇), 신라계로는 제19대 인쿄(允恭天皇)와 제20대 안코(安康天皇)가 있었으나, 제21대 유랴쿠(雄略天皇, 武)부터 다시 백제계로 복귀하였다. 그가 백제로 돌아와 제25대 무령왕으로 즉위하였다.

5.4 최성룡의 주장

(1) 오진의 초상화는 도포를 입고 머리에 남바위(가죽을 댄 긴 방한모)를 썼다. 〈삼국사기〉에 의하면 오진(곤지)은 개로왕(재위 455-475)의 제2 왕자였다.

(2) 오진은 왕인을 초청해 제4 왕자 닌토쿠를 가르쳤고, 왕인은 와카(난파진가)를 지어 닌토쿠가 천왕에 오르도록 하였다. 나니와쓰는 여기에서 유래한다. 닌토쿠는 백제신의 신주(화다지)를 왕실로 모셔왔다.

(3) 성왕(재위 523-554)이 왜에 불교를 전파하였다. 그는 신라와의 전투에서 죽은 것(554)이 아니라 왜로 건너가 센카(재위 536-539) 사후부터 긴메이(재위 539-571) 천황으로 활동하였다. 고바야시 야스코도 "백제 성왕은 일본 왕을 겸했다"고 하였다.

(4) 가도와키 데이지(京都 府立大)는 비타쓰의 중신 소가노우마코(蘇我馬子)가 개로대왕(455-475)의 신하 목만치(木万致)의 5대손이라 하였다. 비타쓰(敏

達)는 이복 동생(카시키야 공주)과의 사이에 2남 5녀를 두었고, 그 왕비는 후일 여성 천황(스이코, 推古)이 되었다.

(5) 백제인이 왜 왕실을 설립했다는 결정적 증거는 칠지도와 인물화상경이다. 칠지도는 백제 비유왕(재위 427-455)과 세자(개로왕)가 오진에게 하사한 것이다(우에다 마사아키).

5.5 기타

윤영식은 〈백제에 의한 왜국통치 삼백년사〉(1987)에서 〈니혼쇼키〉에 나오는 33명의 천황은 10명을 각색한 가공의 인물이며, 왕인은 근구수왕, 아직기는 아신왕이라 하였다. 한국과 중국 사료에 왜의 기록이 없는 시기(BC 660-AD 100, 247-365, 479-660)와 왜가 나타난 시기(100-247, 392-478, 697)가 있었음을 그 근거로 제시하였다.

김윤회(동양대, 2008)는 곤지(?-477)가 개로왕의 아들이며, 무령왕과 동성왕의 아버지라고 하였다. 개로왕이 임신 중인 아내를 곤지와 함께 왜로 보냈고, 규슈의 한 섬에서 사마(斯麻, 무령왕)를 낳았다고 하였다.

6. 일본 속의 백제 유물과 유적

홍윤기(2008) 등은 일본에 있는 백제의 유적·유물에 대해 다음과 같이 소개한다.(62)

(1) 고대 사서의 저자들: 기키(記紀)를 집필한 마로(万呂), 〈고금집〉(古今集)을 편찬한 기노쓰라유키(紀貫之, 875-945), 〈고금집〉의 편찬을 명령한 제60대 다이코천황(897-930), 다이코의 좌우대신으로서 〈유취국사〉(有聚國史, 892)와 〈일본삼대실록〉(901)을 쓴 스가와라(菅原道眞, 845-903)는 모두 백제

인이었다. 백제계 간무천황은 백제인 만다(万多親王)에게 〈신찬성씨록〉(新撰姓氏錄, 815)을 편찬하도록 하였다.

(2) 고천원(高天原)은 가야: 고천원(다카마노하라)은 천황들의 조상신이 살았던 가야이다. 〈니혼쇼키〉는 스사노오노미코토가 가야의 소시모리에서 왔다고 했고, 사학자 야스모토(安本美典)도 "다카마노하라는 일왕가가 탄생한 곳으로 해외인데, 천손의 고향은 조선반도의 남부이다"고 하였다. 거창과 고령에는 소머리산(牛頭山)이 있다. 우두(소머리)는 일본을 세운 소시모리를 지칭한다. 그의 후손인 반여언 및 스사노오(素戔嗚)는 구마나리(熊城, 공주)에서 이즈모(出雲)로 건너왔다. 의자왕의 고손인 경복(慶福)과 남전(南典)도 소시모리의 후손이었다.

가라(から)는 가야(伽倻, 駕洛)에서 유래했으며, 아라키(荒木)의 '아라'도 가야를 뜻한다. 가고시마(鹿兒島) 등지에서는 지금도 매년 9명의 신관이 모여 '구지후루타케'(久士市流多氣)의 제전을 거행한다. 스모(相撲) 축제인 '기리시마마쓰리'(霜島祭り, 天滿宮)에서는 9명의 제관이 북을 치며 천손강림을 알리는 축문을 읽는데, 이는 가락국 건국신화의 내용과 유사하다. 〈니혼쇼키〉의 기사를 중심으로 추정할 때 천손강림 신화의 주인공인 니니기노미코토는 김수로왕으로 추정된다.

> "다카미무스히노미코토(高皇産靈尊)는 이불에 니니기노미코토를 싸서 구지후루타케(久士市流多氣)로 내려 보냈다." 〈니혼쇼키〉

(3) 이즈모 대사(出雲大社): 이곳에서는 스사노오의 손자인 오쿠니누시노미코토(大國主命尊)를 주신으로 모신다. 스사노오가 죽은 곳에는 히노미사키 신사(日御崎神社)와 가라쿠니 신사(韓國神社)가 있다. 스사노오와 그 아들(五

十猛の尊)을 모시는 이 신사들의 위패가 서쪽을 향하고 있는 이유는 그들의 조상이 서쪽(조선)에서 왔기 때문이다. 〈니혼쇼키〉는 이즈모의 건국에 대해 이렇게 기술하였다.

> "스사노오노미코토(素戔嗚尊)는 아들과 함께 신라국 소시모리(曾尸茂梨)에 살다가 배를 타고 동쪽 바다를 건너 이즈모에 도착하였다. 이즈모에서 카라사비노쓰루기(韓鋤の劍)로, 해마다 처녀를 잡아먹는 머리가 8개 달린 뱀의 머리를 자르고 배와 꼬리를 잘랐다. 꼬리에서 소리가 나서 보니 또 다른 칼이 있었다…… (그는) 뱀에게서 구출한 족장의 딸 이나타히메(櫛名田比賣)와 결혼해 이즈모국을 세웠다."

(4) 곰 관련 지명들: 규슈에는 예족의 토템인 곰(구마)과 관련한 지명이 많다. 구마모토(熊本), 구마카와(熊川, 高麗川), 구마소(熊襲) 등등. 구마카와 상류의 사카모토 촌(板本村)의 옛 이름은 구다라키(百濟來, '백제인이 왔다')였다. 이곳 마을의 향토기에는 백제의 달솔 일라(日羅)가 그곳을 다스렸다고 한다. 그곳의 횡혈식 후네야마(船山古墳)의 유물들(은상감대도 명문·금동신발·금동관)은 충남 웅포면 입점리의 유물과 유사하다. 〈고지키〉에 의하면, 니니기는 이곳 다카치호(高天穗)에 지상 강림한 후 "이곳은 한국을 향하고 있다"고 하면서 가라쿠니타케(韓國岳, 鹿兒島)라 불렀다 한다. 노마미사키(野間岬, 鹿兒島)에 대해서는 "이곳은 한국(韓國)을 향하며, 가사사노미사키(笠沙岬)와도 바로 통한다. 아침 해가 똑바로 비치고 저녁 해가 빛나는 나라다. 매우 좋은 땅이다"고 하였다.

(5) 오사카의 백제식 행정 구역과 유적들: 고대 오사카는 구다라쓰(百濟津)라 불렸고, 중심지인 세쓰(攝津)는 구다라군(百濟郡, 646)이라 불리었으며, 남·북 백제촌으로 나뉘었다. 북촌의 사천왕사(四天王寺)는 스이코의 조카(聖

德)가 세운 백제식 사찰이다. 그 밖에도 백제대정(百濟大井)과 석천백제촌(石川百濟村)이 있었다. 백제인의 난고무라(南鄕村)의 미카도 신사(神門神社)는 의자왕의 아들 정가왕(禎嘉王)과 두 아들(福智 · 華智)를 모신 곳이다. 구다라쓰에는 난바궁(難波宮)이 있었고, 백제강(百濟江→ 히라노강) 위로 벽제대교(百濟大橋)가 있었다. 지금도 백제역, 우두천황인 경복왕자(의자왕 고손)를 모시는 백제왕 신사, 백제사 사적공원 등이 남아 있다. 이곳은 백제왕자 풍장(豊璋)의 동생(善光王)이 선진문화를 전수하던 곳이었다. 쇼무천황(재위 724-749)은 백제왕 남전(南典)이 죽자 백제사(百濟寺)를 지었다.

(6) 한신인장무(韓神人長舞): 후시미이나리 대사(伏見稻荷大社, 京都)의 주신은 한반도의 농신(宇迦之御魂大神)이다. 특히 하타씨(秦氏)가 야마시로(山城國, 京都)에 벼농사와 관개농업을 전해 준 업적을 기린다. 이 행사를 관장한 진하승(秦河勝, 6-7C)은 수이코의 재무장관이었고, 그 후손 하타노이로구(秦伊呂巨, 7-8C)는 신라 농신을 받드는 후시미이나리(伏見稻荷) 신사를 세웠다.

(7) 아직기와 왕인: 〈니혼쇼키〉는 "오진천황 15년 8월 6일 백제 왕이 아직기를 파견하면서 좋은 말 2필을 바쳤다…… 아직기는 경전에도 능통해 태자 우지노와키이라쓰코의 스승으로 삼았다…… 신하인 아라타와케와 가무나기와케를 백제로 파견해 왕인을 초청하였다"고 하였다. 오노(大野晉, 學習院大, 1980)는 아직기는 왕실의 정무장관(倭漢直), 왕인은 오진의 정무장관(西文首)으로서 제4 왕자(仁德)를 가르쳤다고 하였다. 닌토쿠는 오진의 도요아키라궁(豊明宮, 奈良)에서 다카쓰궁(高津宮, 難波津)으로 천도하였다. 고시(高志連)의 조상인 왕인을 기리는 다카이시신사(高石神社, 650)가 오사카에 있다. 고시가문의 고승 행기(行基 668-749)가 도다이지(東大寺, 京都)를 세웠다.

(8) 거대 고분과 환두대도: 4-5세기에 기나이에 갑자기 출현한 거대

고분들은 백제계 왕족의 무덤들로 보인다. 닌토쿠릉(전장 486m, 6C)과 오진릉(전장 415m, 5C)이 가장 크다. 닌토쿠릉(大仙古墳)에서 도굴된 환두대도(環頭大刀)는 무령왕릉의 '백제 큰 칼'(1971. 7. 8. 출토)과 유사하다. 둥근 고리 안에 용봉(龍鳳)을 새긴 이 칼을 '고마쓰루기'(高麗劍)라 불렀다. 하야시(林由紀子, 2008)는 아스카 최대 고분인 마유미칸즈스카(眞弓 · 子塚, 가시하라, 6C)의 주인공도 백제 왕족 야마토노아야(東漢) 가문의 수장이라고 하였다.(63) 아스카는 백제 왕족 아지사주(阿知使主, 5C)가 17개 현민을 대동하고 건너온 곳이다. 나오키(直木孝次郎, 大阪市立大, 1993)는 "후나야마 고분의 출토 유물을 보면 야마토 정권은 신라인지 백제인지 확정할 수는 없으나, 남한에 종속되어 있었다"고 하였다.

(9) 칠지도(七支刀)와 인물화상경(人物畵像鏡): 근초고왕이 왕자 근구수(近仇首) 및 목라근자(木羅斤資)와 함께 가야를 정벌하고, 근구수 왕자를 통해 전쟁을 도운 왜왕에게 하사한 칠지도(총 61자, 369)가 이소노카미 신궁(石上神宮, 奈良)에 보존되어 있다. 그리고 쓰타하치만궁(隅田八幡宮, 和歌山)의 인물화상경 명문에도 무령왕(武寧王, 斯麻王)이 아우 게이타이(繼代天皇)에게 보낸 글이 적혀 있다.

(10) 사천왕사(四天王寺)의 예식과 음악: 이 사찰은 백제의 명장 유씨(柳氏, 金剛組)가 구다라쓰에 건축한 것이다. 지금도 이 절의 무대강(舞臺講)에서 매년 4월에 거행하는 '성령회무악개법요'에서 연출하는 음악과 춤은 백제의 미마지(未麻之, 6-7C)가 전수한 것이며, 고구려의 사자춤과 탈춤 및 고구려 음악을 위주로 만든 것이다.(64) 일본 최초의 음악인은 백제의 시덕삼근(554)이고, 그 후 고구려에서도 음악인이 건너왔다(593).

(11) 쇼소인(正倉院): 도다이지(東大寺)의 목조 창고로, 나라시대의 유물은

물론 백제·신라·중국·인도 등의 7-8세기 해외 유물을 많이 소장하고 있다. 쇼무천황이 죽자(756), 황후(光明天皇)가 그의 유품을 도다이지에 기증하면서 일본 황실의 유물창고로 사용하였다. 1997년 미야자키현은 백제의 혼을 모시려고 서정창원(西正倉院)을 추가로 개원하였다.

(12) 호류지(法隆寺): 위덕왕이 파견한 백제 건축가들이 세웠으며(607), 목조 백제관음(百濟觀音)은 위덕왕이 직접 만들어 보낸 것이다. 호류지의 고문서(諸堂佛體數量記金堂之內)에 의하면, 이 불상은 허공장보살(虛空藏菩薩)인데, 일본 학자들은 이것이 일본에서 건조된 것으로 왜곡하였다. 호류지의 고문서를 정리한 〈부상략기〉(扶桑略記, 13C)와 성예초(聖譽抄, 1786)에 의하면, 백제관음과 쌍벽을 이루는 구세관음상(救世觀音像)은 위덕왕이 성왕을 추모해 일본 법흥사(法興寺, 飛鳥寺)로 보낸 것(593)을 호류지로 옮겨온 것이다. 그런데 일본에서는 쇼토쿠가 만든 것으로 왜곡하고 있다.

(13) 아스카 테라·아스카베 신사: 아스카 테라(飛鳥寺, 法興寺)는 백제 위덕왕이 왕흥사(577, 부여)를 모델로 아스카(飛鳥, 明日向)에 세운 절이다(596). 왕흥사의 건축가들이 세웠고, 낙성식에는 소가(蘇我馬子)를 비롯한 중신들이 백제옷을 입고 참석했다고 한다(朝日新聞, 2008. 4. 16). 이곳에서 발굴한 부장품들은 무령왕릉의 것과 유사하다. 한편 하비기노에 있는 아스카베(飛鳥戶) 신사는 곤지를 모시는 곳이다. 〈엔키시키〉(延喜式, 927)에 따르면 원래는 곤지왕 신사였는데, 일제가 한국의 색채를 지우려고 아스카베(飛鳥戶)로 바꾸었다고 한다.(65) 이곳의 구다라노(百濟野)는 히라노(平野)로, 구다라고우리(백제군)는 후루이치(古市, 1891)를 거쳐 하비기노(1990)로 바뀌었다.

(11) 센소지·아사쿠사 신사: 센소지(淺草寺)는 고토쿠(孝德天皇)가 세웠다. 사찰의 〈본존연기〉(本尊緣起)에 의하면, 이곳의 관음상(觀音像, 持佛)은 백제인

히노구마노 형제(淺前 浜, 武成, 7C)가 만들었는데, 간무의 정이대장군 사카노우에(坂上田村麻呂, 758-811)도 그 후손이다. 이들은 오진 제20년에 백제에서 건너온 왕족 아치오노미(阿知使主)의 후손이었다(〈續群書類從, 1822〉). 히노구마노 형제와 하지노오미(土師臣中知)를 모신 아사쿠사 진자(淺草神社, 三社名神)에서는 매년 5월에 산자마쓰리(三社祭)가 열린다.(66)

(12) 히라노 신사(平野神社): 세이와(淸和天皇, 재위 858-871)가 세운 이 신사(京都, 794)는 성왕을 비롯한 백제 왕족을 모시는데, 천황들이 매년 참배한다. 〈조관의식〉(貞觀儀式, 9C)과 〈신명장〉(神名帳, 10C)에는 "히라노 제신은 4좌(座)이며, 이마키(今木神)·구도(久度神)·후루아키(古開神)·아이도노(相殿)의 히메(比賣神)이다"라고 하였다. 나이토(內藤湖南, 1930)에 의하면 이마키는 성왕, 구도는 구태왕(仇台王·온조), 후루아키는 후루(古: 비류왕)와 아키(開: 초고왕) 두 왕을 뜻한다.(67)

(13) 야스마로 무덤과 고닌릉: 다와라(田原, 奈良)의 야스마로(安万呂, ?-723) 묘역 인근에 고닌(光仁天皇)의 능이 있다. 〈대초자〉(袋草子, 1158)는 고닌이 백제 왕족이라 했고, 〈쇼쿠니혼키〉(797) 권40은 "백제 무령왕의 왕자 순타 태자(純陀太子)의 직계 후손이 화을계(和乙繼)이며, 그의 딸이 화신립(和新笠)이다. 화신립 황후는 제50대 간무천황의 생모이다"고 하였다. 화을계는 백제의 멸망 시(660) 왜로 피신하였다. 덴치는 백제 유민(400명)을 오우미(近江, 滋賀県)에 살게 했고, 그곳으로 왕궁을 옮겼다.

(14) 헤이안쿄(平安京): 간무가 나라에서 교토로 천도하면서 세운 것으로, 간무를 모신 헤이안 신궁이 같이 있다. 간무는 백제인들에게 '야마토노아손'(和朝臣) 또는 '구다라노아손'(百濟朝臣)이라는 무령왕의 왕씨 성을 붙인 관직을 내렸다. 〈쇼쿠니혼키〉에 따르면 백제인들의 관직 독점에 대한 나라

지역의 반발을 피하려고 간무는 헤이제이쿄(平城京, 奈良)에서 교토의 나가오카쿄(長岡京)를 거쳐 헤이안쿄(平安京, 794)로 천도하였다. 간무의 후비 6인이 모두 백제인이지만, 그는 한일동조(韓日同祖) 관련 서적들을 모두 불태웠다.

(15) **기요미즈(清水寺)**: 오진의 극락왕생을 기원해 백제의 정이대장군(征夷大將軍) 사카노우에다(坂上田 麻呂, 798)가 세웠다. 그는 오진을 따라온 백제 왕족 아치노오미(阿知使主)의 후손으로, 에조(에비스, 蝦夷族)의 반란을 진압해 간무의 신임을 받았고, 그의 딸은 간무의 황후가 되었다.

(16) **오진의 종묘, 하치만궁과 엔시키**: 이와시미즈하치만 궁(石清水八幡宮, 男山, 八幡市, 859-890)은 오진의 종묘로, 에도의 제3대 쇼군(德川家光, 1604-1651)이 세웠다. 그는 세이와(清和天皇, 재위 850-880)의 후손이었다. 오진의 신주는 원래 우사 신궁(宇佐神宮, 大分縣)에서 백제의 고승 고쿄(行教, 9C)가 헤이안쿄(平安京, 859)로 옮겼다. 세이와는 종묘 건설을 명했고(859), 백제계 목공료 장관(木工療權允)인 다치바나노 료키(橘良基)가 세웠다. 왜 왕실은 '정관식(貞觀式, 871)'을 제정해 백제신(2)과 신라신(1)을 제사했는데, 이것이 '엔키시키(延喜式, 927)'로 발전하였다.

간무는 헤이안궁(平安宮, 794) 북쪽에는 백제신(2)을 모시는 간라카미노야시로(韓神社)를, 남쪽에는 신라신(1)을 모시는 소노카미노야시로(園神社)를 세웠다. 이 세 신은 왕실의 최고신이었다. 백제신의 우두머리는 오진천황이었다. 지금도 궁중삼전(宮中三殿: 神殿·賢所·皇靈殿)에는 오진 등의 285개 신위가 봉안되어 있다고 한다. 홍윤기(2002)가 확인한 바에 의하면, 지금도 일왕 주재 제사(御神樂)에서는 한국의 천신(天神)인 가라카미(韓神)를 부르는 축문을 낭송한다고 한다.(68)

(17) **이세신궁(伊勢神宮)**: 신토(神道)는 조선의 제천(祭天) 의식을 이은 것이

고, 이세신궁은 조선의 신을 섬기던 곳이었다. 그런데 일제가 아마테라스(天照大神)를 숭배하는 곳으로 바꾸었다.

7. 가지마미노루(鹿島 昇)가 말하는 한·중·일 고대사

일본의 저명한 고대사가 가지마는 〈왜와 진국〉(倭と辰國) 및 〈환단고기 해제〉(桓檀古記 解題) 등에서 동아시아의 원시역사는 서남아시아의 역사에서 사람 이름만 바꾼 것이라고 하였다.(69) 그의 주장의 개요를 소개한다.

(1) 중국의 고대사는 바빌론 역사를 차용하였다

① 하(夏)는 우루크, 은(殷)은 이신(Ishin), 주(周)는 아시리아, 진(秦)은 아케메네스 왕조의 페르시아를 복사한 것이다.

② 〈주본기〉(周本紀)에 나오는 유왕(幽王)이 서이(西夷)의 견계(犬戒)에게 피살되 서주(西周)가 멸망한 내용은 살만에셀 4세가 가나안과 시리아인(또는 우라르투나 터키인)에게 피살된 내용을 차용한 것이다.

③ 진시황 이후가 중국 역사의 바른 기록이다.

(2) 한국인의 조상은 갈대아인이며, 〈환단고기〉의 기록이 진실이다

① 가나안의 바알(Baal)이 천하대장군으로, 아스다롯(Astarte)이 지하여장군으로 변모하였다. 환웅이 바알이며, 단군이 다곤(Dagon)이다.

② 단군조선의 기록은 카시트, 우라르투, 박트리아, 조(趙)의 역사이다.

③ 북부여는 전기(前期)는 단군조선을 계승했고, 중기(中期)에는 니기하야기(俠野候 裵弊命)가 예(濊, 殷, Saka)를, 니기하야히(俠野速日)는 구마모토에 파라국(婆羅國)을 각각 세웠다. 북부여 말기(末期)에는 의려왕(醫盧王, 미마기 이

리히코)이 선비족에게 패했고, 그의 아들 의라(依羅)가 왜국으로 피신해 나라를 세웠는데, 그가 곧 스진(崇神天皇)이다.

④ 북부여의 일파는 옥저에 잔존했으나, 대부분은 대조영을 따라 진국(辰國, 渤海)을 세웠다. 대조영은 보장왕의 아들 고덕무(高德武)로 추정된다. 진국의 무왕이 왜의 쇼무(聖武天皇)에게 보낸 국서에는 "발해와 일본은 가지와 줄기의 관계인데, 벌써 백세가 되었다"고 하였다.

| 참고사항 |

*1. 왜의 5왕설: 중국의 사료들(진서·송서·제서·양서)에 기술한 왜의 5왕(313-502)으로, 찬(贊, 讚)·진(珍)·제(濟)·흥(興)·무(武)를 말한다. 이들은 왕권의 정당성을 확보하려고 중국 황제들에게 관직을 요청하였다. 그런데 중국 사서의 왜왕들은 니혼쇼키의 천황들의 이름과 매우 다르게 나타나 논쟁이 되고 있다. 이나리야마의 칼과 에다 후나야마 칼글을 근거로 무왕이 유랴쿠(雄略)인 것을 제외하고 대체로 다음과 같이 추정한다. 찬(413-430, 동진-송)과 진(438, 송)은 형제이며, 제(443-451, 송)의 태자가 흥(462, 송), 차남이 무(477-502, 송·남제·양)로 추측한다(괄호 안은 조공국). 찬은 닌토쿠(또는 리추), 진은 한제이(또는 닌토쿠), 제는 인교, 흥은 안코, 무는 유랴쿠로 추정된다. 일각에서는 이들이 천황계가 아니라 5세기(413-502)에 야마토에 의해 멸망한 다른 왕조, 즉 백제의 후왕들(擔魯)의 계보로 보기도 한다.

*2. 기나이(畿內): 황실 주변 도시국가의 칭호였다. 특히 다이카개신(大和改新) 이후의 야마토(大和), 야마시로(山城), 가와치(河內), 셋쓰(攝津), 이즈미(和泉) 등을 지칭한다. 간사이(關西) 지역을 의미하기도 한다.

*3. 반전수수법: 공유지 반급제(公有地班給制)로, 일정한 연령에 달한 사람에게 일정한 면적의 농토를 나누어주는 제도이다. 6년마다 반전(班田)을 했으며, 토지의 집중을 막고 민생 안정을 꾀하는 동시에 국가의 세수(稅收) 확보를 목적으로 시행되었다. 그러나 율령제 정치가 흔들리면서 902년에 폐지되었다.

*4. 난파진가: 일명 매화의 노래(梅花頌)로, 1998년 고쿠후초(國府町, 德島縣)에서 목간에 쓰인 것이 발견되었다. 왕인이 제4왕자인 닌토쿠

왕자에게 왕위에 오르도록 권유한 일본 최초의 와카(和歌)이다. 백제 사람 기노 쓰라유키(紀貫之, 872-945)가 쓴 〈고금집(古今集)〉을 12세기에 후지와라(藤原定家)가 붓글씨로 쓴 필사본(伊達本)에 전해 내려온다. 이두식 한자어인 만요가나로 쓰였는데, 내용은 다음과 같다. "난파 나룻터에는 피는구나, 이 꽃이. 겨울 잠자고, 지금은 봄이라고, 피는구나, 이 꽃이."(なにはづにさくやこのはなふゆごもりいまははるべとさくやこのはな)

| 참고자료 |

(1) 金達洙: 古代 日朝關係史 入門, p. 159, 築摩書房, 東京

(2) 多田 元 監修: 古事記와 日本書紀, 西東社, 東京, 2008(김성구 역주: 일본서기, 제5판, 서울, 정음사, 1987)

(3) 山本 明: 古事記の本, pp. 52-54, 西東史, 東京, 2012

(4) 津田左右吉: 古事記及日本書紀の研究, 岩波書店, p. 106, 1924

(5) 김성호, 김성한: 한중일의 국가 기원과 그 역사, p. 172, 맑은소리, 서울, 2008

(6) 山本 明: op.cit, pp. 116-119, 122

(7) 김성호 등: op.cit, pp. 175-180

(8) 김성호 등: op.cit, pp. 251-255

(9) 山本 明: op.cit, p. 95

(10) 山本 明: op.cit, p. 15, 91

(11) 山本 明: op.cit, p. 100

(12) 송동건: 고구려와 흉노, p. 172, 진영출판사, 서울, 2010

(13) 井上光貞: 神話から歷史まで, 日本の歷史, p. 269, 中央公論社, 東京, 1965

(14) 山本 明: op.cit, p. 118

(15) http://www.ohmynews.com/NWS_web/view/at pg.aspx_CNTN CD=A0000301979

(16) 山本 明: op.cit, pp. 150-151

(17) 안경전: op.cit, pp. 223

(18) 안경전: op.cit, pp. 463-465

(19) 안경전: op.cit, pp. 517-518

(20) 森 浩一: 壁畵古墳の謎, p. 129, 1972

(21) 大野 晉: 日本語の起源, pp. 198-199, 1957

(22) 少林行雄: 日本民族の起源, p.149, 1972; 上田常吉: 朝鮮の體質上特質, , 朝鮮學報 第1輯, p. 232, 1951

(23) 江上波夫: 騎馬民族國家. 中央公論社, 東京, 1967

(24) http://kahistory.blog.me/220001279323

(25) 정형진: 일본, 일본인, 일본문화, pp. 63-83, 다락원, 파주, 2011

(26) 藤芳義男, 倭日の國, 邪馬台女王の解明, pp.74-81, 108-110, 光風社, 東京, 1986

(27) 藤芳義男,: op.cit, p. 161

(28) 부지영: 일본, 또 하나의 한국, p. 73, pp.105-110, 한송, 1997

(29) 藤芳義男,: op.cit, pp. 125-127

(30) 김성호: 비류백제와 일본국가의 기원, 지문사, pp. 207-213, 1985

(31) 藤芳義男: op.cit, pp. 4-6

(32) 藤芳義男: op.cit, pp. 94-98

(33) 김성호 등: op.cit, p.140,

(34) 김성호: 비류백제와 일본의 국가 기원, p. 182, 지문사, 서울, 1982

(35) 井上光貞: 日本國家起源, p. 40, 岩波書店, 東京, 1960

(36) 藤芳義男: op.cit, p. 35, 63

(37) 江上波夫: 騎馬民族國家, p. 183, 中央公論社, 東京, 1967

(38) 김성호 등: op.cit, pp. 141-144

(39) 김성호 등: op.cit, p. 123

(40) http://kr.blog.yahoo.com/kahistory@ymail.com/223

(41) 김성호 등: pp. 179-182

(42) 김영덕: 백제와 다무로였던 왜나라들, pp. 81-82, 글로벌콘텐츠, 서울, 2013

(43) 김영덕: The Review of Korean Studies, 한국학중앙연구원,

12(4), 2009

(44) 김영덕: 에다후나야마 고분의 임자는 백제 우현왕 여기이다, 바히네 백제배움, 복판, 2009년 2월호

(45) 藤芳, p.344-345

(46) 김영덕: ibid, pp. 120-126

(47) 松田毅一: 南蠻史料の發見, p. 7, 16판, 동경, 1991

(48) 김성호 등, op.cit, pp. 256-257

(49) 김성호 등, op.cit, p.182

(50) 김영덕: op.cit, pp. 4-5, 8,

(51) 石渡信一郎: 百濟から渡來した應神天皇, 2001

(52) 井上光貞: 日本國家の起源, 1967

(53) 水野 祐: 日本古代國家の形成, 1978

(54) 홍윤기: op..cit, pp. 186-192

(55) 石渡信一郎: 百濟渡來應神天皇, 2001

(56) 水野 佑: 日本古代國家の形成, 1978

(57) 홍윤기: op..cit, p.33, pp. 48-52

(58) 滿岡忠成: 日本工藝史, 1941

(59) 홍윤기: 일본고대사 문제점의 새로운 규명, 일본학, 제24집, 동국대 일본학연구소, 2005

(60) 홍윤기: 일본 왕실은 백제인 후손이다, 신동아, 2008년 4월호

(61) 김성훈: 칠지도와 응신으로 본 왜왕가의 비밀은?, 역사복원신문, 2011. 5. 12

(62) 홍윤기: 일본속의 백제 구다라, 한누리미디어, 서울, 2008

(63) 홍윤기: ibid, pp.193-195

(64) 홍윤기: ibid,pp. 343-350

(65) 홍윤기: ibid, pp. 217-218

(66) 홍윤기: ibid, pp. 152-161

(67) 內藤湖南: 近畿地方に於ける神社, 1930

(68) 홍윤기: EBS-TV: 일본 왕실제사의 비밀(2002. 8. 15)

(69) 鹿島 昇: 桓檀古記 解題, 東京, 1982

제 12 장

고대 국가의 형성과 모세 오경의 흔적

모세 오경(Troah, Pentateuch)이란 모세(Moses)가 쓴 다섯 권의 책을 말한다. 첫 권인 〈창세기〉는 천지창조, 인류의 타락과 홍수심판, 바벨탑사건과 언어·민족의 분화 및 선민(選民) 이스라엘의 탄생 과정에 대해 소개한다. 〈출애굽기〉는 모세가 이스라엘 민족을 이집트에서 이끌어 내어, 젖과 꿀이 흐르는 가나안으로 인도한 과정을 소개한다. 그는 시내산(Mt.Sinai)에서 십계(十戒)를 받았으며, 법궤(法櫃)를 앞세우고 가나안으로 진군하였다. 〈레위기〉는 하나님이 시내산에서 모세에게 내려준 율법(律法)에 대해 해설하였다. 그리고 〈민수기〉와 〈신명기〉는 이집트의 탈출 과정에서 하나님이 보여준 섭리와 모세의 후계자 여호수아의 인도로 가나안에 들어가 이스라엘의 12지파에게 땅을 배분한 내용을 다룬다.

그러나 강단사학은 이러한 모세 오경을 역사적 사실로 인정하지 않는다. 강단사학을 뒷받침하는 진화사관(進化史觀)이 모세 오경과 정면으로 대치되기 때문이다. 그들은 사람이 유인원(類人猿, ape)에서 진화했으며, 오랜 구석기와 짧은 신석기를 거쳐 청동기(4000년 전)와 철기시대(2500년 전)로 이행해 왔다고 주장한다. 이러한 허구의 시나리오를 역사적 사실처럼 가르치고 있는 것이 우리 교육의 현실이다.

고대사에 대한 연구는 사서(史書)는 물론, 유물·유적·신화·설화·언어·풍습 등을 종합적으로 참고해 고찰해야 한다. 또한 인류 이동 초기에는 영토가 확정되지 않은 상태였고, 민족들 사이에 이합집산이 많았다는 사실을 염두에 두어야 할 것이다. 다행스러운 일은 최근 서남아시아에서 많은 점토판 문서들이 발굴 및 해독되고 있고, 과학적인 많은 연대추적법들이 개발되고 있다는 것이다. 이에 따라 모세 오경의 역사성이 새롭게 조명을 받고 있다.

이 단원에서는 창세기의 주요 사건을 〈환단고기〉를 비롯한 각국의 사서 및 신화들과 대조하고, 최근에 개발된 컴퓨터프로그램으로 그 추정 연대를 알아보려고 한다.

1. 짧은 역사에 대한 과학적인 증거들

창세기가 말하는 인류역사는 6,000년+α로 매우 짧다. 이렇게 말하면 많은 사람들이 우선 비웃을지 모른다. 왜냐하면 그들은 어려서부터 인류역사가 수백만 년이라고 배워왔기 때문이다. 그러나 왜 인류역사가 수백만 년이라고 주장하는지 구체적인 내용에 대해서는 알지 못한다. 학자들이 주장하니까 긴 것으로 여길 뿐이다. 여기에는 잘못된 추론인 동일과정설(同一過程說)과 유인원 진화설이 결정적인 영향을 주었다.

이러한 시기에 미국의 천문학자이면서 컴퓨터과학자인 폴스티치(E. W. Faustich, 1990)는 오랜 연구 끝에 천체의 운행도(運行圖)를 컴퓨터로 재현하는 데 성공하였다.(1) 그가 소속한 연대역사연구소(Chronology History Research Institute)는 15년간 이 프로그램으로 성경에 나오는 주요 사건들에 대한 연대를 추적하였다. 그렇게 하여 얻은 자료를 이집트별자리력(Egyptian star calender: ESC), 성경력(Bible Calender: BC), 힐렐력(Hillel calender, 4C: HILC) 및 7주기설(Sabbath Cycle theory) 등의 자료와 비교하였다. 이에 따르면 인류는 6,000–7,000년의 매우 짧은 역사를 가지고 있을 뿐이다. 매우 충격적인 이야기가 아닐 수 없다.

(1) 유대와 이집트의 월력

폴스티치가 개발한 컴퓨터프로그램은 성경의 월력에 기초해 작성한 것이다. 구약의 성경력(日月曆, lunar-solar Biblical calender)은 새해가 아빕월

(Abib, Nisan)에서 시작하지만, 유대의 힐렐력(Hillel calender)은 7월 에다님(Ethanim, Tishiri, 출 12:1)에서 시작한다(표 1). 성경력과 힐렐력에 나타난 차이를 해결하려면 24시간의 하루, 7일의 한 주간, 29.530587일의 한 달, 365.242199일의 한 해를 기본으로 설정해야 한다. 미우스(J. Meeus)는 이러한 바이블 체계에 따라 CPJ(Astronomical Formulae for Calculation)라는 컴퓨터프로그램을 개발하였다.

▼ 〈표 1〉 월력의 명칭(성경력, 현대 달력, 월력)

성경력	현대 달력	유대의 힐렐력	첫 날의 출발 기간	
1	7	아빕(Abib)	3월 12일	4월 11일
2	8	지브(Ziv, Iyyar)	4월 11일	5월 10일
3	9	시반(Sivan)	5월 10일	6월 9일
4	10	탐무즈(Tammuz)	6월 9일	7월 8일
5	11	아브(Ab)	7월 8일	8월 7일
6	12	엘룰(Elul)	8월 7일	9월 5일
7	1	에다님(Ethanim, Tishiri)	9월 5일	10월 5일
8	2	부르(Bul, Machisvan)	10월 5일	11월 3일
9	3	기슬렙(Kislev)	11월 3일	12월 3일
10	4	테베트(Tevet)	12월 3일	1월 1일
11	5	쉐바트(Shebat)	1월 1일	1월 30일
12	6	아달(Adar)	1월 30일	3월2일

한편 이집트에서는 북쪽 하늘에 시리우스별이 나타나면서 새해가 시작되었다. 이 별은 탐무즈(성경력 넷째 달)에서도 나타난다. 시리우스력의 일년은 365.25일, 태양력은 365.242199일이다. 이 둘 사이의 이러한 차이(1200년에 3일)에 대해서는 이집트 제5왕조 때부터 알게 되었다. 따라서 시리우스력에서는 4년마다 일년이 366일이 되었다. 시리우스별의 주기에 따른 천지창조는 기원전 4001년으로 나타났다.

〈에녹서〉와 〈희년의 책〉은 인류 최초로 달력을 만든 사람이 에녹(Enoch)이라고 말한다. 그러나 최초의 달력으로 공인을 받은 것은 30일 단위의 12개월로 구성된 이집트의 계절력(seaonal calendar, BC 2779?)이었다. 이집트에서 첫 4개월에는 나일강이 범람했고, 두 번째 4개월에는 작물이 성장했으며, 셋째 4개월은 건기였다. 계절력은 일년이 365.25일인 데 반해, 그 후에 개발된 이동력(sliding calendar)은 365일이므로 1,461일 만에 서로 일치하게 된다(4×365.25).

(2) 천문학에 근거한 소프트웨어 개발

폴스티치(1990)는 다음과 같은 여러 소프트웨어를 만들어 종교 및 학술 단체에서 시연하였다. 그 결과, 진화론자(칼 세이건·아시모프)·인본주의자(폴 크루츠 등)·유신진화론자들은 거부 반응을 나타낸 반면, 유대교 학자들·복음주의자 및 창조과학자들은 시연 내용을 수용했다고 한다.

① CPG(1977): 매해 첫날(니산월 1)을 찾아내는 프로그램으로, 데니스 조지(Dennis George, 콜로라도 대학)의 도움으로 개발되었다. 창조일 이후의 경과 시간과 유대력의 새해가 들어 있는 주간의 날에 맞춘 그레고리우스력의 일자를 알려준다.

② CPH(1980): 행성의 위치를 찾는 프로그램으로, 진저리치(Owen Gingerich, 하버드천체물리센터)의 도움을 받아 개발하였다.

③ CPM(1981): 발명자의 행성 추적 프로그램으로 행성의 위치는 물론 행성 정렬의 상태를 알 수 있다. 컴퓨터 전문가 헤인즈(James Haines)의 도움으로 개발하였다.

④ CPK(Planet & Star Positions): 애플 출신의 클루에펠(Charles Kluepfel)의 도움으로 개발하였다. 동지점과 하지점, 행성의 위치와 일월과 연계된 움직임 등을 정확히 알려준다.

⑤ CPN(Calendar Interface Program): 성경의 사건들을 고대 이집트, 바빌론, 아시리아, 셀류코스 왕조의 역사와 대비시킨 프로그램이다. 네스(Mark Ness, 컴퓨터프로그래머)의 도움을 받았고, 중근동의 고대력과 레위 제사장의 안식주기 등을 컴퓨터에 입력해 애플(Apple 2e)과 IBM 및 매킨토시(Macintosh Plus)에서 작동되도록 하였다.

⑥ CPY(Comet Program, 1986): 고대사에 나타난 핼리혜성(Halley comet)의 출현을 추적하기 위한 프로그램으로, 여만과 키앙(D. K. Yeoman & Tao Kiang, Dunsink Observatory, Ireland)의 도움을 받아 개발하였다.

⑦ CPT(Sky Travel): 관측자의 위치에서 정확하게 천체의 움직임을 관찰하는 최신 프로그램으로 상용화되었다. 현재 가장 널리 보급, 사용되고 있다. 국내에서는 창조과학자인 김명현 박사(전 한동대)가 이 프로그램을 활용하고 있다.

(3) 탈무드와 성경기록 비교

탈무드연대기(TC)가 말하는 지구 나이는 성경연대기(BC)보다 240년이 더 젊다. 이 프로그램에서는 랍비들이 사용하는 유대의 가장 오래 된 연대기(Sedar Olam Rabba)*1를 참고로 하였다. 이에 따르면, 아담은 약 6,000(BC 4001)년 전에 탄생했고, 대홍수는 창조 1656년 후(BC 2345)에 발생하였다. 셈(Shem)은 창조 후 1560년, 엘람(Elam)은 1658년, 아수르(Asshur)는 1659년에 출생하였다. 요세푸스가 지적했듯이(ANT Ⅰ,vi,1–5), 노아는 500세에 야벳을, 502세에 함을, 504세(창조 후 1560)에 셈을 낳은 것으로 보인다.(2) 노아의 제10대손 아브라함은 창조 후 1950년에 탄생했으므로, 대홍수 이후 10대의 기간은 294년(1950–1656)이었다. 그 밖에 출애굽(BC 1461), 예루살렘 함락(BC 588), 에스라 귀환(BC 515, 다리우스 7년), 느헤미아 귀환(BC 502, 다리우스 20년)의 햇수도 이 프로그램으로 확인되었다(표 2).

▼ 〈표 2〉 컴퓨터로 추정한 족장의 나이와 주요 사건의 연대 (E.W. 폴스티치, 1990)

이름·사건	성경 근거	성경 연대 (BC)*1		탈무드 연대 (TC)*2	
–	관련구절	아들 출산	당시 나이	아들 출산	당시 나이
아담	창 5:3	130	0	130	0
셋	창 5:6	105	130	105	130
에노스	창 5:9	90	235	90	235
게난	창 5:12	70	325	70	325
마할랄렐	창 5:15	65	395	65	395
야렛	창 5:18	162	460	162	460
에녹	창 5:21	65	622	65	622
므두셀라	창 5:25	187	687	187	687
라멕	창 5:28	182	874	182	874
노아, 대홍수	창 7:11	600	,056	600	1056
셈(홍수2+2)	창 8:13, 11:10	4	1656	2	1656
아르박삿	창 11:12	35	1660	35	1658
셀라	창 11:14	30	1695	30	1693
에벨	창 11:16	34	1725	34	1723
벨렉	창 11:18	30	1759	30	1757
르우	창 11:20	32	1789	32	1787
스룩	창 11:22	30	1821	30	1819
나홀	창 11:24	29	1851	29	1949
데라	창 11:26	70	1880	70	1878
아브라함	창 21:5	100	1950	100	1948
이삭	창 25:26	60	2050	400	2048
야곱	창 47:9	+130	2110	–	–
이집트 이주	출 12:40	+300	2240	–	–
출애굽	왕상 6:1	480	2540	480	2448
제1성전 건축	왕상 2:11	–37	3020	–	2928
예루살렘 정복	겔 4:1–7	+430	1983	+410	2891
예루살렘 함락	3414(BC 588)	–	–	–	–
현재(1991)	5991(1991)	–	–	–	–

*1 BC: Biblical chronology *2 TC: Thalmudic chronology

(4) 적용 결과

컴퓨터 프로그램으로 추정한 고대 서남아시아의 주요 사건의 연대와 개요는 다음과 같다. 어느 경우든 인류역사는 매우 젊게(6000년+α) 나타난다. 이는 모든 인류문명의 유물과 유적들이 6,000여 년을 넘지 않는 사실에 의해서도 뒷받침된다.

① 중동 왕국(3)

* **수메르왕명록 및 마리왕국**: 수메르인은 기원전 2334년경 아모리인에게 나라를 빼앗기고 동쪽으로 이주한 듯하다. 셈계의 마리(Mari, BC 2900?-1759)는 이쉬타르를 숭배한 족속으로, 수메르와 메소포타미아를 잇는 중계무역국이었는데, 에블라(Ebla, BC 3500?-1600)와 항상 적대적이었다. 후일 마리는 아모리(하무라비)에게, 에블라는 히타이트에게 각각 망하였다. 수메르인이 아모리인에게 밀리어 아라랏에서 동쪽으로 떠나자 아르메니아인이 그곳에 우라르투(Urartu, BC 860-BC 585)를 세운 것으로 보인다.

* **바벨탑 건축**: 64년간(창조 후 1772-1836: BC 2233-2169) 계속되었다.

* **아카드의 통치**: 174년(창조 후 1822-1996: BC 2182-2008) 지속하였다. 강단사학에서는 150년(BC 2350-2150)이라 주장한다.

* **제1바빌론 왕조**: 305년(BC 2107-2412) 지속하였다. 강단사학에서는 299년(BC 1894-1595)이라 주장한다. 제6대 하무라비 때(재위 BC 2219-2274) 전성기를 이루었으나 히타이트의 공격을 받았다.

* 〈아시리아왕명록〉(Assyrian Kings List)에 나오는 첫 왕은 샤마쉬-아다드 1세(Shamsh-Adad I, BC 1780)이다.

② 고대 이집트 왕조

제7왕조부터 천문학적 견해와 일치한다. 툴린 파피루스(Tulin Papyrus)에 의하면, 제7왕조는 213년 1개월 17일간 존속하였다. 시리우스의 출현과 일치하는 시점이 세소스트리스 2세의 재위 제7년이다. 파라오가 등극한 해를 기점으로 산정한 제12왕조의 연대는 다음과 같다(표 3).

▼ 〈표 3〉 행성 운행을 컴퓨터로 추정해 밝힌 고대 이집트 제12왕조 파라오의 통치 연대

파라오 이름	재위(년)	왕자신분(BC)	등극(BC)	사망(BC)
아메넴헤트 I (Amenemhet I)	16(30)	2002	2016	2032
세소스트리스 I (Sesostris I)	46	2022	2032	2078
아메넴헤트 II (Amenemhet II)	38	2074	2078	2116
세소스트리스 II (Sesostris II)	48	2111	2116	2164
세소스트리스 III (Sesostris III)	8	–	2164	2172
아메넴헤트 III (Amenemhet III)	42	–	2172	2214
아메넴헤트 IV (Amenemhet IV)	9(3개월24일)	–	2214	2224
세벡네페프르네(Sebeknefrure)	3(10개월24일)	–	2224	2228

③ 족장시대(아브라함–요셉)와 이집트 왕조

* 아브라함은 75세(창조 후 2025)에 가나안으로 가라는 하나님의 명령을 받았으며, 아메넴헤트 1세의 마지막 통치 해(왕자 세소스트리스 1세와 공동통치)에 이집트로 가서 천문학과 수학을 알려주었다. 이때 하갈을 세소스트리스 1세가 아브라함에게 몸종으로 준 듯하다. 야곱 가족의 이집트 이주는 창조 후 2240년에 이루어졌다.

* 이집트의 제12왕조가 종료된 지 2년 후 요셉이 이집트의 총리가 되었다. 이 시기에 힉소스(Great Hyxos, 창조 후 2309–2240)가 침입하였다. 힉소스는 이스라엘 민족(에블라?)을 지칭한 것으로 보인다. 이집트 사가 마네토(Manetho, BC 3C)는 힉소스가 '동방에서 온 사람족'이라 했고, 요세푸스(Josephus, 90)는 이스라엘족이라 하였다. 그들은 이집트 동편에 거하던 그두라(Keturah)·미디언·아말렉·르우엘(Reuel) 등의 후손일 가능성도 있는데, 이들은 모두 아브라함의 후손이었다. 이집트는 힉소스 왕들을 아포피스(Apophis, 암흑을 다스리는 뱀신)로 비하했는데, 여기에는 들나귀(wild ass, 이스마엘 후손)라는 의미도 있다. 하트셉수트(Hatshepsut)는 힉소스를 아무(Amu, 아모리인)라 불렀는데, 거인족인 아낙의 후손이다(민 21:23). 람세스 3세는 한 파피루스 문서(The Papyrus Harris)에서 기근의 시기에 시리아인 야르수

(Yarsu, 요셉)가 지도자가 되어 토지를 몰수하고, 오사리시프(Osarisiph) 치하에서 13년간 이집트를 통치했다고 하였다.

* 힉소스는 투트모세 3세(Thutmose Ⅲ, 창조 후 2527-2539)에 의해 이집트에서 물러난 후(BC 1491) 팔레스티나를 340년간 더 다스렸다. 힉소스의 마지막 왕 아시스(Assis, 창조 후 2532-2580)는 여호수아에게 전사했는데, 성경에는 헤브론 왕으로 나온다(민 13:21, 수 15:14).

* 제18왕조(BC 1550?-BC 1292?)의 투트모세 1세(창조 후 2475-2487)의 공주 하트셉수트는 모세를 물에서 건져 왕자로 키웠다. 그녀를 괴롭힌 사생아 출신의 오빠 투트모세 3세는 출애굽 직전에 죽은 것으로 보인다. 그의 아들 아멘호테프 2세(Amenhotep Ⅱ)는 기원전 1463년에 여왕 티(Ty)와 결혼해 아메넴헤트(BC 1462)와 투트모세 4세(BC 1460)를 낳았다. 그는 출애굽 시 목숨은 구했으나 장자 아메넴헤트는 장자재앙으로 죽었다. 아멘호테프 4세는 아몬(Amon)을 버리고 아텐(Aten)을 섬겼으며, 자기 이름도 아크나톤(Akhnaton)으로 개명하였다(BC 1426).

* 출애굽 사건 이후 투트모세 4세는 히타이트의 위협에 대비하려고 미탄니(Mitanni, BC 1500-1300) 왕가와 대를 이어 혈연관계를 맺었다. 그는 미탄니의 왕 아르타타마 1세(Artatama Ⅰ)의 공주(Mutemuya)와 결혼했고, 그의 아들(아멘호테프 3세+Gilukhipa)과 손자(아멘호테프 4세+Tadukhipa)도 그의 뒤를 따랐다. 성경은 미탄니의 투쉬라타(Tushiratta)를 '메소포타미아의 왕 구산 리사다임'(Cushan-Rishathaim, 죄에 죄를 더하는 구산)으로 기술하였다(삿 3:8). 미탄니는 인도-아리아족의 조정을 받던 후르족이 세운 왕국이었다.

2. 창세기와 신화 및 사료로 복원한 서남아시아의 고대사

인류역사의 새로운 출발지인 서남아시아의 고대사를 창세기를 근거로 하고, 여기에 서남아시아의 신화와 점토판 문서 등을 비교해 복원하면 다음과 같다. 이러한 내용은 더 많은 자료에 의해 검증받아야 할 것이다.

2.1 천지창조

창세기는 천지창조로 출발한다. 그러나 사람들이 타락하면서 대홍수로 모두 멸절되었고, 홍수에서 생존한 노아의 후손이 오늘의 민족과 국가를 이루었다. 이것이 창세기(1-11장)가 말하는 홍수 이전의 원(原)역사이다.(4) 창세기의 족보에 근거할 경우, 아담의 출생에서 대홍수까지 1656년이 흘렀으므로, 인류는 6400여 년(1656+300-400+4400)의 짧은 역사를 가졌을 뿐이다. 이보다 더 오랜 역사를 주장하는 것은, 지질학자인 험프리(2003)(5)와 이재만(2013)(6)이 지적했듯이, 오류가 많은 방사성동위원소를 이용한 연대측정치를 따른 데 기인한다.

천지창조에 대해, 우리 고대사를 상술한 〈규원사화〉는 환인(안파견)이 조물주라 했고,(7) 신라의 〈부도지〉(符都誌)*2는 여신 마고(麻姑)가 여덟 소리를 변화시켜 천지를 만들었다고 하였다.(8) 이는 가인의 후예들이 여신을 만들어 창조주에게 대항한 흔적으로 보인다. 〈표훈천사〉(表訓天詞)*3는 암흑에서 태어난 빛으로부터 삼신이 나타나 다섯 신들(五帝, 천하대장군)을 통해 만물을 만들었다고 하였다.(9), (9-1) 수메르와 메소포타미아 창조신화는 엔릴과 마르둑이 천지를 창조했다고 하였다.

2.2 대홍수 이전의 도시국가들

창세기 3-4장에는 아담·하와가 선악과를 따먹고 에덴에서 추방을 당하는 장면이 나온다. 수메르신화에서는 에덴동산이 신들의 고향인 딜문(Dilmun, 바레인?)으로 나타난다. 그리고 타락한 아다무(Adamu)가 지혜의 신이 되었다고 하는데, 이는 아담이 선악과를 따먹고 선악을 구분하는 지혜를 갖게 된 사실을 연상시킨다. 아다무는 에아(엔키)의 아들로, 딜문에서 문화와 예술을 에리두로 가져왔다고 한다.

아담의 장남인 가인은 제사 문제로 아우(아벨)를 죽인 후 에덴 동편(Nod)에 성(城)을 쌓고, '에녹 성'이라 불렀다(창 4:17). 마찬가지로 에녹도 성을 증축하고 자기 아들의 이름(이랏)을 따라 에리두(Eridu)로 부른 듯하다. 에리두는 이랏(Irad)의 아람어 호칭인데, 이라크(Iraq)는 여기서 유래한 것으로 보인다. 수메르 전설에 의하면, '에리두는 왕권이 최초로 하늘에서 내려온 도시'라 하였다. 이는 에덴에서 쫓겨난 아담과 그 후손들(특히 가인 계열)이 성을 쌓아 최초의 도시국가를 만든 일을 연상시킨다(창 5:16-17).

바빌론 점토판 문서에 의하면, 에리두 인근에는 생명나무의 동산이 있었으나, 사람들이 들어갈 수 없었다고 하였다. 에리두인은 수메르인이 들어오기 전 그곳에 거주했던 '원 유프라테스인'이었다.(10) 오늘날 우리가 아는 에리두는 대홍수 후에 다시 옛 이름으로 세워진 수메르의 첫 수도를 지칭한다. 에리두에서는 엔키(에아)를 섬겼는데, 이는 엔(주인)과 키(땅)의 합성어로 바빌론 신화에서는 이오아네스(Ioanes, 토성, 까마귀)*4라 불렸다. 에리두의 뒤를 이은 왕국이, 할라프 문화의 중심지인 우바이드(Ubaid, BC 4000?-BC 3500?)였다. 이때부터 도시민(농민)이 농작물을 도시 밖 유목민의 낙농제품과 교환한 사실이 인안나(셈계 도시 출신)와 양치기(함계 유목민)

출신 두무지의 결혼설화에 나타나 있다.

한편 강단사학에서는 문화의 발전 단계를 구석기, 신석기, 청동기(BC 2500–BC 1200), 철기시대(BC 1200 이후)로 나눈다. 그러나 창세기(4:19–22)는 아담의 2대손인 에녹, 3대손인 이랏(에리두)의 때에 성을 쌓았고, 7대손인 라멕 가문 때 철을 제련하고 악기를 개발했다고 말한다. 점토판 문서인 〈웰드 프리즘(Weld Prism)〉*5은 대홍수 이전, 제1·2 왕은 에리두(Eridu)에서, 제3·5·6번째 왕은 바드굴구루(Badgurgurru, '구리 노동자의 도시')에서 백성을 다스렸다고 말한다(그림 1).(11), (12)

▲ 〈그림 1〉 웰드 프리즘(수메르왕명록) (옥스퍼드대학 에쉬몰리박물관 소장)

2.3 일곱 현인

〈수메르왕명록〉은 아다파(아다무, 아담?)를 제외하고 에리두(BC 5100–BC 4500?)를 다스린 일곱 현인(賢人)을 압칼루(Apkallu)라 불렀는데, 그들의 주인은 마르둑(Marduk, 태양신)이었다. 마르둑은 바빌론의 수호신으로, 예레미아서(50:2)는 벨(Bel)이라 불렀다. 한편 환인이 땅의 주신인 엔키(Enki, Ea)이며, 그가 화서고랑(華胥姑娘)과의 사이에서 복희(환웅·견우·바알·제우스·비슈느·토트·헤르메스)를 낳았고, 복희는 여와(직녀·월신 마고·서왕모)와 결혼했다는 주장도 있다.

창세기 5장에는 아담에서 노아에 이르는 신앙 계열(信仰系列)의 족장들이 나온다. 이와 병행해 아담의 장자인 가인 계열(不信系列)에 대해서도 기술하고 있는데, 가인-에녹-이랏(에리두)-므후야엘-므드사엘-라멕-야발·유발·두발가인으로 이어졌다(창 4:16-18). 가인 계열은 성(城)을 쌓아 도시국가를 세웠다. 따라서 〈수메르왕명록〉(BC 2100)에서 도시국가를 다스린 일곱 현인은 창세기에서 도시 문명을 주도한 가인 계열의 족장들을 지칭한 것으로 보인다(표 4).

▼ 〈표 4〉 대홍수 이전 도시국가를 다스린 현인들과 족장들

창세기 (아벨계)	창세기 (가인계)	7현인설	설베로수스 (바빌론 사제, BC 300)	문서 WBP (Nippur Tablet)	문서 WB 62	문서 WB-114 ISIN-D ?	문서 MS 2855
아담	아담	우안아다파	알롤로스	아울림	알룰림	알룰림	알룰림
아벨(→셋)	가인	우안두가	알라파로스	알랄마	알랄가르	알랄가르	에알가르
에노스	에녹	엔메두가	아멜론	에멘루안나	키둔누	엔멘루안나	아미루안나
게난(가이난)	이랏	엔메갈라마	암메논	키슈안나	아람마	엔멘갈안나	엔멘갈안나
마할랄렐	므후야엘	에메불라가	메갈라로스	엔멘갈안나	엔멘루안나	두무지	두무지
야렛	므드사엘	안엔일다	다오노스	두무지	두무지	엔씨파지안나	엔씨파지안나
에녹	라멕	우투압주	에도란쿠스	씨브저안나	엔씨파지안나	엔멘두루안나	엔메두루안키
므두셀라	야발·유발	-	암멤프시노스	에멘두란나	엔멘두루안나	우바르투투	우부르투투
라멕	-	-	오티아르테스	우부르라툼	쑤쿠루람	-	-
노아	-	-	씬수트로스	진쑤두	지우수드라	-	-

(여기서 문서는 점토판 문서를 뜻한다)

아담의 족보(창 5장)는 아담 · 에녹 · 므두셀라 · 노아 등이 점토판에 기록한 후 시파르(Sippar)의 한 지역에서 보관하다가 노아의 방주로 옮긴 것으로 추정되고 있다. 신학자인 김홍석(구약학, 그리스도신대)은 그의 학위 논문을 통해, 창세기 제1장의 날(히 yom)은 모두 '24시간의 하루'이며, 창세기의 족보(톨레도트)를 통해서도 인류역사가 6000여 년으로 매우 짧음을 확

인했다고 하였다.(12-1)

〈아시리아왕명록〉에 나오는 아시리아 초기 왕들의 이름도 창세기의 인물과 대체로 일치하며, 홍수 후의 왕들은 환국의 7환인과 연관된 것으로 보인다(표 5). 〈환단고기〉 '삼성기(상)' 는 환인(安巴堅)을 비롯한 일곱 임금이 환국(BC 7397?-BC 3897?)을 세웠다(吾桓建國最古)고 하였다. 이는 대홍수 이후에 고대 아시리아를 다스린 일곱 왕을 지칭한 것으로 보인다.

▼ 〈표 5〉 고대 지도자들에 대한 아시리아왕명록-창세기-환단고기의 연관성

아시리아왕명록(점토판 문서)	창세기 족장	7환인(환단고기)	참고사항
제1대 투디야(Tudiya)			Ibrium과 같은 시대(에블라 왕국)
제2대 아다무(Adamu)	아담(Adam)		투디아-아다무(신의 총애자 아다무)
제3대 얀기(Yangi)			Yangi Ghariz
제4대 키트라무(Kitlamu)			Shhlamu
제5대 하르하루(Harharu)			
제6대 만다루(Mandaru)			
제7대 임수(Imsu)			
제8대 하르수(Harsu)			
제9대 디다누(Didanu)			BC 2500-2000(?)
제10대 하누(Hanu)	에녹(Enoch)		
			하노크(Hanoch)
제11대 주아부(Zuabu)			
제12대 누아부(Nuabu)	노아(Noah)	나반(환인, 안파견) 아만(노아부인?)	대홍수(노아?) 아이사타(아라랏) 거주
제13대 아바주(Abazu)	셈(Shem)	혁서(赫胥)	Abuzu=Apsu, Azara(니누스)
제14대 벨루스(Belus, Belu)	니므롯?	고시리(古是利)	환국왕권 찬탈(?), 벨루스(?) 엔키(느보, BC 2206?)
제15대 아자라(Azara)		주우양(朱于襄)	
제16대 우쉬피야(Ushpiya)		석세임(釋甚壬)	Ashur신전(모세시기, BC 2030?)
제17대 아피라샬(Apirashal)		구을리(邱乙利)	
제18대 벨로쿠스(Belochus)		지위리(智爲利)	디오니시우스 시기

요세푸스의 〈아시리아왕명록〉은 사가 세팔리온(Cephallion)의 말을 인용해, 아시리아 왕 벨루스가 제우스를 위해 티탄족과 싸웠으며, 니누스가 뒤를 이었다고 하였다. 세미라미스(Semiramis)는 남편(니누스)을 죽이고 42년간 통치했다고 하였다. 그녀는 조로아스터(니누스?)와 싸워 이긴 후 바빌론에 처음으로 성벽을 쌓았다 한다. 더 나아가 자기 아들들을 죽였으나, 자

신도 한 아들(Zames, Ninyas)에게 살해되었다고 한다. 그리스와 아시아 지역을 통치한 이 왕국은 1240-1300년간 지속하다가 제35대 사르다나팔루스(Sardanapallus)에 이르러 메데(Medes)에게 멸망했다고 한다.

2.4 대홍수와 바벨탑 사건에 따른 인류 분산

2.4.1 아라타 왕국과 여신의 등장

노아가 600세 되던 해에 대홍수가 모든 사람과 문물을 수장시켰다. 이러한 대홍수 사건은 〈길가메시 서사시〉 등에 그대로 반영되어 있다. 홍수 후 노아의 방주는 아라랏산맥의 어느 고산지대에 정박하였다. 그곳에 홍수 후 최초의 도시국가인 아라타(Aratta) 왕국이 세워졌다. 학자들은 그곳을 아르메니아의 우라르투(Urartu)나 이라크 북부의 주디다그(Judi Dag)로 비정한다. 그런데 이 왕국에서 함족 일부가 상제(父神)에게 대항한 것으로 보인다. 그들은 여신상(女神像, 母神)을 만들어 인안나(Inanna, 하늘의 여왕)라 불렀다. 이것이 대홍수 후 여신에 대한 최초의 기록이다. 이러한 인류의 신에 대한 반역사건도 제우스가 부신(크로노스)을 내쫓은 후 신들의 왕으로 등극한 그리스신화에 잘 반영되어 있다.

대홍수 후 100-200여 년이 흐른 시점까지도 계속된 잦은 지진과 화산 활동으로 바닷물이 다량으로 증발했고, 엄청난 폭설이 남북극에 두터운 빙하를 형성한 것으로 보인다. 이에 따라 아라랏의 고산 지역에는 추위가 찾아왔고, 전 세계의 습윤사막(wet desert)에서는 물이 빠지면서 사막화가 급속히 진행된 것으로 보인다. 이 과정에서 매머드를 비롯한 거식 동물이 동사하거나, 빙하에 묻혀 멸절한 것으로 보인다.(13)

2.4.2 수밀이와 우루의 바벨탑 건설

환국에서는 노아와 셈족(桓族)의 신정정치(神政政治)가 이어진 것으로 보인다. 이에 대해 세속적 가치를 중시한 함계 수밀이와 우루족이 집단적으로 반발한 것으로 보인다. 그들은 환국을 떠나 힌두쿠시 고원을 넘어 서남쪽의 따뜻한 시날(수메르) 평지로 내려간 것으로 보인다. 그리고 함의 3대손인 니므롯이 거대한 탑을 쌓아 하늘 문(babili)으로 들어가려는 당찬 계획을 세운 것으로 보인다. 창세기(11:2)는 바벨탑을 쌓은 사람들이 동쪽에서 시날 평지로 내려왔다고 하였다.

한편 셈의 제4대손 에벨(Eber)은 벨렉과 욕단을 낳았는데, 벨렉의 출생 2년 후부터 니므롯이 시날(수메르) 평지에서 43-67년간 바벨탑을 쌓은 것으로 보인다. 먼 곳에서 이 소식을 전해들은 에벨(Eber)은 어느 날 장남 벨렉(Peleg)을 데리고 공사 현장을 향해 환국을 떠난 듯하다. 그러한 행위는 그의 차남인 욕단 가문에는 신앙의 포기로 보였을 것이다. 따라서 노아와 셈을 포함한 모든 문중이 일심으로 그의 이탈을 만류한 것으로 보인다.

그러나 에벨은 노아의 곁을 떠나 니므롯과 합류하는 길을 택했고, 이러한 이별 과정에서 아리랑이라는 구슬픈 가락이 탄생했다고 작가 김성일과 신학자 유석근 등은 주장한다. 아리랑은 하나님을 대적하는 바벨탑 공사에 합류하지 말라는 욕단 가문의 애원의 외침이었다는 것이다. 따라서 아리랑은 한국인만의 노래가 아니라, 바벨탑 사건으로 야기된 이별의 아픔을 간직한 온 인류의 한이 서린 외침으로 보인다. 창조과학자들은 바벨탑 사건 당시의 인구를 2-4만 명으로 추정한다. 에벨은 그 후 자신의 잘못을 깨닫고서, 자기 후손들을 이끌고 지중해변 자나안으로 이동해 신정 에블라 왕국을 세운 것으로 보인다.

최근에 해독한 〈에사길라 점토판 문서〉(Esagila clay tablets)는 니므롯이 43년간 바벨탑을 378m 높이까지 쌓았다고 하였다. 이는 국내에서 가장 높다는 롯데 제2빌딩의 높이와 유사하다. 다른 자료에는 1-13km라는 기록들도 있다. 실제의 탑 높이가 얼마나 높았는지 확인할 수 없지만, 4300여 년 전에 그토록 높은 탑을 쌓았다고 하니 니므롯의 야심과 능력에 대해 그저 놀랄 뿐이다. 그는 공사 제9년에는 갑자기 일단의 병력을 이끌고 북상하여, 메소포타미아의 20여 도시국가들을 점령해 고대 바빌론제국을 세운 것으로 알려져 있다.

탑이 점점 높아지자 하나님은 그들의 언어를 혼란케 하였다. 이에 따라 의사소통이 갑자기 단절되면서 공사장은 큰 혼돈과 공포에 휩싸여 작업이 중단된 것으로 보인다. 그리고 같은 말을 하는 사람들끼리 뭉치면서 72개의 어족(語族)이 탄생한다. 이러한 언어의 분화 현상은 세계 각처에 흩어져 있던 당시의 모든 사람들에게 동시에 일어났을 것이다. 이에 따라 각 어족은 그들의 주거지를 찾아 사방으로 흩어져 고대 국가를 세우게 되었다.

3. 환국과 배달국

3.1 환국

우리 민족은 우랄-알타이어족에 속한다. 이로 추측하건대 우리 조상은 아라랏산맥에서 우랄과 알타이산맥 사이의 듀란 평야로 내려와 거주한 듯하다. 그곳에 머물다가, 티베트를 거쳐서 다시 해 돋는 바이칼호반까지 거주 영역을 넓힌 것으로 보인다. 이 시기까지 셈계의 환족은 물론, 함족과 야벳족의 일부도 동행한 것으로 보인다. 이때부터 여러 씨족(氏族)이 나타난 것으로 보인다.

〈환단고기〉가 말하는 환국은 12제후국으로 구성되었다고 하였다. 그 중에서 함계의 수밀이와 우루가 시날 지방으로 내려간 것으로 보인다. 창세기(11:2)는 그들이 동쪽으로부터 시날 평지로 들어왔다고 하였다. 서남아시아 연구의 권위자인 크래머(S. N. Kramer, 1897-1990)도 수메르인이 동방의 산악지대에서 내려왔다고 했고,(14) 성경주석가인 반즈(E. M. Burns, 1973)는 천산산맥에서 왔다고 하였다.(15) 수메르의 동쪽은 천산산맥에서 바이칼호에 이르는 환국의 영역과 일치하므로, 이에 대한 후속 연구가 필요한 것으로 보인다.

3.2 배달국

같은 시기에 〈삼국유사〉 권1 '기이'는 고기(古記)를 인용해, 마지막 환인(桓因)의 명으로 환웅(居發桓, 커발한)이 환국의 천부인(天符印)을 가지고, 우사·운사·풍백과 더불어 3천의 배달겨레(batar gere, 영웅민족)를 이끌고 동쪽으로 갔다고 하였다. 천부인이란 정권의 정통성을 보증하는 국새(옥새)로 보인다. 그는 태백산 신단수(神檀樹) 아래에 신시(神市, holy city)를 세우고 삼신 상제를 섬기는 배달국(18대, 1565년)을 세웠다. 태백산은 신령한 산으로, 〈삼국유사〉는 묘향산이라 했지만, 요녕성에 있는 노노호아산(醫巫呂山, 금주)이라는 설도 있다. 그러나 태백산은 우리 조상의 소를 잡아 제사를 드렸던 흰 눈으로 뒤덮인 백두산(白頭山)을 총칭한 것으로 보인다. 환웅은 홍익인간(弘益人間)과 재세이화(在世理化)의 이념으로 나라를 다스렸다.

어느 날 환국의 선주민인 호족(虎族)과 이주민인 웅족(熊族)의 족장이 제18대 거불단 환웅(居弗檀, 檀雄, BC 2380?)에게 찾아와 환족의 일원으로 받아

주기를 간청하였다. 환웅은 환족이 되는 조건으로 쑥과 마늘을 먹고 100일 동안 동굴에서 심신을 깨끗하게 하는 정결의식을 치르도록 하였다. 웅족 족장은 21일간 정진했으나, 성질이 급한 호족 족장은 이를 거절하고 그곳을 떠났다. 환웅은 웅족을 받아들였고, 웅족의 공주를 황후로 맞이하였다. 그들 사이에서 태어난 아들이 단군왕검인데, 요임금(BC 2333?)과 같은 시기였다. 배달국을 세운 거발환(居發桓, BC 3897?) 환웅은 대홍수에서 생존한 노아(Noah)나 셈(Sem)으로 추정되지만, 일각에서는 황제 헌원으로 추정하기도 한다. 필자는 환웅을 셈으로 추정한다.

3.3 단군왕검과 단군조선

신학자 유석근(2003)은 벨렉의 아우 욕단(Joktan)을 제1대 단군으로 추정하였다. '예수원'을 설립한 영국성공회 신부 대천득(R. A. Torey, 1988)도 욕단을 단군으로 비정하였다. 다른 일설에서는 단군을 이스라엘의 12지파의 하나인 단(Dan)으로 추정하기도 한다. 단군은 '밝달(배달) 임금'의 이두식 표현이다. 이 박달(檀) 나무(樹)가 신단수(神檀樹)가 되었고, 밝달 임금이 단군임검(배달임금)이 되었다. 이것을 한자로 단군(檀君)이라 표기한 것이다. 〈동국여지승람〉은 "단군은 배달나라 임금의 칭호이므로, 그 나라를 잇는 임금을 모두 단군이라 일컫는다"고 하였다.

그러나 승 일연은 북부여를 세운 해모수(解慕漱)를 단군으로 비정하였다.(16) 해모수는 자신을 '천제의 아들'이라 하였다. 그의 아들 해부루(解夫婁)는 히브리(Hebrew)와 발음이 유사한데, 이는 그가 히브리인임을 잊지 않으려고 그렇게 이름을 지은 것으로 보인다. 고구려를 세운 주몽은 해모수의 직계 자손이다. 따라서 고조선을 계승한 북부여를 세운 부여족의 지도층은 히브리인일 가능성이 높다. 더 나아가 해모수의 조상인 단군왕검과 환웅 및 환인도 해씨(解氏)를 표방한 에벨의 후손일 가능성이 크다.

4. 우리 고대 국가와 중동아시아의 연관성

4.1 최동(崔棟, 1966) 등의 주장

재야 사학자 최동(연세대, 1966)은 한국인의 조상이 우랄-알타이어족으로, 두 산맥 사이의 듀란 평지에 거주했던 고대 아시아인(Duranese)이라 하였다. 그 중 알타이어족은 동쪽으로 더 나아가 바이칼호 주변에 환국(桓國)을 세웠다. 그런데 환국의 12제후국 중 서쪽의 수밀이와 우루가 서남쪽으로 이동해 수메르(Sumer)와 우룩(Uruk)으로 독립한 것으로 보인다. 그들의 인솔자는 함과 그의 아들들(구스 · 미스라임 · 붓 · 가나안)이었다. 함의 장남 구스(Cush)는 수메르에 최초 국가인 우룩을 건설하고 첫 왕으로 등극한 메스키아그카세르(Meskiagkasher: 대장장이 구스)로 추정된다. 그런데 그의 아들(Enmerkar: 사냥꾼 니므롯)이 갑자기 쿠데타를 일으켜 제2대 왕으로 등극하면서, 그곳에 바벨탑을 세워 하나님께 대항한 것으로 보인다. 권좌에서 아들에게 추방당한 구스는 아우들과 함께 갈대배로 아라비아해를 건너 아프리카의 푼트에 상륙해, 그곳에 함족의 나라들(수단 · 에티오피아 · 이집트 · 리비아 등)을 세운 것으로 보인다.

같은 시기에 환국에서는 환웅이 환인의 명을 받들어 송화강 유역에 신시(神市)와 배달국을 건설하였다. 이는 배달국이 삼신 하나님을 섬기던 신정국가였음을 의미한다. 배달국(알타이어족)은 인구가 증가하면서 퉁구스계(만주 · 여진 · 말갈), 흉노계(터키 · 몽골) 및 동이계(조선 · 왜)로 나뉘었다.

배달국의 제14대 천왕 자우지(치우, 蚩尤)가 탁록에서 같은 동이족이면서 화하족을 이끈 황제(黃帝)와 오랜 전투(BC 2600)를 치렀다. 그 과정에서 동이족은 세 갈래로 나뉘었다. 첫째 무리는 북경·산동 지역으로, 둘째 무리는 조선반도로, 셋째 무리는 요하·대릉하·요동으로 이동한 것으로 보인다.(17) 환웅의 직계손인 단군왕검은 동이계 중심의 고조선을 세웠고, 소도(蘇塗)를 만들어 삼위 하나님께 제사를 지냈다.(18) 이처럼 동이족은 천손족이었고, 농경과 철기 및 흑도문화(黑陶文化)를 이루었다. 고조선의 국통은 북부여로 이어졌다. 동이족은 그밖에도 숙신(주신)·예·맥·한·옥저·삼한·가야·야마토를 세웠다.

수렵을 하던 퉁구스계(Tungus, 만주족)의 여진족(女眞族)은 금·청(한자음으로 모두 Chin) 제국을 건설했는데, 이러한 명칭은 우리의 진국(辰國, Chin)에서 차용한 것으로 보인다. 유목민인 흉노족(匈奴族)는 흥안령 서쪽에 정착하였다. 이들에 대해 주나라는 훈유(葷粥)나 히엔윤(玁狁), 수나라는 돌궐(突厥), 한나라는 흉노(匈奴)·북적(北狄)·서융(西戎) 등으로 비하해 불렀다. 이들은 5호16국 시대에 중국 대륙의 여러 국가들과 터키 및 헝가리(Hungary)를 세웠다. 타타르계(Tartar) 몽골족은 선비·오환·거란으로 다시 나뉘었다. 흉노의 일파인 선비족(鮮卑族)은 전연·후연·북연·후조·후위를 세웠다. 몽골과 퉁구스의 혼혈인 거란족(契丹族)은 야율아보기(耶律阿保機, 872–926)에 이르러 만주를 통일하고 요(遼)를 세웠다.

이처럼 한국인의 주류는 듀란 평야에 거주하던 고대 아시아인의 후예로, 천산남북로와 시베리아를 거쳐 송화강 유역에 정착했던 신시베리아인이었다. 중국 고전에서는 동이족을 구이(九夷·九族·九黎)라 불렀고, 한나라 때부터 동방구이(東方九夷)를 퉁구스계(말갈·여진·읍루), 몽골계(동호·거란·선비), 동이계(부여·고구려·삼한·왜)로 다시 구분하였다. 최남선은 동아시아 문화는 지나계 문화권(중국문화권)과 범알타이계의 불함문화권(不咸文化圈)이 주도했다고 하였다. 따라서 몽골·한국·일본으로 이어지는 쥬신계의 민

족들이 연합해 중국에 대응하자고 제안한 바 있다.(19),(20)

4.2 김성일의 주장

기독교 작가인 김성일은 〈한민족기원대탐사〉(1999), 〈홍수이후〉(1990-1997), 〈성경으로 여는 세계사〉(2004) 등에서 대홍수 후에 욕단의 후손(3,000명)이 아라랏산을 넘어 동진했다고 하였다. 이때 욕단의 식솔들이 큰집인 벨렉 가문을 향해 하나님을 반역하려는 니므롯의 음모에 가담하지 말고 돌아오라고 부른 노래가 아리랑이라고 하였다. 그러나 그들이 돌아오지 않으므로, 아라랏산맥을 떠나 우랄-알타이(有熊國)를 거쳐 시베리아의 아사달(阿斯達)로 이동했다고 하였다. 그곳까지 동행한 야벳계와 구스계의 일부는 우수리(블라디보스토크)에서 다시 셈족과 헤어졌는데, 이들을 인솔한 사람이 요(堯)와 순(舜)이라고 주장한다.

그는 장자 아수르(Asshur)가 니므롯에게 장자권(長子權)을 빼앗겼기 때문에 새 땅을 찾아 떠나겠다고 니므롯에게 청원해 허락을 받았을 것이라 하였다. 그리고 신앙의 지도자들(우사·운사·풍백)과 함께 제사용 칼과 거울(제사장의 성결 의미) 및 씨앗(무궁화 포함)을 가지고 동방으로 떠났다고 하였다. 마곡 땅에서 셈족과 야벳계 일부(곡·두발·메섹)가 이탈했지만, 이들의 행렬에는 야벳계와 함계 일부 및 아카드의 후손이 합류했다는 것이다.(21) 그는 요(당요, 唐陶)가 함계 족장인 드단(Dedan)이고, 순(하우, 夏禹)은 하윌라(Havilah)로, 고수(鼓搜, Cush)의 후손들이라 하였다. 그리고 중국 사료를 근거로 고신(高辛) 제곡(Gog)이 소호 지(摯)와 요(堯)를 낳았다고 하였다.

한편 〈산해경〉 '대황동경'(大荒東經)에 따르면 소호의 나라는 동해 밖에 있다고 하였다. 서량지(徐亮之, 臺灣大)는 소호(摯)가 새를 귀중히 여긴 셈계 동이족이며, 마곡에서 요동을 거쳐 산동반도로 이주한 것으로 추측하였다.

김성일은 소호가 금천씨(金天氏)이며, 가락국 시조 김수로와 신라 김씨의 시조라 하였다. 그리고 복희(노아)의 역법과 농사법을 전수한 신농(神農)을 셈(Sem)으로, 불을 발명한 수인(燧人)을 두발가인으로, 전욱을 셈족의 지도자로, 제곡은 마곡의 지도자로 추정하였다. 그리고 환인은 황제 헌원(軒轅)이며 아수르의 장자권 탈취자인 니므롯으로,(21) 환인의 서자 환웅은 니므롯에게 장자권을 빼앗긴 아수르(Asshur)라 하였다.

그리고 셈족을 따라 이동한 함과 야벳계의 일부(漢族)가 양사오문화(하남성)를 남겼고, 셈계가 이들을 신앙적으로 지도하려고 동방으로 파견한 소호 금천씨의 후손들(동이족)이 룽산문화(山東省)를 이루었다고 하였다. 한편 함족인 요(陶)는 순에게, 순은 우에게, 우는 계(啓)에게 왕위를 물려주었다고 한다. 그 후 야벳계 진시황이 중국을 통일하고 만리장성을 쌓으면서 동이가 나뉘어 쇠퇴했다고 하였다.

김성일은 〈요벨서〉 제8장을 근거로, 셈계 아르박삿의 아들 가이난이 점성술에 빠져서 니므롯의 바벨탑 축조에 참여한 것으로 추리하였다. 이에 대로한 아르박삿이 족보에서 아들의 이름을 삭제했다는 것이다.

> "아르박삿의 아들 가이난은 아버지에게서 글을 배운 후 도시를 공략할 수 있는 곳을 찾아다녔다. 그는 옛날 사람이 바위에 새겨놓은 비문을 발견하고 그 내용을 읽고 해석했는데, 그로 인해 죄를 범하게 되었다. 거기에 기록된 내용은 점성술의 가르침이었다…… 가이난은 마대의 딸 메루가와 결혼해 아들 셀라를 낳았다. 그리고 가이난의 아우 게세대는 에벨이라는 아들을 낳았다. 에벨은 나중에 네브로데의 딸 아스라데와 결혼해 아들 벨렉

을 낳았다." 〈요벨서〉 제8장

위의 내용으로 보건대 아르박삿은 가이난을 파문하고 손자 셀라를 후계자로 삼았으며, 셀라는 다시 사촌 에벨을 후계자로 삼은 셈이 된다. 에벨의 후손은 하란에 에블라(Ebla) 왕국을 세웠으나, 혯족에게 망하면서 다시 유랑의 길을 떠났다고 하였다.

김성일은 윤내현의 〈고조선 연구〉를 인용해, 환웅에게 찾아와 사람이 되게 해달라고 빌었던 곰은 쑥과 마늘로 연명하며 고난을 이겨낸 유웅족(有熊族)이며, 호랑이는 추위와 배고픔을 견디지 못하고 따뜻한 타림분지와 인도로 내려간 구스족과 야벳족의 일파라 하였다. 힌두쿠시에서 야벳족은 힌두(Indus) 지역으로, 구스족(Kush)은 타림분지로 다시 갈라졌는데, 힌두로 침투한 야벳족이 아리안(Aryan)이라는 것이다.

아리아족은 성적 문화를 즐기던 드라비다족을 카스트 제도로 통치했으나, 나중에는 그들의 신앙을 수용한 베다경(Veda)을 만들어 하나님을 브라흐마(창조신)로 바꾸고, 시바와 비슈누(태양신, 루시퍼)를 브라흐마와 동격으로 인정한 삼신일체(Trimulti) 신앙을 수립했다는 것이다. 여기에 마리왕국의 윤회설(輪回說)을 가미해, 원주민들이 카스트 신분을 운명으로 받아들이도록 유도했다는 것이다.

필자가 많은 자료들을 종합해 판단한 바에 의하면, 인도-아리아인들은 여호와께 대항하는 수단으로서 소와 양의 희생제를 없애기 위해 윤회설을 도입한 것으로 보인다. 그 결과, 인도의 힌두교에서는 제물인 소를 섬기는 성우(聖牛) 신앙이 나타나게 되었다. 그리고 니므롯의 바벨탑을 피라미드와 불탑(파고다) 등의 형태로 변형해 계속 건설한 것으로 보인다.

4.3 유석근의 주장

신학자 유석근은 〈또 하나의 선민 알이랑 민족〉(2003)에서 우리 민족의 기원을 다음과 같이 설명하였다.(22)

(1) 에벨의 차남인 욕단의 후손은 아라랏에서 파미르고원-천산산맥을 지나 스발(Sphar)산맥 동편으로 이동하였다(창 10:30). 스발은 동방의 새 벌(새 땅, 새 벌)인 시베리아로, 여기에서 '배달'이 유래하였다. '배'는 붉다(광명), '달'은 땅으로, '광명의 본원지'를 뜻한다. 시베리아의 옛 명칭은 시비리로, '시'는 새(新), '비리'는 벌(平野)이라는 뜻이다. 이곳을 러시아가 16세기에 강점했고, 영국인이 시베리아로 개칭하였다. 요세푸스(92)도 욕단의 후손이 코펜(Cophen)에서 인도강(인더스) 유역에 거주했다고 하였다.(23)

(2) 욕단의 후손은 바이칼호에서 온 북방계 아시아인이며, 바이칼호는 우리 민족의 중간고향이다.(24) '서울'은 '새벌'에서 유래했고, '밝고 새로운 땅'이라는 뜻이며, 그곳에 신시(神市)를 세웠다. 그들을 인도한 욕단이 단군(BC 2333)이다.(25)

(3) 그들은 위협을 받을 때마다 '알이랑' 신앙으로 이겨냈고, 환한 동방에 신시를 건설하려고 머나먼 동쪽 끝까지 이동한 것이다. 욕단의 후손이 메사에서 스발산맥 동편으로 이동한 직접적인 동기는 많은 사람이 니무롯을 따라 바벨탑을 쌓으려고 메소포타미아로 들어갔기 때문이다. 그들은 큰 집(벨렉)을 향해 하나님께 대한 반역에 참여하지 말고 되돌아오라고 외쳤다. 이 과정에서 '아리랑'이라는 구슬픈 노래가 탄생하였다. 그들은 마침내 한밝산(太白山, 白頭山)에 환(桓)한 나라(桓國, 韓國)를 세웠다. 그 민족이 환족(한족·배달족·조선족)이다.

(4) 그들은 흰 옷을 입고 백두 산정에서 하나님께 제사를 드렸다. 제일 백두산은 아라랏(해발 5,137m)이며, 제2 백두는 천산산맥의 텡거리(해발 6,995m), 제3 백두는 함경도의 백두산(해발 2,744m)이다.

(5) 욕단은 시베리아를 하나님이 '주신 땅' 이라 믿었으므로 '주신' 이라 하였다. 세월이 지나면서 '주신' 이 〈만주원류고〉에서는 주신(珠申)으로, 신채호 등은 숙신(肅愼)으로, 지금은 조선(朝鮮)으로 변하였다. '조선' 의 고대어는 '주신' 이었다.

4.4 최문석의 주장(26)

인터넷 커뮤니티에서 활동하는 최문석은 우리 민족이 메소포타미아에서 이주한 증거로서 언어, 도구, 매장문화(황토), 새 문화, 무궁화, 의복(핫바지) 등을 든다. 참고로 창세기와 연계한 동아시아 고대사 관련의 흥미로운 그의 주장 몇 가지를 소개한다.

* 〈환단고기〉에서 나반(노아)과 아만(부인)이 만났다는 아이사타는 방주가 머문 아라랏산이며, 그들이 낳은 환인(안파견, 아버지)이 아수르(Asshur)이다. 환인의 아들 혁시(赫胥)는 아수르의 제15대 아자라(Azarah? 赫胥里, 耶律, Ninus)로, 아시리아를 실제로 창건한 인물이다. 아수르왕명록(AKL)에 나오는 그 이전의 왕들은 조상들의 이름을 나열한 것에 지나지 않는다. 아수르의 제14대 벨루스(Belus)는 환국에서 불법으로 왕권을 찬탈한 제3대 고시리(古是利)이다.

* 니므롯이 바벨탑을 쌓고 백성을 학대하자 장자권을 행사할 수 없었던 셈의 장자 엘람과 차자 아수르 가문이 동방으로 이동하였다. 엘람인은

제사장직, 아수르는 기마족으로 군사와 행정을 분담하였다. 그래서 창세기 11장은 그곳에 잔존한 셋째아들 아르박삿 가문의 족보를 중심으로 기록한 것이다. 셈의 다른 후손(아수르 일부·아르박삿·룻·아람)은 메소포타미아에 남아 니므롯과 싸웠으나, 모두 정복되었다.

* 셈족이 이동할 때 야벳계는 야완과 디라스만 남고 나머지 다섯 족속(고멜·마곡·마대·두발·메섹)은 셈족을 따라 북상하였다. 러시아 평원에서는 마곡·두발·메섹족이 그곳에 잔존했고, 고멜은 서쪽으로, 마대와 함족의 일부는 셈계를 따라 동진하였다.

* 그들이 거친 메소포타미아–터키–중앙아시아–시베리아–바이칼호–만주–한반도에는 흑요석, 빗살무늬 토기, 채도, 새와 곰의 신화, 쑥과 마늘이 공통적으로 나타난다. 한민족은 아시리아·엘람·아카드의 후손으로 아수르의 장자인 니니아스(난나) 태자의 인도로 아사달까지 이동했는데, 그가 곧 환웅이다. 그 후 야벳계 일부는 인도로 들어갔고(虎族), 일부는 한족(漢族)에 동화되었다.

* 〈환단고기〉 '삼성기' 에 "환국은 천해(天海, 지중해?)의 동쪽에 있고, 백산(白山, 천산?)과 흑수(黑水, 흑해?)가 있다"고 하였다. 따라서 환국은 메소포타미아에 있었던 아시리아(BC 2400)를 지칭한다. 아수르는 '태양이 뜨는 곳', 즉 환국이라는 뜻이다. 〈환단고기〉 '삼성본기' 에 환국이 세워진 사백력(斯白力, '새벽')은 시베리아가 아닌 아수르이다.

* 복희(노아)가 소전(少典, 帝俊, 셈)을, 소전이 염제 신농(장자, 엘람)과 황제 헌원(次子, 아수르)을 낳았다. 환국을 세운 환인(Huan-yin)이 곧 헌원(Hsuan-yuan)으로, 성이 공손씨(公孫氏, 곰의 자손), 이름은 제홍(帝鴻), 호는 유웅이다.

셈의 장자 엘람(Elam)이 신농(엔키?)으로, 자그로스 산악에서 최초로 도자기를 구웠고(逸周書, 太平御覽), 제련과 농사 및 목축을 했으며, 소뿔을 가진 인물로 그려지곤 한다. '소(쇠)머리'가 '수메르'로 변하였다. 그들은 활을 잘 쏘았으며(사 22:6, 렘 49:35) 수메르 문명을 이루었다.

* 〈춘추하씨전〉은 신농의 아들이 직신(稷神)으로 숭배를 받은 주(柱)라 하였다. 금문학자 낙빈기(駱賓基)도 〈금문신고〉(金文新攷)에서 신농의 아들이 주(柱)이며, 그 후손이 강족(羌族)이라 하였다.(27) 주(柱, 치우)는 판천전투(阪泉戰鬪)에서 헌원에게 전사한 유망(楡罔, 槿株)으로 추정된다.

* 주는 우바이드 이후 수메르를 재통일했으나 가나안 공주(Enme-baragesi?, ishtar?)를 왕비로 맞이하면서 타락하였다. 공주는 신성한 점토판 문서들을 파괴하고 지구라트를 세웠으며, 자신을 여신으로 섬기게 했고 왕권을 기시(Kish, 冀州)로 옮겼다. 이 나라의 제13대 왕 에타나(Etana)가 사실은 제1대 왕 주(柱)이며, 제1-12대, 14-23대 왕은 허구이다. 주는 악카(Akka)를 낳았다.

* 기시(Kish)는 쿠스(Cush)에서 유래하였다. 그는 주왕이 수메르(함족)를 잔혹하게 멸망시키사, 주에게 가나안 여인과 술(Kash)을 보내 타락하게 만들었다. 쿠스의 아들 니므롯은 주에게서 영토를 할당 받아 우루크를 세웠다.

* 셈계 족장들(엘람·아수르·아르박삿·룻·아람)이 주왕에게 선정을 권했으나 무시하자, 10년간 판천(라가시?)에서 전투가 벌어졌다. 아버지 셈의 명령을 따라 주(紂)를 징벌한 사람이 아수르(Asshur, Ninurta, Malduk)로, 곧 환인(헌원)이었다. 중국에서는 주를 치우와 동일시하지만, 한국에서는 신농의 나라를 벌한 사람이 치우(Shem, Zeus?, Deus?)로 나온다. 전투에서 패한 주왕은 기

시(空桑)를 거쳐 낙읍(洛邑, 라가시)으로 도주했다가 부인에게 살해되었다. 그 후 주왕의 후손(엘람족, 羌族, 姜族)은 남중국(衡山, 長沙市)으로 이주해 청동기(大禾人面方鼎)에 금문을 새겼다(사진 1). 여기서 대화(大禾)는 주왕을 지칭한다.

▲ 〈사진 1〉 주(紂)를 경계한 청동화로(大禾人面鼎)

* 헌원이 같은 동이족인 신농국과 싸운 이유는 타락한 신농국을 징벌하기 위한 것이었지만, 치우·과보·형천과의 전투는 권력욕 때문이었다. 〈산해경〉은 형천(刑天·刑夭)은 기굉국(奇肱國, Akkad?) 사람으로 신농국의 신하였는데, 헌원에게 패했다고 전한다. 헌원은 진짜와 가짜 두 명이 있었던 것으로 보인다. 〈황제내외경(黃帝內外經)〉을 저술한 황제와 전쟁을 즐긴 황제가 공존할 수 없기 때문이다.

* 승전한 헌원(앗수르)은 수메르·우루크·칼레·아카드를 우르크 성주 니므롯에게 맡기고 귀국하였다. 그러나 니므롯(닌우루타?, 길가메시?, 바알?, 헤라클레스?)은 바벨탑(軒丘)을 쌓았으며, 가나안의 도움을 받아 맹수를 앞세우고 아수르를 정복하였다. 이때 니므롯이 가짜 아수르 왕의 역할을 한 것으로 보인다. 진짜가 가짜에게 살해될 때 왕비 누조(뇌조, 신농의 딸)도 같이 죽

었고, 가짜(니므롯)가 서방 여인(西陵之女)을 왕후로 맞이하였다. 그래서 〈삼국유사〉에서 환인(헌원)의 아들인 환웅(현효?, 소호?, 니니아스?, 난나?, Sin?, Suen?)을 서자로 기술한 것이다.

* 가짜 환인(니므롯)은 어린 환웅을 후계자로 키웠다. 니므롯과 히람(Hiram)은 인본주의로 세계를 정복하려는 프리메이슨(Free Maison)의 시조가 되었다. 라가시 왕 구데아(Gudea)는 니므롯을 기리는 닌우루타 신전을 세웠다.

* 니므롯(니누스 ←닌우르타?)은 서자 니니아스(환웅)의 이름을 따서 새 수도를 니느웨(니네베)라 했고, 자신을 엔릴, 부인을 닌릴, 환웅을 월신 난나로 신격화하였다. 성장한 환웅(니니아스?, 니니기?)은 아르박삿(河伯?) 가문을 통해 자기 친부 아수르가 니므롯에게 살해된 사실을 알고서 여러 족속을 거느리고 동방으로 떠나게 되었다. 은나라 왕족 후예인 무씨의 사당 무씨사(武氏祠, 泰山)의 벽화에는 이러한 내용이 잘 그려져 있다. 당시에 니므롯에게 반기를 들고 서북쪽으로 떠난 에벨족은 시리아에 에블라 왕국을 세웠다.

* 요·순·하·은·주의 왕들의 치적을 다룬 〈서경(書經)〉과 〈시경(詩經)〉(BC 720)에는 헌원에 관한 내용이 없지만, 한나라 때 저술한 〈한비자〉(BC 2C), 〈관자(管子)〉, 〈장자〉(莊子), 〈상군서(商君書)〉 등에는 헌원이 중국인의 시조가 아니고 먼 서쪽의 네모난 탑과 뱀들이 둘러싸고 있는 밀산의 헌원국에서 온 사람으로 나온다. 북적(北狄)과 견융(犬戎)의 조상이거나 동방의 황제 제준(帝俊)의 아들(帝鴻)로도 나온다. 〈산해경〉이 말했듯이 제홍은 백민(白民, 韓民族)의 조상이다. 헌원은 누조에게서 창의를 낳았고, 창의는 한류(韓流)를 낳았다. 따라서 그는 한민족의 조상인 환인과 같은 인물이다.

춘추전국시대에는 헌원(환인)에 대한 전설이 유행했으나 진시황이 분서갱유를 통해 그러한 책들을 태워 없앴다. 한나라는 사마천에게 헌원을 중국인 조상으로 포장하고, 신농과 복희를 삭제했으며, 헌원을 오제에 삽입하도록 조정한 것으로 보인다.

* 〈산해경〉에는 수메르에서 우바이드문명을 세운 공공족(共工族)이 신농의 후손으로 나온다. 그들은 엘람의 침입으로 인더스 유역으로 가서 인더스문명을 이루었다.

* 코르사바드 궁전에서 발견한(1932) '아시리아왕명록'에는 17명의 왕이 나온다. 제1, 2대(Tudiya=Adamu, 신의 총애자 아담)는 아담, 제10대 하누(Hanu)는 에녹(Enosh, Hanok), 제12대 누아부(Nuabu)는 노아(Noah), 제13대 아바주(Abazu, 현명한 아버지)는 안파견(Abzu, Apsu, Abba), 즉 환인(헌원?, 아수르?, 니누스?)이다. 아수르의 아들 난나(Nannar, Ninias)가 환웅이며, 환웅의 계모가 세미라미스(Semiramis)이다.

* 〈사기〉 '오제본기'는 헌원의 장자가 현효(帝嚳, 소호), 차자가 상아(기)라 하였다. 헌원의 정비는 신농의 딸 누조인데, 헌원은 신농의 부인(황아)과 불륜을 저질러 현효를 낳았고, 그 때문에 헌원은 티그리스강가(軒丘?)로 추방되었다. 이를 모티브로 '견우와 직녀 이야기'가 만들어졌다. 그는 환국에서 동쪽으로 떠나 신단수 아래 신시를 세웠다.

* 아라랏에서 한반도에 이르는 곳마다 우스(약속의 땅)라는 지명이 많다(우스토브·우스펜스키·우즈베키스탄·우수리·우스문). 이는 그들이 이동 과정에서 그곳을 약속의 땅으로 착각했기 때문이다. 우리 민족은 송화강 인근 하얼빈을 우스달(아사달)로 여기고 고조선을 세웠다. 그들은 이동 과정에서 즐

문토기(빗살무늬토기)와 채도 및 흑요석을 남겼다(그림 2).

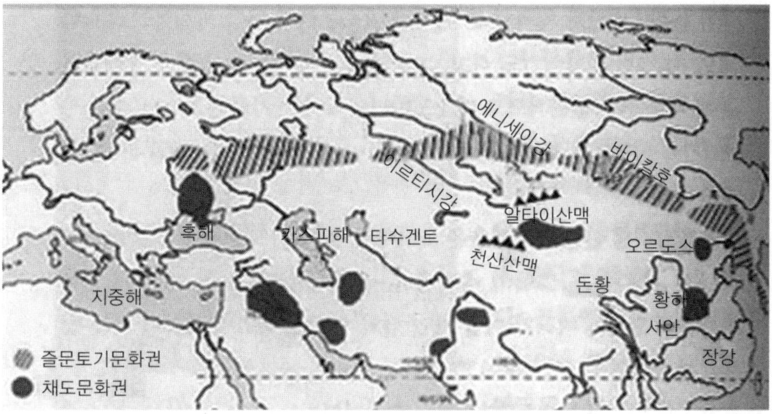

▲ 〈그림 2〉 중동에서 한반도로의 민족 이동 과정을 보여주는 즐문토기와 채도

＊ 셈족의 제사장 나라(산동)에서 중국으로 파견한 사람이 소호 금천씨였다. 단군조선의 왕자 부루, 김수로왕, 김유신 등은 그 후손으로, 동이족이었다. 그들이 가야(42)를 세우고 철기문화를 발전시켰다. 금천씨 무덤은 현재 태산에 있다.

＊ 〈사기〉와 〈신선통감〉 권3에 의하면 순(舜)의 제자 우(禹)가 형산에서 창수사자(蒼水使者, 夫婁)로부터 금간옥첩(金簡玉牒)을 받아, 전기와 역법을 동방의 것에 맞추었다고 하였다.

＊ 제6대 단군 달문(達門)은 딜문(Dilmun), 제9대 아술(阿述)은 아수르(Ashur)를 뜻한다. 진시황은 비단길을 통해 들어온 용의 문화를 수용해, 황제의 깃발인 봉도등(鳳圖騰)을 용도등(龍圖騰)으로 바꾸고, 분서갱유를 하며 삼신상제와 결별하였다.

* 고구려인은 '하백의 자손'으로 자처했는데, 이는 '해밝(빛)의 자손'이라는 뜻이다. 그러나 불교가 들어오면서(372) 삼신신앙이 쇠퇴하자 〈규원사화〉는 이렇게 개탄하였다.

> "상제를 섬기는 신앙이 사라지고, 이제는 삼신과 제석을 숭상하는 풍습이 성행하였다. 매년 10월이 되면 햇곡으로 떡을 쪄서 귀신에게 드리고 복 받기를 빌었다. 이것이 삼신일체 하나님을 섬기던 선조들의 신앙에서 온 것인데 변질이 되어서 이제 하나님이 아닌 귀신을 섬기고, 장수와 부귀를 무당과 박수에게 부탁하니, 이것은 옛 풍속의 찌꺼기로서 커다란 폐단이다."
>
> 〈규원사화〉 '단군기'

* 일본의 우두천왕 소잔명존(素盞嗚尊, 스사노오)은 복희(노아)의 아들 소전(少典, 신농, 셈)이다. 알타이의 홍수신화에도 나마(노아)의 세 아들인 소준 눌(Sozun-Nul)·살 눌(Sal-nul)·바릭스(Balyks) 등이 나온다.(28) 장자 소준 눌이 소전이며, 제홍의 아버지 제준이다.

* 북미 인디언의 말은 한국어에서 유래한 것이 많다. 토론토는 '토론터'(토론 장소), 코네티컷은 '큰 내터 가', 아파치는 '아버지', 요세미티는 '웅주마티', 즉 '웅수 많지'(곰이 많지)에서 유래하였다.

* 야벳계에서 마대(Madai)는 자그로스와 이란고원에 남았고, 일부는 아르메니아와 소아시아에, 다른 일부는 셈을 따라 동으로 이동하였다. 셈계 환웅(니니아스)을 따라 동쪽으로 이동한 무리가 오제(五帝)의 무리이다. 오제의 하나인 전욱은 두무지(탐무즈)이다. 그리고 곡과 진봉(陣鋒)의 딸(慶都) 사이에서 태어난 용의 아들 요(堯, 陶唐, 放勳)가 야벳계의 고대 중국을 70년간 다스렸다.

"요의 모친 경도가 나이 20세에 강변에 나가 있을 때 돌연 음풍이 불어 붉은 용이 경도와 교합한지라. 잉태해 요를 낳았다." 〈춘추〉(春秋)

* 요는 순(舜)에게 나라를 물려주었으나(書傳), 순과 요의 아들들 사이에 권력투쟁이 일어났다. 〈회남자〉(淮南子, ?–BC 123)는 "순은 피부가 검다고 하니 분명 함(흑인)의 후예이다"고 하였다. 순의 아비 고수(鼓捜, Cush)와 계모 및 아우 상(象)이 순을 여러 번 죽이려 하였다. 상은 구스의 양자인 니므롯이고, 계모는 니므롯의 아내(세미라미스)였다.

4.5 기타

동양 민족이 서방(수메르)에서 이주한 증거는 여러 종교와 신화 속에도 반영되어 있다. 동양의 종교와 신화는 예외 없이 서쪽을 인류의 고향으로 그린다. 불교에서는 서방정토(西方淨土)를 이상향으로 그리며, 극락(極樂)·열반(涅槃)·피안(彼岸)이 모두 서방정토(西方淨土)라고 주장한다. 그리고 서쪽에 있다는 전설적인 수미산(須彌山, 수메루산)이 지구의 중심이라고 말한다. 불교와 힌두교의 거대한 석탑들(앙코르와트, 보로부드루, 파고다 등)의 꼭대기는 공통적으로 메루(Mt. Meru)나 수미(Mt. Sumi)라 불렀는데, 이는 수메르(Sumer)와 발음이 유사하나. 중국의 산해경(山海經)에 나오는 곤륜산(崑崙山)에 산다는 서왕모(西王母, 楊回)는 바벨탑을 쌓았던 니므롯의 부인(세미라미스?)으로 추정된다. 도교를 일으킨 노자(老子)도 말년을 서평관(西平關)으로 가서 살았다고 한다.

한편 가야문제연구소의 김도윤 소장은 인도 아유타의 공주 허황옥이 가져온 도마복음(Thoma's Gospel)이 가야를 거쳐(48) 신라로 들어왔다고 주장한다. 그 증거로 김수로 왕릉 정문에 새겨진 떡과 두 물고기를 든다.

'가야'는 드라비다어로 '물고기'라는 뜻이다. 그러나 이차돈의 순교로 법흥왕이 왕권 강화를 위해 불교를 국교화하면서(527) 기독교 신앙이 사라졌다는 것이다.

최상한(경상대, 2012)은 불국사에서 그리스 경교(景教, Nestorianism)의 돌십자가(24.5×24×9cm, 8-9C)가 출토되었다(1956)고 하였다.(29) 이러한 견해에 대해 사학자 이만열(숙명여대)도 동의한다. 이들은 경교가 당에서 경주로 유입된 것으로 추리하면서, "김대성이 잠을 이루지 못하던 밤중에 하느님이 강림해 석불을 다 만들어놓았다"고 한 〈삼국유사〉의 기사를 인용하였다. 최상한은 발해왕이 왜국에 보낸 국서(771)에 발해왕은 '천손의 후손'으로 소개했으며, 발해의 야브리스코스 사원(우수리스크)의 한 불상은 십자가 목걸이를 하고 있고, 협시보살의 가슴에 십자가 문양이 있다고 하였다.(30) 아울러 2007년 남한산성에서 발굴한 신라시대의 초대형 기와(64×5cm, 19kg)에도 '天主'라는 글씨가 새겨져 있다고 소개하였다.(30-1)

5. 우리나라에 숨어 있는 모세 오경의 흔적

우리 조상이 옛날부터 성경이 말하는 삼위 하나님인 삼신상제를 섬겼다면 우리의 풍습이나 유적, 유물 중에 그러한 흔적들이 남아 있을 것이다. 지금까지 알려진 사례들을 모아 소개한다.

(1) 유일신(上帝) 신앙: 〈환단고기〉의 상제는 기독교의 삼위일체 하나님과 여러 면에서 유사하다. 삼신신앙의 흔적은 천지인(天地人), 삼신할멈, 삼족오, 삼태극(三太極) 문양, 한글의 삼재(三才: 천·지·인), 삼원색, 삼성(三聖) 신앙 등에서도 엿보인다. 삼성(三聖) 신앙이 후일 삼성(三星)과 태일(太一)로 변한 것으로 보인다. 이러한 삼일신고(삼위일체 상제의 가르침) 신앙은 여진족과

흉노도 가지고 있었다.(31)

그들이 제사를 드린 삼신산은 소나 양을 제물로 삼아 희생제사를 드렸기 때문에 모두 우두산(牛頭山 · 牛首山)이라 불리었고, 제사를 드린 장소는 석단(石壇, 고인돌)이나 소도(蘇塗)였다. 원래의 우두산은 노아의 방주가 정박한 아라랏산으로, 정상이 항상 흰눈으로 덮여 있어 백두산(白頭山)이라 불린 듯하다. 우리 민족의 이동 경로로 보이는 천산산맥(최고봉 텅거리산: 6,995m), 곤륜산맥(무쯔타거: 7,723m), 알타이산맥(후이튼: 4,355m) 및 백두산(2,744m)의 정상은 모두 흰눈으로 덮여 있다. 텅거리(Tangeri)에서 제사 드리던 제사장의 명칭이 몽골의 탕거리와 우리의 당고래(무당)로 변형된 것으로 보인다. 그들이 믿었던 삼신상제는 창세기의 창조주를 연상시킨다.

"태초에 하나님이 천지를 창조하시니라. 땅이 혼돈하며 공허하고 흑암은 수면 위에 있고 하나님의 신이 수면에 운행하시니라"(창 1:1–2).

"하늘과 땅은 혼돈하여 아직 나뉘지 않았고, 귀신도 매우 슬퍼하고, 해와 달과 별들도 잡것에 싸여 질서가 없었다. 바다도 흐리고, 깊은 많은 생물들의 자취를 찾을 길 없었고, 우주는 단지 흑암의 큰 덩어리뿐이었다…… 하나님은 오직 한 분으로 가장 높은 으뜸자리에 계시며, 천지를 창조하고, 전 세계를 주관하고, 수없이 많은 사물을 만드시니 넓고 넓어 쌓이지 않는 물건이 없고, 티끌 하나라도 새지 않게 하셨다."

〈규원사화〉 '단군세기(檀君世記)'

"태초에 위와 아래 사방은 아직 암흑으로 덮여 보이지 않더니 옛것은 가고 지금은 오니 오직 한 빛이 있어 밝더라. 상계로부터 또 삼신(三神)이 계셨으니, 곧 한 분의 상제시라. 주체는 곧 일신(一神)이니 각각 신이 따로 있음이 아니나, 쓰임은 곧 삼신이시라. 삼신은 만물을 끌어내시고 전 세계를 통치하실 가늠할 수 없는 크나큰 지능을 가지셨더라."

〈태백일사〉 '삼신오제본기(三神五帝本紀)'

"10월의 제천은 마침내 천하 만세의 풍습이 되었다. 이는 신의 나라 특유의 행사로서 외국에서는 이와 견줄 만한 것이 없다. 태백산은 홀로 곤륜산을 누르고도 남는다…… 인간의 생사는 삼신(三神)이 주관하는 것이라 한다…… 저 삼신은 곧 우주를 창조하시고 만물을 만드신 천일신(天一神)이시다…… 옛날의 삼신산(三神山)은 곧 백두산(白頭山)이다."

〈태백일사〉 '신시본기(神市本紀)'

유석근(2003)은 〈환단고기〉가 말하는 삼신이 환인·환웅·단군이 아니라, 삼위일체 하나님(성부·성자·성령)을 뜻한다고 하였다. 그리고 〈표훈천사〉에 나타나 있듯이 천일(天一)은 조화(造化, 성부), 지일(地一)은 교화(敎化, 성자), 태일(太一)은 치화(治化, 성령)를 주관한다고 하였다.(32) 윤내현은 삼족오가 삼위일체 신앙을 나타낸다고 했고, 임승국은 우리가 세계에서 유일하게 하느님 나라로 출발했다고 하였다.

"하나는 몸이고, 셋은 쓰임이며, 세 신(神)은 하나이고, 셋이 모이면 하나가 된다."

〈三一神誥〉

"이는 3·1사상 또는 삼위일체 사상이라고 하는데, 후에 한민족 사상의 중요한 요소를 형성하였다. 1과 3의 관계와 그 중요성에 대해 1은 3의 몸이 되고, 3은 1의 쓰임이 된다."

〈고조선 연구〉(윤내현)

"단군은 결코 우리 민족의 시조가 될 수 없다. 단군은 단군조선(고조선)의 시조일 뿐이다. 우리의 국사는 세계에서 유일하게 하느님 나라로부터 출발한 국사를 가진 나라이다…… 하느님은 하늘+님의 합성어로 된 순수한 우리의 신칭(神稱)이다." 〈한단고기〉(임승국, 1986)

한글성경에서 하나님에 대한 개념은 하늘(heaven)과 하나(one)이다. 하나님은 유일신을 의미하는 것이며, '크다'를 의미하는 '한'과 통하므로 신의 위대성을 의미한다. 조선실학자 이익(李瀷)은 "천주는 곧 유가의 상제라 했으며, 우리의 유일신 신앙에 대해서 개신교의 초기 선교사들도 모두 기독교의 하나님으로 느낀 듯하다.

"한국의 신은 하느님으로 유일하고 위대하신 분이다."

〈전환기의 조선〉(J. S. Gale, 1997, Canada)[33]

"오늘날 한국인이 생각하는 순수한 개념으로서의 종교관은 외래적인 의식과는 아무 관련이 없고, 원시적인 자연숭배와도 거리가 먼 하느님에 대한 믿음이다. '하느님'이라는 어휘는 '하늘'이라는 단어와 '주인'이라는 단어의 합성어로, 천주(天主)에 해당한다. 모든 한국인은 이 하느님이 '우주의 최고 지배자'라고 믿는다." 〈대한제국 멸망사〉(H. E. Hulbert, 1999)[34]

"한국인들은 유일신을 믿으며, 이 하느님에게 부여된 속성이나 권능은 외국의 선교사들이 기독교를 보급하기 위해 거의 보편적으로 말하는 여호와의 그것과 일치한다…… 중국에서는 천주라는 이름을 가진 우상을 찾아볼 수 있는데, 한국인들은 하느님에 대한 실질적인 형상을 부여하려고 한 적이 없었다. 한국인들은 하느님을 어떤 우상적인 의식으로 경배하지 않았다." 헐버트,[34] 〈성경 속의 수의 신비〉(연합공보, 2003)[35]

"옛 한국의 일부였던 고구려 왕국에서는 하느님이라 불리는 유일신만 섬겼다…… 그리고 유일한 신 하느님은 크고 유일하신 하나(only One)를 가리키는 것이었다…… 여기에서 '하나님' 이라는 말이 유래한 것으로 보인다."

〈Underwood in Korea〉(L. H. Underwood)

(2) 수밀이와 우루: 창세기 11장에 나오는 시날(Sinar)은 수메르(Sumer)로 고증된 곳이다. 환국(桓國)의 12개 제후국 중에서 우루는 창세기 제10장에 나오는 에렉(Erek, Uruk)을, 수밀이는 수메르를 지칭한 것으로 보인다.

(3) 상투와 고깔모자: 울리(1880–1960)에 의하면 수메르 왕들은 상투를 틀었으며, 단군의 복장이 수시아나의 벽화인물과 유사하다. 고깔모자를 쓴 종교인의 모습이 수시아나에서 처음 나타나며, 히타이트의 신들도 착용하였다. 이는 그곳의 종교 집단이 엘람인에게 밀리어 동아시아로 이주했음을 암시한다. 이들이 환인족으로, 중국 중원에 거하다가 요임금 말년에 순의 제안으로 산동성과 만주에 정착한 것으로 보인다.(36)

정형진(2006)은 요서에 거주한 숙신을 단군숙신(檀君肅愼)으로, 숙신과 부여가 연합한 동북아시아의 주도 세력을 후단군(後檀君)으로, 공공족이 주도한 숙신을 선단군(先檀君)으로 구분하자고 제안하였다.(37) 고깔은 태양의 아들을 나타내며, 고깔 쓴 사람의 공통점은 우리와 같은 편두(偏頭)이다.

(4) 어순(語順): 우리말은 바빌론어와 어순(SOV: 주어+목적어+동사)이 같으며, 인도-아리아계나 중국-티벳계의 어순(SVO)과는 다르다. 언어학자 김방한(서울대)은 〈한국어의 계통〉(1983)에서 "한국어의 계통 연구는 알타이제어에 대한 깊은 지식이 없으면 한 걸음도 앞으로 나아갈 수 없다"고 하였다. 핀란드의 언어학자 램스테드(Ramsted, 1952)는 "한국어는 투르크어,

몽골어, 퉁구스어와 친근 관계에 있다"고 하였다.

(5) 새 문화: 한국과 일본은 중국과는 달리 천손신화와 새 문화를 공유한다. 마을 입구를 지킨 삼한의 소도(蘇塗)와 일본 신사(神社) 입구의 도리이(鳥居)는 솔로몬 성전 앞의 두 기둥(야긴·보아스)을 연상시킨다. 한국의 봉황과 삼족오(그림), 일본 고지키(古事記)에 나오는 삼족오(三足烏)는 동이족의 새 문화와 삼신신앙의 흔적으로 보인다.

(6) 고인돌(지석단): 고조선 영역에서 집중적으로 발굴되는 고인돌은 상제께 제사하던 제단이었다. 세계 고인돌의 70% 이상이 한국에 집중되어 있다. 박성수(한국정신문화연구원, 2000)는 고인돌을 지석묘(支石墓)가 아닌 지석단(支石壇)으로 부르자고 제안하였다.(38) 전영래(원광대, 1992)는 고창의 거대 고인돌(200톤, 높이 4m)에 대해 조사했으나, 어떠한 유골이나 부장품도 발견할 수 없었다고 하였다. 고인돌 전문학자인 이영문(목포대, 2001)은 이렇게 주장하였다.(39)

> "이 고인돌은 대지상에 거대한 덮개돌이 받침대에 의해 웅장한 모습을 띤 것이라든지, 주위에서 쉽게 관망할 수 있는 위치에 있는 점에서 무덤으로서의 기능보다는 제단으로서의 기능이 강하다." 이영문(목포대, 2001)

(7) 8조금법: 단군은 홍익인간의 국가 비전을 실현하고 나라를 바르게 다스리기 위해 8대 강령에 기초한 '8조금법'을 제정하였다. 〈한서〉(漢書)는 고조선에 '8조금법'이 있다고 했는데, 그 내용은 '십계'(十戒)를 연상시킨다. 현재 3조항(①-③)만 잔존한다. 〈규원사화〉는 나머지 내용(④-⑧)을 다음처럼 복원하였다.

① 남을 죽인 자는 사형에 처한다.(십계 제6계)

② 남을 상해한 자는 곡물로 갚아야 한다.

③ 물건을 도둑질한 자는 도둑 당한 집의 노비로 삼는다.(십계 제8계)

④ 너희는 오직 한 분이신 하나님만 정성을 다해 섬겨라.(십계 제1, 제2계)

⑤ 너희는 하나님의 뜻을 따라 모든 생명 있는 것을 사랑하라.

⑥ 하나님께서 너희에게 보내신 부모를 공경하라.(십계 제5계)

⑦ 서로 시기하지 말며 음란하지 말라.(십계 제7계)

⑧ 약한 자를 없이 여기지 말고, 가난한 자를 구제하라.

(8) 소도(蘇塗): 고조선과 삼한시대에 천신(天神)에게 제사 드리던 소도는 원래 메소포타미아에서 유래한 것으로 보인다. 흉노는 이를 쉬투(shitu), 몽골은 수투(Sutu), 히타이트는 숫테(Sutte)라 불렀다. 이 숫테가 수투를 거쳐 소도로 바뀐 것으로 보인다.[40] 소도라는 말은 신단(神壇)의 의미를 가진 수두 또는 솟터(높은 터)·솟대·솔대·소줏대·고간(高竿) 등에서 왔다는 주장도 있다. 만주의 신간(神竿), 몽골의 오보(鄂博), 인도의 찰주(刹柱)도 기능이 유사하다. 우리의 소도 신앙은 환국에서 출발했으며, 소도에서는 매년 두 번씩(3월, 10월) 큰 나무에 방울과 북을 매달고 상제께 제사드렸다. 단군이 도읍지로 정한 아사달의 원래 명칭도 상소도달(上蘇塗達), 즉 웃수두대(우수대, 소도의 총본산)였다. 이것이 아사달과 같은 어원을 가진 것으로 보이며, 아사달이 있는 곳이 곧 신시였다.

> "재위 원년인 경인년(BC 1891)에 도해단군이 오가에게 명하여 12명산 가운데 가장 아름다운 곳을 택하여 국선소도(國仙蘇塗)*14를 설치하게 하였다. 그 둘레에 박달나무를 많이 심고, 가장 큰 나무를 택하여 환웅상(桓雄像)으로 모시고 제사를 지냈다. 그 이름을 웅상(雄常)이라고 한다."

〈단군세기〉

"성마다 한 사람을 세워 천신께 제사를 드리는데, 이를 천군(天君)이라 했고, 그 제단을 수두(蘇塗)라 하였다." 〈삼국지〉 '진한전'

"천신을 믿으므로 국읍(國邑)마다 한 사람을 선발하여 제사를 주관하게 하였는데, 이를 천군(天君)이라 부른다. 여러 나라마다 별읍(別邑)이 있는데, 이것을 소도라 한다. 큰 나무를 세우고, 거기에 방울과 북을 매달아 신을 섬긴다." 〈삼국지〉 '위지 한전'

(9) 도피성: 소도는 신성한 성역으로, 이곳으로 들어온 자는 형벌을 면하였다. 이는 이스라엘의 도피성(逃避城)을 연상시킨다(출 21:13, 민 35:9-15). 이스라엘인은 모세의 명령에 따라서 요단강 동편(신 4:41-43)과 서편(신 19:1-3)에 각각 세 개의 도피성을 마련해 고의성이 없는 살인자가 피신하도록 하였다.

"도망자가 그(소도) 속으로 들어가면 돌려보내지 않아 도둑질하기를 좋아한다. 그들이 소도를 세운 뜻은 부도(浮屠)와 같지만, 그 행해진 바의 선악은 달랐다." 〈삼국지〉 '위지 한전'

여호와께서 또 모세에게 말씀하여 이르시되 이스라엘 자손에게 말하여 그들에게 이르라. 너희가 요단강을 건너 가나안 땅에 들어가거든 너희를 위하여 성읍을 도피성으로 정하여 부지중에 살인한 자가 그리로 피하게 하라. 이는 너희가 복수할 자에게서 도피하는 성을 삼아 살인자가 회중 앞에서 판결을 받기까지 죽지 않게 하기 위함이니라. 너희가 줄 성읍 중에 여섯을 도피성이 되게 하되, 세 성읍은 요단 이 쪽에 두고, 세 성읍은 가나안 땅에 두어 도피성이 되게 하라. 이 여섯 성읍은 이스라엘 자손과 타국인과 이스라엘 중에 거류하는 자의 도피성이 되리니 부지중에 살인한 모든 자가 그리로 도피할 수 있으리라(민 35:9–15).

(10) **추수감사제**: 매년 추수 후에 상제께 드린 감사제는 우리 선조들이 전통적으로 삼신상제를 숭배했음을 보여준다. 소도에서 거행하던 추수감사제(10월)가 부여의 영고(迎鼓), 고구려의 동맹(東盟), 예(濊)·삼한의 무천(舞天)으로 바뀌었다. 〈신당서〉 '고구려전' 에 의하면, 고구려에서는 고조선처럼 왕 자신이 직접 제사를 주관하였다.

"추수를 마친 12월에 온 백성이 하늘에 제사하고 회의를 열었는데, 의식 직전에는 영신제(迎神祭)를 드렸다." 〈삼국지〉 '위지 부여조' (魏志 夫餘條)

"항상 10월에는 하늘에 제사를 지내고, 밤낮으로 술을 마시며 노래하고 춤추는데, 이를 무천(舞天)이라 한다." 〈삼국지〉 '위지 동이전'

"10월이 되면 하늘에 제사하고, 말씀을 읽으며, 밤에는 술을 마시고 노래를 부르며 춤을 추는데, 이를 무천(舞天)이라 한다" 〈후한서〉 '예전' (濊傳)

"고구려 부락의 남녀가 밤에 모여 노래와 놀이를 즐기며, 10월에 하늘에 제사를 드리면서 국중대회를 여는데, 그 이름을 영고(迎鼓)라 한다."
〈삼국지〉 '위지 동이전'

"10월에는 하늘에 제사를 드리는 성회(聖會)가 있는데, 이를 동맹(東盟)이라 한다." 〈삼국지〉 '고구려전'

한편 〈규원사화〉는 진국(震國)이 이러한 제사제도를 폐지하면서 멸망하게 되었다고 개탄하였다.

"나라 이름을 진(震)이라 하고, 건원을 천통(天統)이라 하여 항상 신을 공경하여 하늘에 제사를 지냈는데, 그 자손들이 교만하여져서 차차 이를 폐지하고 유교와 불교를 함께 일삼아 드디어 나라가 시들게 되었다…… 하나님을 섬기는 신앙이 사라지고 이제는 삼신과 제석을 숭상하는 풍습이 성행하여…… 매년 10월이 되면 햇곡식으로 떡을 쪄서 귀신에게 드리고 복받기를 빈다. 이는 하나님을 섬기던 선조들의 신앙에서 온 것인데, 이제 하나님이 아닌 귀신을 섬기고 부귀와 장수를 무당과 박수에게 부탁하니, 이것은 옛 풍속의 찌꺼기로 커다란 폐해이다." 〈규원사화〉 '단군세기'

(11) 붉은 피: 이스라엘 민족이 이집트에서 탈출하기 전날, 양을 잡아 그 피를 문설주에 바름으로써 밤중에 죽음의 천사가 장자를 죽이지 않고 그 집 문턱을 넘어간 유월절 사건(踰越節, passover, 출 12장)은 우리나라에서는 밤이 가장 긴 동짓날에 붉은 팥죽을 문설주에 바르는 풍습으로 남아 있다. 울타리에 심었던 붉은 봉숭아나 아들의 출산 시 새끼줄에 매달았던 붉은 고추도 죽음의 천사를 막는 '어린양의 피'를 상징한 것으로 보인다. 새끼줄의 숯과 문 앞에 뿌리던 소금은 정결을 의미하였다.

(12) 장자권과 호곡: 유대인과 한국인은 유난히 장자권(長子權)을 존중한다. 우리나라에서는 장자가 가문의 제사를 주도하였다. 그리고 상가에서 호곡(號哭)을 하는 것은 한국과 유대인만이 가진 풍습이다. 우리나라에서는 1950년대까지도 상가(喪家)에서는 사람을 고용해 호곡하는 곳이 많았다.

(13) 무궁화: 우리 국화인 무궁화(無窮花, 槿花)의 별칭은 '샤론의 장미'(Rose of Sharon)로, 예수의 별칭이기도 하다(아 2:1). 김성일(1999)은 메소포

타미아에서 중앙아시아를 거쳐 만주·중국에 이르는 우리 민족의 이동 경로를 탐사하던 중, 도처에서 현지인들이 무궁화*(Hibiscus syriacus)*를 '꽃 중의 꽃'이라 불렀다고 소개한다. 신라의 설총도 이를 '꽃 중의 꽃'이라 하였다.(41)

(14) 우리 조상의 일파는 서장(西藏, 吐藩, Tibet)에 거주하던 환인족(解氏)이다. 그 후손이 환인 · 환웅 · 단군왕검-해모수(토번)-해부루 및 해주몽으로 이어졌다. 그런데 환인족은 서장으로 오기 전에는 어디에 거주했던 것일까? 필자의 생각으로는 에벨이 수메르의 바벨탑 공사에 참여했다가, 장남인 벨렉의 자손을 이끌고 그곳을 탈출해 가나안에 에블라 왕국을 세운 것으로 보인다. 반면 그의 차남인 욕단의 후손은 노아를 따라 스빌산맥 동편인 서장으로 이주해 해씨를 성으로 삼은 듯하다. 에벨의 '에'를 '밝음'을 뜻하는 '해'(태양)로 전음시킨 것으로 보인다

(15) 슐로니의 증언: 히브리대학 교수인 슐로니(Bejamin Schloni)는 방한 강연(1989. 6)에서 한국인과 유대인의 공통점에 대해 다음과 같이 열거하였다.

① 주요 예식 때마다 모시베옷(細麻布)을 입는다.

② 사람들이 만날 때마다 '안녕'(샬롬, 평안)이라고 인사한다.

③ 유대인도 자기 아버지를 아빠(Abba), 아비를 아삐(Abbi)라 부른다.

④ 한국인은 망건이나 초립을, 유대인은 모자를 쓴다.

⑤ 유대인의 3대 절기의 하나인 초막절(유대력 7월 15일, 레위기 23:34)은 한국의 8월 대보름날(음력 8월 15일)과 여러 면에서 유사하다.

⑥ 한국과 유대인만이 오랫동안 음력을 사용해 왔다.

⑦ 한국의 국화인 무궁화는 '시리아의 꽃'(Hibiscus syriacus)인데, 별칭인 '샤론의 장미'(Rose of Sharon)는 예수를 상징한다.

6. 중국 속에 남아 있는 창세기 흔적

(1) **봉선제와 천단**: 〈시경〉(詩經)에 의하면, 공자 이전의 중국 왕들은 매년 하늘의 상제(上帝)에게 제사(封禪祭)를 드렸다. 마르코 폴로는 〈동방견문록〉(1271–1295)에서 고대 중국인이 섬긴 상제는 기독교의 하나님(God)이라 하였다. 그런데 주나라는 이것을 하늘과 사직(社稷: 土地神+穀神)에게 드리는 제사로 바꾸었다. 봉선제 의식은 진시황이 분서갱유를 일으키면서 지하로 잠복했고, 한무제(劉徹, BC 156–BC 87)가 유교를 국교로 선포하면서 자취를 감추었다. 그러나 명나라 때 난징(南京)에 천단(天壇)이 복원되었고, 청나라(1539)는 이를 베이징(北京) 근교로 옮겨 증축했으며, 황제들이 옛날처럼 다시 하늘의 상제께 제사의식을 재개하였다. 그런데 제사 때마다 읽는 축문이 창세기 내용과 매우 유사하다는 사실은 전술한 바와 같다. 이 의식은 청(淸)이 망하면서(1911) 사라졌다.

(2) **창세기를 반영한 여와·복희·서왕모 설화**: 중국 개국신화에 나오는 여와는 나무(생명나무)를 기어오르는, 뱀의 꼬리를 가진 여인의 모습을 하고 있다. 이는 뱀의 유혹으로 타락한 하와의 모습(창 3장)을 연상시킨다. 그리고 하늘의 상제께 엎드려 제사하는 복희(伏羲, 桓因?, Anki?)는 대홍수 후에 여호와께 희생세를 드린 노아(창세기 7–8장)를 연상시킨다. 그가 가지고 있는 콤파스와 자는 방주를 설계할 때 노아가 사용한 계측기구를 상징한 것으로 보인다. 〈산해경〉에 의하면, 여와의 어머니(화서고낭?)인 여신 서왕모(西王母)가 마귀할멈의 얼굴에 호랑이 꼬리를 가졌고, 중국의 서편 곤륜산(崑崙山)에 살면서 삼족오(三足烏, 가루다)를 타고 다녔다 한다. 다른 설화에서는 그녀가 요임금(니므롯?)의 부인(이복동생 姜源, 세미라미스?)으로, 제곡 곡신(구스?)을 제거하고 섭정했으며, 아들 순(탐무즈)과 재혼했다고 한다. 급기야 순마저 죽이고 62세에 죽을 때까지 섭정을 했다고 한다.

(3) 선악과 사건을 보여주는 삼성퇴(三星堆) 유물: 1980년대에 중국 남부의 광한 시에서 발굴된 수천 점에 달하는 청동제의 삼성퇴 유물은 창세기 사건들을 반영한다. 특히 청동제의 신목(神木, Divine Tree)에 새겨진 조각품들은 하와가 금단의 나무를 기어오른 뱀(사탄)에게 유혹을 받는 모습(창세기 3장)을 잘 보여준다.

(4) 뱀과 용 숭배: 중국인이나 인도 및 동남아에서 숭배하는 용이나 뱀은 이들이 전통적으로 악령을 숭배했음을 보여준다. 자금성(紫禁城, 北京)에 새겨진 수백 개의 용 조각상은 중국인의 용 신앙을 잘 보여준다. 진시황 이래로 중국 황제를 상징하는 용이 그려진 왕좌나 명절 때마다 연출되는 용춤도 이들이 용의 후손을 자처했음을 증거한다. 성경에서 용은 사탄의 상징이다.

(5) 대홍수 설화: 중국 전역에서는 대홍수에 대한 설화들이 많이 전해 내려온다. 대홍수에서 생존한 중국인의 시조 누아(Nua)는 노아(Noah)의 와전으로 보인다. 특히 남쪽 지역에 거주하는 묘족(苗族)의 제사 축문은 인류의 창조와 족장들의 계보 및 대홍수의 처참한 모습을 생생하게 증언한다.

(5) 니므롯과 세미라미스(姜源?): 일설에는 예족(濊族) 출신의 요(堯)가 니므롯(니누스)인데, 자기 이복동생 세미라미스와 결혼하고 42년간 하나라를 통치했다고 한다. 세미라미스는 요(니므롯)와 함께 바빌론을 건설했고, 남편이 죽자 아들 순(담무즈?)을 '환생한 니므롯'이라고 속여 그와 재혼했다고 한다. 그녀는 단주(상균, 여영)와 결혼한 순(舜)을 죽이고 여황이 되어 62세에 죽기까지 왕국을 통치했다고 한다.

(7) 서쪽 동경 신앙: 고대 중국인들은 자기 조상이 서쪽에서 왔다고 믿

었고, 서쪽을 그리워하였다. 중국이나 인도의 서쪽은 니므롯이 바벨탑을 쌓았던 시날(수메르) 평지를 지칭한다.

(8) 한자에 숨긴 창세기 흔적: 앞에서도 살폈듯이, 허신의 〈설문해자〉 등에 따르면 고대 한자 속에는 창세기를 비롯한 모세 오경의 내용이 많이 포함되어 있다. 그들은 천지창조와 대홍수 및 바벨탑 사건 때에 겪었던 대혼란을 기록으로 남기려고 문자를 만든 것으로 보인다.

7. 가지마 미노루(鹿島 昇)가 말하는 한·중·일 고대사

왜인의 선조는 대홍수 이후 아라랏산맥에서 이주해 온 무리로 추정된다. 아울러 아수르에게 멸망한 이스라엘 10부족 중 갓 족속의 후예로 추정되기도 한다. 일본 속에 남아 있는 창세기의 흔적에 대해서는 전술한 바 있으므로 여기서는 생략한다. 한편 일본의 저명한 고대사학자 가지마는 〈왜와 진국〉 (倭と辰國)에서 동아시아의 원시역사는 서남아시아의 역사를 사람의 이름만 바꾸어 복제한 것이라 하였다.(42) 그 개요를 소개한다.

7.1 중국의 고대사는 바빌론의 역사를 차용하였다

(1) 하(夏)는 우루크, 은(殷)은 이신(Ishin), 주(周)는 아시리아, 진(秦)은 아케메네스 왕조의 페르시아이다.

(2) 〈주본기〉(周本紀)에 나오는 유왕(幽王)이 서이(西夷)의 견계(犬戒)에게 피살되었고, 서주(西周)가 멸망한 내용은 살만에셀 4세가 가나안과 시리아인(또는 우라르투나 터키인)에게 피살된 것을 차용한 것이다.

(3) 진시황 이후부터가 중국 역사의 바른 기록이다.

7.2 한국인의 조상은 갈대아인이며, 〈환단고기〉가 말하는 역사가 진실이다

(1) 가나안의 바알이 천하대장군으로, 아스다롯이 지하여장군으로 변모하였다. 환웅은 바알이며, 단군은 다곤(Dagon)이다.

(2) 단군조선의 기록은 카시트, 우라르투, 박트리아, 조(趙)의 역사이다.

(3) 북부여의 전기는 단군조선을 계승한 것이고, 중기에는 그 일파인 니기하야기(倈野候 褒弊命)가 예(濊, 殷, Saka)를, 니기하야히(倈野速日)가 구마모토에 파라국(婆羅國)을 세웠다. 말기에는 의려왕(醫廬王, 미마기이리히코)이 선비족에게 패하자 그의 아들 의라(依羅)가 왜국으로 피신해 나라를 세웠는데, 그가 곧 스진(崇神天皇)이다.

(4) 북부여는 패망 후 백성 일부는 옥저에 잔존했으나, 대부분은 대조영을 따라 진국(辰國, 渤海)을 세웠다. 대조영(재위 698-719)은 보장왕의 아들 고덕무(高德武)로 추정된다. 진국의 무왕이 왜국의 쇼무(聖武天皇, 701-756)에게 보낸 국서에는 "발해와 일본은 가지와 줄기의 관계인데, 벌써 백세가 되었다"고 하였다.

| 참고사항 |

*1 Sedar Olam Rabba: 유대에서 가장 오래 된 연대기이다. 기원후 160년에 죽은 할라프타(Jose ben Halfta)가 편집하였다. 탈무드에서는 이 연대기를 지금도 수용한다. 그러나 부분적인 오류가 발견되고 있다. 예컨대 제1 및 제2 성전의 파괴 간격을 490년이라 했으나, 실제로는 690년으로 추정된다.

*2. **부도지(符都誌)**: 신라 눌지왕 때 박제상이 저술한 〈징심록〉의 일부로, 후손 박금(朴錦, 1953)이 그 내용을 공개하였고, 번역본(1986)이 출간되면서 널리 알려졌다. 여기서는 역사를 짐세, 선천, 후천의 세 시대로 구분하였다. 후천 말기에 단군이 등장한다고 하였다. 마고가 민족의 시조로서 등장하며, 소리로 세상을 창조했고, "오미의 화"로 12부족이 나뉘었으며, 대홍수, 황궁 · 유인 · 환인 · 환웅의 계승, 요·순에 의해 동방(단군조선)과 화하(하나라)가 분리되는 과정 등에 대해 기술하였다.

*3. **표훈천사**: 〈삼국유사〉 '경덕왕조' 에 따르면, 표훈은 신라 경덕왕 때의 신교(神敎, 國仙)를 따르던 십성(十聖)의 한 사람이었다. 그가 승려가 될 수 없는 이유는 표훈천사의 내용이 불교 교리와 전혀 다르기 때문이다(유석근, 2012). 이 자료는 세조 3년(1457), 성종 원년(1470) 및 일제 때 발행한 〈조선고사 연구〉(今西 龍) 등의 '문서수거목록' 에 들어 있었다. 그 내용은 삼위일체이신 삼신상제의 말씀을 소개한다.

*4. **이오아네스**: 염소 얼굴에 물고기의 등을 가진 모습으로 나타난다. 토성(크로노스, 시리우스)으로 숭배를 받는다. 오아네스(그), 요하네스(라), 요안나(히), 존(영) 등으로도 불린다. 이집트에서는 놈모라 불렸는데, 여기에서 노모스(nomos, 도시국가를 세운 사람들)이라는 말이 유래하였다. 이집트의 오시리스, 중국의 복희, 한국의 환웅과 동일 인물

로 추정된다.

5. **웰드프리즘(Weld Prism)**: 에쉬몰박물관(옥스퍼드 대학)에 소장된 아카드어로 쓰인 점토판 문서(높이 20cm, 폭 9cm, 4면 프리즘 형태)로, 라르사(Larsa)에서 발굴되었다(1922). 서기관인 Nur-Nisbur(BC 2170)가 대홍수 이전에 장수했던 10왕(BC 3200-1600)을 포함해 제 14대 수엔마리르(Suen-magir, BC 1763-1753, 이신왕조)에 이르는 역사를 기록하였다.

| 참고자료 |

(1) E.W. Faustich: Bible Chronology and the Scientific Method, Chronology Books, Spencer, Iowa, 1990

(2) E.W. Faustich: op.cit, pp. 12-13

(3) E.W. Faulstich: op.cit, pp. 23-25

(4) 임번삼: 창세기의 원역사, 과학으로 말하다, 크리스챤 서적, 서울, 2012

(5) Russell Humphreys: New RATE Data Support A Young World, ICR, Impact No. 366, December 2003

(6) 이재만: 노아홍수 콘서트, pp. 240-291, 두란노, 2013

(7) 김익두: 한국신화, pp. 9-15, 한국문화사, 서울, 2005

(8) 박제상 저, 김은수 역: 부도지(符都誌), pp. 17-30, 한문화, 서울, 2002

(9) 문정창: 단군조선 사기연구, 박문당, 서울, 1977

(9-1) 송호수: 한민족의 뿌리사상, pp. 24-25, 국학연구회. 1983

(10) 수잔 바우어, 이광일 역: 세상의 모든 역사, p. 27, 이론과실천, 서울, 2007

(11) Y. S. Chen. The Emergence and Dovelopment of Sumerian and Babylonian Traditions Related to the Primeval Flood Catastrophe from the Old Babylonian Period. D.Phil. thesis, Univ. of Oxford, UK, 2009

(12) Henry H. Halley: Halley's Bible Handbook, pp. 70-71, New Revised Ed., Zodervan, Grand Rapid, 1962

(12-1) 김홍석: 창세기의 창조, 아담, 셈 톨레도트에 나타난 시간연구, pp.191-200, 그리스도대학교 학위 논문, 2014

(13) 이재만, 최우성: 빙하시대 이야기, 두란노서원, 서울, 2011
(14) S.N. Kramer: The Sumerians: Their History, Culture and Character, University of Chicago Press, Chicago, IL, 1963
(15) E. M. Burns: Western Civilization; Their History and Their Culture, 8th Ed, W.W. Nortion & Co., 1973
(16) 일연: 삼국유사, 기이편, 북부여, p. 94
(17) 崔棟: 朝鮮上古氏族史, pp. 54-60, 동국문화사, 서울, 1966
(18) 최동: 조선상고사, pp. 136-137, 동국문화사, 서울, 1966
(19) 이홍규: 바이칼에서 찾은 우리 민족의 기원, p. 39, 정신세계원, 서울, 2005
(20) 김운회: 대쥬신을 찾아서2, p. 257, 해냄출판사, 서울, 2006
(21) 김성일: 경경으로 여는 세계사, pp. 19-25, 39, 신앙계, 서울, 2004
(22) 유석근: 알이랑 민족, 예루살렘, 서울, 2003
(23) 플라비우스 요세푸스 원저, 김지찬 역: 유대 고대사 I, p. 69, 생명의 말씀사, 서울, 2005
(24) 유석근: op.cit, pp. 116-133
(25) 유석근: op.cit, pp. 139-153
(26) http://www.fntoday.co.kr/bbs/list.html?table=bbs78&idxno=9337&page=1&total=51&sc
(27) 김대성: 금문의 비밀, 컬처라인 출판사, 2002, 조옥구: 21세기 新설문해자 백암출판사, 2005
(28) 박시인: 알타이 신화, 청노루; 정연규: 수메르와 이스라엘 문화를 탄생시킨 한민족, p. 158, 174, 한국문화사
(29) 최상한: 불국사에서 만난 예수, pp. 346-347돌베개,파주, 2012
(30) 최상한: ibid, pp. 345-346
(30-1) 최상한: ibid, p. 387

(31) 최동: op.cit, pp. 144-145

(32) 유석근: op.cit, p.248, 250, 261, 274, 276

(33) James S. Gale: 신복룡 역; 전환기의 조선, p. 70, 집문당, 서울, 1997

(34) Honer B. Hulbert, 신복룡 역; 대한제국 멸망사, p. 469-470, 집문당, 서울, 1999

(35) 연합공보 편집부: 성경 속의 수(數)의 신비, pp. 46-47, 연합공보출판부, 서울, 2003

(36) 정형진: 천년왕국 수시아나에서 온 환웅, pp. 420-469, 일빛, 2006

(37) 정형진: op.cit, pp. 489, 420-421

(38) 박성수: 단군문화 기행, 서원, p. 136, 2000

(39) 이영문: 고인돌 이야기, p. 196, 다지리, 2001

(40) 최동: op.cit, pp. 148-149

(41) 김성일: op.cit, pp. 162-167

(42) 吾鄕淸彦: アジアの秘史, 至寶 桓檀古記, 歷史と現代, 1-1卷, 1982

| 창세기와 고대 국가의 탄생 |

지명 속에 숨겨진 창세기

초판 발행 | 2015년 10월 30일

지은이 | 임번삼
펴낸이 | 임만호
펴낸곳 | 도서출판 **크리스챤서적**
주 소 | 서울 강남구 선릉로 112길 36 창조빌딩 2F (우: 135-867)
전 화 | 02)544-3468~9 **팩 스** | 02)511-3920
e-mail | holybooks@naver.com
등록번호 | 제 10-22호 **등록일자** | 1979년 9월 13일

책임편집 | 임영주
디자인 | 임흥순
제 작 | 임성암
관 리 | 양영주

Printed in Korea
ISBN 978-89-478-0314-4 03230

정가 18,000원

※잘못된 책은 교환하여 드립니다.

※ 히: 히브리어, 그: 그리스어, 아: 아카드어, 바: 바빌론어, 라: 라틴어.
※ 성경은 〈성경전서 개역개정판〉(제4판)을 따름.